<u>**ACCESO GRATIS**</u> *a la Lectura en la Nube*

Para visualizar el libro electrónico en la nube de lectura envíe junto a su nombre y apellidos una fotografía del código de barras situado en la contraportada del libro y otra del ticket de compra a la dirección:

ebooktirant@tirant.com

En un máximo de 72 horas laborables le enviaremos el código de acceso con sus instrucciones.

La visualización del libro en **NUBE DE LECTURA** excluye los usos bibliotecarios y públicos que puedan poner el archivo electrónico a disposición de una comunidad de lectores. Se permite tan solo un uso individual y privado.

LA PROTECCIÓN DE LA INFANCIA Y LA ADOLESCENCIA ANTE LA VIOLENCIA DE GÉNERO

Procedimiento de selección de originales, ver página web:
www.tirant.net/index.php/editorial/procedimiento-de-seleccion-de-originales

LA PROTECCIÓN DE LA INFANCIA Y LA ADOLESCENCIA ANTE LA VIOLENCIA DE GÉNERO

Autora
Sonia Rodríguez Llamas
Profesora Titular de Derecho Civil
Universitat de València

tirant lo blanch
Valencia, 2025

EDITA: TIRANT LO BLANCH
C/ Artes Gráficas, 14 - 46010 - Valencia
TELFS.: 96/361 00 48 - 50
FAX: 96/369 41 51
Email: tlb@tirant.com
www.tirant.com
Librería virtual: www.tirant.es
DEPÓSITO LEGAL: V-717-2025
ISBN: 978-84-1095-258-4

Si tiene alguna queja o sugerencia, envíenos un mail a: *atencioncliente@tirant.com*. En caso de no ser atendida su sugerencia, por favor, lea en *www.tirant.net/index.php/empresa/politicas-de-empresa* nuestro procedimiento de quejas.

Responsabilidad Social Corporativa: http://www.tirant.net/Docs/RSCTirant.pdf

Índice

A Miguel

Prólogo

La Dra. Sonia Rodríguez Llama, profesora titular de Derecho civil de la Universitat de València, da a la luz una nueva monografía acerca de una materia de la que, sin duda, es una de las principales especialistas: en general, la violencia de género; en particular, la protección de los menores ante la citada violencia de género.

Desde ya quiero decir que, en mi opinión, la expresión "violencia de género" supone un uso del lenguaje distorsionador o manipulador de la realidad, como sucede con tantas otras expresiones que intentan ocultar o relativizar los hechos, como la "violencia en el deporte". La primera oculta la trágica realidad de la violencia física y psíquica ejercida por el varón sobre la mujer que alcanza sobrecogedoras cifras anuales de muerte. La segunda, disimula que la violencia en el deporte es esencialmente violencia en el fútbol.

Ambas violencias tienen una característica en común: son manifiestamente transversales; no conocen distinción por clase social, estudios, categorías, etnias, religiones, naciones, etc.

Obviamente no pretendo en absoluto comparar la violencia de género con la violencia en el deporte (en el futbol), lo cual sería una gravísima frivolidad personal e intelectual. Pero sí quiero resaltar cómo el lenguaje (y el derecho es hechos y lenguaje) sirve para falsear y ocultar la realidad: es una triste función del lenguaje respecto de la que debemos estar prevenidos, sobre todo en ámbitos jurídicos.

Violencia de género es, esencialmente y estadísticamente, la ejercida por el varón sobre la mujer que, como la Melibea de Juan Carlos Arce, no quiere ser mujer, es decir, se rebela contra la función o el rol que social y secularmente se atribuye a la mujer.

Son muchos siglos de educación violenta, para una parte (el varón), y de sumisión para la otra (la mujer). Hasta la reforma del Código civil de 1975 (es decir, hasta ayer históricamente hablando) introducida por la Ley 14/1975, de 2 de mayo, sobre reforma de determinados artículos del Código Civil y del Código de Comercio sobre la situación jurídica de la mujer casada y los derechos y deberes de los cónyuges, el art. 57 CC decía que "el marido debe proteger a la mujer, y ésta obedecer al marido". Y el art. 58 CC establecía que "la mujer está obligada a seguir a su marido donde quiera que fije su residencia". Y el art. 59 CC, que "el marido es el administrador de los bienes de la sociedad conyugal". Finalmente, el art. 60 CC decía que "el marido es el representante de su mujer", la cual "no puede, sin su licencia, comparecer en juicio por sí o por medio de Procurador"; y el art. 61 CC concluía que la mujer no "puede ..., sin licencia o poder de su marido, adquirir por título oneroso ni lucrativo, enajenar sus bienes, ni obligarse, sino en los casos y con las limitaciones establecidas por la Ley".

Y mientras, hasta hace unos años (ahora se suele leer el llamado Himno al amor" de la primera carta a los Corintios, que no se refiere al matrimonio, sino al amor), en las celebraciones matrimoniales canónicas se leía la carta de San Pablo a los Efesios (Efesios 5:22-24) "Las casadas estén sujetas a sus maridos ...; porque el marido es cabeza de la mujer... Y como la Iglesia está sujeta a Cristo, así las mujeres a sus maridos en todo." Y, en otra, también a los Efesios, "en una palabra, que cada uno de vosotros ame a su mujer como a sí mismo, y que la mujer respete al marido". Y, en la primera carta de San Pedro (3, 1-9) se puede leer: "Mujeres, sed sumisas a vuestros maridos... vosotros, maridos, en la vida común, sed comprensivos con la mujer que es un ser más frágil, respetándolas...".

Sumisión para la mujer y comprensión para los maridos. Con estos seculares mimbres, ¿qué cestos se pueden hacer? Como dice el refrán, de aquellos polvos vienen estos lodos.

Tantos siglos de sumisión personal y de silencio social, tanta violencia (masculina) de género (femenino) no es solo una cuestión de código penal ni de agravación de las penas (como demuestra tristemente la realidad cotidiana) aunque todo ayuda, sino también una cuestión educacional, de educar personal y socialmente en determinados valores y principios.

Y aquí la monografía de la profesora Rodríguez Llamas es un paso más contra esta violencia, ahora centrado en las llamadas víctimas invisibles (ay, de nuevo el lenguaje: esas víctimas no eran invisibles, sí se podían ver (eran visibles); pero no se querían ver: sólo no se quiere ver lo que es precisamente visible): los menores, los niños y las niñas que sufren directa o indirectamente la violencia normalmente de su progenitor o de la pareja de su progenitora.

Por eso, por este paso más, debemos congratularnos, porque una voz que se alza es siempre un paso hacia adelante en la lucha contra esta lacra que sufren directamente las mujeres y, directa o indirectamente, los menores.

La monografía, titulada *La protección de la infancia y la adolescencia ante la violencia de género*, expone exhaustivamente el marco jurídico internacional y estatal para la protección de la infancia ante la violencia sobre la mujer, así como los principios rectores del nuevo sistema estatal de protección civil a niñas y niños víctimas de violencia de género (el interés superior del menor y su triple dimensión; el derecho del menor a ser oído y escuchado y la infancia y adolescencia ante la violencia de género: el menor testigo y menor víctima de violencia de género y la violencia vicaria en violencia de género. Finalmente, concluye exponiendo con rigor las medidas civiles de protección a hijos e hijas menores en contextos de violencia de género: las medidas cautelares civiles y las medidas definitivas en los procedimientos de familia con violencia de género, que incluye un análisis jurisprudencial con perspectiva de género.

Hacen falta más y mejores leyes, no sólo represivas, sino preventivas; y más estudios, no sólo jurídicos. Hacen falta más y mejores medidas, no todas penales; y más medios, incluidos necesariamente los económicos. Hace falta más concienciación personal y social. Y sobre todo hace falta más educación, mucha más educación en la libertad individual, la igualdad y el respeto al otro (en nuestro caso, esencialmente a la mujer y a los hijos). Y menos silencio, menos personal y colectivo.

València, 5 de septiembre de 2024

FRANCISCO DE P. BLASCO GASCÓ
Catedrático de Derecho civil
Universitat de València

Capítulo I

Marco jurídico internacional y estatal

1. MARCO JURÍDICO INTERNACIONAL PARA LA PROTECCIÓN DE LA INFANCIA ANTE LA VIOLENCIA SOBRE LA MUJER

La violencia sobre la mujer ha sido reconocida como una violación de los derechos humanos gracias a un arduo proceso que implicó la labor perseverante de diversos actores, en particular, los movimientos de mujeres, quienes llevaron a cabo tareas de incidencia en diversos espacios, especialmente ante los organismos internacionales[1]. Las organizaciones universales y regionales más destacadas han reconocido la urgencia de abordar este problema y han desarrollado una serie de instrumentos para enfrentarlo. La violencia contra las mujeres es una manifestación extrema de desigualdad y discriminación de género que afecta a mujeres y niñas en todo el mundo, sin importar su

---

1 Acerca del papel de los movimientos de mujeres en el reconocimiento de la violencia de género como una violación de los derechos humanos de las mujeres véase Calvo García Manuel: "The Role of Social Movements in the Recognition of Gender Violence as a Violation of Human Rights: From Legal Reform to the Language of Rights" *The Age of Human Rights Journal*, (6), pp. 60–82. https://doi.org/10.17561/tahrj.v0i6.2930

origen étnico, nivel socioeconómico o educación. Es una violación de los derechos humanos y una barrera significativa para el desarrollo sostenible, la paz y la justicia social.

Conscientes de esta realidad, organizaciones internacionales y regionales como las Naciones Unidas (ONU); la Organización Mundial de la Salud (OMS); el Consejo de Europa (CE) o la Unión Europea (UE), han puesto en marcha diversas iniciativas y han desarrollado instrumentos jurídicos para hacer frente a la violencia de género.

Estos instrumentos abarcan desde tratados y convenciones hasta recomendaciones y resoluciones, y se centran en regular medidas con las que prevenir, sancionar y erradicar la violencia contra las mujeres en todas sus formas: violencia física, psicológica, económica, violencia sexual, trata de personas, matrimonio infantil, mutilación genital femenina, entre otras. Estos documentos proporcionan un marco legal y normativo para que los Estados adopten medidas efectivas y promuevan cambios sociales y culturales necesarios para combatir esta violencia estructuralmente arraigada.

Además de los instrumentos jurídicos, estas organizaciones también promueven la generación de datos y la investigación sobre la violencia de género con el fin de comprender mejor su alcance y sus consecuencias, así como identificar las mejores prácticas en la prevención y atención a las víctimas. Asimismo, se enfocan en la sensibilización, la capacitación y la educación de la sociedad en su conjunto para cambiar actitudes y comportamientos que perpetúan la violencia contra las mujeres.

1.1. La violencia de género y la labor de las Naciones Unidas

Es destacable la labor de la Organización de Naciones Unidas (ONU) en apoyo de los derechos de las mujeres ya desde la adopción de su Carta fundacional[2]. Establece en su preámbulo el principio de igualdad entre hombres y mujeres, y en su artículo 1.2 menciona el principio de igualdad de derechos como uno de los propósitos fundamentales de la organización[3]. Este principio de igualdad de derechos se vio reforzado y ampliado por lo que se conoce como la Carta Internacional de Derechos Humanos, que comprende la Declaración Universal de Derechos Humanos[4], el Pacto Internacional de Derechos Civiles y Políticos[5], y el Pacto Internacional de Derechos Económicos, Sociales y Culturales[6].

---

2 Naciones Unidas (1945): Carta de las Naciones Unidas. Adoptada en la Conferencia de las Naciones Unidas sobre Organización Internacional, de 25 de junio de 1945.

3 Los propósitos de las Naciones Unidas son: "2. Fomentar entre las naciones relaciones de amistad basadas en el respeto al principio de la igualdad de derechos y al de la libre determinación de los pueblos, y tomar otras medidas adecuadas para fortalecer la paz universal".

4 Naciones Unidas (1948): Declaración Universal de los Derechos Humanos. Adoptada por la Asamblea General en su Resolución 217 A (iii), de 10 de diciembre de 1948.

5 Naciones Unidas (1966): Pacto Internacional de Derechos Civiles y Políticos. Resolución 2200 A (XXI), de 16 de diciembre de 1966, de la Asamblea General.

6 Naciones Unidas (1966): Pacto Internacional de Derechos Económicos, Sociales y Culturales. Resolución 2200 A (XXI), de 16 de diciembre de 1966, de la Asamblea General.

La Declaración Universal de Derechos Humanos establece que todas las personas tienen derecho a disfrutar de los derechos humanos sin distinción alguna de raza, color, sexo, idioma, religión, opinión política o de cualquier otra índole, origen nacional o social, posición económica, nacimiento o cualquier otra condición (art. 2). En cuanto a los Pactos internacionales de 1966, tanto el Pacto Internacional de Derechos Civiles y Políticos como el Pacto Internacional de Derechos Económicos, Sociales y Culturales, establecen que los Estados Partes se comprometen a garantizar el ejercicio de los derechos enunciados en dichos instrumentos sin discriminación alguna por motivos de raza, color, sexo, idioma, religión, opinión política o de otra índole, origen nacional o social, posición económica, nacimiento o cualquier otra condición social (art. 2 del PIDESC y art. 2 del PIDCP).

Si bien estos instrumentos reconocen explícitamente el principio de igualdad y no discriminación ante la ley, carecen de una regulación específica sobre la situación de la mujer. Es decir, no abordan de manera detallada los derechos y la protección específica que las mujeres requieren para hacer frente a la discriminación, desigualdad y en consecuencia también a la violencia de género[7].

---

[7] Sobre la evolución del concepto de igualdad de género y no discriminación, véase Lousada Arochena, José Fernando: *El derecho fundamental a la igualdad efectiva de mujeres y hombres*, Valencia: Tirant lo Blanch, 2014; Carmona Cuenca, Encarna (ed.), *La perspectiva de género los Sistemas Europeo e Interamericano de Derechos Humanos*, Madrid: Centro de Estudios Políticos y Constitucionales 2015.

A finales de la década de los años setenta, se desarrollaron otros instrumentos internacionales que se centran específicamente en la promoción y protección de los derechos de las mujeres. Uno de los más destacados es la Convención sobre la Eliminación de Todas las Formas de Discriminación contra la Mujer, adoptada el 18 de diciembre de 1979[8], que aborda de manera integral la igualdad de género y la eliminación de la discriminación contra las mujeres en todas las esferas de la vida. A menudo se describe como una Carta Internacional de Derechos Humanos para las mujeres[9]. En sus 30 artículos esta Convención define explícitamente la discriminación contra las mujeres y establece una hoja de ruta de acción nacional para poner fin a esta forma de discriminación centrándose en la cultura y la tradición como fuerzas influyentes que contribuyen a la consolidación de los roles de género[10].

---

8 Naciones Unidas (1979): Convención sobre la eliminación de todas las formas de discriminación contra la mujer. Resolución 34/180, de 18 de diciembre de 1979, de la Asamblea General.

9 Maquieria D´Angelo, Virginia (Coord.): *Mujeres, globalización y derechos*, Valencia: Universidad de Valencia, Servicio de Publicaciones, 2ª ed. 2010, p. 104.

10 En muchos contextos, las prácticas culturales y tradicionales han asignado roles y expectativas específicas a hombres y mujeres, limitando así las oportunidades y los derechos de las mujeres. La Convención reconoce la importancia de abordar estas cuestiones desde un enfoque integral, reconociendo que los cambios en las leyes y políticas no son suficientes para lograr la igualdad de género si no se abordan también las barreras culturales y tradicionales. Al reconocer y desafiar las normas de género arraigadas, se busca promover una mayor igualdad y empoderamiento de las mujeres en las sociedades.

Aunque la Convención carece de un artículo específico para condenar la violencia contra la mujer, tiene otras disposiciones que promueven la obligación de los Estados en este ámbito. A este respecto, el artículo 1 de la Convención, define por primera vez en el marco internacional la discriminación contra la mujer a cuyo tenor "a los efectos de la presente Convención, la expresión "discriminación contra la mujer" denotará toda distinción, exclusión o restricción basada en el sexo que tenga por objeto o por resultado menoscabar o anular el reconocimiento, goce o ejercicio por la mujer, independientemente de su estado civil, sobre la base de la igualdad del hombre y la mujer, de los derechos humanos y las libertades fundamentales en las esferas política, económica, social, cultural y civil o en cualquier otra esfera".

1.1.1. La Recomendación General nº 19 (1992)

El Sistema Internacional de Derechos Humanos ha impulsado la creación de organismos específicos encargados de supervisar el cumplimiento de las normas relacionadas con la igualdad de género y la erradicación de la violencia por razón de género contra las mujeres. Estos organismos, como el Comité para la Eliminación de la Discriminación contra la Mujer (CEDAW), tienen la tarea de monitorear el cumplimiento de los tratados internacionales y proporcionar orientación a los Estados miembros sobre las medidas necesarias para garantizar la igualdad de género[11]. De este Organismo emana la Recomenda-

---

[11] El Comité para la Eliminación de la Discriminación contra la Mujer es el órgano encargado de supervisar y

ción General nº 19 (1992)[12], dedicada expresamente a la violencia contra la mujer. Se interpreta el término discriminación referido en el artículo 1 de la Convención para incluir en él esta violencia y establece que: "la violencia contra la mujer es una forma de discriminación que impide gravemente que goce de derechos y libertades en pie de igualdad con el hombre". También constituyen una forma de violencia aquellas conductas, actitudes o comportamientos

---

garantizar la implementación de la Convención sobre la Eliminación de Todas las Formas de Discriminación contra la Mujer (CEDAW). Su mandato y las directrices para la aplicación del tratado se establecen en los artículos 17 a 30 de la Convención. El Comité está compuesto por 23 expertos y expertas de reconocido prestigio moral y competencia en el ámbito abarcado por la Convención. Estos miembros son designados por sus respectivos gobiernos y elegidos a título personal por los Estados. Su objetivo principal es promover y supervisar el cumplimiento de los compromisos asumidos por los Estados Parte en la Convención. Como parte de su labor, se espera que los Estados presenten informes periódicos al Comité, al menos cada cuatro años, sobre las medidas adoptadas para garantizar la efectiva aplicación de las disposiciones de la Convención. Durante sus sesiones anuales, los miembros del Comité examinan estos informes junto con los representantes de los gobiernos y evalúan las áreas que requieren nuevas acciones a nivel nacional.
Además de su función de supervisión, el Comité emite recomendaciones generales a los Estados Parte sobre diversos aspectos relacionados con la eliminación de la discriminación contra las mujeres. Estas recomendaciones abordan cuestiones clave y proporcionan orientación valiosa para fortalecer las políticas y prácticas en materia de igualdad de género.

12 https://www.un.org/womenwatch/daw/cedaw/recommendations/recomm-sp.htm

que reproducen patrones socioculturales de conducta de hombres y mujeres que acentúan la discriminación, imponiendo prejuicios, miradas estereotipadas, desvalorizaciones de la mujer. Por ello, el art. 5 de la Convención establece que los Estados parte deben tomar medidas tendentes a "... modificar los patrones socioculturales de conducta de hombres y mujeres, con miras a alcanzar la eliminación de los prejuicios y las prácticas consuetudinarias y de cualquier otra índole que estén basados en la idea de inferioridad o superioridad de cualquiera de los sexos o en funciones estereotipadas de hombres y mujeres (...)".

De esta manera, la Recomendación General nº 19 del Comité constituye un instrumento de interpretación y análisis del conjunto de derechos humanos de la mujer en tanto sujeto de derechos. Manero Salvador[13] destaca cómo, a través de las Recomendaciones Generales, se pueden abordar las deficiencias de la Convención que surgen debido al gran número y alcance de las reservas presentadas. De hecho, las Recomendaciones Generales han enriquecido y ampliado la Convención al abordar temas que inicialmente no se consideraron, como la protección de la integridad de las mujeres frente a la violencia. Por lo tanto, la comprensión completa de la Convención no puede lograrse sin considerar las Recomendaciones del Comité CEDAW, pese a que carecen de fuerza ejecutiva. La importancia de esta Recomendación General nº

---

13 Manero Salvador, Ana: "Discriminación y violencia contra la mujer: medidas y retos en Naciones Unidas" en Escobar Hernández Concepción (Dir.) *Los derechos humanos en la sociedad internacional del siglo XXI*, Vol. 1, Madrid: Colección Escuela Diplomática, nº 15, 2009, p. 203-214, pp. 204 y ss.

19 radica en configurar la violencia contra la mujer como un tipo de violencia específica, que se dirige contra ella por el mero hecho de ser mujer o que le afecta de manera desproporcionada. En opinión de Merino Sancho[14] uno de los grandes aciertos de la Recomendación General nº 19 es que es la primera vez que se define esta violencia según su causa. Concretar esta violencia en cuanto la violencia dirigida contra la mujer "por el hecho de ser mujer" es categorizar la violencia contra las mujeres.

En la Recomendación General nº 19 el Comité recomendó a los Estados parte, entre otras, las siguientes medidas:

- Adopción de medidas eficaces para combatir la violencia por razón de género tanto en el ámbito público como el privado.
- Velar por que las leyes contra la violencia y los malos tratos en la familia, la violación, los ataques sexuales y otro tipo de violencia contra la mujer protejan de manera adecuada a todas las mujeres y respeten su integridad y su dignidad. Debe proporcionarse a las víctimas protección y apoyo apropiados. Es indispensable que se capacite a los funcionarios judiciales, los agentes del orden y otros funcionarios públicos para que apliquen la Convención.
- Recopilación de estadísticas y la investigación de la amplitud, las causas y los efectos de la

---

[14] Merino Sancho, Victor: "Mecanismos internacionales de promoción y protección de los derechos humanos de las mujeres", en Colección "*La Llave*" nº 7, Fundación Æquitas, junio, 2012, p. 80.

violencia y de la eficacia de las medidas para prevenir y responder a ella.

- En los informes que presenten, los Estados Parte individualicen la índole y el alcance de las actitudes, costumbres y prácticas que perpetúan la violencia contra la mujer, y el tipo de violencia que engendran. Se debe informar sobre las medidas que hayan tomado para superar la violencia y sobre los resultados obtenidos.
- Concretamente con respecto a la protección eficaz a las mujeres frente a la violencia que padecen, el Comité recomendó:
  i) medidas jurídicas eficaces, como sanciones penales, recursos civiles e indemnización para protegerlas contra todo tipo de violencia, hasta la violencia y los malos tratos en la familia, la violencia sexual y el hostigamiento en el lugar de trabajo;
  ii) medidas preventivas, entre ellas programas de información y educación para modificar las actitudes relativas al papel y la condición del hombre y de la mujer;
  iii) medidas de protección, entre ellas refugios, asesoramiento, rehabilitación y servicios de apoyo para las mujeres que son víctimas de violencia o que se encuentren en peligro de serlo.
- Los informes de los Estados Parte deben incluir información acerca de las medidas jurídicas y de prevención y protección que se hayan adoptado para superar el problema de la vio-

lencia contra la mujer y acerca de la eficacia de esas medidas.

1.1.2. La Recomendación General nº 35 (2017)

El 26 de julio de 2017 el Comité CEDAW aprobó la Recomendación general nº 35 (2017) sobre la violencia por razón de género contra la mujer, por la que se actualiza la Recomendación general nº 19. Como expresa el citado organismo, la problemática de la violencia de género se ha generalizado, existen nuevos medios de ejercer violencia (entre ellos medios digitales, tecnológicos, ciberacoso, *sexting*, entornos tecnológicos en general) que impactan en distintos ámbitos (público, privado, laboral) y afectan en definitiva el ejercicio y goce de los derechos humanos de las mujeres. Asimismo, es importante destacar que para el Comité CEDAW, si bien existen avances en materia legislativa referentes a la lucha contra la violencia de género, ello no es suficiente: todavía hay en varios países ámbitos favorecedores de impunidad; recortes presupuestarios en temáticas vinculadas con la lucha contra la violencia de género; la actuación lenta de la justicia genera un ambiente de impunidad que favorece la violencia; la falta de políticas públicas efectivas, con perspectiva de género; legislaciones insuficientes o falta de aplicación de las mismas. Frente a esto, se requiere de una resignificación de modos de intervención, revisar prácticas, analizar las causas de la violencia de género, los efectos, de qué manera impactan los nuevos escenarios y hechos del siglo XXI en el ejercicio y goce de los derechos de las mujeres y niñas.

Los estereotipos de género y las conductas discriminatorias siguen representando una barrera para la plena garantía de los derechos humanos de las mujeres. Las normas culturales y sociales que perpetúan la desigualdad de género y la discriminación basada en la orientación sexual, la identidad de género o la raza limitan las oportunidades y derechos de las mujeres y niñas. La violencia de género, la discriminación en el ámbito laboral y la falta de participación política son ejemplos de cómo estos estereotipos y conductas discriminatorias afectan la vida de las mujeres y obstaculizan la realización de sus derechos fundamentales. La necesidad de una perspectiva de género que sea transversal a toda la actividad de los Estados en su conjunto se impone como una herramienta necesaria para lograr la igualdad de género y luchar así contra la violencia por razón de género contra la mujer.

El Comité en esta Recomendación General nº 35 señala que en la actualidad la prohibición de la violencia por razón de género contra la mujer es un principio del derecho internacional consuetudinario. En opinión de Orjuela Ruiz [15]para que a una norma se le reconozca el carácter consuetudinario, es necesaria la práctica de sus postulados por los Estados y la *opinio iuris* esto es, el convencimiento de que esa práctica, constituye una obligación legal.

El objetivo de la Recomendación General nº 35 ante el aumento y la complejidad de los casos de violencia de género contra las mujeres es brindar a los Estados parte la orientación adicional para acelerar la eliminación de dicha violencia; aclarando normas

---

15 Orjuela Ruiz, Astrid: "El concepto de violencia de género en el Derecho Internacional de los Derechos Humanos" en *Revista Latinoamericana de Derechos Humanos,* Volumen 23 (1), I Semestre 2012, p. 89-114, p. 93.

y obligaciones de los Estados en esa línea. Se pone el acento en la responsabilidad del Estado y definen los niveles de responsabilidad de este por acción, por omisión de sus agentes, por no actuar con debida diligencia para prevenir la violencia contra la mujer, afectada, atacada por particulares, por empresas y por no garantizar el acceso a recursos a las víctimas y sobrevivientes. El Estado adquiere un papel activo en la lucha contra la violencia de género, que implica su rol de garante de los tratados y convenciones que ha suscrito y ratificado[16]. Y ese carácter de garante trae consigo una actividad con perspectiva de género que afecta a todos los poderes de los Estados: ejecutivo, legislativo y judicial.

En el plano legislativo especifica la obligación de dictar leyes que prohíban todas las formas de violencia contra la mujer; armonizar la legislación nacional y los sistemas de justicia, religiosos, indígenas y comunitarios con la Convención; y la consideración de mujeres y niñas como sujetos de derechos.

En el plano ejecutivo resalta la necesidad de disponer recursos presupuestarios suficientes; formula-

---

16 Cuando un Estado ratifica un tratado o convención de derechos humanos, asume en virtud del derecho internacional la obligación de aplicarlo. Y esa aplicación es el proceso por el cual los Estados parte toman medidas para garantizar la efectividad de los derechos reconocidos en dichos instrumentos. El Estado asume la obligación de hacer efectivos los derechos de las mujeres y niñas en este caso, de hacer compatible su legislación con la Convención en la jurisdicción interna y también, desde la cooperación internacional, de contribuir que se aplique en todo el mundo. Esto por cuanto la lucha contra la violencia de género es una responsabilidad global.

ción de políticas públicas concretas, mecanismos de vigilancias, financiación, creación de tribunales nacionales, servicios accesibles, asequibles para proteger a las víctimas; garantizar financiación de reparación de las víctimas; eliminar prácticas institucionales y conductas de funcionarios que constituyan violencia de género; investigar, sancionar la ineficiencia y negligencia así como fortalecer la prevención.

Por último, respecto del ámbito judicial indica la obligación de los órganos judiciales de abstenerse de incurrir en actos discriminatorios; garantizar que los procedimientos judiciales vinculados con la violencia de género sean justos, imparciales, libres de estereotipos de género; que se garantice el recurso efectivo; que tengan perspectiva de género.

La Convención para la Eliminación de Todas las formas de Discriminación contra la Mujer, fue ratificada por España el 16 de diciembre de 1983 y publicada en el Boletín Oficial del Estado el 21 de marzo de 1984 formando parte de ordenamiento jurídico español desde dicho momento[17]. De acuerdo con el artículo 18 de la Convención, España ha presentado nueve informes periódicos y el último de ellos recoge las actuaciones desarrolladas desde el año 2015 al 2022. El 31 de mayo de 2023 el Comité presentó las observaciones finales sobre el noveno informe periódico presentado por España, del que cabe resaltar la preocupación que observa por la aplicación continuada de la alienación parental, a pesar de estar pro-

---

[17] La ratificación se realizó con una reserva, que se mantiene a fecha de hoy: la ratificación por España de la Convención no afecta a las disposiciones constitucionales en materia de sucesión a la Corona.

hibida por la Ley Orgánica núm. 8/2021, a la hora de valorar la custodia de los hijos en casos de violencia doméstica, lo que puede poner a la madre y a los hijos e hijas en riesgo de violencia doméstica y recomienda a España, en reiteración de sus anteriores observaciones finales y en consonancia con las comunicaciones núms. 47/2012 y 154/2020 del Comité, que vele por que no se concedan derechos de tutela y de visita sin supervisión a los padres en los casos en que puedan ponerse en peligro los derechos, el bienestar y la seguridad de los niños (CEDAW/C/ESP/CO/7-8, párr. 39 a), y CEDAW/C/58/D/47/2012 y CEDAW/C/84/D/154/2020).

Existen otros hitos importantes encaminados a la lucha por la igualdad entre hombres y mujeres y contra la violencia de género en el ámbito internacional que merecen ser reseñadas:

Coincidiendo con el Año Internacional de la Mujer, la Conferencia Mundial de las Mujeres en México (1975) fue un punto de inflexión al reconocer por primera vez la gravedad de la violencia contra las mujeres. Este evento puso en agenda la problemática de la violencia de género a nivel internacional. Se identificaron tres objetivos en relación con la igualdad, la paz y el desarrollo para el Decenio: Plena igualdad de género y eliminación de la discriminación de género; la integración y participación plena de la mujer en el desarrollo; una mayor contribución de las mujeres al fortalecimiento de la paz mundial[18].

---

18 La Conferencia instó a los gobiernos a formular estrategias, metas y prioridades nacionales. Condujo al establecimiento del Instituto Internacional de Investigaciones y Capacitación para la Promoción de la Mujer (INSTRAW)

En la II Conferencia Mundial sobre la Condición Jurídica y Social de las Mujeres (CSW)[19] en Copenhague (1980), se reconoció que la violencia contra

---

y el Fondo de Desarrollo de las Naciones Unidas para la Mujer (UNIFEM), los cuales se fusionaron posteriormente, junto con otras dos entidades de las Naciones Unidas, en 2010, para formar ONU Mujeres.

19 Como órgano especializado de las Naciones Unidas, la Comisión reúne a representantes de gobiernos y expertos en la materia, así como a organizaciones no gubernamentales y otras partes interesadas. A través de sus sesiones anuales, la Comisión examina y evalúa la situación de las mujeres en diferentes ámbitos y elabora recomendaciones y resoluciones para abordar los desafíos y promover la igualdad de género.

La labor de la Comisión abarca una amplia gama de temas, que incluyen la participación política y económica de las mujeres, la violencia de género, el acceso a la educación y la salud, la igualdad salarial, la igualdad de oportunidades y el empoderamiento económico de las mujeres.

Además de su papel normativo y de supervisión, la Comisión también actúa como plataforma de intercambio de buenas prácticas y experiencias, facilitando el diálogo y la colaboración entre los Estados miembros y otros actores clave en la promoción de la igualdad de género. En marzo de 2013, se celebró la 57ª sesión de la Comisión para la Condición Jurídica y Social de la Mujer (CSW) cuyo tema prioritario fue la “Eliminación y prevención de todas las formas de violencia contra las mujeres y niñas”. Entre los principales logros de esta sesión de la CSW está el haber alcanzado un documento de Conclusiones dividido en cuatro secciones dedicadas a:

- El desarrollo de marcos jurídicos y políticos y la rendición de cuentas;
- La prevención de la violencia contra la mujer y las niñas a través de la lucha contra sus causas estructurales y sus factores de riesgo;

las mujeres constituye un problema de graves consecuencias sociales que se perpetúa de una generación a otra. Este reconocimiento contribuyó a visibilizar el problema y generar conciencia sobre la necesidad de abordarlo[20].

- El fortalecimiento de los servicios multisectoriales, programas y las respuestas a la violencia contra la mujer;
- Y la mejora de la base empírica, de los datos.

En las conclusiones de dicha sesión España introdujo aspectos relacionados con la lucha contra la violencia de género, entre los que son destacables por su tratamiento de manera específica la protección de los hijos e hijas de las mujeres que sufren maltrato, reconociendo la importancia de garantizar su bienestar y ofrecerles entornos seguros y libres de violencia.

20 "1. Pide al Secretario General de las Naciones Unidas que prepare, en cooperación con todas las organizaciones pertinentes del sistema de las Naciones Unidas, un estudio sobre la amplitud y los tipos de malos tratos físicos, sexuales y de otra índole en las familias y las instituciones, y sobre los recursos de que se dispone para tratar este problema; 2. Recomienda que el Secretario General de las Naciones Unidas presente dicho estudio a la Comisión de la Condición Jurídica y Social de la Mujer en su 29. período de sesiones para que ésta considere nuevas medidas adecuadas ; 3. Encarece además a los Estados Miembros que consideren, según proceda, la creación de tribunales familiares, dotados siempre que sea posible, de funcionarios, incluidas mujeres, con formación en derecho y en otras disciplinas pertinentes, así como de funcionarios con conocimientos y experiencia especializados; Insta a los Estados Miembros a que adopten medidas para proteger a las víctimas de la violencia en la familia y lleven a la práctica programas que tengan por finalidad evitar esos malos tratos, así como a que creen centros para el tratamiento, acogida y orientación de las víctimas de la violencia y los delitos sexuales y proporcionen otros servicios, tales como rehabilitación del uso

La Conferencia de Nairobi de julio de 1985, convocada en Kenya, tuvo lugar como continuación de la segunda conferencia de mujeres en Copenhague, con el propósito de evaluar los logros del Decenio de las Naciones Unidas para la Mujer (1976-1985). La III Conferencia Mundial sobre la condición de la mujer marcó el cierre del Decenio de las Naciones Unidas para la Mujer, concluyendo con la aprobación por consenso de un documento final llamado "Estrategias de Nairobi orientadas hacia el futuro para el adelanto de la mujer". Dicho documento contenía estrategias diseñadas para mejorar la situación de las mujeres e integrarlas en todos los aspectos del desarrollo durante el resto del siglo. En el ámbito concreto de la violencia sobre la mujer reconoce que deben darse los pasos necesarios para considerarlo como un acto criminal contra la mujer[21].

---

indebido del alcohol y las drogas, vivienda, empleo, guarderías y atención médica". 1980: Informe de la conferencia A/CONF.94/35.

21 "Muchos representantes señalaron los problemas de la violencia contra la mujer, el asedio sexual, la prostitución, la violencia en la familia y la situaci6n de las mujeres maltratadas y golpeadas. Se observó que la violencia en el hogar ya estuviera basada en costumbres tradicionales o en el abuso conyugal, era muy frecuente en muchos países. La intimidad de la familia y los sentimientos de culpa y vergüenza a menudo encubrían este fenómeno de alcance mundial. Algunos representantes señalaron que se debía reconocer que la violencia en el hogar era un acto criminal contra la mujer y hacerle frente con las medidas jurídicas pertinentes, que se podrían complementar mediante eficaces servicios sociales y de apoyo a las víctimas" 1980: Informe de la conferencia A/CONF.116/28/Rev.

La Declaración sobre la eliminación de la violencia contra la mujer aprobada por Resolución de la Asamblea General 48/104, de 20 de diciembre de 1993, aporta la definición de violencia contra la mujer[22] e identifica cuáles son los distintos tipos de violencia[23], concibiéndola, en coherencia con los instrumentos anteriores, en términos de violación de derechos humanos y libertades fundamentales. Supuso un compromiso por parte de los Estados de asumir sus responsabilidades, y un compromiso de la comunidad internacional para eliminar la violencia contra la mujer. También establece en su artículo 4

---

22 A los efectos de la presente Declaración, por "violencia contra la mujer" se entiende todo acto de violencia basado en la pertenencia al sexo femenino que tenga o pueda tener como resultado un daño o sufrimiento físico, sexual o sicológico para la mujer, así como las amenazas de tales actos, la coacción o la privación arbitraria de la libertad, tanto si se producen en la vida pública como en la vida privada (art. 1).

23 Se entenderá que la violencia contra la mujer abarca los siguientes actos, aunque sin limitarse a ellos:
a) La violencia física, sexual y sicológica que se produzca en la familia, incluidos los malos tratos, el abuso sexual de las niñas en el hogar, la violencia relacionada con la dote, la violación por el marido, la mutilación genital femenina y otras prácticas tradicionales nocivas para la mujer, los actos de violencia perpetrados por otros miembros de la familia y la violencia relacionada con la explotación;
b) La violencia física, sexual y sicológica perpetrada dentro de la comunidad en general, inclusive la violación, el abuso sexual, el acoso y la intimidación sexuales en el trabajo, en instituciones educacionales y en otros lugares, la trata de mujeres y la prostitución forzada;
c) La violencia física, sexual y sicológica perpetrada o tolerada por el Estado, dondequiera que ocurra (art. 2).

la necesidad de evitar la reincidencia en la victimización de las mujeres como resultado de leyes, prácticas de aplicación de la ley y otras intervenciones que no tengan en cuenta la discriminación. Además, se esfuerza en garantizar a las mujeres y, cuando corresponda, a sus hijos, una serie de medidas de asistencia especializada, servicios de rehabilitación, ayuda para el cuidado y manutención de los niños, tratamiento, asesoramiento, servicios de salud y programas sociales, así como estructuras de apoyo. Como señala Reyes Cano[24], es reseñable que la Declaración menciona a los hijos en el contexto de la violencia de género como apéndices de las madres, sin conceptualización alguna como víctimas. Esto significa que reconoce la necesidad de brindar apoyo y protección a los hijos que se encuentran en entornos de violencia de género, reconociendo que ellos también pueden verse afectados por esta situación y requieren medidas adecuadas para su seguridad y rehabilitación física y psicológica.

En la IV Conferencia Mundial de las Mujeres celebrada en Beijing en 1995, se alcanzó un consenso global al reconocer que la violencia de género representa un obstáculo significativo para la libertad, el desarrollo y el pleno ejercicio de los derechos de las mujeres. En esta reunión, los gobiernos y la sociedad civil exigieron la adopción de medidas concretas para hacer frente a esta problemática. Un logro destacado de la conferencia fue la aprobación de la Declaración y Plataforma de Acción de Beijing. Este documento diseñó una agenda integral y ambiciosa

---

24 Reyes Cano, Paula: *El olvido de los derechos de la infancia en la violencia de género,* Madrid: Editorial Reus, 2019, p. 86.

para promover la igualdad de género en todas las esferas de la sociedad. El texto de la Plataforma confirma y asume la definición sobre la violencia contra la mujer propuesta en la Declaración de 1993 así como los tipos y formas de violencia, en los que incluye una lista detallada de casos de violencia dentro de las familias. Desde la Declaración y Plataforma de Acción de Beijing se abordaron diversos aspectos cruciales, incluyendo la violencia de género, la participación política y económica de las mujeres, la educación, la salud y otros derechos fundamentales[25].

Estos hitos demuestran la evolución y el progreso en la lucha contra la violencia de género y en la promoción de la igualdad entre hombres y mujeres a nivel internacional. Sin embargo, también subrayan la importancia de seguir trabajando y fortaleciendo los esfuerzos para garantizar la plena igualdad de género y erradicar la violencia contra las mujeres.

Asimismo, Sistema Interamericano de Derechos Humanos (SIDH) ha establecido estándares que todos los Estados miembros deben cumplir en relación con la igualdad de género y la prevención de la violencia de género. Estos estándares incluyen la obligación de los Estados de adoptar leyes y políticas adecuadas, así como de investigar y sancionar los ac-

---

[25] Las revisiones periódicas de la IV Conferencia Mundial de las Mujeres en Beijing+5 (2000), Beijing+10 (2005), Beijing+15 (2010) y Beijing+20 (2015) han sido momentos clave para evaluar los avances y obstáculos en la implementación de la Plataforma de Acción de Beijing. Estas revisiones han proporcionado recomendaciones para los gobiernos, el sector privado y la sociedad civil sobre cómo avanzar en la implementación de la agenda de igualdad de género a nivel global, regional y nacional.

tos de violencia contra las mujeres. Adicionalmente, se enfatiza la importancia de proteger y apoyar a las víctimas, así como realizar campañas de sensibilización y educación para detener la violencia de género en todas sus formas.

El objetivo último de estas acciones y estándares es lograr la igualdad de género y erradicar la violencia por razón de género contra las mujeres en todo el mundo. A través del SIDH y los sistemas regionales, se busca garantizar que los derechos humanos de las mujeres sean respetados, protegidos y promovidos, y que se tomen medidas concretas para prevenir y combatir la violencia de género.

1.1.3. La agenda 2030

En el año 2015, la Organización de las Naciones Unidas aprobó la "Agenda 2030 para el desarrollo sostenible"[26]. Esta Agenda es un marco global que aborda diversos aspectos del desarrollo sostenible y se compone de 17 Objetivos de Desarrollo Soste-

26 Naciones Unidas, Asamblea General, Transformar nuestro mundo: la Agenda 2030 para el Desarrollo Sostenible. Resolución aprobada el 25 de septiembre de 2015. A/RES/70/1 (2015). La Agenda 2030 se aprobó, por unanimidad, por los 193 Estados integrantes de la Asamblea General de las Naciones Unidas con un objetivo claro: luchar contra los grandes desafíos de la Humanidad. Aprobada en septiembre del 2015 desarrolla en un marco temporal de 15 años (2016-2030). https://www.un.org/sustainabledevelopment/es y https://www.agenda2030.gob.es

nible (ODS)[27]. Estos objetivos cubren una amplia gama de áreas, desde la erradicación de la pobreza hasta la lucha contra el cambio climático, la promoción de la educación, la igualdad de género, la protección del medio ambiente y el desarrollo de ciudades sostenibles.

La Agenda 2030 reconoce la interconexión entre los diferentes desafíos que enfrenta el mundo y busca promover un desarrollo equitativo, inclusivo y sostenible en todas las dimensiones: social, económica y ambiental. Cada uno de los 17 ODS aborda una problemática específica y establece metas y objetivos claros a ser alcanzados para el año 2030[28].

En concreto, el Objetivo 5 de la Agenda 2030 para el desarrollo sostenible se centra en lograr la igualdad de género y empoderar a todas las mujeres y niñas. Para alcanzar este objetivo, se establecen metas específicas que abordan diversas áreas:

1. Poner fin a todas las formas de discriminación contra mujeres y niñas: Esta meta busca eliminar cualquier forma de discriminación basada

---

[27] Sotillo Lorenzo, José Angel, *El reto de cambiar el mundo: la Agenda 2030 de desarrollo sostenible.* Universidad Complutense, Madrid 2015 y Pérez de Armiño, Karlos: "El reto de cambiar el mundo. La Agenda 2030 de desarrollo sostenible", en *Revista española de derecho internacional,* núm. 2/2016

[28] Una mirada a los ODS con perspectiva de género en Verdiales López, Diana Marcela, "La importancia de la mujer en el desarrollo. Análisis de los Objetivos de Desarrollo Sostenible con perspectiva de género", en *Femeris: Revista Multidisciplinar de Estudios de Género,* núm. 3/2020, pp. 97 a 113.

en el género y garantizar la igualdad de oportunidades en todos los ámbitos de la vida.

2. Eliminar todas las formas de violencia contra mujeres y niñas: Se busca erradicar la violencia de género en todos los entornos, tanto públicos como privados. Esto incluye la lucha contra la trata de personas, la explotación sexual y cualquier otra forma de explotación.

3. Eliminar prácticas nocivas: Se pretende acabar con prácticas dañinas como el matrimonio infantil, precoz y forzado, así como la mutilación genital femenina.

4. Reconocer y valorar el trabajo no remunerado y los cuidados: Esta meta busca valorar el trabajo doméstico no remunerado y los cuidados que tradicionalmente han sido asumidos por las mujeres. Se promueve la implementación de políticas de protección social, servicios públicos e infraestructuras que reconozcan y compartan la responsabilidad del trabajo en el hogar y la familia.

5. Promover la participación y liderazgo de las mujeres: Se busca garantizar la participación plena y efectiva de las mujeres en todos los niveles de toma de decisiones en la vida política, económica y pública. Esto implica promover la igualdad de oportunidades de liderazgo y la representación equitativa de mujeres en puestos de responsabilidad.

6. Garantizar el acceso a la salud sexual y reproductiva: Esta meta busca asegurar el acceso universal a la salud sexual y reproductiva, así como los derechos reproductivos de las muje-

res. Se hace referencia a acuerdos internacionales como el Programa de Acción de la Conferencia Internacional sobre la Población y el Desarrollo, la Plataforma de Acción de Beijing y los documentos finales de sus conferencias de examen.

7. Emprender reformas que otorguen a las mujeres igualdad de derechos a los recursos económicos, propiedad y control de la tierra y otros tipos de bienes, servicios financieros, herencia y recursos naturales, de acuerdo con las leyes nacionales.
8. Mejorar el uso de la tecnología de la información y las comunicaciones para promover el empoderamiento de las mujeres.
9. Aprobar y fortalecer políticas y leyes para promover la igualdad de género y el empoderamiento de todas las mujeres y niñas a todos los niveles.

Estas metas reflejan el compromiso de la Agenda 2030 para abordar la desigualdad de género y promover la igualdad de oportunidades para todas las mujeres y niñas. A través de la eliminación de la discriminación, la violencia y las prácticas nocivas, así como la promoción de la participación política y el acceso a la salud y los recursos económicos, se busca crear un mundo más equitativo y justo. Para lograrlo, es necesario implementar políticas y leyes adecuadas, fortalecer el uso de la tecnología y promover una distribución equitativa de los recursos y el poder en todas las esferas de la sociedad.

1.2. La violencia de género y el Consejo de Europa

En el ámbito del Consejo de Europa se han realizado numerosas acciones para afrontar cualquier forma de violencia contra la mujer, dentro del ámbito de las competencias que le son propias. En lo referido a instrumentos jurídicos, el texto fundamental emanado del Consejo es el Convenio Europeo para la Protección de los Derechos Humanos y las Libertades Fundamentales, aprobado en Roma el 4 de noviembre de 1950, cuyo artículo 14 consagra la no discriminación como fórmula que inicialmente se utilizó para aplicar al ejercicio de los derechos reconocidos en el Convenio, pero que ha sido ampliada con la aprobación del Protocolo nº 12 sobre el derecho a la igualdad.

Esta organización internacional comenzó a considerar específicamente la materia de la violencia contra la mujer con la Recomendación del Comité de Ministros del Consejo de Europa de 26 de marzo de 1985, sobre la violencia dentro de la familia, en la que se planteó el doble enfoque, de prevención y represión, lo que implicaba la necesidad de adopción de medidas de política social y de medidas jurídicas. A continuación, se aprobó la Recomendación de 28 de junio de 1985, igualmente del Comité de Ministros, sobre la posición de la víctima en el marco del derecho penal y el proceso penal, que recoge no sólo la obligación de repararla por el daño sufrido, sino de proporcionarle atención e información especializada, considerándola el eje central del proceso penal.

El Consejo ha celebrado dos conferencias en las que explícitamente ha habido pronunciamientos políticos respecto a la violencia contra la mujer:

- La III Conferencia Ministerial de igualdad, convocada en Roma en 1993, en la que se hizo una condena explícita de todas las formas de violencia contra la mujer y se consiguió el compromiso de elaborar unas pautas para los planes nacionales que los Estados se obligaban a elaborar en torno a esta materia[29] y
- La II Cumbre de jefes de Estado y de Gobierno del Consejo de Europa, celebrada en 1997 en Estrasburgo, en la que se alcanzó el compromiso de combatir la violencia y toda forma de explotación sexual de las mujeres y se acordó debatir la posibilidad de elaborar un instrumento jurídico específico para garantizar la igualdad y, en consecuencia, para la eliminación de todas las formas de violencia contra la mujer.

La Recomendación adoptada por el Comité de Ministros del Consejo de Europa el 30 de abril de 2002 sobre la protección de la mujer contra la violencia, aunque no es jurídicamente vinculante, es un instrumento internacional en el que se propone una estrategia global y coordinada para prevenir la violencia contra la mujer y proteger a las víctimas, incluyendo todas las formas de violencia contra la mujer y recomendando a los Estados miembros que reconozcan su "obligación de ejercer la diligencia debida para evitar, investigar y castigar todo acto de violencia, ya

---

[29] De la que surgiría el Plan de Acción contra la violencia hacia las mujeres, publicado el 25 de junio de 1997 y la Recomendación 1325 (1997), relativa a la trata de mujeres y la prostitución forzada.

sean cometidos por el Estado o por particulares, y a proporcionar protección a las víctimas"[30].

No sin cierto retraso[31], y como culminación, el hito normativo más reciente emanado del Consejo de Europa es el Convenio sobre prevención y lucha contra la violencia contra la mujer y la violencia doméstica suscrito en Estambul el 11 de mayo de 2011, ratificado por España en abril de 2014 y que entró en vigor el 1 de agosto del mismo año[32]. Tras su entrada en vigor, el Convenio de Estambul es la segunda herramienta legal regional tras la Convención Intera-

---

30 Otras Resoluciones y recomendaciones de la Asamblea Parlamentaria del Consejo de Europa sobre la materia se han sucedido a lo largo de los últimos diez años: sobre violencia contra la mujer, mutilación genital femenina, sobre los llamados "crímenes de honor", sobre los matrimonios forzados e infantiles y sobre agresiones sexuales relacionadas con las "drogas de la violación".

31 Mestre i Mestre, Ruth M. lo advierte en su artículo "Las MGF como una forma cultural de violencia contra las mujeres en el Convenio de Estambul", en *Revista Europea de Derechos Fundamentales*, 2017, pp. 205-219, p. 206: "Este dato muestra el retraso en el sistema regional europeo de protección de derechos humanos ya que el Convenio de Estambul se firmó dieciocho años después de la Declaración para la eliminación de todas las formas de violencia contra las mujeres (DEVAW) y diecisiete años después de que en el sistema regional interamericano se aprobara la Convención Belem do Pará (1994)".

32 El 19 de febrero de 2014, las Cortes Generales concedieron la autorización para que el Estado pudiera prestar el consentimiento para obligarse por medio de este Convenio sin modificaciones. El 10 de abril de 2014, España depositó el Instrumento de Ratificación del Convenio, siendo finalmente publicado en el BOE del 6 de junio de 2014.

mericana para prevenir, sancionar y erradicar la violencia contra la mujer (Convención Belem do Pará 1994) existente hoy en día a nivel internacional que establece los marcos jurídicos para proteger a las mujeres y prevenir, sancionar y erradicar todas las formas de violencia contra ellas[33].

La importancia del Convenio estriba en que supone el primer instrumento de carácter vinculante en el ámbito europeo en materia de violencia contra la mujer y la violencia doméstica y el tratado internacional de mayor alcance para hacer frente a esta grave violación de los derechos humanos, estableciendo una tolerancia cero con respecto a la violencia hacia la mujer. La violencia contra la mujer se reconoce en el Convenio como una violación de los derechos humanos y como una forma de discriminación, considerando responsables a los Estados si no responden de manera adecuada.

---

33 Este convenio se inspira en el contenido de la Convención de Belém do Pará de 1994, que fue el primer tratado regional interamericano en abordar esta problemática, así como en el Protocolo de la Carta Africana de Derechos Humanos y de los Pueblos. Al igual que estos tratados, el Convenio de Estambul reconoce la necesidad de establecer un marco jurídico internacional de derechos humanos para hacer frente a la violencia contra las mujeres. Esta violencia está arraigada en la sociedad y se perpetúa a través de una cultura de tolerancia y negación. La causa y consecuencia de esta violencia se encuentran en la desigualdad entre hombres y mujeres. El Convenio de Estambul busca combatir esta problemática mediante la adopción de medidas preventivas, la protección de las víctimas y el enjuiciamiento de los agresores. También promueve la cooperación entre los países para abordar la violencia contra las mujeres de manera integral y coordinada.

El Convenio de Estambul sigue la estructura típica de los tratados de derechos humanos, dividiéndose en secciones dedicadas a la prevención, protección y persecución. Sin embargo, se distingue por incluir un bloque adicional destinado a las políticas integradas y coordinadas, lo que le confiere un enfoque integral y completo. Este enfoque reconoce la importancia de abordar la violencia contra las mujeres desde múltiples perspectivas y asegurar la colaboración y coordinación entre los diferentes actores y sectores involucrados. Se enumeran dichos bloques a continuación:

1. Prevención: El Convenio de Estambul establece medidas y acciones para prevenir la violencia contra las mujeres. Esto implica la adopción de políticas y programas de educación y sensibilización que promuevan la igualdad de género, fomenten el respeto mutuo y desafíen los estereotipos de género. También se promueve la cooperación entre diferentes sectores de la sociedad, como el gobierno, las organizaciones de la sociedad civil y el sector privado, para abordar las causas subyacentes de la violencia y promover un cambio cultural.

2. Protección: El convenio establece la obligación de los Estados de proteger a las víctimas de la violencia contra las mujeres. Esto implica garantizar el acceso a servicios de apoyo y asistencia adecuados, como refugios, servicios de atención médica, asesoramiento jurídico y psicológico, y medidas de protección y seguridad. Se promueve la creación de redes de apoyo y la cooperación entre diferentes agencias y organizaciones para garantizar una respuesta efectiva y coordinada a las víctimas.

3. Persecución: El Convenio de Estambul insta a los Estados a adoptar medidas legislativas y judiciales para perseguir y sancionar a los agresores. Esto implica garantizar que la violencia contra las mujeres sea considerada un delito y que se establezcan sanciones proporcionales y efectivas. Se promueve la formación y sensibilización de profesionales de la justicia y de la policía para mejorar la respuesta y la investigación de los casos de violencia contra las mujeres. Además, se fomenta la cooperación internacional en la persecución de los delitos relacionados con la violencia de género.
4. Políticas integradas y coordinadas: Este bloque es una característica distintiva del Convenio de Estambul. Reconoce la importancia de adoptar políticas y medidas integradas y coordinadas entre diferentes sectores y agencias gubernamentales para abordar eficazmente la violencia contra las mujeres. Esto implica la cooperación entre los ministerios de igualdad, justicia, educación, salud, trabajo, entre otros, para garantizar una respuesta integral y coordinada en la prevención, protección y persecución de la violencia.

Pese al indudable avance que ha supuesto en la lucha contra la violencia sobre la mujer el Convenio de Estambul, éste no está exento de problemas. Uno de los más importantes tiene que ver con la confusión que genera en la conceptualización de la violencia doméstica. Como apunta Ventura Franch[34], una

---

[34] Ventura Franch, Asunción: "El Convenio de Estambul y los sujetos de la violencia de género. El cuestionamiento

lectura sosegada del Convenio revela una regulación que distingue claramente la violencia doméstica de la violencia contra la mujer, aparentemente desvinculándola de la violencia de género, pese a que existe consenso sobre que la violencia doméstica es en realidad una de las manifestaciones de la violencia de género. En opinión de esta autora, los redactores del Convenio parecen reconocer la importancia de la violencia doméstica y la equiparan a la violencia de género, llegando a establecerse que tanto las mujeres como los hombres pueden ser víctimas de este tipo de violencia[35]. Es cierto que el concepto de violencia de género se refiere a la violencia ejercida por hombres hacia las mujeres, ya que se basa en las desigualdades de poder y las estructuras patriarcales presentes en muchas sociedades. La violencia de género está arraigada en normas sociales y culturales que perpetúan la subordinación de las mujeres. Sin embargo, es importante tener en cuenta que el enfoque y la definición de la violencia de género no debería variar según los contextos y las legislaciones. En el caso del Convenio, si establece que tanto las mujeres como los hombres pueden ser víctimas de violencia doméstica, puede haber una intención de reconocer que los hombres también pueden ser afectados en alguna medida por

---

de la violencia doméstica como categoría jurídica" en *Revista de Derecho Político*, nº 97, 2016, pp. 179-208, p. 202.

35 En el «Reconociendo» Séptimo se refiere a la violencia doméstica señalando «que la violencia doméstica afecta a las mujeres de manera desproporcionada y que los hombres pueden ser también víctimas de violencia doméstica». Aquí el Convenio ya anuncia que la violencia doméstica es una categoría diferente a la violencia de género y, además, afirma que los hombres pueden ser también víctimas de la violencia doméstica.

la violencia en el ámbito doméstico. Sin embargo, esto no puede significar que los hombres sean víctimas de violencia de género en el mismo sentido en que las mujeres lo son, ya que la violencia de género y también la doméstica están estrechamente vinculada a las desigualdades de poder entre hombres y mujeres. En palabras de Mercado Carmona: "Estamos de acuerdo con los autores que piensan que esta diferente conceptualización crea confusión en el ámbito del Derecho Internacional. A lo que añadiríamos que también rompe el consenso doctrinal y se aparta de los estándares jurídicos universales que caracterizan la violencia doméstica como una forma de violencia contra la mujer que únicamente puede ser infringida por un hombre hacia una mujer "[36]. Para Reyes Cano, otra de las consecuencias derivadas de la confusión conceptual es la no conceptualización de la infancia como víctimas de violencia de género, como una violencia que persigue el sometimiento de las mujeres a los hombres, y que se extiende hacia los/las hijos para conseguir su objetivo. Si el concepto es erróneo, su regulación jurídica, así como las medidas que se adopten para erradicar esta lacra social no serán las adecuadas, además de ser ineficaces[37].

---

36 Mercado Carmona, Carmen: "La erradicación de la violencia contra la mujer «por tratado»: un análisis comparado el Convenio de Estambul y de la convención de Belém do Pará", en *Revista Europea de Derechos Fundamentales*, nº 30, 2017, pp. 213-239, p. 237.

37 Reyes Cano, Paula: ob. cit. p. 64.

1.2.1. El primer informe GREVIO a España

El Convenio establece un mecanismo de seguimiento con el que pretende evaluar la implementación de sus disposiciones. Este mecanismo se compone de dos pilares fundamentales: el Grupo de Expertos independientes en la lucha contra la violencia contra las mujeres y la violencia doméstica (GREVIO) previsto en el artículo 66 del Convenio y el Comité de las Partes en el art. 67.

El GREVIO está conformado por expertos independientes en el ámbito de la violencia de género y la violencia doméstica. Estos expertos son seleccionados y designados por los Estados Parte del Convenio. Su función principal consiste en supervisar la implementación del Convenio a nivel nacional. Para ello, realizan visitas a los Estados Parte, revisan los informes presentados y solicitan información adicional. Asimismo, pueden llevar a cabo diálogos con las partes interesadas, incluyendo a las organizaciones de la sociedad civil. A partir de esta evaluación, el GREVIO emite informes que contienen sus conclusiones y recomendaciones con el objetivo de mejorar las políticas y prácticas de los Estados Parte en la prevención y lucha contra la violencia de género y la violencia doméstica.

Por su parte, el Comité de las Partes está integrado por los representantes oficiales de los Estados Parte del Convenio. Este órgano se reúne periódicamente para revisar los informes presentados por los Estados Parte y los informes emitidos por el GREVIO. Su rol principal es analizar el progreso logrado en la implementación del Convenio por parte de los Estados Parte y emitir sus propias conclusiones y recomendaciones. Estas conclusiones y recomendaciones desempeñan un papel crucial en la orientación de los Estados Parte para mejorar sus políticas, marcos legales y servicios relacionados con la prevención y respuesta a la violencia de género.

El mecanismo de seguimiento establecido por el Convenio tiene como objetivo garantizar el cumplimiento efectivo de las disposiciones del Convenio y asegurar su eficacia a largo plazo. Las conclusiones y recomendaciones emitidas por el GREVIO y el Comité de las Partes son instrumentos para fomentar mejoras en la implementación y promover la protección de los derechos de las mujeres, así como la erradicación de la violencia de género. La principal crítica que ha recibido el mecanismo de seguimiento previsto en el Convenio es que excluye la posibilidad de un control de carácter sancionador y contencioso, que impide la presentación de denuncias por parte de mujeres y su acceso al Tribunal Europeo de los Derechos Humanos[38].

---

[38] A juicio de Mercado Carmona (ob. cit. p. 238), son tres los motivos por los que se establece dicho sistema de control. En primer lugar, el hecho de que el texto no recoja derechos nuevos para las mujeres, sino que se limite a reforzar los reconocidos en el CEDH. En segundo lugar, el espíritu de cooperación que impregna las acciones llevadas a cabo por el GREVIO. En tercer lugar, la vocación universal del tratado, abierto a la firma de cualquier país en el mundo, independientemente de si es o no miembro del Consejo de Europa. Esta apertura universal dificulta, e incluso imposibilita, la implementación de un sistema de denuncias individuales ante el Tribunal Europeo de Derechos Humanos (TEDH). Esto se debe a las dificultades que surgirían al exigir el reconocimiento de la jurisdicción del tribunal por parte de países que no forman parte del Consejo de Europa. Al optar por la

El 25 de noviembre de 2020 GREVIO emitió el primer informe de evaluación de las medidas adoptadas por España en relación con las distintas materias del Convenio de Estambul[39]. En dicho informe se destaca la determinación firme de España en la implementación de políticas destinadas a erradicar la violencia sexista, así como su destacado papel como pionera en el desarrollo de un marco legal en relación con la violencia en el ámbito de la pareja o expareja, resaltando especialmente la aprobación de la Ley Orgánica 1/2004 de Medidas de Protección Integral contra la Violencia de Género. Si bien se reconoce y valora los esfuerzos realizados por las autoridades españolas en la implementación del Convenio, en el informe se identifican una serie de aspectos que requieren la actuación inmediata por parte de las autoridades españolas para garantizar el pleno cumplimiento de dicho Convenio. Entre otros aspectos, las autoridades españolas han recibido una recomendación para "limitar el margen de discreción de los jueces penales y civiles en sus decisiones en torno a la custodia y

---

aprobación de un texto con alcance global, caracterizado por un tono conciliador y un espíritu cooperativo en cuanto a la exigencia de su cumplimiento, el Consejo de Europa sacrifica la protección jurisdiccional de los derechos reconocidos en el Convenio. Esta elección implica una disminución en la capacidad de asegurar una protección efectiva de los derechos de las mujeres a través de mecanismos jurisdiccionales.

39 GREVIO. «Primer informe de evaluación de GREVIO sobre las medidas legislativas y de otra índole que dan efecto a las disposiciones del Convenio del Consejo de Europa sobre Prevención y Lucha contra la violencia contra las Mujeres y la Violencia Doméstica (Convenio de Estambul)». España. Consejo de Europa. 2020

los derechos de visitas de los autores condenados por violencia infligida en el ámbito de la pareja, así como para mejorar la identificación y documentación del impacto en los menores testigos de actos de violencia". En este sentido, GREVIO ha expresado su preocupación ante la sospecha recurrente que algunos jueces y profesionales de los servicios familiares albergan respecto a la presunta manipulación a la que los niños habrían sido sometidos por parte de su padre en casos en los que han sido testigos de episodios de abuso por parte de éste contra su madre.

El informe destaca numerosos casos en los que los derechos de los niños y niñas a expresar su opinión y participar en las decisiones relevantes para sus vidas no son debidamente respetados ante los tribunales. Asimismo, se manifiesta preocupación por el hecho de que existen demasiadas resoluciones judiciales en las que se retira la custodia o los derechos de visita a las mujeres víctimas de violencia de género por incumplir con los regímenes de visitas, considerando los tribunales que con esta actuación la madre ejerce una influencia negativa en la relación del niño con el agresor.

Ante esta situación, se recomienda a las autoridades españolas que tomen medidas concretas. Se insta a limitar la discrecionalidad de los jueces en casos de violencia de género y a mejorar la identificación y documentación del impacto en los menores que han presenciado actos de violencia. Además, se solicita que se respete adecuadamente el derecho de los niños y niñas a expresar su opinión y participar en las decisiones que les afectan. Asimismo, se hace hincapié en la importancia de evitar que los prejuicios y estereotipos influyan en las decisiones judiciales, especialmente cuando se trata de mujeres víctimas de violencia de género.

En tercer lugar, GREVIO ha subrayado la necesidad de fortalecer la cooperación entre las diferentes instituciones y organismos involucrados en la lucha contra la violencia de género. Considera esencial establecer mecanismos de coordinación efectivos y promover la colaboración entre los diferentes actores, como las fuerzas del orden, los servicios sociales, los profesionales de la salud y las organizaciones de la sociedad civil, con el fin de abordar de manera integral este problema estructural.

1.2.2. La ratificación del Convenio de Estambul por la Unión Europea

En virtud del artículo 75 del Convenio de Estambul, tanto la Unión Europea como sus Estados miembros tienen la capacidad de firmar y ratificar el tratado. Hasta la fecha, veintiuno de los Estados miembros de la Unión Europea han ratificado el convenio, mientras que seis Estados miembros (Bulgaria, Chequia, Hungría, Letonia, Lituania y Eslovaquia) aún no lo han ratificado, alegando incompatibilidad con su marco constitucional. Estas reticencias se centran en el concepto de "género" utilizado en el Convenio y en las obligaciones relacionadas con la educación.

En 2016, la Comisión Europea propuso la adhesión de la Unión Europea al Convenio de Estambul. Sin embargo, la ratificación se vio obstaculizada por las preocupaciones de algunos Estados miembros con respecto al papel de las instituciones y la administración pública de la Unión en la implementación del convenio. A pesar de esto, el Parlamento Europeo ha impulsado firmemente la adhesión, respaldado por el dictamen del Tribunal de Justicia de la Unión Europea del 6 de octubre de 2021, que estableció que la Unión Europea puede ratificar el Convenio de Estambul sin requerir el acuerdo unánime de todos los Estados miembros. Además, los informes provisionales positivos de la Comisión de Derechos de las Mujeres e Igualdad de Género y la Comisión de Libertades Civiles, Justicia y Asuntos de Interior del 25 de enero de 2023 respaldan la adhesión de la Unión Europea al convenio.

El 1 de junio de 2023, el Consejo de la Unión Europea aprobó oficialmente la adhesión de la UE al Convenio de Estambul. Esta decisión implica que la Unión Europea se adhiere al convenio en lo que respecta a las instituciones y la administración pública de la UE[40], así como a las cuestiones relacionadas con la cooperación judicial en materia penal, el asilo y la no devolución[41]. La adhesión al Convenio implica un fortalecimiento de la acción política y el marco jurídico de la Unión Europea en el ámbito del derecho procesal penal, lo cual reviste una importancia particular para las mujeres y las niñas. Al comprometerse a implementar este tratado, la Unión demuestra su determinación en la lucha contra la violencia de género, buscando garantizar la protección de los derechos humanos de las mujeres y avanzar hacia una sociedad más equitativa.

---

40 https://eur-lex.europa.eu/legal-content/ES/TXT/?uri=uriserv%3AOJ.LI.2023.143.01.0001.01.SPA&toc=OJ%3AL%3A2023%3A143I%3ATOC

41 https://eur-lex.europa.eu/legal-content/ES/TXT/?uri=uriserv%3AOJ.LI.2023.143.01.0004.01.SPA&toc=OJ%3AL%3A2023%3A143I%3ATOC

1.3. La violencia de género en la Unión Europea

La igualdad entre mujeres y hombres es, efectivamente, un valor fundamental en la Unión Europea (UE) y está consagrada en sus Tratados. Este principio de igualdad se considera uno de los objetivos y cometidos fundamentales de la UE, y se refuerza en el artículo 23 de la Carta de los Derechos Fundamentales de la Unión Europea[42].

En un principio, las cuestiones relacionadas con los derechos humanos de las mujeres en la Unión Europea se abordaron principalmente en el contexto de las políticas de empleo y protección social[43]. Estas

---

[42] El artículo 23 de la Carta establece que la igualdad entre mujeres y hombres debe ser garantizada en todos los ámbitos, incluyendo el acceso al empleo, las condiciones de trabajo, la promoción profesional, así como en materia de remuneración por un trabajo de igual valor. Este artículo también prohíbe cualquier forma de discriminación basada en el sexo, y promueve la igualdad de trato y oportunidades entre mujeres y hombres.

[43] Las competencias comunitarias se centraron en el ámbito laboral y en la promoción de la igualdad de retribución entre hombres y mujeres por un trabajo de igual valor. En el ámbito laboral, se implementaron medidas para garantizar la igualdad de oportunidades entre hombres y mujeres, como la prohibición de la discriminación por motivos de género en el acceso al empleo, la formación y la promoción profesional. Se promovió la igualdad salarial y se adoptaron medidas para combatir la segregación ocupacional, fomentando la participación equitativa de hombres y mujeres en todos los sectores y niveles laborales. En cuanto a la protección social, se implementaron políticas y medidas destinadas a abordar las desigualdades de género en el ámbito de la seguridad social y la protección de los derechos de las mujeres en situaciones

acciones estaban dirigidas a promover la igualdad de género y garantizar que las mujeres tuvieran los mismos derechos y oportunidades que los hombres en el ámbito laboral y en el sistema de protección social[44]. Sin embargo, con el tiempo, la Unión Europea amplió su enfoque en el reconocimiento de los derechos humanos de las mujeres, abordando también otras áreas, como la violencia de género, la participación política, la educación y la salud sexual y reproductiva.

En 1986, el Parlamento Europeo abordó por primera vez el problema de la violencia contra las mujeres mediante la Resolución A-44/86 sobre Agresiones a la Mujer[45]. Esta resolución fue un hito importante, ya que puso de relieve diversas formas de violencia que afectan a las mujeres, como las agresiones sexuales, las agresiones en el ámbito privado y la prostitución. La Resolución A-44/86 reflejó la creciente pre-

---

específicas, como la maternidad y la conciliación entre la vida laboral y familiar. Se buscaron soluciones para garantizar la igualdad de trato y de oportunidades para las mujeres en el acceso a los sistemas de seguridad social y en la protección de sus derechos fundamentales.

44 Cristobal Roncero, Rosario; "Políticas de empleo en la Unión Europea" en *Revista del Ministerio de Trabajo y Asuntos Sociales: Revista del Ministerio de Trabajo e Inmigración*, nº 33, 2001, pp. 33-60; Benito Benítez, María Angustias: "El fomento y protección del empleo de las mujeres para la consecución de la igualdad de género en la Unión Europea" en Sánchez Rubio; Macarro Osuna José Manuel; Martín Rodríguez José Miguel, García-Álvarez, Laura (Dirs.) *El mercado único en la Unión Europea.: balance y perspectivas jurídico-políticas*, Madrid: Dykinson, 2019, pp. 247-274.

45 https://eur-lex.europa.eu/legal-content/ES/TXT/PDF/?uri=OJ:C:1986:148:FULL&from=fi

ocupación de la comunidad europea por el tema de la violencia de género y sentó las bases para futuras acciones y reflexiones en este ámbito. Esta resolución reconoció que la violencia contra las mujeres no se limita únicamente a agresiones físicas, sino que también incluye otras formas de violencia, como la violencia sexual. Además, la resolución abordó la cuestión de la violencia en el ámbito privado, reconociendo que las mujeres también enfrentan violencia en sus relaciones familiares y domésticas, agravadas por la necesaria reanudación de la convivencia con sus maltratadores a causa de su dependencia económica. Se destacó la importancia de proteger a las mujeres de la violencia perpetrada por sus parejas o familiares y se instó a los Estados miembros a desarrollar políticas y legislaciones que aborden esta problemática[46].

En el año 1994, el Parlamento Europeo adoptó la Resolución A3-0349/94 sobre las violaciones de las libertades y los derechos fundamentales de las

---

46 "Lamenta la situación por la que muchas mujeres deben volver junto a maridos violentos a causa de su posición económicamente dependiente y su incapacidad para conseguir una casa para ellas y sus hijos; espera que considere la posibilidad de un procedimiento simplificado y rápido por el que, una vez determinadas las agresiones y registrada la denuncia, se obligue al marido a pagar una pensión alimentaria provisional de forma inmediata a esposa e hijos, en espera del posterior fallo en el proceso normal de divorcio; en este contexto, reitera su demanda de "un estudio sobre el valor económico y social del trabajo del hogar"; y, en el contexto, hace hincapié en el derecho a tener unos ingresos propios, los cuales habrán de ser garantía de que la dependencia, económica ya no tenga que ser motivo de la vuelta de la mujer" (Consideración General 28).

mujeres[47]. Esta resolución abordó la cuestión de la violación de los derechos de las mujeres y destacó el derecho de las mujeres a la integridad de su cuerpo como un aspecto fundamental[48]. La resolución formuló diversas recomendaciones a los Estados miembros de la Unión Europea entre las que se incluían la adopción de políticas y legislaciones que protegieran y promovieran los derechos de las mujeres, la promoción de la educación y la sensibilización para combatir las normas y prácticas discriminatorias, así como la mejora de la asistencia y el apoyo a las víctimas de violencia de género.

---

47 https://eur-lex.europa.eu/legal-content/ES/TXT/PDF/?uri=OJ:JOC_1994_205_R_0453_01&from=EN

48 En la resolución, se puso de manifiesto la preocupación por las diferentes costumbres culturales que perpetúan la violencia contra las mujeres. Se reconoció que en muchas sociedades existen prácticas y normas que discriminan y someten a las mujeres, lo cual viola sus derechos y limita su autonomía y libertad. Además, se abordó la violencia contra las mujeres en situaciones de especial vulnerabilidad, como las violaciones en zonas de conflictos armados. Se reconoció que, en estos contextos, las mujeres a menudo se convierten en blanco de violencia sexual como táctica de guerra. La resolución hizo hincapié en la necesidad de abordar esta grave violación de los derechos humanos y tomar medidas para prevenir y castigar a los responsables de estos actos.

También se mencionaron otras situaciones en las que las mujeres enfrentan violencia y vulneraciones de sus derechos, como las mujeres en cárceles y las mujeres inmigradas. Se destacó la importancia de garantizar la protección de los derechos de estas mujeres y de abordar las circunstancias específicas que las hacen más susceptibles a la violencia y la discriminación.

Un hito importante se produjo el 16 de septiembre de 1997, cuando el Parlamento Europeo aprobó la Resolución "Una campaña europea sobre tolerancia cero ante la violencia contra la mujer"[49] , con base en el Informe A4-0250/97 de la Comisión de Derechos Humanos de las Mujeres. En esta resolución se efectúan una serie de pronunciamientos, en forma de petición, a la Comisión y a los Estados miembros. Concretamente se instó a los Estados miembros a desarrollar legislación específica para proteger a las víctimas de la violencia, fuera del código penal propiamente dicho, con el objeto de proteger a las víctimas de la violencia, por ejemplo, en el Derecho de familia, previendo procedimientos simplificados de divorcio, en lo que se refiere a la custodia de los hijos y la compensación económica, y considera que deberían introducirse, asimismo, disposiciones específicas contra los actos de acoso. Además, se subrayó la importancia de recopilar datos estadísticos conjuntos sobre la violencia de género, promover la colaboración entre los gobiernos locales y las organizaciones no gubernamentales, y abordar las desigualdades de poder subyacentes que perpetúan la violencia contra las mujeres. Igualmente se advierte ya que violencia contra las mujeres en el hogar y en la sociedad afecta directa e indirectamente a los niños y a menudo puede crear un ciclo de violencia y abusos que se perpetúa de generación en generación, y se toma en consideración que la violencia contra las mujeres tiene unos efectos perjudiciales y duraderos en la salud mental y emocional de los niños.

---

49 https://eur-lex.europa.eu/LexUriServ/LexUriServ.do?uri=CELEX:51997IP0250:ES:HTML

Unos meses después de aprobada la Resolución del Parlamento Europeo, en 1998, de acuerdo con el compromiso adoptado en el Consejo Europeo de Madrid de 15 y 16 de diciembre de 1995, la Unión Europea se comprometería a realizar un seguimiento anual de la Plataforma de Acción surgida en la Conferencia de Pekín[50]. Con esta finalidad, España convocó a todos los Estados miembros durante el semestre de la presidencia de turno de 2002 en la Conferencia de ministros de Igualdad en Santiago de Compostela. En ella se decidió emprender varias áreas de actuación: la prevención de la violencia a través de las campañas de sensibilización; la prevención de la violencia desde la escuela; la protección de las víctimas y la condena de los agresores; y el acoso moral en el trabajo como forma de violencia contra la mujer. En los meses de la presidencia española también se remitió a todos los Estados miembros un cuestionario para detectar los avances en Europa desde la IV Conferencia mundial sobre las mujeres y elaborar criterios para seleccionar buenas prácticas.

Desde el año 2006, el Plan de trabajo para la igualdad entre mujeres y hombres en la Unión Europea incluye por primera vez un apartado dedicado a la erradicación de todas las formas de violencia de género, la mutilación genital femenina, los matrimonios

---

50 https://www.europarl.europa.eu/summits/mad1_es.htm "Toma nota de la aprobación del IV Plan sobre igualdad de derechos y oportunidades entre hombres y mujeres y desea que continúen las acciones en favor de la mujer con el fin de lograr su plena equiparación. En este mismo sentido, la Unión Europea realizará un seguimiento anual de la Plataforma de acción surgida en la Conferencia de Pekín".

forzados, que son violaciones del derecho fundamental a la vida, la seguridad, la libertad, la dignidad y la integridad física y emocional. A este Plan le sucede la Estrategia de la Comisión Europea para la igualdad entre mujeres y hombres 2010-2015[51], que tiene entre sus cinco pilares el de "dignidad, integridad y fin de la violencia sexista"[52].

La Resolución del Parlamento Europeo, de 26 de noviembre de 2009, sobre la eliminación de la violencia contra la mujer[53], insta a los Estados miembros a que mejoren sus legislaciones y políticas nacionales destinadas a combatir todas las formas de violencia contra la mujer y emprendan acciones para combatir las causas de la violencia contra la mujer, en particular mediante acciones de prevención, y se pide a la Unión que garantice el derecho de asistencia y ayuda a todas las víctimas de la violencia. Así quedó también recogido en el informe de iniciativa del Parlamento europeo sobre el nuevo marco político para combatir la violencia contra la mujer, aprobado en marzo del 2011. Este informe puso de manifiesto que

---

51 https://eur-lex.europa.eu/ES/legal-content/summary/strategy-for-equality-between-women-and-men-2010-2015.html

52 Según las estimaciones, entre el 20 y el 25% de las mujeres han sufrido violencia física al menos una vez en su vida, y hasta medio millón de mujeres que viven en Europa han sufrido mutilación genital. La Comisión va a: proponer un planteamiento global a escala de la Unión Europea para luchar contra la violencia; velar por que la legislación europea en materia de asilo tenga en cuenta la igualdad entre los sexos; seguir las cuestiones de género en el ámbito de la salud.

53 https://www.europarl.europa.eu/doceo/document/TA-7-2009-0098_ES.html

no existía una definición internacional reconocida de la expresión "violencia contra la mujer" y supuso al compromiso de la Comisión Europea en su plan de acción para la puesta en marcha del Programa de Estocolmo.

El Pacto por la Igualdad de Género 2011-2020 adoptado por el Consejo Europeo de 7 de marzo de 2011, contiene previsiones específicas para la prevención de las distintas formas de violencia sobre la mujer, indicando entre otras la adopción, aplicación y supervisión de estrategias a escala nacional, la implicación de los hombres en la lucha y el refuerzo de la prevención.

Estas acciones culminaron con la aprobación de la Directiva 2011/99, del Parlamento Europeo y del Consejo de 13 de diciembre, sobre la Orden Europea de Protección, cuya finalidad principal es hacer efectiva la protección a todas las personas y así "*garantizar que la protección ofrecida a una persona física en un Estado miembro se mantenga y continúe en cualquier otro Estado miembro al que la persona vaya a trasladarse, o se haya trasladado. Debe garantizarse asimismo que el ejercicio legítimo por parte de los ciudadanos de la Unión de su derecho a circular y a residir libremente en el territorio de los Estados miembros en virtud del artículo 3, apartado 2, del Tratado de la Unión Europea (TUE) y del artículo 21 del TFUE, no vaya en menoscabo de su protección*". El plazo para la trasposición de la citada Directiva expiraba el 11 de enero de 2015 y España la incorporó a nuestro ordenamiento a través de la Ley 23/2014, de 20 de noviembre de reconocimiento mutuo de resoluciones penales en la Unión Europea[54]. El reconocimien-

---

54 BOE-A-2014-12029

to mutuo de resoluciones penales constituye uno de los principios básicos de la cooperación judicial en la Unión Europea, y permite que las autoridades judiciales españolas que dicten una orden o resolución incluida dentro del ámbito de regulación de esta Ley puedan transmitirla a la autoridad competente de otro Estado miembro para su reconocimiento y ejecución. De la misma forma, las autoridades judiciales españolas reconocerán y ejecutarán en España las órdenes europeas y resoluciones penales previstas en esta Ley que hayan sido transmitidas por la autoridad competente de otro Estado miembro, siempre que no concurra ninguno de los motivos tasados de denegación del reconocimiento o la ejecución previstos en la Ley. Entre las órdenes y resoluciones incluidas dentro del ámbito de aplicación de esta Ley, está la orden europea de protección.

La orden europea de protección es una resolución en materia penal dictada por una autoridad judicial o equivalente de un Estado miembro que faculta a la autoridad competente de otro Estado miembro para adoptar las medidas oportunas a favor de las víctimas o posibles víctimas de delitos que puedan poner en peligro su vida, su integridad física o psicológica, su dignidad, su libertad individual o su integridad sexual, cuando se encuentren en su territorio[55].

---

[55] Sobre la Orden Europea de Protección véase Carrasquero Cepeda, Maoly: "Orden europea de protección: Un paso adelante en la protección de víctimas", *Cuaderno Electrónico de Estudios Jurídicos,* núm. 2, Santiago de Compostela, 2014; Garriga Suau, Georgina, "El Reglamento (UE) núm. 606/2013, del Parlamento Europeo y del Consejo, de 12 de junio de 2013, relativo al reconocimiento mutuo de medidas de protección en materia

Con carácter más reciente, la Resolución de Parlamento Europeo, de 6 de octubre de 2021, sobre el impacto la violencia doméstica y del derecho de custodia en las mujeres y los niños (2019/2166) lleva a cabo un análisis en profundidad sobre la importancia de la incorporación de medidas de protección a la infancia que convive en contextos de violencia de género, precisamente relacionadas con los regímenes de guarda y custodia, visitas y patria potestad, advirtiendo que la falta de adopción de dichas medidas eleva considerablemente los riesgos de feminicidios e infanticidios: "En algunos Estados miembros, a menudo se pasa por alto la violencia en el marco de la pareja o expareja contra las mujeres y parece prevalecer la custodia o patria potestad compartidas como

---

civil", *Revista Española de Derecho Internacional,* núm. 2, Madrid, 2013; Molina Mansilla, Carmen: "La protección de la víctima en el espacio europeo: La orden de protección", La ley Penal, núm. 92, 2012; Peyró Llopis, Ana, "La protección de las víctimas en la Unión Europea: La orden europea de protección", *Revista Española de Derecho Europeo,* núm. 46, 2013. Del Pozo Pérez, Marta: "La orden europea de protección de las víctimas de violencia de género. Una institución fallida. Perspectiva crítica" en Sánchez Barrios Mª Inmaculada (Dir.) *(Des)igualdad y violencia de género,* Valencia: Tirant lo Blach, 2019, pp. 193 a 208; Morgade Cortés, María: "La orden europea de protección como instrumento tuitivo de las víctimas de violencia de género" en *Cuaderno Electrónico de Estudios Jurídicos,* nº 3, 2014, pp. 79-112; Martínez García, Elena: "La orden europea de protección en el marco de la nueva Ley de reconocimiento mutuo de resoluciones penales en la Unión Europea", en Vegas Aguilar, Juan Carlos (Coord.) *La orden de protección europea: la protección de víctimas de violencia de género y cooperación judicial penal en Europa.* Valencia: Tirant lo Blach. 2016, pp. 40 a 58.

norma por defecto en las disposiciones y decisiones relativas a los casos de custodia de menores, acceso, contacto y visitas; que el hecho de no tener en cuenta este tipo de violencia tiene consecuencias nefastas para las mujeres y los niños, que pueden agravarse hasta llegar al feminicidio o el infanticidio; que las víctimas de la violencia en el marco de la pareja o expareja necesitan medidas especiales de protección; que la situación de las víctimas empeora de forma considerable si dependen económica o socialmente del autor del delito; que, por lo tanto, es esencial tener plenamente en cuenta este tipo de violencia a la hora de tomar decisiones sobre los acuerdos de separación y custodia, y abordar las acusaciones de violencia antes de las cuestiones relativas a la custodia y las visitas; que los tribunales de los Estados miembros deben garantizar una evaluación exhaustiva con arreglo al principio de «interés superior del menor» para decidir la custodia y los derechos de visita, lo cual implica escuchar al menor, contar con la participación de todos los servicios pertinentes, proporcionar asistencia psicológica y tener en cuenta los conocimientos especializados de todos los profesionales interesados (...) en todas las acciones que afecten a los menores, el criterio primordial ha de ser su interés superior; recuerda que debe respetarse el derecho del menor que está separado de uno o ambos progenitores de mantener relaciones personales y un contacto directo con los dos progenitores de forma periódica, salvo cuando esto sea contrario al interés superior del menor; señala que, en principio, la custodia compartida y las visitas no supervisadas son deseables en aras de garantizar que los padres disfruten de los mismos derechos y responsabilidades, excepto si es contrario al interés superior del menor; subraya que va en contra de este interés que la ley otorgue automáticamente responsabilidades parentales a uno o ambos progenitores; recuerda que, conforme a la Convención de las Naciones Unidas sobre los Derechos del Niño, la evaluación de los intereses del menor es una actividad singular que debe realizarse en cada caso concreto teniendo en cuenta sus circunstancias; subraya, no obstante, que la violencia en el marco de la pareja o expareja es claramente incompatible con el interés superior del menor y con la custodia y los cuidados compartidos, debido a las graves consecuencias para las mujeres y los niños, entre otras, el riesgo de actos extremos de feminicidio e infanticidio; pone de relieve que, a la hora de fijar los arreglos relativos a la asignación de la custodia y los derechos de visita y acceso, la protección de las mujeres y los niños frente a la violencia y el interés superior del menor deben ser de primordial importancia y prevalecer sobre otros criterios; destaca, por tanto, que los derechos o reivindicaciones de los autores o presuntos autores durante y después del proceso judicial, en especial en lo que atañe a la propiedad, la privacidad, la custodia, el acceso, el contacto y el régimen de visitas respecto al menor, deben determinarse a la luz de los derechos humanos de la mujer y los hijos a la vida y a la integridad física, sexual y psicológica y obedecer al principio del interés superior del menor; subraya, por tanto, que la retirada de la custodia y los derechos de visita de la pareja violenta y la concesión de la custodia exclusiva a la madre, si es víctima de violencia, pueden representar la única forma de evitar nuevos actos violentos y la victimización secundaria de las víctimas; resalta que la concesión de todas las responsabilidades parentales a un progenitor debe ir acompañada de mecanismos de compensación, como beneficios sociales y acceso prioritario a servicios de cuidados colectivos e individuales;

10. Resalta que no abordar la violencia en el marco de la pareja o expareja en las decisiones sobre los derechos de custodia y visita representa una violación, por negligencia, de los derechos humanos a la vida, a una vida sin violencia y a un desarrollo sano de las mujeres y los niños; insta encarecidamente a que toda forma de violencia, incluida la violencia presenciada contra un progenitor o una persona allegada, se considere tanto en el plano jurídico como en la práctica una violación de los derechos humanos y un acto contra el interés superior del menor; expresa su profunda preocupación ante el alarmante número de feminicidios en Europa, que constituyen la forma más extrema de violencia contra las mujeres; manifiesta su preocupación por la insuficiencia de la protección concedida a las mujeres, tal como demuestra el número de feminicidios e infanticidios cometidos después de que la mujer haya denunciado incidentes de violencia de género; destaca que, en el interés superior del menor, la patria potestad del progenitor acusado de feminicidio se debe suspender de forma sistemática durante toda la duración del proceso; resalta además que los descendientes deben quedar liberados de obligaciones de alimentos para con el progenitor condenado por feminicidio; insta a los Estados miembros a que velen por que el acceso a la justicia y el apoyo a las víctimas sean accesibles, adecuados y gratuitos para las mujeres víctimas de violencia en el marco de la pareja o expareja en toda su diversidad y condición, y a que proporcionen servicios de interpretación cuando sean necesarios; pide a los Estados miembros que garanticen que los servicios tienen en cuenta las formas de discriminación interseccionales que sufren las mujeres y los menores; pide a los Estados miembros que refuercen la atención, el seguimiento y la protección de las

mujeres que denuncian violencia de género; pide a los Estados miembros que garanticen que los servicios de apoyo adoptan un enfoque coordinado para identificar a las mujeres en peligro y que todas esas medidas están disponibles y son accesibles para todas las mujeres y niñas en su jurisdicción; destaca que cuando un agresor es detenido en flagrante delito, la víctima debe ser conducida a un lugar seguro y la protección de los menores frente al agresor debe ser obligatoria y subraya asimismo que, si no se reúnen las condiciones legales para la detención, el presunto maltratador ha de ser, no obstante, inmediatamente apartado de la casa de la víctima y alejado del lugar de trabajo de esta, para prevenir el riesgo de nuevos actos violentos".

Junto a las iniciativas del Parlamento, otras instituciones comunitarias han adoptado instrumentos en el ámbito de sus competencias como los sucesivos Programas Daphne, aprobados mediante Decisiones del Parlamento Europeo y del Consejo. El objetivo específico del programa es contribuir a prevenir y combatir todas las formas de violencia, tanto si ocurren en la esfera pública como en la privada, que afecten a la infancia, la juventud y las mujeres, incluidas la explotación sexual y la trata de personas, mediante la adopción de medidas preventivas y la oferta de apoyo y protección a las víctimas y grupos de riesgo. También destacan instrumentos como el programa PROGRESS (2007-2013) aprobado por Decisión 284/2010/UE del Parlamento Europeo y del Consejo de 25 de marzo de 2010, por la que se establece un programa comunitario para el empleo y la solidaridad social a través del que se financian las acciones de la UE en materia de igualdad de género.

En el ámbito de las Instituciones Europeas destaca el denominado "Paquete para Víctimas" que fue lanzado por la Comisión el 18 de mayo de 2011[56] como respuesta a la realidad constatada de que las mujeres están particularmente expuestas a formas ocultas y no declaradas de violencia. El Consejo de Europa estima que el 20-25 % de las mujeres europeas sufren actos físicos de violencia por lo menos una vez durante su vida adulta, el 12-15 % viven en una relación de violencia doméstica, y más del 10 % sufren violencia sexual. Por ello la Comisión presenta un paquete de propuestas destinadas a reforzar las medidas nacionales existentes, asegurando que las víctimas de la delincuencia cuenten con unos derechos mínimos sin discriminación en toda la UE, independientemente de su nacionalidad o país de residencia. Este paquete también incluye un nuevo mecanismo de reconocimiento mutuo para garantizar que las víctimas o víctimas potenciales, que se benefician de una medida de protección en su Estado miembro de residencia, no pierdan esta protección cuando crucen las fronteras. El paquete se materializa en dos normas sobre protección a las víctimas de delito en las que las víctimas de violencia de género ocupan una parte importante.

La primera es el Reglamento UE 606/2013 del Parlamento y el Consejo de 12 de junio de 2013, sobre el reconocimiento mutuo de las medidas de protección en materia civil, que viene a completar la Euroorden que se refiere al ámbito penal. La segunda propuesta es la Directiva 2012/29/UE del Parlamento Europeo y del Consejo, de 25 de octubre de 2012 por la que

---

56 https://eur-lex.europa.eu/LexUriServ/LexUriServ.do?uri=COM:2011:0274:FIN:es:PDF

se establecen normas mínimas sobre los derechos, el apoyo y la protección de las víctimas de delitos que establece estándares mínimos sobre los mismos.

Los aspectos civiles internacionales derivados de una situación de violencia de género son múltiples. Ello es debido principalmente a que resulta habitual que los episodios de violencia de género estén conectados con una situación de crisis familiar o que desemboque en ella, lo que unido a la existencia de hijos e hijas menores de edad implica la necesaria adopción de una serie de medidas de naturaleza civil, además de las medidas penales. La posibilidad de adopción de medidas de esta naturaleza en la Orden de Protección se encuentra especialmente prevista en nuestro ordenamiento[57], si bien a nivel internacional el tratamiento de esta cuestión no es homogéneo. La divergencia jurídica existente entre los distintos sistemas no fue obstáculo para que el 12 de junio de 2013 el Parlamento Europeo y el Consejo adoptaran el Reglamento Europeo (UE) num. 606/2013 relativo al reconocimiento mutuo de medidas de protección en materia civil, que tiene por finalidad completar la Directiva sobre la Orden Europea de Protección y al mismo tiempo asegurar que las medidas de protección dictadas en un Estado Miembro en materia civil puedan ser reconocidas mediante un mecanismo rápido y sencillo en otro Estado miembro (art.

---

[57] La Ley 27/2003, de 31 de julio, que regula la Orden de protección de las víctimas de la violencia doméstica pretende que a través de un rápido y sencillo procedimiento judicial, las víctimas de violencia de género puedan obtener un estatuto integral de protección que comprende medidas civiles, penales y asistenciales y de protección social.

1). La eficacia extraterritorial de las medidas civiles de protección a las víctimas se tropieza con las enormes dificultades que surgen de las diferencias entre los Ordenamientos Jurídicos en la regulación y tratamiento de la violencia de género, también en sus aspectos civiles[58].

El art. 3 del Reglamento establece que tendrá la consideración de "medida de protección" cualquier decisión dictada por la autoridad de expedición del Estado miembro de origen "que imponga una o varias de las siguientes obligaciones a una persona causante de un riesgo, con el fin de proteger a otra persona cuando la integridad física o psíquica de esta última pueden estar en peligro:

a) La prohibición o regulación de la entrada en el lugar en el que la persona protegida reside o trabaja o que frecuenta o en el que permanece de manera habitual;

b) La prohibición o regulación de cualquier tipo de contacto con la persona protegida, con in-

---

58 Vid. Oliveras Jané, Neus: "La articulación de las medidas nacionales de protección de las víctimas de violencia de género en el espacio europeo común de libertad, seguridad y justicia de la Unión europea, en *Diario La Ley*, nº 9334, 2019, pp. 1-11. Por la materia tratada, este Reglamento 606/2013 ha de convivir con el Reglamento 2201/2003 o Reglamento Bruselas II Bis sobre crisis matrimoniales y responsabilidad parental siendo previsible que quede por delante una importante labor en la interpretación y aplicación de ambos instrumentos, lo que sin duda permitirá detectar las carencias y defectos que este complejo sistema diseña, y ello con la finalidad de ofrecer una adecuada protección a las víctimas de violencia de género así como a sus hijos menores.

clusión de los contactos telefónicos, por correo electrónico o postal, por fax o por cualquier otro medio;

c) La prohibición o regulación del acercamiento a la persona protegida a una distancia menor de la prescrita".

Una de las primeras cuestiones que surge ante la enumeración de las medidas que hace el Reglamento es su propia categorización, pues según nuestro ordenamiento jurídico las medidas referidas tradicionalmente tienen la consideración de medidas cautelares personales penales y, por tanto, en principio, no pueden acordarse más que por los tribunales de ese orden jurisdiccional. Se trata de restricciones de la libertad para proteger a una presunta víctima, algo completamente ajeno a un proceso civil en nuestro país. Por ello, el término "materia civil" o "materia penal" que emplea el Reglamento al referirse a estas medidas es sumamente inexacto dentro de nuestra realidad jurídica[59].

---

[59] De Hoyos Sancho, Monserrat "El principio de reconocimiento mutuo como principio rector de la cooperación judicial europea" en *La cooperación judicial civil y penal en el ámbito de la UE: Instrumentos procesales* (Jimeno Bulens, coord.) Barcelona, Bosch, 2007, pp. 67-94; Vegas Aguilar, Juan Carlos "A propósito del Reglamento (UE) Nº 606/2013, del Parlamento europeo y del Consejo, de 12 de junio de 2013 relativo al reconocimiento mutuo de medidas de protección en materia civil", en *Actualidad Jurídica Iberoamericana,* 2015, pp. 811-818; Rodríguez Lainz, J.L: "Reflexiones sobre la aplicabilidad en España del Reglamento de la Unión Europea relativo al reconocimiento mutuo de medidas de protección en materia civil", en *Revista de Derecho de Familia,* (62), 2014. Sobre la aplicación práctica del Reglamento por los Tribunales

La segunda propuesta es la Directiva 2012/29/UE del Parlamento Europeo y del Consejo, de 25 de octubre de 2012 por la que se establecen normas mínimas sobre los derechos, el apoyo y la protección de las víctimas de delitos que establece estándares mínimos sobre los mismos. La finalidad de esta nueva normativa supone que las personas puedan hacer valer los mismos derechos básicos, y tengan confianza en el sistema de justicia dondequiera que estén en la Unión Europea, tanto si el delito se produce en España, como si se produce en otro Estado. Las víctimas deben ser reconocidas y tratadas con respeto y sensibilidad en función de sus propias necesidades, garantizando que la víctima reciba información sobre su papel, sus derechos en el sistema de justicia y sobre la evolución del procedimiento. La Directiva hizo hincapié en el elevado riesgo de victimización secundaria que corren los hijos menores que presencian situaciones de violencia de género y, de nuevo, reclama a los estados miembros la disposición de medidas especiales de protección y apoyo (arts. 17 y 38).

Esta Directiva ha sido traspuesta al ordenamiento español a través de la Ley 4/2015 de 27 de abril del Estatuto de la víctima del delito[60], que entró en vigor

---

españoles véase del auto dictado por la Sección 12ª de la Audiencia Provincial de Barcelona, de fecha 1 de marzo de 2018 por el que se resuelve el recurso de apelación nº 1231/2017 interpuesto contra el auto de fecha 11 de julio de 2017 en virtud del cual el Juzgado de Violencia nº 2 de Barcelona se declara incompetente para la ejecución de dos órdenes de protección acordadas en fechas 19 de diciembre de 2016 y 6 de marzo de 2017 por el Tribunal Superior de Justicia de Londres.

[60] BOE de 28 de abril de 2015.

el 28 de octubre de 2015. A través de esta se fomentan las Oficinas de Atención a las Víctimas y les atribuye una serie de funciones que van mucho más allá del mero asesoramiento. En realidad, trata de visibilizar como víctimas a los menores que se encuentran en un entorno de violencia. También pretende formar a psicólogos y trabajadores sociales para garantizar, entre otras funciones, la asistencia especializada a las víctimas de violencia de género y el diseño de protocolos de actuación global e integral en casos de violencia de género. La ley establece por primera vez, que el personal de los equipos psicosociales que prestan servicios a la Administración de Justicia, incluyendo los equipos técnicos de menores, tendrá formación especializada en familia, menores, personas con discapacidad y violencia de género y doméstica.

1.4. La visibilización de la infancia en contextos de violencia de género

Paralelamente al reconocimiento de políticas de lucha contra la violencia de género a nivel internacional y europeo, son numerosas las investigaciones que han puesto de manifiesto que la violencia de género no afecta exclusivamente a la mujer, sino que repercute ineludiblemente en los niños y niñas que conviven con el maltratador y su víctima, y que sufren las repercusiones de esta violencia, presentando problemas de diferente tipo en su desarrollo psicosocial. Así, en el año 2006, el informe de UNICEF "*Behind Closed Doors. The Impact of Domestic Violence on*

Children"[61] dio un giro a esta cuestión y, por primera vez, a nivel internacional se denunció públicamente la especial vulnerabilidad de los hijos menores que acompañan a sus madres durante los episodios violentos y/o son expuestos a ellos. El informe se refiere a los hijos e hijas como las grandes víctimas de las situaciones familiares de maltrato. En ese mismo año, el Secretario General de Naciones Unidas puso en el punto de mira la situación de niños, niñas y adolescentes que viven en hogares violentos y que son testigos de situaciones de violencia a través del estudio llevado a cabo por el experto independiente Paulo Sergio Pinheiro[62]. En esta ocasión, el análisis se centró en las posibles consecuencias que puede provocar en el bienestar y desarrollo de los menores; así como la elevada incidencia del maltrato infantil en este tipo de contextos familiares.

Cinco años después, el Comité de los Derechos del Niño de Naciones Unidas reconoció, en la Observación General número 13 sobre el Derecho del niño a no ser objeto de ninguna forma de violencia[63], que convivir con la violencia doméstica es una forma más de maltrato y/o negligencia para la infancia (art.19). El objetivo de esta Observación General es

---

61 https://www.unicef.org/media/files/BehindClosedDoors.pdf

62 https://www.unicef.org/violencestudy/reports/SG_violencestudy_sp.pdf

63 Las observaciones Generales son interpretaciones que realiza el Comité de Derechos del Niño, encargado de la supervisión y vigilancia del cumplimiento de la Convención de Derechos del Niño con el objetivo de clarificar el contenido de la Convención y orientar a los países firmantes en su aplicación.

aportar una visión global de la violencia que sufren los menores que permita adoptar políticas integrales de protección y recuperación.

Como han puesto de manifiesto Atenciano Giménez, De Celis Matute y López Díez[64], un punto esencial para el reconocimiento de la violencia de género en la familia como una forma de maltrato infantil, es la inclusión expresa de la exposición a la violencia doméstica dentro de la descripción de "violencia mental" al mismo nivel que los insultos, amenazas, aislamiento, desatención afectiva, humillaciones o trato degradante. En el detallado listado de los colectivos infantiles que se encuentran en situaciones de especial vulnerabilidad se incluye a los menores que "son víctimas y testigos de actos de violencia en el hogar y en las comunidades". El Comité subraya la necesidad de intervenir en las familias en las que los niños estén expuestos a actos de violencia cometidos por familiares y resalta la responsabilidad de los Estados de implementar medidas de prevención, identificación, protección, tratamiento y reparación de la infancia víctima de malos tratos.

Desde entonces, la Unión Europea, ha marcado distintos ejes en este sentido; atendiendo a la competencia que el artículo 19 de la Convención de los Derechos del Niño transfiere a los estados miembros para la determinación de "medidas legislativas, admi-

---

64 Atenciano Jiménez, Beatriz.; De Celis Matute, Estibaliz.; López Díez, Mercedes: "Menores expuestos a violencia de género: Concepto y marco legal", en *Intervención Psicológica con menores expuestos/as a violencia de género. Aportes teóricos y clínicos,* (Coord.) Romero Sabater, Inmaculada., Colegio Oficial de Psicólogos de Madrid, 2016, pp. 11-25.

nistrativas, sociales y educativas apropiadas para proteger al niño contra toda forma de (...) abuso físico o mental, descuido o trato negligente (...)". Ejemplo de ello es la Resolución 1714 del Consejo de Europa[65], en la cual reconoce que ser testigo de violencia perpetrada contra la madre es una forma de abuso psicológico contra el niño y, por ello, se le atribuyen consecuencias que este órgano califica como muy graves en su ajuste psicosocial. Por tal motivo, la infancia requiere de una acción más específica pues, a menudo, no es reconocida como víctima, ni tampoco, como eslabones de una cadena que facilita la reproducción futura de estas conductas.

También, la Recomendación 1905[66] insiste en la situación de riesgo en la que se encuentran expuestos estos niños y niñas y la necesidad de que desde los diferentes ámbitos de decisión y actuación se refuercen las acciones específicas para abordar estas situaciones, teniendo en cuenta el impacto específico que tiene la violencia de género en el hogar en los niños y niñas. En particular, cuando estas situaciones implican la intervención de los niños y niñas en procesos administrativos y judiciales se recomienda un trabajo exhaustivo a todos los niveles para adaptar estos procesos al nivel de madurez de los niños y niñas, como garantía de su derecho a participar y ser oídos.

---

65 Resolution 1714 (2010) Children who witness domestic violence. http://assembly.coe.int/Main.asp?link=/Documents/AdoptedText/ta10/ERES1714.htm.

66 Recommendation 1905 (2010) Disponible en: http://www.violenciagenero.msssi.gob.es/marcoInternacional/ambitoInternacional/ConsejoEuropa/Normativa/docs/Rec_1905_2010.pdf

En coherencia con la línea marcada, el Parlamento Europeo, asumiendo como principio el interés superior del menor, publica la Resolución del 5 de abril de 2011, sobre las prioridades y líneas generales del nuevo marco político de la UE para combatir la violencia contra las mujeres[67]; en cuyos puntos 5 y 6 concluye que presenciar violencia física, psicológica o sexual entre los progenitores produce un grave impacto en los niños y, como consecuencia, solicita a los Estados miembros la implementación de intervenciones psicosociales adaptadas a las características de esta experiencia traumática.

Por esa misma fecha, en Estambul, el Consejo de Europa presenta el Convenio europeo núm. 210, de 11 de mayo de 2011, sobre la prevención y la lucha contra la violencia hacia las mujeres y la violencia doméstica al que ya nos hemos referido. El Convenio de Estambul ha supuesto un salto cualitativo en la consideración legal de la infancia como víctima de violencia de género en el ámbito familiar, al reconocer en su Preámbulo que "los niños son víctimas de la violencia doméstica, incluso como testigos de la violencia dentro de la familia"[68].

Buscando dar respuesta a las víctimas más vulnerables entre las que se encuentran los y las niñas, niños y adolescentes, se propone aplicar una visión global para la adopción de medidas de protección y recuperación de las víctimas, basándose en "un enfoque

---

67 http://www.europarl.europa.eu/sides/getDoc.do?pubRef=-//EP//TEXT+TA+P7-TA-2011-0127+0+DOC+XML+V0//ES.

68 Atenciano Jiménez, B.; De Celis Matute, E.; López Díez, M.: "Menores expuestos..., ob. cit., p.19.

integrado que tome en cuenta la relación entre las víctimas, los autores de los delitos, los niños y su entorno social más amplio" (art. 18.3).

Destacamos ahora la previsión que se contiene en el artículo 26 que regula la protección y apoyo a los niños y niñas testigos, relativa a la exigencia a los estados participantes del compromiso de tomar medidas necesarias para proteger los derechos y apoyar posibles necesidades en los hijos testigos de violencia familiar tomando debidamente en consideración el interés superior de los mismos (art. 26.1)[69]. Una de las medidas incluidas es la creación de consejos psicosociales adaptados a la edad de los niños y encargados de velar por el interés superior del menor (art. 26.2)[70].

---

69 "Las Partes tomarán las medidas legislativas u otras necesarias para que, en la oferta de servicios de protección y apoyo a las víctimas, se tengan en cuenta adecuadamente los derechos y necesidades de los niños testigos de todas las formas de violencia incluidas en el ámbito de aplicación del presente Convenio".

70 "Las medidas tomadas con arreglo al presente artículo incluirán los consejos psicosociales adaptados a la edad de los niños testigos de todas las formas de violencia incluidas en el ámbito de aplicación del presente Convenio y tendrán en cuenta debidamente el interés superior del niño".

Tanto el artículo 31[71] como el 45.2[72] del Convenio prestan especial atención a que se tengan en cuenta las situaciones de violencia vividas en una pareja en el momento de establecer medidas legales sobre guarda y custodia, y derechos de visita anteponiendo de este modo la seguridad y derechos de los menores y sus madres frente al derecho de visitas del victimario, o la patria potestad en caso de que de este modo no pueda garantizarse el interés superior del menor.

Recientemente, el Parlamento europeo ha aprobado la Resolución, de 6 de octubre de 2021, sobre el impacto de la violencia doméstica y del derecho de custodia en las mujeres y los niños (2019/2166(INI)). En cuanto a la visibilización de niñas y niños en contextos de violencia de género la Resolución incide en que los niños y las niñas pueden verse afectados negativamente al presenciar actos de violencia en su hogar y entorno familiar. Esta situación, conocida

---

71 Artículo 31 - Custodia, derecho de visita y seguridad.
1 Las Partes tomarán las medidas legislativas u otras necesarias para que, en el momento de estipular los derechos de custodia y visita relativos a los hijos, se tengan en cuenta los incidentes de violencia incluidos en el ámbito de aplicación del presente Convenio.
2 Las Partes tomarán las medidas legislativas u otras necesarias para que el ejercicio de ningún derecho de visita o custodia ponga en peligro los derechos y la seguridad de la víctima y de los niños.

72 Las Partes podrán adoptar otras medidas en relación con los autores de los delitos, tales como: - el seguimiento o la vigilancia de la persona condenada; - la pérdida de sus derechos dimanantes de la patria potestad si el interés superior del menor, que puede incluir la seguridad de la víctima, no se puede garantizar de ninguna otra forma.

como "violencia presenciada"[73] se produce cuando los niños y niñas son testigos directos de actos de violencia física, verbal, psicológica, sexual o económica perpetrados contra personas significativas en sus vidas, como sus madres. Se advierte que la violencia presenciada puede tener consecuencias muy graves para el desarrollo psicológico y emocional de la infancia. Puede causarles angustia, ansiedad, miedo, confusión y afectar negativamente su autoestima y capacidad para establecer relaciones saludables en el futuro. Ello hace que resulte esencial que esta situación se tenga en cuenta adecuadamente en casos de crisis familiar y determinación del régimen de custodia y visitas o regímenes de estancia.

Es importante reconocer que la violencia presenciada no siempre es fácil de identificar, y puede quedar oculta detrás de las tensiones y dificultades emocionales que experimentan las mujeres víctimas de violencia de género. Por lo tanto, los tribunales deben contar con expertos capacitados en el tema para poder evaluar adecuadamente la situación y tomar decisiones informadas que protejan el bienestar de niños y niñas y su derecho a un entorno seguro y libre de violencia.

---

73 Informe explicativo del Consejo de Europa, de 11 de mayo de 2011, al Convenio del Consejo de Europa sobre Prevención y Lucha contra la Violencia contra las Mujeres y la Violencia Doméstica.

2. MARCO JURÍDICO ESPAÑOL PARA LA PROTECCIÓN DE LA INFANCIA ANTE LA VIOLENCIA SOBRE LA MUJER

En España, una revisión de las actuaciones realizadas en orden a la protección de la infancia víctima de violencia de género muestra que hasta recientemente, estos niños y niñas no han estado en el punto de mira de la actuación de los organismos públicos que deberían encargarse de su protección, convirtiéndose en las víctimas invisibles de este problema estructural.

2.1. El detonante: el caso González Carreño

Algunos casos que han saltado a la luz pública han puesto de manifiesto, además, la falta de diligencia en las actuaciones judiciales y asistenciales llevadas a cabo para la protección de la mujer víctima de violencia de género y especialmente de su hijos/as. Uno de los casos más relevantes que han evidenciado esta realidad es el caso de Ángela González Carreño, una superviviente de violencia de género que había presentado numerosísimas denuncias ante juzgados y comisarías frente a su exmarido, por gravísimas amenazas, agresiones e intento de sustracción e igualmente para evitar las visitas sin vigilancia de la hija común del matrimonio. Pero sus denuncias no fueron atendidas y su hija fue asesinada de un disparo en la cabeza por su padre, quien luego se suicidó.

El 2 de enero de 2004, el Juzgado de Instrucción número 3 de Navalcarnero declaró "extinguida la responsabilidad penal" en el asesinato de Andrea Rascón, hija de Ángela González Carreño. La Sra. González recurrió dicha decisión, que fue desestimada, así como el recurso de apelación frente a la misma. En abril de 2004, Ángela González Carreño inició su contienda con la Administración pública española, a través de un procedimiento de reclamación de responsabilidad patrimonial ante el Ministerio de Justicia español alegando que la Administración de Justicia y los Servicios Sociales españoles fallaron en su deber de proteger la vida de su hija, primando el derecho del padre maltratador a tener una relación con su hija, en lugar de velar por el interés superior de ésta. El Ministerio de Justicia resolvió desestimar su reclamación, alegando que la vía judicial elegida era errónea. Aseguraba que Ángela debía haber solicitado una indemnización por error judicial, pero que para ello estaba fuera de plazo. La representación procesal de la Sra. González Carreño recurrió ante el Ministerio de Justicia y el mismo ministerio volvió a desestimar su queja. Al rechazo del Ministerio de Justicia, siguieron el de la Audiencia Nacional; el del Tribunal Supremo; y el del Tribunal Constitucional que inadmitió la demanda de amparo. La única finalidad que pretendía la Sra. González Carreño era que se admitiera la responsabilidad de la Justicia española en el asesinato de su hija.

Ante la falta de estimación de su petición, y agotadas todas las vías de reclamación en España, Ángela González Carreño y la organización internacional *Women's Link* presentaron el caso ante la CEDAW, que el 16 de julio de 2014 emitió un dictamen que afirmaba que "el Estado [español] ha infringido los derechos de la autora [González Carreño] y su hija fallecida". Desde el Comité CEDAW se concluyó que España había infringido los artículos los artículos 2 a), b), c), d),

e) y f); 5 a); y 16, párrafo 1 d)[74], de la Convención en relación con el artículo 1 de la Convención y la recomendación general núm. 19 del Comité y entre las recomendaciones efectuadas al Estado español se incluyó: «Proporcionar formación obligatoria a los jueces y personal administrativo competente sobre la aplicación del marco legal en materia de lucha contra la violencia doméstica que incluya formación acerca de la definición de la violencia doméstica y sobre los

---

74 Artículo 2: Los Estados Partes condenan la discriminación contra la mujer en todas sus formas, convienen en seguir, por todos los medios apropiados y sin dilaciones, una política encaminada a eliminar la discriminación contra la mujer y, con tal objeto, se comprometen a: a) Consagrar, si aún no lo han hecho, en sus constituciones nacionales y en cualquier otra legislación apropiada el principio de la igualdad del hombre y de la mujer y asegurar por ley u otros medios apropiados la realización práctica de ese principio; d) Abstenerse de incurrir en todo acto o práctica de discriminación contra la mujer y velar por que las autoridades e instituciones públicas actúen de conformidad con esta obligación; e) Tomar todas las medidas apropiadas para eliminar la discriminación contra la mujer practicada por cualesquiera personas, organizaciones o empresas; f) Adoptar todas las medidas adecuadas, incluso de carácter legislativo, para modificar o derogar leyes, reglamentos, usos y prácticas que constituyan discriminación contra la mujer; y Artículo 16: 1. Los Estados Partes adoptarán todas las medidas adecuadas para eliminar la discriminación contra la mujer en todos los asuntos relacionados con el matrimonio y las relaciones familiares y, en particular, asegurarán en condiciones de igualdad entre hombres y mujeres: d) Los mismos derechos y responsabilidades como progenitores, cualquiera que sea su estado civil, en materias relacionadas con sus hijos; en todos los casos, los intereses de los hijos serán la consideración primordial.

estereotipos de género, así como una formación apropiada con respecto a la Convención, su Protocolo Facultativo y las recomendaciones generales del Comité, en particular la recomendación general núm. 19.» Estos hechos llevaron al CEDAW a constatar las vulneraciones denunciadas y a condenar a España por negligencia y falta de protección en el caso de una menor asesinada por su padre.

En su dictamen el CEDAW recomienda la adopción de medidas adecuadas y efectivas:

> "a) Con respecto a la autora de la comunicación:
>
> i) Otorgar a la autora una reparación adecuada y una indemnización integral y proporcional a la gravedad de la conculcación de sus derechos;
>
> ii) Llevar a cabo una investigación exhaustiva e imparcial con miras a determinar la existencia de fallos en las estructuras y prácticas estatales que hayan ocasionado una falta de protección de la autora y su hija.
>
> b) En general:
>
> i) Tomar medidas adecuadas y efectivas para que los antecedentes de violencia doméstica sean tenidos en cuenta en el momento de estipular los derechos de custodia y visita relativos a los hijos, y para que el ejercicio de los derechos de visita o custodia no ponga en peligro la seguridad de las víctimas de la violencia, incluidos los hijos. El interés superior del niño y el derecho del niño a ser escuchado deberán prevalecer en todas las decisiones que se tomen en la materia;
>
> ii) Reforzar la aplicación del marco legal con miras a asegurar que las autoridades competentes ejerzan la debida diligencia para responder adecuadamente a situaciones de violencia doméstica;

> iii) Proporcionar formación obligatoria a los jueces y personal administrativo competente sobre la aplicación del marco legal en materia de lucha contra la violencia doméstica que incluya formación acerca de la definición de la violencia doméstica y sobre los estereotipos de género, así como una formación apropiada con respecto a la Convención, su Protocolo Facultativo y las recomendaciones generales del Comité, en particular la recomendación general núm. 19".

El principal problema con el que se encontró Ángela González Carreño a partir de este momento fue el de encontrar, o más bien crear, el caucel procesal oportuno para que España diera cumplimiento a la decisión del Comité en el ordenamiento español. Gómez Fernández[75] identifica el caso de Ángeles González Carreño como de litigio estratégico. El litigio estratégico lo identifica con una aproximación lógica a un proceso judicial que busca no solo resolver un caso individual, sino también generar un impacto más amplio al cambiar políticas, actitudes y jurisprudencia en temas específicos. En el caso de Ángela González Carreño, este litigio pretendía abordar la protección de niños y niñas víctimas de violencia de género, que además de ser víctimas directas, son utilizados por los maltratadores para mantener el control y vulnerar los derechos de las madres. Inicialmente, el caso de Ángela y Andrea se planteó como un caso paradigmático que podría servir como modelo para

---

[75] Gómez Fernández, Itziar: "Que nos enseña el caso Angela González Carreño sobre el recurso al Derecho Internacional de los derechos humanos en los procedimientos ordinarios. Comentario a la sentencia 1263/2018 del Tribunal Supremo", *Revista Aranzadi Doctrinal*, nº 7, 2019, pp. 1-26.

desarrollar casos similares y fortalecer la jurisprudencia en materia de protección infantil en contextos de violencia de género. La idea era utilizar el caso para generar un cambio significativo en la manera en que el sistema de justicia, el gobierno y la sociedad civil trataban este tipo de situaciones.

Sin embargo, la falta de cumplimiento de las medidas individuales previstas en la decisión de la CEDAW evidenció que el sistema legal español no estaba cumpliendo con sus obligaciones internacionales de proteger los derechos de las mujeres y niños y niñas víctimas de violencia de género. Como sostiene Gómez Fernández[76], aunque el Tribunal Supremo resolvió el caso[77], no pudo solucionar este defecto estruc-

---

76 Ob. cit. p. 14

77 " (...) el Dictamen del Comité de la CEDAW deberá ser tenido, en este caso y con sus particularidades, como presupuesto válido para formular una reclamación de responsabilidad patrimonial del Estado y al margen de la anterior ya denegada, ello en razón de que acredita junto con los hechos que se desprenden del expediente administrativo (i) la existencia de una lesión o daño real y efectivo, individualizado en la persona de la recurrente, que ella no estaba obligada a soportar, y que se produjo por la desprotección que ha soportado durante años ante una clara situación de discriminación, antes y después del fallecimiento de su hija, hecho que en sí mismo no puede ser valorado. Es un daño que no está integrado por el juicio de valor del órgano internacional aunque éste sirva para su constatación sobre la base de los hechos acaecidos, que está aún vigente pues la situación de desprotección de derechos no ha sido resarcida y que, además, es evaluable económicamente por venir representado (no sólo por el fallecimiento de su hija, que también, sino) por los daños de todo tipo que ha tenido que soportar como consecuencia de ello siendo víctima

tural, ya que eso requeriría intervención legislativa. Sin embargo, la sentencia del Tribunal Supremo sí marcó un hito al llamar la atención sobre este defecto y enviar un mensaje claro al poder del Estado competente para adoptar las medidas necesarias para solucionarlo. El problema se planteó ante la dificultad que había para ejecutar en España las medidas individuales contenidas en la decisión de la CEDAW, organismo sin carácter jurisdiccional. Finalmente, el TS habilita un cauce, para dar cumplimiento a la decisión de la CEDAW haciendo servir dicho Dictamen como presupuesto habilitante para formular una reclamación de responsabilidad patrimonial del Estado por funcionamiento anormal de la Administración de Justicia como último cauce para obtener la reparación[78].

---

de violencia sobre la mujer que es, sin duda, el supuesto de mayor gravedad de desigualdad de la mujer en la sociedad actual, y no obtener nunca una protección de la Administración y una tutela judicial efectiva; (ii) un funcionamiento anormal de la Administración de Justicia, como parte integrante del Estado al que imputa una negligente actuación en la protección de los derechos de la recurrente, que consideramos concurrente; (iii) la evidente relación entre la lesión antijurídica y la actuación del Estado, de la que forma parte la Administración de Justicia".

78 Sobre esta cuestión vid. Montesinos Padilla, Carmen: "El cumplimiento de los dictámenes de los comités de Naciones Unidas en España. ¿Imposibilidad jurídica o falta de voluntad política? *Revista Española de Derecho Constitucional,* Vol. 43 Núm. 127 Pág. 49-80; Cuenca Gómez, Patricia: "Sobre el valor jurídico y efectividad de los dictámenes de los órganos de Tratados de derechos humanos de Naciones Unidas. Propuestas de implementación

2.2. Estrategias Nacionales para la Erradicación de la Violencia sobre la Mujer

En los últimos años la situación ha evolucionado y se están produciendo cambios en las políticas relativas a la protección de los hijos e hijas de las víctimas de la violencia de género en España, con cambios que pretenden una mejor atención y protección a estas hijas e hijos.

En un primer momento, las políticas públicas para la erradicación de la violencia de género se articularon a través de sucesivos planes específicos, como el Plan de Acción contra la Violencia Doméstica 1998-2000 aprobado por acuerdo del Consejo de Ministros de 30 de abril de 1998,[79] el II Plan Integral contra la Violencia Doméstica 2001-2004 aprobado por Acuerdo de Consejo de Ministros de 11 de mayo de 2001[80],

---

en el sistema español" *Cuadernos electrónicos de Filosofía del Derecho*, nº 47, 2022, p. 1-35.

79 Este plan nació con el objetivo, por una parte, de reducir, en primera instancia, y erradicar, finalmente, los actos violentos en el seno de las familias y, por otra, de arbitrar los medios necesarios para paliar sus efectos en las víctimas.

80 Se constata que es absolutamente necesario continuar realizando acciones, y dedicar más recursos y esfuerzos para luchar contra la violencia doméstica. Por ello, finalizado el periodo de vigencia del I Plan, se hace preciso iniciar un nuevo Plan que establezca el marco de las estrategias a desarrollar, con el fin de conseguir estos cuatro objetivos principales: 1. Fomentar una educación basada en los valores de diálogo, respeto y tolerancia, para evitar que las futuras generaciones reproduzcan los esquemas de comportamiento violento que se originan en la existencia de estereotipos sobre géneros y sensibilizar a la sociedad para que adopte una actitud de rechazo

el Plan Nacional de Sensibilización y Prevención de la Violencia de Género 2007-2008[81], el Plan de Atención y Prevención de la Violencia de Género en Po-

---

y compromiso para su erradicación; 2. Mejorar la legislación y el procedimiento legal, para conseguir una mayor eficacia en los procesos, con una mejor protección de la víctima y una penalización más contundente del comportamiento de los agresores; 3. Completar el mapa de recursos sociales en todo el territorio nacional, a partir del conocimiento, proporcionado por los estudios sobre violencia doméstica realizados por el Instituto de la Mujer, de la incidencia de la violencia sobre la población en las diferentes Comunidades Autónomas, con el fin de que todas las mujeres víctimas, independientemente de donde vivan, dispongan de servicios de atención; y 4. Potenciar la coordinación entre las actuaciones de los diferentes organismos y de las organizaciones sociales que trabajan en la prevención y eliminación de la violencia doméstica, así como en la asistencia a las víctimas.

81 El Plan Nacional de Sensibilización y Prevención de la Violencia de Género fue aprobado en el Consejo de Ministros del día 15 de diciembre de 2006, cumpliendo el mandato contenido en el artículo 3 de la Ley Orgánica 1/2004, de 28 de diciembre, de Medidas de Protección Integral contra la Violencia de Género. Su elaboración, liderada por la entonces Delegación Especial del Gobierno contra la Violencia sobre la Mujer (ahora, Delegación del Gobierno para la Violencia de Género), estuvo presidida por el consenso de todos los responsables de su puesta en marcha y aplicación, siendo sometido a la aprobación del Observatorio Estatal de Violencia sobre la Mujer y contando con el apoyo de las Comunidades Autónomas y Ciudades de Ceuta y Melilla a través de la Conferencia Sectorial de Mujer. El Plan Nacional cuenta con dos objetivos estratégicos: 1. La mejora de la respuesta frente a la violencia de género. 2. Propiciar un cambio del modelo de relación social entre hombres y mujeres

blación Extranjera Inmigrante 2009-2012[82] o el Plan Integral contra la Trata de Seres Humanos con fines de explotación sexual 2009-2012, sustituido por el Plan integral de lucha contra la trata de mujeres y niñas con fines de explotación sexual 2015-2018; además de incluirse previsiones en multitud de planes sectoriales[83].

---

que permita avanzar en la consolidación del derecho de ciudadanía de éstas.

82 El Plan de Atención y Prevención de la Violencia de Género en Población Extranjera Inmigrante 2009-2012 fue aprobado en Consejo de Ministros el día 9 de enero de 2009. Este Plan tiene como objetivo aproximar los recursos a la población inmigrante y crear las condiciones adecuadas para la prevención de la violencia de género y la atención desde una perspectiva global, pues la mayor dependencia de estas mujeres hacia su agresor, debido a la falta de redes de apoyo sociales y familiares, origina una mayor inseguridad a la hora de romper con la violencia. El Plan se articula sobre cinco ejes principales, dirigidos a la consecución de objetivos específicos a través de acciones concretas para cada uno de ellos: 1. Información; 2. Formación; 3. Sensibilización; 4. Atención adaptada a las circunstancias de las mujeres extranjeras víctimas de violencia de género; 5. Medidas estructurales.

83 Junto a ello, dado el sistema de distribución de competencias previsto en la Constitución, las comunidades autónomas han aprobado normativa propia para combatir este problema. En los últimos años, casi todas ellas han dictado legislación para la prevención y protección integral de las mujeres contra la violencia que pueden sufrir por su condición de tales. Todas poseen leyes de igualdad entre hombres y mujeres, planes de actuación y programas ad hoc

Como apunta Ruiz González[84], con el fin de obtener una visión general y coordinada, resultaba recomendable adoptar un plan de acción único que permitiera abordar la violencia de género de manera integral, considerando todas las dimensiones y áreas de intervención. Con el objetivo de abordar la necesidad de coordinar las acciones de los distintos poderes públicos en el ámbito autonómico del Estado español, y como un instrumento integral para combatir la violencia que enfrentan las mujeres debido a su género, se aprobó la Estrategia nacional para la erradicación de la violencia contra la mujer, según el Acuerdo del Consejo de ministros del 26 de julio de 2013 (Gobierno de España, 2013).

Al aprobar esta Estrategia, se busca establecer una base sólida para prevenir, combatir y erradicar la violencia que sufren las mujeres en España. Se reconoce que esta violencia se produce simplemente por el hecho de ser mujeres, y se enfoca en abordar sus causas estructurales y promover la igualdad de género en todos los ámbitos de la sociedad.

2.3. Estrategia Nacional para la Erradicación de la Violencia contra la Mujer 2013-2016

En cumplimiento de la previsión contemplada en el artículo 3.1 de la LO 1/2004, de 28 de diciem-

---

[84] Ruiz González, José Gabriel: "La estrategia nacional para la erradicación de la violencia contra la mujer en España: marco jurídico-constitucional", en *Nova et Vetera*, 24, 2016. Recuperado de http://esapvirtual.esap.edu.co/ojs/ index.php/novaetvetera/article/view/36

bre[85], de Medidas de Protección Integral contra la

---

85 Dándole nueva redacción la Disposición Final 9.1. de la Ley Orgánica 10/2022, de 6 de septiembre de Garantía integral de la Libertad Sexual, actualmente el art. 3 dispone: "1. Desde la responsabilidad del Gobierno del Estado y de manera inmediata a la entrada en vigor de esta ley, con la consiguiente dotación presupuestaria, se pondrá en marcha un Plan Estatal de Sensibilización y Prevención de la Violencia de Género con carácter permanente que como mínimo recoja los siguientes elementos:
a) Que introduzca en el escenario social las nuevas escalas de valores basadas en el respeto de los derechos y libertades fundamentales y de la igualdad entre hombres y mujeres, así como en el ejercicio de la tolerancia y de la libertad dentro de los principios democráticos de convivencia, todo ello desde la perspectiva de las relaciones de género.
b) Dirigido tanto a hombres como a mujeres, desde un trabajo comunitario e intercultural, incluyendo el ámbito de las tecnologías de la información y el digital.
c) Que contemple un amplio programa de formación complementaria y de reciclaje de los profesionales que intervienen en estas situaciones.
d) Controlado por una Comisión de amplia participación, que se creará en un plazo máximo de un mes, en la que se ha de asegurar la presencia de las víctimas y su entorno, las instituciones, los profesionales y de personas de reconocido prestigio social relacionado con el tratamiento de estos temas.
La Delegación del Gobierno contra la Violencia de Género, oída la Comisión a la que se refiere el párrafo anterior, elaborará el Informe anual de evaluación del Plan Estatal de Sensibilización y Prevención de la Violencia de Género y lo remitirá a las Cortes Generales.
2. Los poderes públicos, en el marco de sus competencias, impulsarán además campañas de información y sensibilización específicas con el fin de prevenir la violencia de género.

Violencia de Género, según el cual debe elaborarse por el Gobierno un Plan Nacional de Sensibilización y Prevención contra la violencia de género, el 26 de Julio de 2013 se aprobó la Estrategia Nacional para la erradicación de la violencia contra la mujer 2013-2016[86]. Este plan es un instrumento vertebrador de la actuación de los poderes públicos para acabar con la violencia que sufren las mujeres por el mero hecho de serlo. Como toda estrategia, consiste esencialmente en la puesta en marcha, de forma coordinada, de medios materiales y humanos para la consecución de un fin: en este caso, la eliminación de la violencia que sufren las mujeres. Pero la Estrategia Nacional para la erradicación de la violencia contra la mujer 2013-2016 pretendió ir más lejos recogiéndose en el Plan además de medidas con finalidad sensibilizadora, preventiva y de detección que prevé el artículo 3.1 de la Ley, otras acciones que buscaban dar la mejor respuesta institucional, asistencial, de protección y de apoyo a las mujeres que han sufrido violencia de género; logrando la máxima personalización; incidiendo en la atención a los menores y a las mujeres especialmente vulnerables; mejorando la formación de agentes; aumentando la evaluación de las políticas públicas y del conocimiento sobre la violencia contra la mujer; visibilizando las distintas formas de violencia de la que puede ser objeto por su condición de tal y maximizando el trabajo en red.

---

3. Las campañas de información y sensibilización contra esta forma de violencia se realizarán de manera que se garantice el acceso a las mismas de las personas con discapacidad".

86 http://www.violenciagenero.msssi.gob.es/planActuacion/estrategiaNacional/home.htm

En concreto, uno de los cuatro principales problemas que se detectan tras el análisis de datos empíricos que evidencian la magnitud y gravedad del problema se refiere a la situación de las hijas e hijos de mujeres víctimas y por tanto expuestos a violencia de género.

Las hijas e hijos son verdaderas víctimas de la violencia de género cuando conviven con una mujer sometida a esta situación. Los datos de la Macroencuesta de 2011 revelan que el 73,3% de las mujeres que sufren violencia de género tienen hijos o hijas menores de edad. Específicamente, el 61,7% de las mujeres que en el momento en que se realizó la encuesta estaban siendo maltratadas afirman que sus hijos e hijas han experimentado directamente situaciones de maltrato en algún momento. Las estadísticas sobre mujeres asesinadas por violencia de género muestran que la mayoría de ellas se encuentran en los grupos de edad entre los 21 y los 40 años, edades en las que las mujeres suelen tener a su cargo hijos o hijas.

Uno de los desafíos con relación a estos hijos e hijas es su visibilización y ello se ve impedido por la dificultad para cuantificar su número, lo cual destaca la importancia de avanzar en la visibilización de esta problemática. Esta cuestión se torna urgente cuando se analizan las consecuencias que la violencia de género produce en los hijos e hijas de mujeres maltratadas. Al respecto se suelen identificar cuatro aspectos fundamentales que evidencian la dimensión del problema y la urgencia de solución:

En primer lugar, la exposición a esta violencia y el sufrimiento directo del maltrato pueden considerarse equivalentes. Vivir situaciones de violencia durante la infancia genera en los niños y niñas problemas similares a los que experimentan aquellos que son maltratados directamente. Estos menores expuestos a la violencia de género no solo se enfrentan a la violencia que sufren sus madres, sino que también tienen mayores posibilidades de sufrir maltrato directo[87]. En segundo lugar, en muchos casos, los menores pueden ser utilizados como instrumentos de violencia contra la mujer y como una vía para amenazarla y coaccionarla. Se convierten en una herramienta dañina para ejercer violencia sobre sus madres. A este fenómeno se le conoce como violencia interpuesta o violencia vicaria, sobre el que volveremos más adelante[88]. En tercer lugar, la violencia de género puede

---

87 Sepúlveda García de la Torre, Angela: "La violencia de género como causa de maltrato infantil", en *Cuadernos de Medicina Forense,* nº 12, Enero-Abril 2006, pp. 149-164; Pérez del Campo Noriega, Ana Mª: "Las otras víctimas: los hijos como instrumento de la violencia de género" en *Temas para el debate,* nº 209, pp. 30-32; De la Cruz Fernández, Lucía, Rodríguez Pascual, Iván: "Consecuencias en el desarrollo cognitivo de menores expuestos a situaciones de violencia de género: una revisión bibliográfica" en *Revista sobre la infancia y la adolescencia,* nº 23, 2022, pp. 48-73; Dinu, Anca Cristina: "Los niños como víctimas de violencia de género" en *Trabajo Social Hoy,* nº 75, 2015, pp. 37 a 78; Montserrat Boada, Carme: "Impacto de la violencia de género en las niñas, niños y adolescentes", en Rabetllat Ballesté, Isaac (ed): *Estudios sobre la ley orgánica de protección integral a la infancia y la adolescencia frente a la violencia,* Ediciones Universidad Politécnica de Valencia, 2023, pp.27-48.

88 Cordero Martín, Guadalupe; López Montiel Carmen; Guerrero Barberán, Ana Isabel: "Otra forma de Violencia de Género: La instrumentalización. "¡Dónde más te duele!" en *Documentos de Trabajo Social: Revista de Trabajo y Acción social,* nº 59, 2017, pp. 170-189; Magro Servet, Vicente: "No matarás . A tus propios hijos. El drama de la violencia vicaria" en *Diario La Ley,* nº 10194, 2022; Pe-

dar lugar a secuelas emocionales y a la reproducción de esta forma de violencia, perpetuando estos comportamientos violentos en la sociedad en el futuro[89]. Finalmente, el sufrimiento directo o indirecto de la violencia de género crea problemas de todo tipo en los menores, por lo que es imprescindible proporcionarles atención para ayudarlos en su recuperación. Se detectan alteraciones en áreas de desarrollo como el crecimiento físico, trastornos de conducta alimentaria, problemas de sueño, regresiones, dificultades motoras y síntomas psicosomáticos. A nivel emocional, se observa ansiedad, ira, depresión, aislamiento, trastornos de la autoestima, estrés postraumático, trastornos del apego y de la vinculación. En términos cognitivos, se aprecian retrasos en el lenguaje, desarrollo cognitivo y rendimiento escolar. Además, se presentan problemas de conducta y sociales, como violencia hacia otros, rabietas, desinhibiciones, falta

---

ral López, Mª del Carmen: Madres Maltratadas: violencia vicaria sobre hijos e hijas, Universidad de Málaga, UMA, 2018; Calzadilla Medina, Mª Aránzazu: "Crisis familiar, personas menores de edad y violencia vicaria", en Rabetllat Ballesté, Isaac (ed): *Estudios sobre la ley orgánica de protección integral a la infancia y la adolescencia frente a la violencia,* Ediciones Universidad Politécnica de Valencia, 2023, pp. 49-89.

89 Martínez García, Mª Angeles: La reproducción de la violencia de género: una lectura desde las áreas rurales" en *Revista de estudios sobre despoblación y desarrollo rural,* nº 19, 2015, pp. 117-146.; Castro Alvarez, Carmen: *La transmisión generacional de la violencia de género,* Tesis Doctoral, Blanco López, Juan (Dir.), 2017, http://hdl.handle.net/10433/4075. Martina Garra, María: "Efecto contagio-imitación en casos de violencia de género", en *Cartapacio de Derecho, Revista Virtual de la Facultad de Derecho,* nº 27, 2015, pp. 1-26.

de atención-hiperactividad, toxodependencias, conductas autodestructivas, dificultades sociales y trastornos de empatía.

Ante estas evidencias científicamente constatadas[90] se proponen una serie de objetivos que tienen como finalidad la mejora de la respuesta institucional proporcionada por las distintas Administraciones y organismos públicos y privados en sus respectivos ámbitos de actuación. En concreto respecto de los hijos e hijas de mujeres víctimas de violencia se propone la elaboración de planes individualizados tanto para las mujeres como para sus hijos e hijas, previendo las intervenciones desde todos los ámbitos profesionales necesarios para alcanzar su recuperación integral.

2.4. La estrategia estatal para combatir las violencias machistas 2022-2025

En el año 2022 se ha publicado el segundo plan estatal de acción multisectorial para hacer frente a las violencias que se ejercen contra las mujeres, niñas e hijos e hijas de las víctimas y/o supervivientes denominado "Estrategia estatal para combatir las violencias machistas 2022-2025"[91]. Se trata de un docu-

---

90 Cordero Giménez, Gemma; Soler González, Cristina: "Las consecuencias psicológicas de la violencia de género en los menores", en *Revista Sanitaria de Investigación*, junio 2020; Carracedo Cortiñas, Sandra: *Menores testigos de violencia entre sus progenitores: repercusiones a nivel psicoemocional.* 5. COLECCIÓN: Premio de la Delegación del Gobierno para la Violencia; de Género a Tesis Doctorales sobre Violencia de Género. 2018. Pág. 51.

91 https://violenciagenero.igualdad.gob.es/planActuacion/estrategiasEstatales/combatirViolenciaMachista/

mento estratégico cuyo objetivo general es proporcionar un marco de referencia para la acción pública en materia de prevención, sensibilización, atención y reparación integral de todas las formas de violencias machistas. La estrategia estructura sus contenidos en 4 grandes ejes[92] y 23 líneas estratégicas con sus correspondientes actuaciones y medidas.

Esta Estrategia plantea elementos innovadores respecto de la estrategia anterior, al abordar todas las formas de violencia contra las mujeres, tal y como se definen en el artículo 3.a del Convenio de Estambul. Además de combatir la violencia en la pareja o expareja, también se incluyen medidas para hacer frente a formas de violencia que a menudo pasan desapercibidas, como la violencia digital, la violencia económica, la violencia vicaria o la violencia institucional.

Otro de los elementos novedosos de esta estrategia es la atención especial enfocada en los hijos e hijas de las mujeres como víctimas de la violencia machista. Se reconoce el verdadero alcance de esta forma de violencia al identificar a todas sus víctimas, incluyendo a los hijos e hijas de las mujeres que son víctimas y supervivientes y ello con independencia de que hayan sufrido maltrato físico de forma directa por parte de los maltratadores. Se parte de la idea de

estrategia_2022_2025.htm

92 Eje 1: Actualización y consolidación del marco de responsabilidades y obligaciones de los poderes públicos frente a las distintas formas de violencia machista; Eje 2: Sensibilización, prevención y detección de las distintas formas de violencia machista; Eje 3: Protección, seguridad, atención y reparación integral y Eje 4: Respuesta coordinada y multiagencia para la protección y garantía de los derechos.

que es fundamental comprender que la violencia machista afecta no solo a las mujeres directamente, sino también a sus hijos e hijas, quienes sufren las consecuencias de vivir en un entorno violento. Estos niños y niñas no son solo testigos de la violencia y pueden experimentar traumas y secuelas psicológicas. En este sentido, la Estrategia reconoce la importancia de brindar apoyo y protección integral a los hijos e hijas de las mujeres víctimas de violencia machista procurando asegurar que estas víctimas reciban la atención y el cuidado necesario para su bienestar físico, emocional y psicológico.

Destacamos las acciones y medidas contenidas en los ejes 2 y 3 de la estrategia que poseen vinculación directa con el objeto del presente estudio en la medida que permiten efectuar un análisis y seguimiento de las actuales políticas públicas para la protección y acompañamiento de la infancia inmersa en contextos de violencia de género.

En primer lugar, dentro del Eje 2 sobre Sensibilización, prevención y detección de las distintas formas de violencia machista, la línea estratégica 2.1. dedicada al conocimiento de todas las manifestaciones de la violencia machista (datos y estudios) destaca la medida 49: "Ampliación de los datos recopilados por el CGPJ en torno a las resoluciones de divorcio y custodia que sean competencias de los Juzgados de Violencia sobre la Mujer, de las hijas y de los hijos a fin de poder valorar la forma en cómo los juzgados españoles garantizan la seguridad de las mujeres, las niñas y los niños víctimas y supervivientes" y la medida 52: "Elaboración de estudios sobre violencia vicaria y sobre las repercusiones de las violencias contra las mujeres en sus hijas e hijos menores de edad, y menores sujetos a su tutela, o guarda y custodia, víctimas de esta violencia".

Dentro del eje 3 dedicado a Protección, seguridad, atención y reparación integral la línea estratégica 3.7. se dedica exclusivamente a las políticas para dar una respuesta adecuada ante la violencia vicaria de género. Dentro de las medidas previstas destaca la medida 251: "Adaptación del funcionamiento de juzgados y tribunales a la Ley Orgánica 8/2021, de 4 de junio, de protección integral a la infancia y la adolescencia frente a la violencia, en la atención a menores de edad hijos e hijas de víctimas de violencias machistas, y en los recursos a los que se deriven por la autoridad judicial".

En la actualidad, nuestro país dispone de una amplia relación de normas que prevén, desde un punto de vista integral, la persecución y eliminación de cualquier forma de violencia ejercida sobre la mujer en general y de la violencia de género en particular, desde un enfoque penal, procesal, asistencial, policial, civil, administrativo, educativo, laboral, sanitario - entre otros - con el fin de proteger y apoyar en su recuperación a la mujer que ha padecido la violencia y promover en la sociedad los cambios necesarios para prevenirla, rechazarla y ubicarla más allá de la esfera privada, erigiéndola en un problema social y estructural.

Si nos detenemos en las normas que abordan el problema de la violencia de género también desde una perspectiva civil, son de indudable importancia:

La Ley 27/2003, de 31 de Julio, reguladora de la Orden de Protección de las víctimas de la violencia doméstica[93], que unifica los distintos instrumentos de protección dirigidos a las víctimas de delitos de violencia doméstica y de género, otorgando la protección mediante un procedimiento judicial rápido y sencillo y coordinando una acción cautelar de naturaleza civil y penal que garantiza a la víctima la permanencia en su domicilio y facilita que una misma resolución judicial disponga conjuntamente tanto las medidas restrictivas de la libertad del agresor para impedir su nueva aproximación a la víctima, como las orientadas a proporcionar seguridad, estabilidad y protección jurídica a la persona agredida y a su familia.

La Ley Orgánica 1/2004, de 28 de diciembre, de Medidas de Protección Integral contra la Violencia de Género[94] (en adelante LO 1/2004), aprobada con el fin de ofrecer una respuesta integral y multidisciplinar contra la violencia de género, crear los juzgados de violencia sobre la mujer y adoptar toda una serie de medidas que implican desde el ámbito penal al educativo, sanitario, social, policial, judicial y de medios de comunicación;

Ley Orgánica 5/2010, de 22 de junio, por la que se modifica la Ley Orgánica 10/1995, de 23 de noviembre, del Código Penal, y se modifican los artículos relativos a la definición de las penas accesorias de inhabilitación para el ejercicio de la patria potestad y la de privación de patria potestad, así como la posibilidad de sustitución de la pena de prisión por la de localización permanente.

---

93 BOE-A-2003-15411

94 BOE-A-2004-21760

Toda esta normativa, así como las medidas adoptadas en el sistema de prevención, protección y asistencia creado a su amparo en España, constituye un verdadero referente de Derecho Comparado[95]. No obstante, y atendiendo a los datos que arrojan las estadísticas, lo bien cierto es que las políticas llevadas a cabo hasta el momento han conseguido visibilizar el grave problema que supone la violencia de género, si bien apenas han conseguido reducirlo. Es por ello por lo que sigue siendo tarea pendiente de los distintos operadores jurídicos dotar de instrumentos a las víctimas en particular y a la sociedad en general en esta tarea en la que aún queda mucho trabajo por hacer. En esta línea, es objeto de este apartado del trabajo el análisis del alcance de los avances norma-

---

95 Las conclusiones del Grupo de Expertos del Consejo de Europa para la Lucha contra la Violencia contra las Mujeres y la Violencia Doméstica (GREVIO) del 25 de noviembre de 2020 resaltan la firme determinación de las autoridades españolas en la implementación de políticas destinadas a prevenir y combatir la violencia contra las mujeres. Además, se destaca el papel pionero de España en el desarrollo de un marco legal progresista en relación con la violencia en el ámbito de la pareja o expareja, especialmente tras la aprobación de la Ley Orgánica 1/2004, de Medidas de Protección Integral contra la Violencia de género. Estas conclusiones reconocen los esfuerzos realizados por España en la promoción de políticas y medidas de protección destinadas a abordar la violencia de género. El país ha sido destacado por su enfoque progresista y su papel como referente en la adopción de medidas legales y estrategias para combatir esta forma de violencia. La Ley Orgánica 1/2004, aprobada en España, ha sido considerada como un hito importante en la legislación para la protección integral contra la violencia de género.

tivos llevados a cabo desde el año 2015 el marco de la Estrategia Nacional para la Erradicación de la Violencia contra la Mujer 2013-2016; el Pacto de Estado contra la Violencia de Género, y la Estrategia Estatal para Combatir las Violencias Machistas 2022-2025. Partiendo de las anteriores consideraciones, y en un análisis combinado con la Estrategia de erradicación de la violencia sobre la infancia y la adolescencia, a continuación, se recoge un elenco de las últimas políticas y normas aprobadas con una incidencia directa o indirecta en el abordaje de la violencia de género desde una perspectiva civil, en la que adquieren un especial protagonismo los niños y niñas víctimas de violencia de género como sujetos necesitados de mayor protección.

Capítulo II

Principios rectores del nuevo sistema de protección a la infancia y adolescencia

1. INTRODUCCIÓN

A finales del siglo XX, nuestra sociedad experimentó un conjunto de cambios profundos y significativos en el ámbito social y cultural que tuvieron un impacto importante en el estatus de los niños y niñas. Estos cambios marcaron un giro en la percepción de la infancia, llevando a un reconocimiento pleno de su titularidad de derechos y una creciente capacidad para ejercerlos de manera progresiva. Uno de los momentos determinantes en esta evolución fue la adopción de la Convención de Derechos del Niño (CDN) el 20 de noviembre de 1989 por la Asamblea General de las Naciones Unidas en Nueva York, un tratado que marcó un hito en el reconocimiento de los derechos de los menores y su consideración como sujetos de derecho con dignidad propia.

En España, este cambio de paradigma fue abrazado por el legislador postconstitucional, que abandonó la concepción tradicional de los niños y niñas como meros objetos de protección para reivindicarlos como verdaderos titulares de derechos, respetando sus peculiaridades y su desarrollo evolutivo al momento de ejercer esos derechos, y adoptando una interpretación restrictiva de las limitaciones derivadas de su desarrollo. Esta nueva visión se ha ido cristalizando en el ordenamiento jurídico español, que ha evolucionado progresivamente para reflejar la concepción de los niños y niñas como individuos activos, participativos y creativos, con capacidad para influir en su entorno personal y social, así como para interesarse y satisfacer sus propias necesidades y las de los demás.

En este contexto, la Constitución Española (CE), en su artículo 39, establece expresamente la obligación de los poderes públicos de asegurar la protección social, económica y jurídica de la familia, y de manera particular de las personas menores de edad. De igual manera, garantiza que los niños y niñas gocen de la protección establecida en los acuerdos internacionales que velan por sus derechos.

Para cumplir con esta obligación constitucional, el legislador estatal ha buscado establecer un sistema público de protección de menores que sea integral y uniforme en todo el territorio del Estado. Con este propósito, se han promulgado diversas leyes, siendo la Ley Orgánica 1/1996 de 15 de enero, de Protección Jurídica del Menor, la norma central que establece el marco regulatorio de las instituciones encargadas de la protección de la infancia. Posteriormente, las Comunidades Autónomas han ido aprobando su propia legislación de acuerdo con sus competencias en esta materia, siguiendo la línea trazada por la normativa estatal.

Sin embargo, a lo largo del tiempo transcurrido desde la promulgación de la LO 1/1996, se han producido cambios sociales y culturales que han incidido en la situación de los las personas menores de edad , haciendo necesario mejorar los instrumentos de protección jurídica para dar plena efectividad al mandato constitucional contenido en el artículo 39.

El proceso de reforma del sistema de protección a la infancia y adolescencia en España ha sido el resultado de un largo y complejo proceso legislativo, en el que han participado activamente profesionales de diversos campos relacionados con el bienestar de los menores. Este proceso de reforma ha incorporado una visión más holística y completa, considerando aspectos educativos, psicológicos y sociales, además de los aspectos estrictamente jurídicos, en el nuevo sistema de protección.

Este proceso de transformación ha tenido varios hitos fundamentales. El primero fue la promulgación de dos leyes clave: la Ley Orgánica 8/2015, de 22 de julio, de modificación del sistema de protección a la infancia y adolescencia (LO 8/2015); y la Ley 26/2015, de 28 de julio, de modificación del sistema de protección a la infancia y adolescencia (L 26/2015). Estas leyes representaron un avance significativo en el fortalecimiento y mejora del sistema de protección de los derechos de la infancia en España, abordando diversos aspectos que requerían una actualización y una mayor adaptación a las realidades cambiantes de la sociedad.

Con estas leyes se proporciona un conjunto de medidas jurídicas, administrativas, sociales, educativas, pedagógicas, etc., cuya finalidad es conseguir el desarrollo integral del menor, con respeto a los principios integradores del derecho de los menores, creando un sistema de recursos materiales y técnicos cuya finalidad es procurar su protección. Estas normas han supuesto un cambio importante en el sistema de protección, afectando entre otros ámbitos a la protección de la infancia víctima de violencia de género como se desarrolla más adelante.

El segundo hito lo constituye la aprobación de la Ley Orgánica 8/2021, de 4 de junio, de Protección Integral a la Infancia y la Adolescencia frente a la Violencia[96], cuyo objetivo es garantizar los derechos fundamentales de los niños, niñas y adolescentes a su integridad física, psíquica, psicológica y moral frente a cualquier forma de violencia, asegurando el libre desarrollo de su personalidad y estableciendo medidas de protección integral, que incluyan la sensibilización, la prevención, la detección precoz, la protección y la reparación del daño en todos los ámbitos en los que se desarrolla su vida (art. 1). En el propio artículo 1.2 contiene una definición de violencia que incluye la violencia de género: "En cualquier caso, se entenderá por violencia el maltrato físico, psicológico o emocional, los castigos físicos, humillantes o denigrantes, el descuido o trato negligente, las amenazas, injurias y calumnias, la explotación, incluyendo la violencia sexual, la corrupción, la pornografía infantil, la prostitución, el acoso escolar, el acoso sexual, el ciberacoso, la *violencia de género,* la mutilación genital, la trata de seres humanos con cualquier fin, el matrimonio forzado, el matrimonio infantil, el acceso no solicitado a pornografía, la extorsión sexual, la difusión pública de datos privados así como la presencia de cualquier comportamiento violento en su ámbito familiar".

Esta norma incluye un artículo específico dedicado a la infancia y la violencia de género, en el Capí-

---

[96] BOE núm. 134, de 5 de junio

tulo III del Título III, que es el art. 29[97], relativo a las situaciones de violencia de género en el ámbito familiar.

Indudablemente el nuevo marco normativo posee una especial incidencia en las situaciones en que viven los niñas y niños en entornos donde se vive la violencia de género. El objeto de las siguientes páginas es llevar a cabo un análisis de los numerosos cambios introducidos en la normativa que permita dibujar el

---

[97] Artículo 29. Situación de violencia de género en el ámbito familiar.
1. Las administraciones públicas deberán prestar especial atención a la protección del interés superior de los niños, niñas y adolescentes que conviven en entornos familiares marcados por la violencia de género, garantizando la detección de estos casos y su respuesta específica, que garantice la plena protección de sus derechos.
2. Las actuaciones de las administraciones públicas deben producirse de una forma integral, contemplando conjuntamente la recuperación de la persona menor de edad y de la madre, ambas víctimas de la violencia de género. Concretamente, se garantizará el apoyo necesario para que las niñas, niños y adolescentes, de cara a su protección, atención especializada y recuperación, permanezcan con la mujer, salvo si ello es contrario a su interés superior.
Para ello, los servicios sociales y de protección de la infancia y adolescencia asegurarán:
a) La detección y la respuesta específica a las situaciones de violencia de género.
b) La derivación y la coordinación con los servicios de atención especializada a menores de edad víctimas de violencia de género.
Asimismo, se seguirán las pautas de actuación establecidas en los protocolos que en materia de violencia de género tienen los diferentes organismos sanitarios, policiales, educativos, judiciales y de igualdad.

nuevo marco de protección de las niñas y los niños víctimas de violencia de género, así como hacer una evaluación de los puntos fuertes y débiles de la reforma del sistema.

Para dar una visión global de dicho sistema de protección y entender el alcance real de la reforma, además de las leyes dictadas en España se hace precisa la referencia a la Convención de Derechos del Niño adoptada por la Asamblea General de las Naciones Unidas en Nueva York, 20 de noviembre de 1989 así como las Observaciones Generales (principalmente las números 12, 13 y 14) a través de las que se desarrolla e interpreta la Convención, dando a conocer el contenido concreto de los derechos que se enuncian en la misma por parte del Comité de los Derechos del Niño. También las Observaciones Finales del Comité de Derechos del Niño de Naciones Unidas a España publicadas el 9 de febrero de 2018[98].

---

98 Estas Observaciones Generales son el resultado del examen que se realiza periódicamente a los Estados que han ratificado la Convención sobre los Derechos del Niño. Las observaciones tienen en cuenta el informe presentado por el Gobierno, así como su comparecencia ante el Comité, así como también los informes presentados por la sociedad civil como el Informe Complementario de la Plataforma de Infancia y el informe realizado por más de 3.000 niños y niñas de toda España a través de organizaciones que forman parte de la Plataforma de Infancia 'Poniendo nota a nuestros derechos' que los niños y niñas presentaron en persona los miembros del Comité. Las Observaciones Finales destacan los avances realizados en materia de infancia desde el último examen en 2010. Sin embargo, también trasladan los sectores de preocupación para garantizar los derechos del niño, como son la adecuada inversión hacia la infancia y

En el ámbito de la Unión Europea (UE), la protección de los derechos del niño se refleja en el artículo 3 del Tratado de Lisboa[99]. El Consejo de Europa también despliega esfuerzos significativos para garantizar la protección de los derechos de los menores en su conjunto. A través de estándares internacionales y tratados, el Consejo de Europa ha establecido un marco normativo robusto para proteger a los niños de diversas formas de explotación y abuso. Algunos ejemplos destacados son el Convenio de Lanzarote[100] o el Convenio de Estambul, que también aborda la protección de los derechos de la infancia y adolescencia en el contexto de la violencia doméstica y de género, considerando a los niños y niñas como víctimas y proveyendo medidas de protección. Además de estos tratados específicos, el Consejo de Europa ha aprobado la cuarta estrategia para los derechos del niños y niñas (2022-2027), Estrategia de Roma. El objeto de la estrategia es promover la protección y promoción de los derechos del niño en toda Europa a través del cumplimiento de seis objetivos:

- Libertad frente a la violencia para todo niño o niña

---

la necesidad de una ley contra la violencia hacia la infancia entre muchas otras cuestiones.

99 Este tratado establece que la UE promoverá el bienestar de los niños como una cuestión fundamental y será un objetivo general de su política común, tanto dentro de sus fronteras como en sus relaciones exteriores.

100 Convenio del Consejo de Europa para la protección de los niños contra la explotación y el abuso sexual del año 2011, que tiene como objetivo prevenir y combatir la explotación sexual de niños y adolescentes

- Igualdad de oportunidades e inclusión social para todo niño o niña
- Acceso al uso seguro de las tecnologías para todo niño o niña
- Justicia adaptada a la infancia
- Dar voz a cada niño o niña
- Los derechos de la infancia en situaciones de crisis y emergencia

A nivel estatal también son fuente relevante los informes del defensor del Pueblo sobre la escucha y el interés superior del menor del año 2014[101], y la escucha del menor, víctima o testigo del año 2015[102], así como las recomendaciones de la Memoria de la Fiscalía General del Estado del año 2017[103] o la Guía de actuación con perspectiva de género en la investigación y enjuiciamiento de los delitos de violencia de género del año 2020[104].

La doctrina emanada del Comité de los Derechos del Niño no es especialmente citada por la jurisprudencia española, si la comparamos con la de órganos judiciales internacionales, como el TEDH y el TJUE. Son varios los motivos: su desconocimiento por parte de muchos de los operadores jurídicos (abogados,

---

101 https://www.defensordelpueblo.es/wp-content/uploads/2015/05/2014-05-Estudio-sobre-la-escucha-y-el-interes-superior-del-menor.pdf

102 https://www.defensordelpueblo.es/wp-content/uploads/2015/05/Ver-estudio.pdf

103 https://www.fiscal.es/memorias/memoria2017/FISCALIA_SITE/index.html

104 https://www.infocoponline.es/pdf/GUIA-DE-ACTUACION-DEL-MF-EN-VG.pdf

fiscales, jueces y magistrados); cierta desconfianza hacia dichos órganos de tratados que no tienen la consideración de «tribunales» y, por tanto, sus pronunciamientos tienen el valor de recomendación careciendo de valor obligatorio. Pero no debe olvidarse que esa misma jurisprudencia que olvida en muchas ocasiones utilizar la doctrina de esos órganos, será evaluada y juzgada por dichos órganos de tratados, pues se trata de «práctica del Estado» y, por tanto, de objeto de control por parte de dichos órganos conforme a las disposiciones de los tratados (y del Derecho español al formar éstos parte de nuestro ordenamiento jurídico), pudiendo ser España , al igual que es resto de Estados, objeto de crítica por no haber seguido dicha doctrina.

2. EL INTERÉS SUPERIOR DEL MENOR

2.1. Introducción

La reforma de la LO 1/1996, de 15 de enero de protección jurídica del menor (LOPJM) operada a través de la LO 8/2015 de 22 de julio y la LO 8/2021 de 4 de junio, ha dado una nueva redacción a determinados artículos especialmente relacionados con el principio del interés superior del menor. Los cambios introducidos, desarrollan y refuerzan el derecho del menor a que su interés superior sea prioritario. Este interés del menor debe ser valorado y considerado como primordial en todas las actuaciones y decisiones que le afecten, tanto en el ámbito público como privado. En concreto, es el actual artículo 2 de la LO 1/1996 de protección jurídica del menor la que define y desarrolla el concepto de interés superior del menor en estos términos:

> "1. Todo menor tiene derecho a que su interés superior sea valorado y considerado como primordial en todas las acciones y decisiones que le conciernan, tanto en el ámbito público como privado. En la aplicación de la presente ley y demás normas que le afecten, así como en las medidas concernientes a los menores que adopten las instituciones, públicas o privadas, los Tribunales, o los órganos legislativos primarán el interés superior de los mismos sobre cualquier otro interés legítimo que pudiera concurrir.
>
> Las limitaciones a la capacidad de obrar de los menores se interpretarán de forma restrictiva y, en todo caso, siempre en el interés superior del menor.
>
> 2. A efectos de la interpretación y aplicación en cada caso del interés superior del menor, se tendrán en cuenta los siguientes criterios generales, sin perjuicio de los establecidos en la legislación específica aplicable, así como de aquellos otros que puedan estimarse adecuados atendiendo a las circunstancias concretas del supuesto:
>
> a) La protección del derecho a la vida, supervivencia y desarrollo del menor y la satisfacción de sus necesidades básicas, tanto materiales, físicas y educativas como emocionales y afectivas.
>
> b) La consideración de los deseos, sentimientos y opiniones del menor, así como su derecho a participar progresivamente, en función de su edad, madurez, desarrollo y evolución personal, en el proceso de determinación de su interés superior.
>
> c) La conveniencia de que su vida y desarrollo tenga lugar en un entorno familiar adecuado y libre de violencia. Se priorizará la permanencia en su

familia de origen y se preservará el mantenimiento de sus relaciones familiares, siempre que sea posible y positivo para el menor. En caso de acordarse una medida de protección, se priorizará el acogimiento familiar frente al residencial. Cuando el menor hubiera sido separado de su núcleo familiar, se valorarán las posibilidades y conveniencia de su retorno, teniendo en cuenta la evolución de la familia desde que se adoptó la medida protectora y primando siempre el interés y las necesidades del menor sobre las de la familia.

d) La preservación de la identidad, cultura, religión, convicciones, orientación e identidad sexual o idioma del menor, así como la no discriminación del mismo por éstas o cualesquiera otras condiciones, incluida la discapacidad, garantizando el desarrollo armónico de su personalidad.

3. Estos criterios se ponderarán teniendo en cuenta los siguientes elementos generales:

a) La edad y madurez del menor.

b) La necesidad de garantizar su igualdad y no discriminación por su especial vulnerabilidad, ya sea por la carencia de entorno familiar, sufrir maltrato, su discapacidad, su orientación e identidad sexual, su condición de refugiado, solicitante de asilo o protección subsidiaria, su pertenencia a una minoría étnica, o cualquier otra característica o circunstancia relevante.

c) El irreversible efecto del transcurso del tiempo en su desarrollo.

d) La necesidad de estabilidad de las soluciones que se adopten para promover la efectiva integración y desarrollo del menor en la sociedad, así como de minimizar los riesgos que cualquier cambio de situación material o emocional pueda ocasionar en su personalidad y desarrollo futuro.

e) La preparación del tránsito a la edad adulta e independiente, de acuerdo con sus capacidades y circunstancias personales.

f) Aquellos otros elementos de ponderación que, en el supuesto concreto, sean considerados pertinentes y respeten los derechos de los menores.

Los anteriores elementos deberán ser valorados conjuntamente, conforme a los principios de necesidad y proporcionalidad, de forma que la medida que se adopte en el interés superior del menor no restrinja o limite más derechos que los que ampara.

4. En caso de concurrir cualquier otro interés legítimo junto al interés superior del menor deberán priorizarse las medidas que, respondiendo a este interés, respeten también los otros intereses legítimos presentes.

En caso de que no puedan respetarse todos los intereses legítimos concurrentes, deberá primar el interés superior del menor sobre cualquier otro interés legítimo que pudiera concurrir.

Las decisiones y medidas adoptadas en interés superior del menor deberán valorar en todo caso los derechos fundamentales de otras personas que pudieran verse afectados.

5. Toda medida en el interés superior del menor deberá ser adoptada respetando las debidas garantías del proceso y, en particular:

a) Los derechos del menor a ser informado, oído y escuchado, y a participar en el proceso de acuerdo con la normativa vigente.

b) La intervención en el proceso de profesionales cualificados o expertos. En caso necesario, estos profesionales han de contar con la formación suficiente para determinar las específicas necesidades de los niños con discapacidad. En las decisiones especialmente relevantes que afecten al menor se contará con el informe colegiado de un grupo técnico y multidisciplinar especializado en los ámbitos adecuados.

c) La participación de progenitores, tutores o representantes legales del menor o de un defensor judicial si hubiera conflicto de interés o discrepancia con ellos y del Ministerio Fiscal en el proceso en defensa de sus intereses. Se presumirá que existe un conflicto de interés cuando la opinión de la persona menor de edad sea contraria a la medida que se adopte sobre ella o suponga una restricción de sus derechos.

d) La adopción de una decisión que incluya en su motivación los criterios utilizados, los elementos aplicados al ponderar los criterios entre sí y con otros intereses presentes y futuros, y las garantías procesales respetadas.

e) La existencia de recursos que permitan revisar la decisión adoptada que no haya considerado el interés superior del menor como primordial o en el caso en que el propio desarrollo del menor o cambios significativos en las circunstancias que motivaron dicha decisión hagan necesario revisarla. Los menores gozarán del derecho a la asistencia jurídica gratuita en los casos legalmente previstos".

2.2. Concepto y triple dimensión

El concepto de interés superior del menor tal y como se encuentra recogido en el artículo 2 de la LO 1/1996 es un concepto jurídico indeterminado, que ha sido, a lo largo de los años, objeto de múltiples interpretaciones[105]. Por ello, uno de los objetivos expresos de esta reforma es dotar de un contenido detallado a este concepto.

Las modificaciones introducidas en el artículo 2, tienen como antecedente inmediato las Observaciones Finales a España de 3 de noviembre de 2010 del Comité de los Derechos del Niño[106], así como a las re-

---

105 Torres Perea, José Manuel: *Interés del menor y Derecho de Familia. Una perspectiva multidisciplinar,* Iustel, Madrid, 2008. "Estudio de la función atribuida al interés del menor como cláusula general por una relevante línea jurisprudencial", *La Ley,* 2016, núm. 8737; Sillero Crovetto, Blanca: "Interés superior del menor y responsabilidades parentales compartidas: criterios relevantes", en *Actualidad Jurídica Iberoamericana,* nº 6, 1, 2017, pp.11-40; Múrtula Lafuente, Virginia *El interés superior del menor y las medidas civiles a adoptar en supuestos de violencia de género,* Dykinson, 2016; Guilarte Martín-Calero, Cristina.: *La concreción del interés del menor en la Jurisprudencia del Tribunal Supremo,* Tirant lo Blanch, 2014; Moreno-Torres Sanchez: *La seguridad jurídica en el sistema de protección de menores,* Aranzadi, Cizur Menor (Navarra), 2009, págs. 84 a 183 y Villagrasa Alcaide; Carlos.: "El interés superior del menor", en *Derecho de la persona: acogimiento y adopción, discapacidad e incapacitación, filiación y reproducción asistida, personas mayores, responsabilidad penal del menor y otras cuestiones referidas a la persona como sujeto del derecho;* Ravetllat Ballesté, (coord.), Bosch, Barcelona, 2011, págs. 25 a 50; Roda Roda, Dionisio.: *El interés del menor en el ejercicio de la patria potestad. El derecho del menor a ser oído,* Aranzadi, Cizur Menor (Navarra), 2014; Rivero Hernández, Francisco: *El interés del menor.* Dykinson, Madrid 2007.

106 En las observaciones finales (2010), el Comité de Derechos del niño, previo examen de los informes presentados por España en virtud del art. 44 de la Convención sobre Derechos del Niño , después de reconocer la inclusión en la legislación española del principio del in-

comendaciones de la Observación General número 14, de 29 de mayo de 2013, del Comité de Naciones Unidas de Derechos del Niño, sobre el derecho del niño a que su interés superior sea de consideración primordial[107].

---

terés del niño, así como su uso por jueces y magistrados en decisiones que les afectan, mostró su inquietud por la falta de un proceso uniforme para determinar lo que constituye el interés superior del niño, así como por las diferencias existentes entre las CCAA respecto de la concepción y aplicación del principio, y recomienda a España que adopte todas las medidas para asegurarse de que el principio del interés superior del niño oriente todas las medidas y decisiones que adopten los gobiernos central y autónomos en relación con las disposiciones jurídicas, así como las decisiones judiciales y administrativas que repercutan en los niños.

107 La Observación General num. 14 parte de que la consideración prioritaria del interés superior del niño es uno de los principios generales de la Convención en lo que respecta a la interpretación y aplicación de todos los derechos del niño y constituye un concepto dinámico que ha de evaluarse adecuadamente en cada caso concreto. El Comité subraya al respecto que objetivo del concepto de «interés superior del niño» es garantizar el disfrute pleno y efectivo de todos los derechos reconocidos en la Convención y el desarrollo holístico del niño, que abarca los ámbitos físico, mental, espiritual, moral, psicológico y social. Con estas bases se resalta la triple dimensión que abarca como derecho sustantivo, como principio jurídico interpretativo fundamental y como norma de procedimiento y se centra el objeto de la Observación en garantizar que los estados parte en la Convención den efectos al interés superior del niño y lo respeten. A estos efectos, define los requisitos para su debida consideración, en particular en las decisiones judiciales y administrativas, así como en otras medidas que afecten a niños con carácter individual, y en todas las etapas del proceso

La perspectiva con la que ha de analizarse la Convención de Derechos del Niño no es tanto la del reconocimiento de nuevos derechos a los niños, sino más bien la obligación que se impone a los Estados de garantizar que esos derechos, de los que ya son titulares los niños, puedan ejercerlos por ellos mismos y sean respetados por todos.

Como eje central en el cambio de paradigma apuntado destaca la inclusión de dos principios que se han considerado "revolucionarios" en relación con la situación anterior: el principio del "interés superior del niño" (art. 3.1 CDN) y el principio que impone la obligación de "escuchar al niño en todas las decisiones que le afecten" (art. 12 CDN). Ambos principios merecen una interpretación conjunta y se encuentran en la base del nuevo paradigma del niño como sujeto activo de derechos. El derecho de los niños y niñas a ser escuchados y que sus opiniones se tomen en serio además de tener dimensión propia, están estrechamente vinculados con otro de los principios fundamentales de la Convención: la idea de que el interés del niño ha de ser entendido como superior y, por tanto, ha de tener la consideración de primordial en los procesos de adopción de decisiones que le afecten (art. 3.1 CDN). Como el propio Comité afirma, los artículos 3 y 12 de la Convención

---

de aprobación de leyes, políticas, estrategias, programas, planes, presupuestos, iniciativas legislativas y presupuestarias, y directrices relativas a niños general o a un determinado grupo. La Observación proporciona, al mismo tiempo, un marco para evaluar y determinar el interés superior del niño, aun reconociendo que es un concepto complejo y que su contenido debe determinarse caso por caso.

tienen funciones complementarias, de modo que el primero no puede ser correctamente aplicado si no se cumplen los requisitos del segundo. No es posible determinar correctamente el mejor interés del menor sin respetar los elementos de su derecho a ser escuchado. Del mismo modo, el interés superior del menor exige el respeto a su papel esencial en todas las decisiones que afecten a su vida (OG 12 § 74).

La nueva redacción del artículo 2 define el concepto de interés superior del menor desde una triple dimensión: como derecho sustantivo; como principio general informador y como norma de procedimiento. Analizamos cada uno de estos aspectos por separado.

2.2.1. Como derecho sustantivo y subjetivo del menor

En primer lugar, se trata de un derecho sustantivo, lo que implica el derecho del niño a que su interés sea evaluado y tomado como consideración primordial cuando se valoren diferentes intereses con el fin de llegar a una decisión sobre un asunto determinado que concierna al menor, así como también implica la garantía de que este derecho se respetará cada vez que haya de adoptarse una decisión en relación con un niño, un grupo de niños o los niños en general.

Cuando se adopte una medida relativa a un menor que pueda afectar a intereses legítimos de terceros (tanto si son otros niños, como el interés público o el de los padres, o cualquier otro tercero) deberán compatibilizarse estos últimos con el interés superior del menor, pero en el caso de no ser posible la armonización se priorizará su interés (del menor) sobre cualquier otro interés legítimo, teniendo en cuenta los derechos fundamentales de otras personas que puedan verse afectados.

El interés del niño ha de considerarse superior a los demás intereses en juego y su exigibilidad no queda al criterio de los Estados. La rotundidad de este postulado se deriva de la posición de partida de los niños, que tienen menores posibilidades que los adultos de defender con fuerza sus propios intereses, en unos ámbitos de decisión que no están pensados para que ellos participen. Desde la perspectiva sociológica, el Comité afirma que «si los intereses del niño no se ponen de relieve, se suelen descuidar» (OG 14 § 6.a) y 37).

En cuanto derecho subjetivo, puede invocarse ante los tribunales y ante cualquier institución pública o privada (artículo 2.1 Ley Orgánica 8/2015, de 22 de julio). En este sentido, como señala el Comité, el art. 3.1 CDN «crea una obligación intrínseca de los Estados que es de aplicación directa (*self-executing*), reconociendo un derecho del niño que debe poder ser invocado directamente ante un tribunal».

2.2.2. Como principio general informador e interpretativo

En segundo lugar, es un principio general de carácter interpretativo, de modo que, si una disposición jurídica puede ser interpretada en más de una forma, en todo caso, deberá optarse por la interpretación que mejor responda y sirva de forma más eficaz a los intereses del menor.

Para García Rubio la dimensión interpretativa del interés superior del menor puede describirse como pro menor o pro niño, si bien se pregunta si esta segunda dimensión admite servirse de él para utilizarlo como criterio integrador o incluso corrector de las disposiciones legales hasta el punto de justificar la no aplicación de una norma en casos concretos. Como argumento a favor de esta idea trae a colación la jurisprudencia del Tribunal de Justicia de la Unión Europea (TJUE), que ha determinado que el interés del menor puede impedir la aplicación estricta de una norma nacional. Cita como ejemplo las normas que deniegan el permiso de residencia a un adulto encargado de un menor debido a sus antecedentes penales. También cita como ejemplo el proporcionado por el Tribunal Europeo de Derechos Humanos (TEDH), cuando ha flexibilizado la aplicación de las reglas establecidas por el Convenio de La Haya de 1980 en casos de secuestro internacional de menores por parte de uno de los progenitores. En lugar de ordenar automáticamente el retorno inmediato del menor y la interrupción del vínculo con el progenitor que actuó ilegalmente, el TEDH ha considerado que, si la situación en el lugar actual es estable y beneficiosa para el menor, debería preservarse. Sin embargo, en casos que involucren a dos Estados miembros de la Unión Europea, la situación difiere. En virtud del principio de confianza mutua establecido en el Reglamento Bruselas II bis, los tribunales del Estado al que el menor ha sido trasladado o donde está retenido están obligados a facilitar su devolución inmediata al Estado de residencia original. Esto se justifica en la idea de que el traslado ilícito es contrario al interés del menor. No obstante, el carácter automático de este mecanismo ha llevado a algunos especialistas a cuestionar si realmente protege de manera adecuada dicho interés.

Además, se ha señalado que este sistema no ha resultado tan efectivo como se esperaba, lo que ha llevado a introducir ciertas modificaciones en el Reglamento (UE) 2019/1111 del Consejo, de 25 de junio de 2019. Este reglamento, que aborda la competencia, reconocimiento y ejecución de resoluciones en materia matrimonial y de responsabilidad parental, así como el secuestro internacional de menores, busca corregir algunas de las deficiencias identificadas en la normativa previa.[108]

2.2.3. Como norma de procedimiento con todas las garantías

Para poder exigir el derecho del niño a que su interés sea una consideración primordial, su titular (el propio niño o su representante) debe poder conocer qué circunstancias han sido tomadas en consideración en la evaluación que se ha hecho en cada supuesto. Esto enlaza con la tercera dimensión del derecho analizado: como norma de procedimiento.

Como regla o norma de procedimiento implica que siempre que debe adoptarse una decisión que afecte a un niño en concreto, un grupo de niños o a los niños en general, el proceso de toma de decisiones debe incluir la evaluación del posible impacto (positivo o negativo) de la decisión en el/los niño/niños afectados. Dicha evaluación y determinación del interés superior de los niños requerirá garantías de procedimiento que aseguran a su titular que este derecho ha sido respetado: debe aparecer explícitamente en la motivación de la decisión cómo ha sido

---

[108] García Rubio, Mª Paz: "¿Qué es y para que sirve el interés superior del menor", en *Actualidad Jurídica Iberoamericana*, nº 13, 2020, pp. 14-49.

considerado este derecho, es decir, se debe explicar qué se considera que supone el interés superior del niño o niña y qué se ha examinado para llegar a esa conclusión; debe haberse escuchado al niño; todos los datos e información relevantes para evaluar el interés superior del niño deben ser obtenidos por profesionales con experiencia en asuntos relacionados con la infancia y la adolescencia y preparados, entre otras cosas, en psicología infantil, el desarrollo del niño, y los campos de desarrollo humano y social pertinentes, y dicha evaluación debe realizarse en el marco de un proceso formal llevado a cabo en un ambiente agradable y seguro; en toda determinación formal del interés superior del niño por los tribunales y órganos equivalentes, el niño deberá tener la representación legal apropiada, en particular deberá estar provisto de un representante legal, además de un tutor o un representante, cuando exista riesgo de conflicto de intereses con éste; el procedimiento en el que estén implicados niños debe ser priorizado en el tiempo y llevado a cabo en el menor tiempo posible; y, finalmente, la motivación del acto debe explicar cómo los intereses del niño se han sopesado con otros intereses o derechos en presencia.

Esta tercera dimensión reclama las máximas garantías procesales en orden a la evaluación y determinación del interés superior del menor. No sólo el respeto de las garantías procesales generales, sino también todas aquellas particulares que regula la Ley Orgánica 8/2015, de 22 de julio: el derecho del menor a ser informado, oído y escuchado; la intervención de profesionales cualificados o expertos, la participación de los progenitores, tutores, representantes legales o, en su caso, del defensor judicial, y del Ministerio Fiscal; la inclusión, en la motivación de la adopción de una decisión, de los criterios y elementos de ponderación aplicados; y los recursos posibles sobre esas resoluciones cuando no se haya considerado el interés superior del menor como primordial .

La caracterización del interés superior del menor como un concepto jurídico indeterminado comporta la ventaja de poder identificar dicho interés con las circunstancias concretas de cada menor, pero ello implica también un importante riesgo de arbitrariedad por parte de las personas o instituciones que deben tomar las decisiones que afectan al menor.

El Comité de Derechos del Niño, a través de la Observación General n°14, ha hecho un esfuerzo por intentar limitar o paliar esta arbitrariedad, mediante la introducción reglas y parámetros interpretativos en la determinación del interés superior de menor. Estas reglas se han recogido en el nuevo artículo 2 que proporciona una serie de criterios generales y unos elementos de ponderación o valoración de dichos criterios para la aplicación efectiva de derecho del menor a la consideración prioritaria de su interés[109].

---

[109] En opinión de Sanchez de León Guardiola Paula y Company Carretero Francisco Javier: "El interés superior del menor y el derecho del niño a ser escuchado ", *Actualidad Civil*, n° 7-8, 2017, pp. 4-15, p.8 aunque resulte positivo el acogimiento de estas modificaciones legales por suponer un importantísimo avance y en su conjunto merezcan ser elogiadas, creen que la redacción dada a la norma sigue siendo en algún aspecto demasiado general, reiterativo, carente de sistemática. Así, respecto de los criterios generales establecidos en la norma consideran que limita a reproducir ciertos derechos fundamentales ya reconocidos en nuestra Constitución, como el derecho a la vida, a

a. Criterios generales

En primer lugar, para la interpretación y aplicación en cada caso del interés superior del menor, se tendrán en cuenta los siguientes criterios generales, sin perjuicio de los establecidos en la legislación específica aplicable, así como de aquellos otros que puedan estimarse adecuados atendiendo a las circunstancias concretas del caso:

a.1) La protección del derecho a la vida, supervivencia y desarrollo del menor y la satisfacción de sus necesidades básicas, tanto materiales, físicas y educativas como emocionales y afectivas.

a.2) La consideración de los deseos, sentimientos y opiniones del menor, así como su derecho a participar progresivamente, en función de su edad, madurez, desarrollo y evolución personal, en el proceso de determinación de su interés superior. Sin embargo, no siempre la voluntad de los menores vincula al Tribunal, sino que éste analizará el caso teniendo en cuenta las circunstancias y adoptando la medida que sea más acorde con su interés, que podrá coincidir o no con los deseos del menor.

a.3) La conveniencia de que su vida y desarrollo tenga lugar en un entorno familiar adecuado y libre de violencia. Se priorizará la permanencia en su familia de origen y se preservará el mantenimiento de sus relaciones familiares, siempre que sea posible y positivo para el menor.

---

la preservación de la identidad cultural, sexual, religión o convicciones, etc.

a.4) La preservación de la identidad, cultura, religión, convicciones, orientación e identidad sexual o idioma del menor, así como la no discriminación de este por éstas o cualesquiera otras condiciones, incluida la discapacidad, garantizando el desarrollo armónico de su personalidad.

b. Elementos de ponderación

A efectos de valorar estos criterios generales, como se ha dicho, el artículo 2.3 incorpora una serie de elementos de ponderación, que coinciden con los expuestos en la Observación número 14 del Comité de los Derechos del Niño, y no son numerus clausus, sino que se podrá recurrir a todos aquellos elementos que, en el supuesto concreto, "sean considerados pertinentes y respeten los derechos de los menores":

b.1.La edad y madurez del menor.

b.2. La necesidad de garantizar su igualdad y no discriminación por su especial vulnerabilidad ya sea por la carencia de entorno familiar, sufrir maltrato, su discapacidad, su orientación e identidad sexual, su condición de refugiado, solicitante de asilo o protección subsidiaria, su pertenencia a una minoría étnica, o cualquier otra característica o circunstancia relevante.

b.3 El irreversible efecto del transcurso del tiempo en su desarrollo.

b.4 La necesidad de estabilidad de las soluciones que se adopten para promover la efectiva integración y desarrollo del menor en la sociedad, así como de minimizar los riesgos que cualquier cambio de situación material o emocional pueda ocasionar en su personalidad y desarrollo futuro.

b.5 La preparación del tránsito a la edad adulta e independiente, de acuerdo con sus capacidades y circunstancias personales.

Todos estos elementos deben valorarse conjuntamente, atendiendo a los principios de necesidad y proporcionalidad, de forma que la medida que se adopte para el interés superior del menor no limite o restrinja más derechos de los que ampara, pues como ya se ha indicado en reiteradas ocasiones en este trabajo, el interés superior del menor no es un derecho absoluto.

En último lugar se regulan las garantías procesales que deberán ser respetadas en todos los procedimientos judiciales en los que intervengan menores. Tales garantías, reguladas en apartado 5 del artículo 2 son:

a) Los derechos del menor a ser informado, oído y escuchado, y a participar en el proceso de acuerdo con la normativa vigente.

b) La intervención en el proceso de profesionales cualificados o expertos. En caso necesario, estos profesionales han de contar con la formación suficiente para determinar las específicas necesidades de los niños con discapacidad. En las decisiones especialmente relevantes que afecten al menor se contará con el informe colegiado de un grupo técnico y multidisciplinar especializado en los ámbitos adecuados.

c) La participación de progenitores, tutores o representantes legales del menor o de un defensor judicial si hubiera conflicto o discrepancia con ellos y del Ministerio Fiscal en el proceso en defensa de sus intereses.

d) La adopción de una decisión que incluya en su motivación los criterios utilizados, los elementos aplicados al ponderar los criterios entre sí y con otros intereses presentes y futuros, y las garantías procesales respetadas.

e) La existencia de recursos que permitan revisar la decisión adoptada que no haya considerado el interés superior del menor como primordial o en el caso en que el propio desarrollo del menor o cambios significativos en las circunstancias que motivaron dicha decisión hagan necesario revisarla. Los menores gozarán del derecho a la asistencia jurídica gratuita en los casos legalmente previstos.

La redacción del precepto se valora de forma positiva por la doctrina en la medida que puede concluirse que a partir de la entrada en vigor de esta norma será más difícil sustraerse a la consideración del interés superior del menor, si bien se entiende que quizá debería haberse simplificado la redacción y sintetizado el contenido del precepto, prescindiendo de definiciones, giros y reiteraciones que no son propias de los textos legales[110].

---

[110] Guilarte Martín-Calero, Cristina.: *Comentarios sobre las leyes de reforma del sistema de protección a la infancia y a la adolescencia*, Ravetllat Balleste, I, Cabedo Mayol, (Coords), Tirant lo Blanch, 2016.

También es común la denuncia[111] ante la falta de aplicación práctica del principio del "interés superior del niño" en el ámbito de los procedimientos administrativos en España. Como es sabido, el "interés superior del niño" es un principio reconocido internacionalmente en la Convención sobre los Derechos del Niño de las Naciones Unidas y establece que, en todas las acciones y decisiones que afecten a los niños, se debe considerar primordialmente lo que sea mejor para su bienestar y desarrollo. El Comité de los Derechos del Niño de la ONU emitió recomendaciones a España en 2018 en relación con este principio. Estas recomendaciones se centraban en tres aspectos:

i. Incrementar los esfuerzos para que el interés superior del niño sea incorporado, interpretado y aplicado correctamente en todas las políticas, planes y programas que tengan un efecto en los derechos del niño. Esto implica que el interés superior del niño debe ser una consideración fundamental en todas las decisiones gubernamentales que afecten a los niños.

ii. Formular procedimientos y criterios uniformes para brindar a las autoridades la orientación necesaria para determinar el interés superior del niño en todos los ámbitos. Esto implica establecer pautas claras y coherentes para evaluar qué es lo mejor para el niño en

---

111 Martínez García, Clara: "El sistema de protección a la infancia y a la adolescencia tras treinta años de la Convención sobre los derechos del niño (y una pandemia)", en De Priego Fernández, Verónica (Coord.) *Protección jurídica de las personas menores de edad: un estudio multidisciplinar*, Madrid: Dykinson, 2022, pp. 11-53.

situaciones específicas y asegurarse de que todos los profesionales involucrados estén alineados en su enfoque.

iii. Impartir una formación adecuada a los profesionales que trabajan con y para los niños sobre cómo evaluar y determinar el interés superior del niño en su desempeño profesional. Esto significa proporcionar capacitación y educación continua a aquellos que trabajan directamente con los niños para que comprendan cómo aplicar correctamente el principio del interés superior del niño en su trabajo diario.

El hecho de que estas recomendaciones fueran emitidas sugiere que, hasta ese momento, no se había dado una implementación efectiva y consistente del principio en los procedimientos administrativos y que se requería un mayor esfuerzo para garantizar su aplicación adecuada. La incorporación formal del principio en el marco legal o político es un primer paso importante, pero su verdadero impacto se logrará cuando se aplique adecuadamente en la toma de decisiones que afectan directamente a los niños.

En el ámbito de las decisiones judiciales el TS[112] se ha pronunciado desde hace tiempo acerca del alcance del principio del interés superior del menor, indicando que tiene características de orden público, por lo que debe ser observado necesariamente por los jueces y tribunales en las decisiones que se tomen con relación a los menores, como se afirma en la STC 141/2000, de 29 de mayo, que lo califica como "estatuto jurídico indisponible de los menores de edad

112 STS núm. 679/2013, de 20 de noviembre (RJ 2013\7824)

dentro del territorio nacional"[113]. La configuración del principio del interés del menor como norma de orden público, en opinión del TS, no vincula únicamente a jueces y tribunales, sino que abarca también a todos los poderes públicos, e incluso a los progenitores y al resto de los ciudadanos, esto es, a toda la sociedad.

Esta calificación como norma de orden público, de "ius cogens", norma imperativa, es un dato importante, en la medida que justificará un tratamiento procesal específico de cuantos conflictos interpersonales en que se hallen implicados intereses de niñas y niños que lleguen a los tribunales. La interpretación de algunas normas concretas, la resolución de

113 En una línea si cabe más avanzada cabe situar la STS 17 septiembre 1996 (RJ 1996, 6722), donde establece: "el interés superior del menor como principio inspirador de todo lo relacionado con él, que vincula al juzgador, a todos los poderes públicos e, incluso, a los padres y ciudadanos, con reconocimiento pleno de la titularidad de derechos en los menores de edad y de una capacidad progresiva para ejercerlos, de manera que han de adoptarse aquellas medidas que sean más adecuadas a la edad del sujeto , para ir construyendo progresivamente el control acerca de su situación personal y proyección de futuro, evitando siempre que el menor pueda ser manipulado, buscando, por el contrario, su formación integral y su integración familiar y social, de manera que las medidas que los Jueces pueden adoptar (art. 158 del CC) se amplían a todo tipo de situaciones, incluso aunque excedan de las meramente paterno-filiales, con la posibilidad de que las adopten al inicio, en el curso o después de cualquier procedimiento conforme las circunstancias cambien y oyendo al menor, según se desprende de la Ley Orgánica 1/1996, de 15 enero, de Protección Jurídica del Menor".

conflictos de interés de los niñas y niños con otros y otras, los límites legítimos de algunos derechos y libertades públicas de otras personas, como sus progenitores, que deben ceder ante los del menor y su interés, y los límites también en el ejercicio de potestades y funciones normales, tales como la patria potestad como más significativa[114].

Por su parte, el art. 4 de la LO 8/2021 ha perfilado aún más los parámetros interpretativos del interés superior de niños y niñas cuando dispone: "1. Serán de aplicación los principios y criterios generales de interpretación del interés superior del menor, recogidos en el artículo 2 de la Ley Orgánica 1/1996, de 15 de enero, de Protección Jurídica del Menor, de modificación parcial del CC y de la Ley de Enjuiciamiento Civil, así como los siguientes:

a) Prohibición de toda forma de violencia sobre los niños, niñas y adolescentes.

b) Prioridad de las actuaciones de carácter preventivo.

c) Promoción del buen trato al niño, niña y adolescente como elemento central de todas las actuaciones.

d) Promover la integralidad de las actuaciones, desde la coordinación y cooperación interadministrativa e intradministrativa, así como de la cooperación internacional.

e) Protección de los niños, niñas y adolescentes frente a la victimización secundaria.

---

114 Rivero Hernández, Francisco*: El interés del menor*. Madrid: Dykinson, 2007, p. 36.

f) Especialización y capacitación de los y las profesionales que tienen contacto habitual con los niños, niñas y adolescentes para la detección precoz de posibles situaciones de violencia.

g) Reforzar la autonomía y capacitación de las personas menores de edad para la detección precoz y adecuada reacción ante posibles situaciones de violencia ejercida sobre ellos o sobre terceros.

h) Individualización de las medidas teniendo en cuenta las necesidades específicas de cada niño, niña o adolescente víctima de violencia.

i) Incorporación de la perspectiva de género en el diseño e implementación de cualquier medida relacionada con la violencia sobre la infancia y la adolescencia.

j) Incorporación del enfoque transversal de la discapacidad al diseño e implementación de cualquier medida relacionada con la violencia sobre la infancia y la adolescencia.

k) Promoción de la igualdad de trato de niños y niñas mediante la coeducación y el fomento de la enseñanza en equidad, y la deconstrucción de los roles y estereotipos de género.

l) Evaluación y determinación formal del interés superior del menor en todas las decisiones que afecten a una persona menor de edad.

m) Asegurar la supervivencia y el pleno desarrollo de las personas menores de edad.

n) Asegurar el ejercicio del derecho a la participación de los niños, niñas y adolescentes en toda toma de decisiones que les afecte.

ñ) Accesibilidad universal, como medida imprescindible, para hacer efectivos los mandatos de esa Ley a todos los niños, niñas y adolescentes, sin excepciones.

2. Adoptar todas las medidas necesarias para promover la recuperación física, psíquica, psicológica y emocional y la inclusión social de los niños, niñas y adolescentes víctimas de violencia, así como su inclusión social.

3. Las personas menores de edad que hayan cometido actos de violencia deberán recibir apoyo especializado, especialmente educativo, orientado a la promoción del buen trato y la prevención de conductas violentas con el fin de evitar la reincidencia.

Las dos normas que definen el interés superior del menor en España han tenido acogida por la jurisprudencia, produciéndose una importante transformación a partir de la LO 8/2015. Así en la STS de 26 de noviembre de 2015 dispone: "El concepto de interés del menor, ha sido desarrollado en la Ley Orgánica 8/2015 de 22 de julio de modificación del sistema de protección a la infancia y a la adolescencia, no aplicable por su fecha a los presentes hechos, pero sí extrapolable como canon hermenéutico, en el sentido de que «se preservará el mantenimiento de sus relaciones familiares», se protegerá «la satisfacción de sus necesidades básicas, tanto materiales, física y educativas como emocionales y afectivas»; se ponderará «el irreversible efecto del transcurso del tiempo en su desarrollo»; «la necesidad de estabilidad de las soluciones que se adopten » y a que «la medida que se adopte en el interés superior del menor no restrinja o limite más derechos que los que ampara». Igualmente, el artículo 2 de la mencionada LO 8/2015 exige que la vida y desarrollo del menor se desarrolle en un entorno «libre de violencia» y que «en caso de que no puedan respetarse todos los intereses legítimos concurrentes, deberá primar el interés superior del menor sobre cualquier otro interés legítimo que pudiera concurrir". A esta sentencia han seguido otras resoluciones en la misma línea: Sentencia del TS, Sala 1ª, 95/2018 de 20 de febrero ; Sentencia del TS, Sala 1ª, 641/2018, de 20 de noviembre ; Sentencia del TS, Sala 1ª, 206/2018, de 11 de abril.

Recientemente el TS se ha pronunciado de forma extensa sobre el interés superior de los menores y el alcance que debe darse a su carácter primordial, precisamente en un contexto de violencia de género. La sentencia realiza un detallado análisis de todas las circunstancias ponderadas que concluyen que el interés superior de la hija, en este supuesto concreto, determina la necesidad de eliminar el régimen de visitas previamente establecido por la Audiencia Provincial de Santa Cruz de Tenerife. Se trata de la STS de 26 septiembre 2022 cuyos fundamentos jurídicos tercero y cuarto reproducimos por su especial relevancia y claridad[115] :

> "3.2 El interés superior de los menores y su carácter primordial.
>
> La falta de madurez y competencia de los niños y de las niñas inherentes a las limitaciones propias de la edad, la ausencia de recursos con los que cuentan para solventar situaciones desfavorables en las que pueden verse inmersos, los sitúan, en no pocas ocasiones, en una posición de especial vulnerabilidad, que constituye campo abonado

---

[115] ECLI:ES:TS:2022:3402

para sufrir abusos, maltratos y lesiones en sus derechos fundamentales, o, incluso, para ser instrumentalizados, en su perjuicio, en los conflictos intersubjetivos entre adultos, dentro de los cuales alcanzan especial significación aquellos en los que se encuentran inmersos sus progenitores.

Es necesario, por consiguiente, preservar a los menores a la exposición de situaciones de riesgo cara a una deseada inserción futura en el mundo de los adultos, sin repercusiones peyorativas provenientes de las situaciones vividas. Todo ello sin perder además la perspectiva de que los niños y las niñas son titulares de derechos, no simples personas objeto de protección jurídica, y, como tales, indiscutibles beneficiarios de todos los derechos humanos (STC 99/2019, de 18 de julio, FJ 5).

El menor, como individuo en formación, precisa pues de una protección especial, en tanto en cuanto tiene una personalidad en desarrollo que es necesario preservar. En este sentido, el art. 2.2, apartados d) y e) de la LO 1/1996, de protección jurídica del menor, establece, como manifestaciones de dicho interés, "promover la efectiva integración y desarrollo del menor en la sociedad"; "minimizar los riesgos que cualquier cambio de situación material o emocional pueda ocasionar en su personalidad y desarrollo futuro"; así como la "preparación del tránsito a la edad adulta e independiente".

En definitiva, quien no puede, por su edad, defenderse por sí mismo, ni velar por sus intereses, transfiere tal función a las instituciones públicas y privadas, para garantizar que aquellos sean debidamente respetados, y siempre, además, previa audiencia de los menores con suficiente juicio, para no ser postergados de las decisiones que más directamente les afectan.

Manifestación de lo expuesto la constituye la intervención preceptiva del Ministerio Fiscal en los procedimientos judiciales y administrativos para cuidar de dichos intereses (art. 749 LEC); o la posibilidad de la fijación de medidas de oficio por parte de los tribunales de justicia, como excepción a los principios dispositivo y de aportación de parte, conformadores de los pilares esenciales sobre los que se sustenta el edificio del proceso civil (arts. 158 CC y 752 LEC).

En el contexto expuesto, no puede extrañar que rija, como verdadero principio de orden público (SSTS 258/2011, de 25 de abril; 823/2012, de 31 de enero de 2013; 569/2016, de 28 de septiembre y 251/2018, de 25 de abril, así como SSTC 178/2020, de 14 de diciembre FJ 3 o 81/2021, de 19 de abril, FJ 2), la regla primordial del interés y beneficio de los menores en la adopción de las medidas personales y patrimoniales que les afecten.

En este sentido, las SSTC 64/2019, de 9 de mayo, FJ 4; 178/2020, de 14 de diciembre, FJ 3; 81/2021, de 19 de abril, FJ 2 y 113/2021, de 31 de mayo, FJ 2, subrayan que "[e]l interés superior del menor es la consideración primordial a la que deben atender todas las medidas concernientes a los menores que tomen las instituciones públicas o privadas de bienestar social, los tribunales, las autoridades administrativas o los órganos legislativos". Y las SSTC 64/2019, de 9 de mayo, FJ 4, y 113/2021, de 31 de mayo, FJ 2, estiman, por su parte, que "es uno de sus valores fundamentales, y responde al objetivo de garantizar el disfrute pleno y efectivo de todos los derechos reconocidos por la convención", con referencia a la Convención sobre los Derechos del Niño de Nueva York.

La utilización de la expresión "consideración primordial" significa que dicho principio no está al mismo nivel que el de los otros intereses concurrentes, sino superior y preferente para resolver los supuestos de colisión o conflictos de derechos en el que el menor pueda hallarse inmerso y que no sean susceptibles de recíproca satisfacción. No es de extrañar, por lo tanto, la constante proclamación de la vigencia de tal interés superior que se refleja en la jurisprudencia, tanto del Tribunal Constitucional (SSTC 77/2018, de 5 de julio; 64/2019, de 9 de mayo; 99/2019, de 18 de julio; 178/2020, de 14 de diciembre; 81/2021, de 19 de abril; 113/2021, de 31 de mayo), como la desarrollada por la Sala 1.ª del Tribunal Supremo, por citar algunas de las más recientes, sentencias 175/2021, de 29 de marzo; 438/2021, de 22 de junio; 705/2021, de 19 de octubre y 729/2021, de 27 de octubre entre otras muchas; así como, también, la propia del Tribunal Europeo de Derechos Humanos (SSTEDH de 5 de noviembre de 2002, caso Yousef contra Países Bajos; 10 de enero de 2008, caso Kearns contra Francia; 7 de marzo de 2013, caso Raw y otros también contra Francia; 12 de noviembre de 2013, caso Söderman contra Suecia; 18 de febrero de 2014, caso Fernández Cabanillas contra España entre otras muchas).

3.3 El interés preferente del menor puede justificar la limitación y suspensión del régimen de comunicación entre padres e hijos.

En efecto, pueden concurrir circunstancias que justifiquen la limitación de tal régimen de comunicación o su suspensión, en tanto en cuanto un régimen de visitas impuesto resulte perjudicial para el interés superior de los menores, pues las medidas que deben adoptarse al respecto "son las que resulten más favorables para el desarrollo físico, intelectivo e integración social del menor" (STS 170/2016, de 17 de marzo).

Esta Sala, en sentencia 680/2015, de 26 de noviembre, ha declarado que: "[...] se establece como doctrina jurisprudencial que el juez o tribunal podrá suspender el régimen de visitas del menor con el progenitor condenado por delito de maltrato con su cónyuge o pareja y/o por delito de maltrato con el menor o con otro de los hijos, valorando los factores de riesgo existentes". En el mismo sentido, ya se había pronunciado anteriormente esta Sala en la sentencia 54/2011, de 11 de febrero.

Por su parte, el art. 94 III del CC norma que la autoridad judicial podrá limitar o suspender el régimen de visitas "si se dieran circunstancias relevantes que así lo aconsejen o se incumplieran grave o reiteradamente los deberes impuestos por la resolución judicial", sin perjuicio de las prevenciones específicas que establece su párrafo IV, en los supuestos de proceso penal iniciado por atentar contra la vida, la integridad física, la libertad, la integridad moral o la libertad e indemnidad sexual del otro cónyuge o sus hijos, o cuando se adviertan la existencia de indicios fundados de violencia doméstica o de género, sin perjuicio de establecer un régimen de visita, comunicación o estancia en resolución motivada, en el interés superior del menor, previa evaluación de la situación de la relación paternofilial, cuestión que abordaremos a continuación.

CUARTO- Examen de las circunstancias concurrentes y estimación del recurso de casación

En el contexto reseñado se mueve este proceso, en el que la parte recurrente en casación, con criterio compartido por el Ministerio Fiscal, en su función institucional de velar por el interés superior de los menores, considera contrario a dicha regla de orden público mantener el régimen de comunicación fijado, restrictivamente, por la sentencia de la audiencia provincial. A los efectos decisorios del presente recurso hemos de partir de los condicionantes siguientes, que serán objeto de su particular desarrollo: los episodios reiterados de violencia de género en los que incurrió el demandado, su desinterés parental con respecto a la menor, su patología psiquiátrica y dificultades de control de los impulsos, su reticencia a los tratamientos, así como la falta de madurez de la niña para asumir los contactos programados con su progenitor y enfrentarse a las carencias del demandado en el desempeño del rol de padre. Todo ello, además, dentro del marco tuitivo en el que se desenvuelve la protección del menor en los supuestos de violencia del que son expresión los arts. 92 y 94 del CC.

4.1 Los episodios de violencia de género

En este caso, no ofrece duda que el padre ha sido condenado, con la aplicación de la circunstancia agravante de reincidencia, por incurrir en episodios de tal naturaleza contra la madre de la niña, lo que implica un desprecio por la persona más importante en la vida de la menor, en una situación que además no se encuentra superada, como consta en el informe psicológico elaborado, del que resulta que el demandado reacciona de manera verbalmente violenta hacia la madre de la niña, mostrando patente, actual y persistente rechazo hacia ella. Su problemática de pareja se halla enquistada y su modelo de comportamiento previo incide peyorativamente en la asunción del rol paterno, con riesgos para la menor por la desfiguración inducida a la que puede verse afectada sobre la consideración y estima que tiene sobre su madre.

La Resolución de 6 de octubre de 2021 del Parlamento Europeo sobre el impacto de la violencia de pareja y derecho de custodia de mujeres y los niños, subraya en su apartado i) "que toda forma de violencia incluida la violencia presenciada contra un progenitor o una persona allegada ha de ser considerada tanto en el plano jurídico como en la práctica una violación de derechos humanos y acto contra el interés superior del menor".

4.2 Las características patológicas de la personalidad del demandado y las correlativas dificultades de control de los impulsos y su reticencia a los tratamientos

En el informe del punto de encuentro consta que el progenitor es una persona agresiva y no está garantizada la integridad de la menor en su compañía sin supervisión.

En su exploración psicológica, se describe como impulsivo y agresivo con problemas con alcohol y que a los 17 años ya era politoxicómano.

Relata episodios violentos en los que se ha visto inmerso. Afirmó tener un carácter agresivo alcanzando momentos de gran exaltación. En el informe psicológico consta que se encuentra furioso la mayor parte del tiempo y expresa libremente su ira y hostilidad. Constan antecedentes de tratamiento psiquiátrico desde los 10 años, y no resulta acreditado que, actualmente, siga con las indicaciones terapéuticas y farmacológicas que le fueron pautadas.

El peritaje concluye que presenta desajustes psicológicos que no le permiten proporcionarle a su hija los recursos emocionales, cognitivos y conductuales necesarios para afrontar, de forma flexible y adaptativa, su ejercicio parental. La comunicación con su hija debería ser supervisada, en su caso, por técnicos especializados.

4.3 Su desinterés parental

El padre no ha manifestado interés por mantener los contactos con su hija. Sus relaciones con la menor, antes de la judicialización del conflicto, eran realmente escasas, como el propio demandado reconoce: "la verdad es que yo vivir con la niña estuve poco, porque, como ya te dije, estaba más tiempo fuera que dentro de la casa porque discutíamos ... cuanto más tiempo he visto a mi hija desde que nació fue cuando la vi en el punto de encuentro". También manifiesta "yo no voy a pasar otra vez por el punto de encuentro para ver a mi hija, no es una cosa privada, no puedo ni ir a pasear con mi hija por ahí, ni tenerla a solas", "si tengo que renegar de mi hija lo haré, pero yo a esa no la quiero ver ni en pintura, no quiero saber nada de la madre de mi hija, es mala persona ... que mi hija cuando cumpla 18 años y tenga libertad de ver a su padre, pues ahí yo empezaré a tener contacto con ella y le contaré la verdad de todo".

El padre, en momento alguno, se personó en el presente procedimiento, ni en primera instancia, ni en apelación, ni en el recurso de casación, con lo que demuestra nulo interés por el establecimiento de un régimen de comunicación con su hija, que observa, con reticencias y mala disposición, como si fuera una suerte de obligación judicialmente impuesta. No concurren, en este caso, lazos afectivos y de apego seguro entre padre e hija.

4.4 La falta de madurez de la niña para asumir los contactos programados con su progenitor, enfrentarse a las carencias del demandado en el desempeño del rol de padre y características de su personalidad.

Los graves desajustes psicológicos que el padre actualmente padece determinan su carencia para asumir funciones parentales, lo que coloca a la menor en una situación de vulnerabilidad, por la repercusión negativa sobre su persona, cuando, además, por su corta edad, carece de los resortes precisos para controlar una situación de tal naturaleza. No vemos, por consiguiente, que, en este concreto proceso, por el conjunto de circunstancias antes expuestas, no extrapolables a otros casos, el interés preferente de la menor conlleve el mantenimiento del régimen de comunicación predeterminado con su padre del que, además, reniega.

El padre deberá, si tiene un propósito serio y real de comunicarse con su hija, controlar sus impulsos y su situación de dominio derivada de una violencia de género no superada, que constituye un pésimo modelo y un manifiesto óbice de idoneidad para desempeñar el rol paterno, con respecto a una niña de cuatro años.

No consideramos, en el contexto descrito, que deba alterarse el orden lógico de las cosas, y, de esta manera, comprobar la evolución del padre en los contactos supervisados con su hija, asumiendo esta los peligros ciertos que, para el desarrollo futuro de su personalidad, padezca, derivados de la falta de habilidades y condicionantes de la personalidad de su progenitor, en vez de que sea este, previamente, quien supere los actuales factores de riesgo que, notoriamente, concurren en su persona, para asumir el rol del padre en beneficio de la menor, aceptando el sometimiento a los tratamientos que precisa para superar las disfunciones que padece a los efectos de disfrutar un régimen de comunicación con su hija que le sea beneficioso a la niña y querido por su progenitor.

4.5 Prevalencia del interés superior del menor

En el caso presente, el interés de la niña exige, como destaca igualmente el Ministerio Fiscal, en su función institucional de velar por el bienestar de la menor, la suspensión del régimen de comunicación establecido. En efecto, el interés del menor se ha considerado como bien constitucional, lo suficientemente relevante para motivar la adopción de medidas legales que restrinjan derechos y principios constitucionales (SSTC 99/2019, de 18 de julio, FJ 7; 178/2020, de 14 de diciembre FJ 3: y 81/2021, de 19 de abril, FJ 2), toda vez que ha de prevalecer, en el juicio de ponderación de los derechos fundamentales en conflicto. Desde esta perspectiva, "toda interpretación de las normas que procuran el equilibrio entre derechos, cuando se trata de menores de edad, debe basarse en asegurar el interés superior del menor" (STC 64/2019, de 9 de mayo, FJ 4). En este marco tuitivo, el art. 2.2 c) de la Ley Orgánica 1/1996, de 15 de enero, de Protección Jurídica del Menor, señala que, a los

> efectos de determinar el interés superior del menor, es preciso ponderar "la conveniencia de que su vida y desarrollo tenga lugar en un entorno familiar adecuado y libre de violencia".

La relevancia de los fundamentos de la sentencia transcrita reside en que en ella se destacan los conceptos fundamentales relacionados con el interés superior de niños y niñas que conviven en un entorno de violencia de género a la hora de determinar el mantenimiento o suspensión de las relaciones paterno filiales. En primer lugar, el interés superior de los menores como principio primordial. El TS establece que el interés superior de los niños y niñas es un principio de orden público y que debe prevalecer en todas las decisiones que les afecten. Se debe dar prioridad a su interés superior sobre cualquier otro interés legítimo que pueda concurrir. Se enfatiza que los niños y niñas son titulares de derechos y deben ser protegidos de situaciones de riesgo que puedan afectar su desarrollo físico, emocional y social. En este sentido, se destaca la importancia de proteger el derecho a la vida, supervivencia y desarrollo del menor, así como la consideración de sus deseos, sentimientos y opiniones en función de su edad, madurez y desarrollo personal. También se resalta la relevancia de asegurar que el menor crezca en un entorno familiar adecuado y libre de violencia, priorizando la permanencia en su familia de origen siempre que sea posible y positivo para la hija. En este sentido, se menciona que la protección especial de los menores se basa en la necesidad de preservar su personalidad en desarrollo y la necesidad prepararlos para una transición a la edad adulta e independiente.

También se aborda la limitación o suspensión del régimen de comunicación en casos justificados. Se establece que, en ciertas situaciones, el régimen de comunicación entre padres e hijos puede ser limitado o suspendido si se considera que es perjudicial para el interés superior del menor teniendo en cuenta las concretas circunstancias tanto del padre como de la hija. Entre las circunstancias que justificarían esta medida se mencionan acreditados por informes del punto de encuentro familiar los episodios de violencia de género por parte del padre, la presencia de características patológicas en la personalidad del padre, la falta de interés parental y la falta de madurez de la hija para enfrentar ciertas situaciones.

Además, se hace hincapié en la necesidad de que cualquier decisión relativa al menor sea adoptada respetando las debidas garantías procesales, como el derecho del menor a ser informado, oído y escuchado, y la intervención de profesionales cualificados o expertos. La motivación de la decisión contiene una valoración expresa y una ponderación adecuada de los criterios destinados a identificar el interés superior de la hija en este caso.

3. EL DERECHO DEL MENOR A SER OÍDO Y ESCUCHADO

El artículo 12 de la Convención sobre los Derechos del Niño recoge el derecho del menor no sólo a ser oído, sino "a ser oído y escuchado" en cualquier procedimiento que le afecte. Esto implica que no sólo se trata de dar audiencia al menor, sino que su opinión será tomada en cuenta a la hora de adoptar decisiones.

El artículo 12 es una de las aportaciones más relevantes de la Convención al derecho internacional de los derechos humanos y a una concepción de la infancia como sujeto de derechos. Supone una transformación del enfoque tradicional, que ha atribuido a los niños el papel de receptores pasivos de los cuidados y atenciones de los adultos —que serían los encargados de adoptar por sustitución las decisiones de mayor relevancia en aquello que les concierna—, para ahora reconocerlos como protagonistas activos y, por tanto, llamados a participar en todo proceso de adopción de tales decisiones. El niño pasa a ser contemplado como un individuo con opiniones propias que habrán de ser atendidas en consonancia con su capacidad y madurez.

De este enfoque parte el Comité de los Derechos del Niño en su desarrollo doctrinal del artículo 12, a través de la Observación General número 12, dedicada al derecho del niño a ser escuchado (hecha pública en junio de 2009), que se completa con la Observación General 14 (2013), sobre el derecho del niño a que su interés superior sea una consideración primordial analizada en el apartado anterior.

El derecho del niño a ser oído en todos los asuntos que le afecten y a que se tomen en consideración sus opiniones se proclama en dos párrafos del mismo precepto, aunque con distinto alcance:

En el primer párrafo (art. 12.1 CDN) se establecen tres elementos:

- El derecho de los menores a expresar libremente su opinión en aquellos asuntos que les conciernan y, presupuesto este, a que sus opiniones sean tomadas en serio. Estos derechos tienen a un tiempo una dimensión individual y comunitaria (por ejemplo, los alumnos de una clase, los niños de un barrio o de un país, los niños con discapacidades o las niñas [OG 12, § 9]).

- El titular de estos derechos es cualquier niño o niña que se halle en condiciones de formarse un juicio propio, sin que quepan discriminaciones. De acuerdo con el Comité de Derechos del Niño, ha de partirse de la premisa que el niño tiene capacidad para formarse sus propias opiniones, sin límite de edad e incluyendo la primera infancia.
- La garantía de este derecho constituye una obligación de los Estados signatarios de la Convención.
- Por su parte, el párrafo segundo (art. 12.2 CDN) concreta el derecho a ser escuchado en los procedimientos administrativos y judiciales, estableciendo una serie de características básicas para el mismo:
- Que tal derecho tiene una «dimensión individual»; así, se indica que «se dará en particular al niño oportunidad de ser escuchado».
- El «principio de totalidad», en virtud del cual no existen ámbitos decisorios de actuación pública respecto de situaciones individuales exentas de esta obligación, pues se alude a «todo procedimiento judicial o administrativo que afecte al niño…».
- El «principio de adecuación», referido a la forma de escucha del menor, que deberá adaptarse a la situación subjetiva de éste y a los requerimientos del concreto procedimiento que se esté sustanciando (será escuchado «directamente o por medio de un representante

o de un órgano apropiado»). No obstante, el Comité recomienda la escucha directa al niño siempre que ello resulte posible (OG 12, § 35).

El Comité de Derechos del Niño destaca en el parágrafo 2 de la Observación General 12 que este precepto debe considerarse «como uno de los cuatro principios generales de la Convención, junto con el derecho a la no discriminación, el derecho a la vida, y el desarrollo y la consideración primordial del interés superior del niño, lo que pone de relieve que este artículo no sólo establece un derecho en sí mismo, sino que debe tenerse en cuenta para interpretar y hacer respetar todos los demás derechos».

La Ley Orgánica 1/1996, de 15 de enero, de Protección Jurídica del Menor, en su redacción original, contempla el derecho del menor a ser oído que, no escuchado, en su artículo 9 en los siguientes términos:

> *"Derecho a ser oído*
>
> *1. El menor tiene derecho a ser oído, tanto en el ámbito familiar como en cualquier procedimiento administrativo o judicial en que esté directamente implicado y que conduzca a una decisión que afecte a su esfera personal, familiar o social.*
>
> *En los procedimientos judiciales, las comparecencias del menor se realizarán de forma adecuada a su situación y al desarrollo evolutivo de éste, cuidando de preservar su intimidad.*
>
> *2. Se garantizará que el menor pueda ejercitar este derecho por sí mismo o a través de la persona que designe para que le represente, cuando tenga suficiente juicio.*

> *No obstante, cuando ello no sea posible o no convenga al interés del menor, podrá conocerse su opinión por medio de sus representantes legales, siempre que no sean parte interesada ni tengan intereses contrapuestos a los del menor, o a través de otras personas que por su profesión o relación de especial confianza con él puedan transmitirla objetivamente.*
>
> *3. Cuando el menor solicite ser oído directamente o por medio de persona que le represente, la denegación de la audiencia será motivada y comunicada al Ministerio Fiscal y a aquéllos".*

En la fórmula legal española, «derecho a ser oído», presenta alguna diferencia el conceptual con la Convención, que pone el acento en la escucha. En la tradición jurídica española «ser oído» implica fundamentalmente un trámite del que no se sigue la obligación de asumir en lo posible la posición de la persona oída. El concepto de escucha en el marco de la Convención es más exigente, ya que además de atender a lo escuchado ha de razonarse la decisión de apartarse de lo manifestado por el niño.

Por su parte, el art. 92.2 del CC, dispone que el Juez, cuando deba adoptar cualquier medida sobre la custodia, el cuidado y la educación de los hijos menores, velará por el cumplimiento de su derecho a ser oídos y emitirá una resolución motivada en el interés superior del menor sobre esta cuestión. Este precepto parece recoger la voluntad del legislador de oír siempre y en todo procedimiento a los menores a que se refieran esas medidas de custodia, cuidado y educación. Sin embargo, al desarrollar este principio en el número 6 del mismo precepto, el legislador no establece la obligación de proceder a oír a los menores con carácter general y sin excepciones, sino que dispone que el juez, antes de acordar el régimen de guarda y custodia oirá a los menores que tengan suficiente juicio sólo cuando se estime necesario de oficio o a petición del Fiscal, partes o miembros del Equipo Técnico Judicial, o del propio menor.

La Ley de Enjuiciamiento Civil sin embargo, en el art. 770-4, dispone que si el procedimiento fuere contencioso y se estima necesario de oficio o a petición del fiscal, partes o miembros del equipo técnico judicial o del propio menor, se oirá a los hijos menores o incapacitados si tuviesen suficiente juicio, pero se deberá proceder a oírlos, en todo caso, si fueren mayores de doce años, lo que no exige en los procedimientos de mutuo acuerdo, pues, en el art. 777-5 de nuevo establece un criterio valorativo pues solo ha de ser oídos los menores cuando tengan suficiente juicio y se estime necesario de oficio o a petición del Fiscal, partes o miembros del Equipo Técnico Judicial, o del propio menor.

Esta normativa no concibe la escucha del menor como un derecho, sino como una facultad judicial sujeta al principio de oportunidad. Esta interpretación parece ir en contra de la previsión que contenía el artículo 9.3 de la LO 1/1996 en virtud del cual: *"Cuando el menor solicite ser oído directamente o por medio de persona que le represente, la denegación de la audiencia será motivada y comunicada al Ministerio Fiscal y a aquéllos"*. Como indica el Estudio sobre la escucha y el interés superior del menor llevado a cabo en Mayo de 2014 por el Defensor del Pueblo[116], la configuración

---

116 https://www.defensordelpueblo.es/wp-content/uploads/2015/05/2014-05-Estudio-sobre-la-escucha-y-el-interes-superior-del-menor.pdf.

del derecho del menor a ser escuchado como una facultad discrecional del juez va más allá de la excepción a este derecho que se establece, con un criterio claramente restrictivo, en el artículo 9.3 de la Ley Orgánica 1/1996, donde puede apreciarse, estamos ante una previsión garantista, y no ante la atribución al juez de la posibilidad de no escucha.

Ante la disparidad existente entre el criterio abierto y valorativo del CC y el imperativo de la Ley de Enjuiciamiento Civil relativo a los procedimientos contenciosos respecto de menores de más de 12 años, en el Protocolo de coordinación entre los órdenes jurisdiccionales penal y civil para la protección de las víctimas de violencia doméstica[117], al tratar las medidas civiles a adoptar en la orden de protección se estableció que "Cuando los hijos/as menores de edad sean mayores de doce años, o tengan suficiente juicio, pueden aportar trascendentes datos sobre la situación familiar y sobre la realidad de la existencia de actos de violencia. En estos casos, el Juez de guardia podrá valorar si resulta procedente oírlos de conformidad con lo dispuesto por el artículo 9 de la Ley Orgánica 1/1996, de 15 de enero, por los artículos 92. 2 ° del CC y 770.4° de la Ley de Enjuiciamiento Civil, así como por el apartado 27 de la Carta de Derechos de los Ciudadanos ante la Justicia".

---

117 http://www.poderjudicial.es/cgpj/es/Temas/Violencia-domestica-y-de-genero/Guias-y-Protocolos-de-actuacion/Protocolos/Protocolo-de-coordinacion-entre-los-ordenes-jurisdiccional-penal-y-civil-para-la-proteccion-de-las-victimas-de-violencia-domestica.

La Fiscalía General del Estado también se ha manifestado al respecto y, así, en su Circular 3/2009[118], en el capítulo 11, al tratar de la audiencia de los menores en los procedimientos de nulidad, separación y divorcio, concluyó en el sentido de hacer primar el carácter sustantivo de la norma contenida en el artículo 92 CC y, por tanto, entender que, siendo inexcusable garantizar el derecho del niño a expresar su opinión y ser oído, el trámite concreto de audiencia del menor no es imperativo y que su práctica queda subordinada a que se estime necesario.

La cuestión fué resuelta por el Tribunal Supremo que ha indicado la necesidad de que el menor sea oído en los procedimientos que directamente le afectan, y como señala la STS de 10 de julio de 2015[119], la contradicción entre la normativa sustantiva y procesal anteriormente expuesta, ha de entenderse aclarada por la Ley del Menor y el Convenio Europeo sobre Derechos del Niño: «La sentencia de 20 de octubre de 2014 establece lo siguiente: "La aparente contradicción entre el CC y la Ley de Enjuiciamiento Civil, viene a ser aclarada por la Ley del Menor y por el Convenio sobre Derechos del Niño, en el sentido de que cuando la edad y madurez del menor hagan presumir que tiene suficiente juicio y, en todo caso, los mayores de 12 años, habrán de ser oídos en los procedimientos judiciales en los que se resuelva sobre su guarda y custodia, sin que la parte pueda renunciar a la proposición de dicha prueba, debiendo acordarla, en su caso, el juez de oficio. En

---

118 Circular 3/2009, de 10 de noviembre, Sobre Protección de los menores víctimas y testigos.

119 ECLI: ES:TS:2015:3158

este mismo sentido la sentencia del Tribunal Constitucional de 6 de junio de 2005. Para que el juez o tribunal pueda decidir no practicar la audición, en aras al interés del menor, será preciso que lo resuelva de forma motivada».

Hay que tener también en cuenta que, respecto a la forma de ser oído el menor, el artículo 9.2 de la Ley Orgánica 1/1.996 prevé que puede ser oído:

a) por sí mismo;

b) a través de la persona que designe para que le represente.

c) por medio de sus representantes legales, siempre que no sean parte interesada ni tengan intereses contrapuestos;

d) o bien a través de otras personas que, por su profesión o relación de especial confianza con él, puedan transmitirla objetivamente. Es por ello por lo que, cuando por ejemplo el menor ha sido oído por el Equipo Psicosocial, no será necesario realizar su exploración o audiencia de manera directa. En la misma línea lo ha venido interpretando el Tribunal Constitucional (STCO 163/09 de 29 de junio) al entender la Ley Orgánica 15/2005, de 8 de julio, por la que se modifican el CC y la Ley de enjuiciamiento civil en materia de separación y divorcio, dio una nueva redacción al artículo 92 del CC, cuyo apartado 6 establece: "*En todo caso, antes de acordar el régimen de guarda y custodia, el Juez deberá recabar informe del Ministerio Fiscal, y oír a los menores que tengan suficiente juicio cuando se estime necesario de oficio o a petición del Fiscal, partes o miembros del Equipo Técnico Judicial, o del propio menor, valorar las alegaciones de las partes vertidas en la comparecencia y la prueba practicada en ella, y la relación que los padres mantengan entre sí y con sus hijos para determinar su idoneidad con el régimen de guarda." Esta disposición se complementa con el art. 9 de la Ley Orgánica 1/1996, de 15 de enero, de protección jurídica del menor (...) que garantiza el derecho del menor a ser oído. El apartado 2 de este artículo establece que el menor puede ejercitar este derecho "por sí mismo o a través de la persona que designe para que le represente, cuando tenga suficiente juicio*" y que "*cuando ello no sea posible o no convenga al interés del menor, podrá conocerse su opinión por medio de sus representantes legales, siempre que no sean parte interesada ni tengan intereses contrapuestos a los del menor, o a través de otras personas que por su profesión o relación de especial confianza con él puedan transmitirla objetivamente*". En el caso enjuiciado, y siendo la pretensión de la demandante que no se reconozca derecho de visitas al padre, el objetivo esencial de la propuesta de audiencia del menor es conocer la opinión del mismo respecto a tal régimen y si desea mantener contactos con su padre. Esta opinión ya es conocida por la Sala, pues consta en las manifestaciones que el menor hizo al equipo psicosocial que redactó el oportuno dictamen. De ahí que no corresponda en el presente asunto proceder al trámite de audiencia del menor, considerando el Tribunal Constitucional que dicha argumentación (...) es coherente con la normativa aplicable conforme a la cual los órganos judiciales deducen que la audiencia al menor no se concibe ya con carácter esencial, siendo así que el conocimiento del parecer del menor puede sustanciarse a través de determinadas personas (art. 9 de la Ley Orgánica 1/1996) y sólo resultará obligado cuando se estime necesario de oficio o a petición del Fiscal, partes o miembros del equipo técnico judicial, o del propio menor (art. 92.6 CC).

El párrafo tercero del artículo 9 de la Ley Orgánica 1/1996 aludía a que cuando un menor *«solicite ser oído directamente o por medio de persona que le represente, la denegación de la audiencia será motivada y comunicada al Ministerio Fiscal y a aquellos»*. El precepto es formalista, puesto que pone el foco en una actividad procesal sin tomar en consideración que el menor no es propiamente parte procesal —con lo que ni tiene abogado ni habitualmente le resultará sencillo personarse en el juzgado— y además no ha sido instruido —porque no está previsto dicho trámite— sobre sus derechos, particularmente el de ser escuchado en todo aquello que le afecte.

Esta interpretación resulta acorde con el pronunciamiento contenido en la Sentencia de 11 de octubre de 2016 del TEDH (Sección 3ª) caso Iglesias Casarrubios y Cantalapiedra Iglesias contra España, en la que se condenó al Estado español al pago de una indemnización de 6.400 euros por daño moral, así como de las costas y gastos por no escuchar los tribunales españoles a una menor al establecerse un régimen de custodia en el procedimiento de divorcio de sus padres[120].

---

120 En el año 2006 el padre inició el procedimiento de divorcio, al que la madre se opuso solicitando que sus dos hijas menores, de 13 y 11 años, respectivamente, fueran oídas en el procedimiento. El Juez ordenó que las dos menores fueran oídas por el equipo psicosocial adscrito al Juzgado, pero él no las oyó personalmente. La hija menor de 11 años solicitó de «forma categórica e imperativa» que la entrevista con el equipo psicosocial fuera grabada, pero al negarse este último a la grabación, la entrevista no se desarrolló. La madre solicitó en repetidas ocasiones (en su oposición a la demanda de divorcio presentada por el padre, en apelación adjuntando a su

Ante el recurso planteado por la madre, el Tribunal Europeo admite el recurso y estima la violación del derecho de la actora a un juicio justo, condenando a España a indemnizar a la madre por daños morales (6.400 euros), además del pago de las costas y gastos (2.000 euros). En concreto, el Tribunal Europeo de Derechos Humanos considera que la petición de audiencia de las menores fue expresamente formulada ante el Juzgado de primera instancia desde la oposición a la demanda presentada por la madre. No percibe ninguna razón que justifique que la opinión de la hija mayor de la demandante, una menor que entonces tenía más de 12 años, no fuera directamente recogida por el Juzgado de primera instancia en el marco del proceso de divorcio, tal como exigía la legislación interna y tampoco percibe ninguna razón que justifique que el Juez de primera instancia no se pronunciara, en el marco del mismo proceso, de forma motivada sobre la demanda de la hija menor

---

recurso unas cartas escritas por sus hijas solicitando ser oídas personalmente por el juez y en el recurso de reposición) que sus hijas menores fueran oídas personalmente por el Juez y por el Fiscal (la hija menor ni siquiera había sido oída por el equipo psicosocial), no obteniendo respuesta a su petición por ninguna de las instancias y viendo desestimados todos los recursos interpuestos al efecto.

Su posterior recurso de amparo ante el Tribunal Constitucional fue declarado inadmisible por falta de una relevancia constitucional especial, razón por la cual la madre recurre ante el Tribunal Europeo de Derechos Humanos invocando la violación del art. 6.1 del Convenio para la protección de los derechos humanos y de las libertades fundamentales a causa de la negativa de los tribunales nacionales a escuchar personalmente a los niños durante el procedimiento de divorcio de sus padres.

de la demandante a ser oída por él, como exige la legislación. En este sentido, «la negativa a escuchar al menos a la mayor, así como la ausencia de motivación para rechazar las pretensiones de las menores de ser oídas directamente por el Juez que debía decidir sobre el régimen de visitas de su padre conduce al Tribunal a concluir que la señora Iglesias Casarrubios fue indebidamente privada de su derecho a que sus hijas menores fueran oídas personalmente por el Juez, a pesar de las disposiciones legales aplicables, sin que las jurisdicciones superiores que examinaron los recursos que interpuso ofrecieran un remedio a dicha privación».

Realmente en este supuesto la condena se produce por vulnerar el derecho de las hijas menores a ser oídas en el procedimiento de divorcio, y por lo tanto no ha venido a modificar la jurisprudencia del Tribunal Supremo en cuanto a que puede prescindirse de la audiencia del menor siempre que esta decisión esté motivada. En el caso analizado una de las menores no fue oída ni por el Juez ni por el equipo técnico, por lo que en este caso sí estamos ante un incumplimiento del derecho del menor a ser oído.

Para adaptarnos a lo recogido en esta Convención, la Ley Orgánica 8/2015, de 22 de julio, ha llevado a cabo una reforma del artículo 9 LOPJM, que deja de denominarse "el derecho a ser oído" y pasa a ser "el derecho a ser oído y escuchado".

El menor tiene derecho a ser oído y escuchado en cualquier procedimiento administrativo, judicial o de mediación en que esté afectado y que conduzca a una decisión que incida en su esfera personal, familiar o social, tomando en consideración sus opiniones, en función de su edad y su madurez.

Es un derecho que se atribuye al menor sin discriminación alguna por edad, por discapacidad o por cualquier otra circunstancia, y que puede ser ejercitado tanto en el ámbito familiar, como en cualquier procedimiento administrativo, judicial o de mediación que conduzca a una decisión que le afecte[121].

Para que el menor pueda ejercer plenamente este derecho, deberá recibir la información necesaria en un lenguaje comprensible, en formatos accesibles y adaptados a sus circunstancias. Ha de proporcionársele una información completa y apropiada para su edad y circunstancias personales, acerca de su derecho a expresar su opinión libremente, informándole tanto de lo que se le pregunta, como de las consecuencias de su opinión, así como a que su opinión se tenga en cuenta a la hora de tomar una decisión.

Las comparecencias o audiencias del menor, en los procedimientos administrativos o judiciales, tendrán carácter preferente y se realizarán de forma adecuada a su situación y desarrollo evolutivo, utilizando un lenguaje compresible para él, con la asistencia de profesionales cualificados o expertos, si fuera necesario, y preservando en todo caso su intimidad. Para garantizar el ejercicio personal del derecho a ser escuchado, el artículo 9 prevé la asistencia del menor por un intérprete, en su caso, y la posibilidad de que éste exprese su opinión verbalmente o a través de formas no verbales de comunicación. Esto tiene especial

---

[121] Al respecto del derecho de los menores con capacidades diferentes a tomar sus propias decisiones, Vivas Tesón, I. "Niños y niñas con capacidades diferentes: el derecho de la persona a tomar sus propias decisiones" en *La Ley Derecho de Familia*, nº 13, 2017, pp. 14-29.

trascendencia cuando se trata de menores de muy corta edad o con discapacidad.

La denegación de la audiencia o comparecencia de los menores ha de estar motivada en el interés superior del menor, y comunicada al Ministerio Fiscal, al menor, y en su caso, a su representante, haciendo mención expresa a los recursos que caben contra esa denegación.

Como se puede apreciar, la LO 8/2015 lleva a cabo una nueva regulación del derecho del menor a ser escuchado, más detallada y que pretende dar respuesta al Convenio del Consejo de Europa para la protección de los niños contra la explotación y abuso sexual que establece una serie de medidas que han de prevalecer a la hora de oír a los menores[122]; más acorde también con el contenido y desarrollo de la Observación nº 12 de 12 de junio de 2009 del Comité de Naciones Unidas de Derechos del niño a la que nos hemos referido más arriba y del Dictamen del Comité para la Eliminación de la Discriminación contra la Mujer en virtud del Protocolo Facultativo de la Convención sobre la eliminación de todas las formas de discriminación contra la mujer, Comunicación número 47/2012 (… contra España)[123].

---

122 Convenio del Consejo de Europa para la protección de los niños contra la explotación y abuso sexual hecho en Lanzarote el 25 de octubre de 2007 ratificado por España el 12 de noviembre de 2010.

123 El 16 de julio de 2014, el Dictamen del Comité para la Eliminación de la Discriminación contra la Mujer en virtud del Protocolo Facultativo de la Convención sobre la eliminación de todas las formas de discriminación contra la mujer, Comunicación número 47/2012 (… contra España) recomienda a España "tomar medidas adecua-

Como advierte Peramato Martín[124], este cambio legislativo obliga a replantear la audiencia del menor, ahora sí, como obligatoria en todos los procedimientos en los que se vayan a adoptar medidas que le afecten, ya sean provisionales o definitivas, exista o no acuerdo entre sus progenitores, y con independencia de su edad; además, sus opiniones, expresadas verbalmente o a través de formas no verbales de comunicación, por sí o por tercera persona que designen, con la intervención de sus progenitores o de un defensor judicial en caso de conflicto o discrepancia de los padres o tutores con el menor, se han de tener en cuenta en función de su edad y madurez, es decir, han de tomarse en consideración y valorarse adecuadamente en la resolución que se adopte, con expresa referencia a las razones por las que la decisión se aleja de la opinión del niño en su caso.

No obstante, no fue esa la interpretación que del derecho del menor a ser escuchado realizó el TS en sus pronunciamientos jurisprudenciales inmediatos a la reforma. Como muestra, la STS 15 de enero de 2018[125]:

---

das y efectivas para que los antecedentes de violencia doméstica sean tenidos en cuenta en el momento de estipular los derechos de custodia y visita relativos a los hijos, y para que el ejercicio de los derechos de visita o custodia no ponga en peligro la seguridad de las víctimas de la violencia, incluidos los hijos. El interés superior del niño y el derecho del niño a ser escuchado deberán prevalecer en todas las decisiones que se tomen en la materia" (Recomendación b) i).

124 Peramato Martín, T.: "Aspectos jurídicos de la violencia de género. Evolución", en *Cuadernos de la Guardia Civil: Revista de seguridad pública*, nº 51, 2015, pp.8-25, p. 18.

125 ECLI:ES:TS:2018:41

"2.- Sobre el derecho de los menores a ser oídos la regulación la contiene la LEC en el art. 770.1.4° y de manera más amplia en el apartado 5 del art. 777. Se ha de tener en cuenta, asimismo la nueva redacción del art. 2, así como del art. 9, de la LO 1/1996 de Protección Jurídica del Menor, dada por la LO 8/2015, de 22 de julio.

En la normativa internacional tiene su acomodo en el art. 12 de la Convención sobre los Derechos del Niño, en la Carta Europea de los Derechos Fundamentales en su art. 24 y en la Observación General nº 14/ 2013, del Comité de los Derechos del Niño.

La Sala se ocupa de la doctrina sobre este derecho de los menores en la sentencia 578/2017, de 25 de octubre, en los siguientes términos: Según declara la sentencia 157/2017, de 7 de marzo «En relación con la falta de exploración de la hija, esta sala se ha pronunciado con reiteración respecto a la necesidad de ser oído el menor en los procedimientos que directamente les afectan. La sentencia de 20 de octubre de 2014 establece lo siguiente: «La aparente contradicción entre el CC y la Ley de Enjuiciamiento Civil, viene a ser aclarada por la Ley del Menor y por el Convenio sobre Derechos del Niño, en el sentido de que cuando la edad y madurez del menor hagan presumir que tiene suficiente juicio y, en todo caso, los mayores de 12 años, habrán de ser oídos en los procedimientos judiciales en los que se resuelva sobre su guarda y custodia, sin que la parte pueda renunciar a la proposición de dicha prueba, debiendo acordarla, en su caso, el juez de oficio. En este mismo sentido la sentencia del Tribunal Constitucional de 6 de junio de 2005».

Ahora bien, la citada sentencia de 20 de octubre de 2014 añade que «para que el juez o tribunal pueda decidir no practicar la audición, en aras al interés del menor, será preciso que lo resuelva de forma motivada».

Así cabe colegir también de la sentencia TEDH, Sección 3ª, de 11 de octubre de 2016, recurso 23.298/2007, por la que estima que sería ir demasiado lejos decir que los tribunales internos están siempre obligados a oír a los menores, pues dependerá de las circunstancias particulares de cada caso, atendiendo siempre a la edad y madurez del niño.

(...) 1.- Para la mejor inteligencia de la decisión de la sala se ha de tener en cuenta, según lo expuesto en las consideraciones previas, que la exploración del menor tiene por objeto indagar sobre el interés de éste, para su debida protección, y por ende no es propiamente una prueba, de forma que el interés del mismo no necesariamente ha de coincidir con su voluntad, debiendo valorar el juez su madurez y si sus deseos son propios del capricho o de influencias externas.

En atención a la falta de madurez o de ponerse en riesgo el interés del menor es posible que se deniegue su exploración, si bien de forma motivada, según la doctrina ya recogida. Es el supuesto que contempla la sentencia 578/2017, de 25 de octubre .

Se trata de evitar que la audiencia directa del menor no le produzca un perjuicio peor que el que se pretende conjurar. Pero para ello será preciso que el tribunal lo motive, o que, en su caso, en atención a ese interés, considere más adecuado que la exploración se lleve a cabo a través de un experto o estar a la ya llevada a cabo por este medio (STC 163/2009, de 29 de junio).

A veces se confunde la negativa a la exploración con falta de método psicológico a la hora de llevarla a cabo, pues lo que será perjudicial para el menor en tal supuesto no será su exploración, sino si ésta se hace con preguntas directas que le creen un conflicto de lealtades, con consecuencias emocionales desfavorables.

2.- El motivo debe prosperar porque la sentencia recurrida confunde la exploración del menor con un simple medio de prueba, de forma que motiva su inadmisión como si fuese esto último y no como lo que verdaderamente es, según se ha expuesto[126].

Es cierto que, por estar admitido, no es necesario probar la estrecha relación entre abuela y nieto, ni tampoco que el progenitor del menor no se opone a ella, pero, sin embargo, no es ese el objeto del debate.

Se trata de que a raíz de un enfriamiento de las relaciones entre el padre del menor con la abuela materna de éste (la madre falleció) ambos se encuentran enfrentados en la extensión que deben tener los contactos y estancias entre abuela y nieto.

---

126 El argumento que razona la AP es el siguiente: "Debe rechazarse en primer lugar la cuestión planteada acerca de la posible indefensión al haberse denegado medios de prueba pertinentes, pues dicha cuestión, pretensión probatoria, ya fue resuelta por esta Sala denegando las pruebas referidas, y ello, como se indicaba en el auto pues "el objeto de toda prueba es acreditar hechos en los cuales las partes estén en desacuerdo, pero no en cuanto a hechos admitidos, y en el presente supuesto, esa estrecha relación de la abuela y tía con los nietos y sobrinos no se discute, ni tampoco el derecho de ver y estar con los nietos, sino que únicamente lo que se viene a discutir es la amplitud de tales medidas, lo cual es ajeno a las pruebas solicitadas". Por tanto y excluido dicho motivo, se plantea en definitiva como deban establecerse o determinarse las relaciones entre abuela y nietos, a cuyo tener pretende la abuela la instauración de un régimen en el que los menores estén mucho más tiempo con ella" (SAP Cádiz, 18 de Enero de 2017; ECLI: ES: APCA: 2017:28).

> De ahí, que antes de cosificar esa relación, y sin que se ponga en tela de juicio las valoraciones jurídicas que contiene la sentencia recurrida, será precisa la exploración del menor, preservando su intimidad y sin crearle conflictos de lealtades, para decidir sobre sí, en interés del menor, cabe reducir, o no la relación personal entre abuela y nieto respecto a la que venían manteniendo.
>
> Por tanto, la motivación que contiene la sentencia recurrida para denegar tal exploración no es suficiente ni adecuada".

Como se puede comprobar, no cambia el criterio del TS en cuanto al carácter potestativo de la decisión del juez relativa a la procedencia o no de la exploración del menor, ni tampoco a que la denegación de dicho trámite de prueba deba ser razonada en la sentencia sobre la base del interés superior del menor o su falta de madurez. No obstante, sí que se aprecia cierta puntualización en cuanto a la distinción entre un simple medio de prueba y la exploración del menor. Para el TS de lo que se trata es de preservar el interés superior del menor evitándole las consecuencias emocionales desfavorables que se pueden derivar de la realización inadecuada de la exploración, con preguntas directas que le puedan crear un conflicto de lealtades.

La LO 8/2021, de 4 de junio ha reforzado este derecho. Como plantea brevemente el art. 3 de la ley, uno de los fines que persigue la norma es reforzar el ejercicio del derecho de los niños, niñas y adolescentes a ser oídos, escuchados y a que sus opiniones sean tenidas en cuenta debidamente en contextos de violencia contra ellos, asegurando su protección y evitando su victimización secundaria. Este derecho se desarrolla en el art. 14.1 Dicho precepto establece:

"1. Los poderes públicos garantizarán que las niñas, niños y adolescentes sean oídos y escuchados con todas las garantías y sin límite de edad, asegurando, en todo caso, que este proceso sea universalmente accesible en todos los procedimientos administrativos, judiciales o de otra índole relacionados con la acreditación de la violencia y la reparación de las víctimas. El derecho a ser oídos de los niños, niñas y adolescentes solo podrá restringirse, de manera motivada, cuando sea contrario a su interés superior.

2. Se asegurará la adecuada preparación y especialización de profesionales, metodologías y espacios para garantizar que la obtención del testimonio de las víctimas menores de edad sea realizada con rigor, tacto y respeto. Se prestará especial atención a la formación profesional, las metodologías y la adaptación del entorno para la escucha a las víctimas en edad temprana.

3. Los poderes públicos tomarán las medidas necesarias para impedir que planteamientos teóricos o criterios sin aval científico que presuman interferencia o manipulación adulta, como el llamado síndrome de alienación parental, puedan ser tomados en consideración".

Esta norma, en el contexto de protección de la infancia y adolescencia frente a la violencia prescribe el derecho de niñas niños y adolescentes a ser escuchados en cualquier procedimiento judicial o administrativo que les afecte, de acuerdo con su edad y madurez. Esto implica que se deben tener en cuenta sus opiniones y deseos al tomar decisiones que les conciernan, siempre en función de su desarrollo y capacidad de comprensión. La restricción de este derecho posee carácter excepcional, debiendo ser debidamente motivada en la resolución que acuerde no escuchar al menor por ser contrario a su interés superior.

El precepto también aborda específicamente la cuestión del falso Síndrome de Alienación Parental (SAP), que es un planteamiento teórico controvertido que ha sido utilizado en algunos casos de custodia compartida para desacreditar a la madre y favorecer al padre en situaciones de violencia de género. La medida 219 del Pacto de Estado contra la Violencia de Género, que se incorpora a esta ley, ordena a todos los poderes públicos impedir que criterios sin aval científico, como el SAP, sean tomados en consideración en procedimientos judiciales o administrativos que afecten a la protección de los niños y adolescentes. Esto es con el fin de evitar que se utilicen argumentos infundados que puedan poner en riesgo el interés superior del menor.

La exploración de los niños y niñas por los Tribunales se prevé también en los expedientes de jurisdicción voluntaria que regula en el art. 18.2.4 de la LJV[127]. Establece el precepto en el nº 4 de apartado segundo que cuando el expediente afecte a los intereses de una persona menor de edad o persona con discapacidad con medidas de apoyo para el ejercicio de su capacidad jurídica, se practicarán también en el mismo acto o, si no fuere posible, en los diez días

---

127 La actual redacción del precepto viene dada por La disposición final decimoquinta modifica la Ley 15/2015, de 2 de julio, de la Jurisdicción Voluntaria, con el fin de asegurar el derecho del niño, niña y adolescente a ser escuchado en los expedientes de su interés, salvaguardando su derecho de defensa, a expresarse libremente y garantizando su intimidad.

siguientes, las diligencias relativas a dichos intereses que se acuerden de oficio o a instancia del Ministerio Fiscal.

La autoridad judicial o el Letrado de la Administración de Justicia podrán acordar que la audiencia de la persona menor de edad o persona con discapacidad con medidas de apoyo para el ejercicio de su capacidad jurídica se practique en acto separado, sin interferencias de otras personas, debiendo asistir el Ministerio Fiscal. En todo caso, se garantizará que puedan ser oídas en condiciones idóneas, en términos que les sean accesibles, comprensibles y adaptados a su edad, madurez y circunstancias, recabando el auxilio de especialistas cuando ello fuera necesario.

Del resultado de la exploración se levantará en todo caso, acta por el Letrado de la Administración de Justicia, expresando los datos objetivos del desarrollo de la audiencia, en la que reflejará las manifestaciones del niño, niña o adolescente imprescindibles por significativas, y por ello estrictamente relevantes, para la decisión del expediente, cuidando de preservar su intimidad. Si ello tuviera lugar después de la comparecencia, se dará traslado del acta correspondiente a las personas interesadas para que puedan efectuar alegaciones en el plazo de cinco días.

Tanto el Ministerio Fiscal en su informe como la autoridad judicial en la resolución que ponga fin al procedimiento deberán valorar motivadamente la exploración practicada.

En este punto el TCO se ha pronunciado sobre la constitucionalidad del precepto en una sentencia del pleno de 9 de mayo de 2019[128]. El TCO entiende que la obligación de extender un acta detallada con el resultado de la exploración judicial realizada a menores en la tramitación de expedientes de jurisdicción voluntaria y dar traslado de ella a las partes para que presenten las alegaciones pertinentes es una medida legal que busca garantizar la protección del interés superior del menor en el contexto de un proceso judicial o administrativo en el que se ven involucrados sus derechos. Entiende que el derecho fundamental a la intimidad del menor es un aspecto importante y protegido por la ley. Sin embargo, en ciertos casos, puede ser necesario realizar una exploración judicial para averiguar los hechos y circunstancias que afectan al menor y tomar decisiones que salvaguarden su bienestar.

La clave para que esta exploración judicial no vulnere el derecho a la intimidad del menor radica en la forma en que se lleva a cabo el proceso. La realización de la exploración a puerta cerrada, con la presencia del juez y el fiscal, busca garantizar que las manifestaciones del menor se circunscriban a lo necesario para la averiguación de los hechos relevantes y no se divulguen detalles innecesarios o que puedan afectar negativamente al menor.

Además, al extender un acta detallada del proceso de exploración, se establece un registro oficial de lo sucedido, lo que proporciona transparencia y seguridad jurídica en el procedimiento. Esto permite a las partes involucradas presentar alegaciones pertinentes y asegura que se tomen decisiones informadas y fundamentadas en beneficio del menor. La ponde-

---

128 ECLI:ES:TC:2019:64

ración entre el interés superior del menor y los derechos que asisten a las partes en el proceso es fundamental para garantizar un equilibrio adecuado y proteger los derechos de todos los involucrados. En situaciones donde el bienestar y la seguridad del menor están en juego, la ley busca encontrar soluciones que salvaguarden sus derechos y necesidades, sin descuidar los derechos procesales de las partes.

En este punto la evolución de la jurisprudencia del TS ha sido notable en la línea de avanzar en el reconocimiento del derecho de niñas, niños y adolescentes a ser escuchados. La STS de 2 de febrero de 2022[129] estima el recurso de casación y anula la sen-

---

129 ECLI:ES: TS:2022:356, Con cita pormenorizada de los preceptos aplicables en cuanto a la necesaria escucha del menor: Dice el art. 92 CC, por lo que ahora interesa: "2. El Juez, cuando deba adoptar cualquier medida sobre la custodia, el cuidado y la educación de los hijos menores, velará por el cumplimiento de su derecho a ser oídos. "[...] "6. En todo caso, antes de acordar el régimen de guarda y custodia, el Juez deberá recabar informe del Ministerio Fiscal, y oír a los menores que tengan suficiente juicio cuando se estime necesario de oficio o a petición del Fiscal, partes o miembros del Equipo Técnico Judicial, o del propio menor, valorar las alegaciones de las partes vertidas en la comparecencia y la prueba practicada en ella, y la relación que los padres mantengan entre sí y con sus hijos para determinar su idoneidad con el régimen de guarda "[...]". Y el art. 9 LOPJM dispone por su parte: "1. El menor tiene derecho a ser oído y escuchado sin discriminación alguna por edad, discapacidad o cualquier otra circunstancia, tanto en el ámbito familiar como en cualquier procedimiento administrativo, judicial o de mediación en que esté afectado y que conduzca a una decisión que incida en su esfera personal, familiar o social, teniéndose debidamente en cuenta sus

tencia de apelación, retrotrayendo las actuaciones al

---

opiniones, en función de su edad y madurez. Para ello, el menor deberá recibir la información que le permita el ejercicio de este derecho en un lenguaje comprensible, en formatos accesibles y adaptados a sus circunstancias. "En los procedimientos judiciales o administrativos, las comparecencias o audiencias del menor tendrán carácter preferente, y se realizarán de forma adecuada a su situación y desarrollo evolutivo, con la asistencia, si fuera necesario, de profesionales cualificados o expertos, cuidando preservar su intimidad y utilizando un lenguaje que sea comprensible para él, en formatos accesibles y adaptados a sus circunstancias informándole tanto de lo que se le pregunta como de las consecuencias de su opinión, con pleno respeto a todas las garantías del procedimiento. "2. Se garantizará que el menor, cuando tenga suficiente madurez, pueda ejercitar este derecho por sí mismo o a través de la persona que designe para que le represente. La madurez habrá de valorarse por personal especializado, teniendo en cuenta tanto el desarrollo evolutivo del menor como su capacidad para comprender y evaluar el asunto concreto a tratar en cada caso. Se considera, en todo caso, que tiene suficiente madurez cuando tenga doce años cumplidos. "Para garantizar que el menor pueda ejercitar este derecho por sí mismo será asistido, en su caso, por intérpretes. El menor podrá expresar su opinión verbalmente o a través de formas no verbales de comunicación. "No obstante, cuando ello no sea posible o no convenga al interés del menor se podrá conocer la opinión del menor por medio de sus representantes legales, siempre que no tengan intereses contrapuestos a los suyos, o a través de otras personas que, por su profesión o relación de especial confianza con él, puedan transmitirla objetivamente. "3. Siempre que en vía administrativa o judicial se deniegue la comparecencia o audiencia de los menores directamente o por medio de persona que le represente, la resolución será motivada en el interés superior del menor y comunicada al Ministerio Fiscal, al menor y, en su caso, a su represen-

momento anterior a su dictado con la finalidad de que se pueda escuchar la opinión de la hija menor sobre la decisión relativa a su guarda y custodia: "En la sentencia 577/2021, de 27 de julio, declaramos: "[D] ice la STC 64/2019, de 9 de mayo: ""[el] derecho del menor de edad a ser 'oído y escuchado', entre otros ámbitos, en todos los procedimientos judiciales en los que esté afectado y que conduzcan a una decisión que incida en su esfera personal, familiar o social [fue...] introducido por primera vez en el art. 12.2 de la Convención sobre los derechos del niño, figura asimismo en el art. 3 del Convenio Europeo sobre el ejercicio de los derechos de los niños, ratificado por España mediante instrumento de 11 de noviembre de 2014; en el apartado 15 de la Carta Europea de derechos del niño, aprobada por resolución del Parlamento Europeo de 21 de septiembre de1992 y, con una fórmula más genérica, en el art. 24.1 de la Carta de los derechos fundamentales de la Unión Europea. Goza pues de un amplio reconocimiento en los acuerdos internacionales que velan por la protección de los menores de edad, referencia obligada para los poderes públicos internos de conformidad con lo establecido por los arts. 10.2 y 39.4 CE. Este derecho se desarrolla en el art. 9.1 de la Ley Orgánica 1/1996, de 15 de enero, de protección jurídica del menor, de modificación parcial del CC y de la Ley de enjuiciamiento civil, reformado por la Ley Orgánica 8/2015, de 22 de julio, de modificación del sistema de protección a la infancia y a la adolescencia, que indica en su

---

tante, indicando explícitamente los recursos existentes contra tal decisión. En las resoluciones sobre el fondo habrá de hacerse constar, en su caso, el resultado de la audiencia al menor, así como su valoración".

exposición de motivos que se han tenido en cuenta los criterios recogidos en la observación núm. 12, de 12 de junio de 2009, del Comité de Naciones Unidas de Derechos del Niño, sobre el derecho del niño a ser escuchado. Entre otros aspectos, la citada reforma legal de 2015 refuerza la efectividad del derecho al disponer que, en las resoluciones sobre el fondo de aquellos procedimientos en los que esté afectado el interés de un menor, debe hacerse constar el resultado de la audiencia a este y su valoración (art. 9.3 in fine de la Ley Orgánica 1/1996).

"El derecho del menor a ser 'oído y escuchado' forma así parte del estatuto jurídico indisponible de los menores de edad, como norma de orden público, de inexcusable observancia para todos los poderes públicos (STC 141/2000, de 29 de mayo, FJ 5). Su relevancia constitucional está recogida en diversas resoluciones de este Tribunal, que han estimado vulnerado el derecho a la tutela judicial efectiva (art. 24.1 CE) de los menores en supuestos de procesos judiciales en que no habían sido oídos o explorados por el órgano judicial en la adopción de medidas que afectaban a su esfera personal (SSTC 221/2022, de 25 de noviembre, FJ 5; en el mismo sentido, SSTC 71/2004, de 19 de abril, FJ 7; 152/2005, de 6 de junio, FFJJ 3 y 4, y 17/2006, de 30 de enero, FJ 5)".

"Nosotros nos hemos ocupado de la "audiencia", "exploración" o "derecho a ser oído" del menor, entre otras, en las sentencias 413/2014, de 20 de octubre, 157/2017, de 7 de marzo, 578/2017, de 25 de octubre, 18/2018, de 15 de enero, 648/2020, de 30 de noviembre y 548/2021, de 19 de julio). De ellas cabe extraer a modo de líneas directrices, y por lo que ahora interesa, las dos siguientes premisas: (i) la audiencia o exploración del menor tiene por objeto indagar sobre el interés de este, para su debida y mejor protección y, en su caso, debe ser acordada de oficio por el tribunal; (ii) aunque no se puede decir que los tribunales están obligados a oír siempre al menor, pues eso dependerá de las circunstancias particulares de cada caso, atendiendo siempre a la edad, madurez e interés de aquel, por lo que es posible, precisamente en atención a la falta de madurez o de ponerse en riesgo dicho interés, y siempre que el menor tenga menos de 12 años, que se prescinda de su audición o que se considere más adecuado que se lleve a cabo su exploración a través de un experto o estar a la ya llevada a cabo por este medio, para que el tribunal pueda decidir no practicarla o llevarla a cabo del modo indicado, será necesario que lo resuelva de forma motivada".

En el presente caso, la menor no fue oída por el juez de primera instancia. Es cierto, que, cuando se le pidió que la explorara, la menor no tenía todavía, pese a estar próxima a cumplirlos, los 12 años de edad. Pero también lo es, que la exploración tan solo cabía denegarla de forma motivada bien por no resultar necesaria al carecer de la suficiente madurez, bien por no resultar conveniente, precisamente, en su propio interés.

La Audiencia no solo obvió tal consideración, sino que, además, denegó llevar a efecto por sí misma la exploración que también se lo solicitó y cuando la menor, además, ya había cumplido los 12 años de edad. Al actuar de esa manera, la Audiencia quebrantó las normas legales contenidas en los preceptos que el recurso cita como infringidos; desatendió la jurisprudencia establecida sobre el derecho de los menores a ser oídos; y vulneró el derecho de Florencia a la tutela judicial efectiva. (FD2)".

Más allá de reforzar el derecho de niñas, niños y adolescentes a ser escuchados en cualquier sede en que se tomen decisiones que les afecten, el desarrollo normativo abunda en las condiciones que deben rodear al ejercicio de ese derecho. La preparación adecuada de los profesionales y las metodologías empleadas son muy relevantes a la hora del ejercicio del derecho con las debidas garantías. Así se ha puesto de manifiesto en la investigación Violencia institucional contra las madres y la infancia. Aplicación del falso síndrome de alienación parental en España[130]. En el estudio se advierte de las dificultades que entraña la escucha de niñas, niños y adolescentes que han atravesado experiencias traumáticas: "La tarea de tomar testimonio es sumamente exigente, depende antes de las destrezas de la persona que las/los entrevista y de los instrumentos utilizados para ello que de dificultades insoslayables propias de la condición infantil. La literatura científica sobre el testimonio en el campo de los derechos humanos destaca que, lejos de depender de la mera voluntad o de la capacidad de los testigos para dar cuenta de su experiencia, lo «decible» se define por la relación social establecida entre quien está dispuesto a hablar y la disposición a escuchar de quien toma el testimonio. Es decir, reposa, sobre todo, en las condiciones que vuelven comunicable el testimonio"[131]. Se llama la atención en el estudio, y como garantía de un adecuado ejercicio del derecho a ser escuchados, sobre determinadas circunstancias que poseen indudable

---

130 https://violenciagenero.igualdad.gob.es/violenciaEnCifras/estudios/investigaciones/2022/pdf/Violencia_institucional_madres_infancia_SAP.pdf

131 Ob. cit. p. 114 y ss.

relevancia en el procedimiento judicial, como ejemplo de mala praxis tales como: la interpretación, por parte de operadores/as jurídicos/as, del silencio; o la utilización de modelos de exploración a las niñas y niños basados en preguntas estructuradas, destinadas a producir contradicciones o bien a averiguar sin más preámbulos si la madre los ha instruido para decir lo que dicen; el valor que debe darse a la interrupción del testimonio expreso por parte de niñas y niños; la valoración del hecho de que el niño o la niña se encuentra ante personas del todo desconocidas hasta ese momento, lo que puede condicionar el relato y alentar su silencio o a la presencia del investigado en la exploración de las niñas y niños directamente delante del juez con las niñas o niños de su mano, o la solicitud a las niñas y niños de «escenificar» las prácticas de violencia sexual cometidas contra ellos y ellas, que obviamente el estudio identifica como una muestra extrema de la inadecuación de las formas adoptadas por la interrogación, de la falta de tacto en las exploraciones, que se traducen en nuevas violencias ejercidas sobre las niñas y los niños.

Siendo ello así, creo que la clave se encuentra en la realización de la exploración del menor por parte del Juez asistido de los profesionales cualificados que permitan el ejercicio del derecho por parte de los niños y niñas sin que la práctica de la misma ponga en peligro su estabilidad emocional. Para ello sería bueno plantearse la posibilidad de servirse de la experiencia llevada a cabo en algunos Juzgados de España mediante de la declaración de los menores a través de la cámara *Gesell*. En el caso de los Juzgados de Valencia, se puso en marcha en Junio de 2014, el Servicio de exploración de menores, discapacitados y víctimas de especial vulnerabilidad con la finalidad de que las exploraciones de menores víctimas de delitos se realizan a distancia siguiendo el sistema de Cámara *Gesell* pero mediante videoconferencia, es decir, el menor es explorado por un psicólogo forense a modo de mera entrevista, al tiempo que dicha exploración es observada desde otra dependencia y por videoconferencia (sin conocimiento del niño o niña) por el juez, el fiscal, los letrados de las partes y el letrado de la Administración de Justicia, pudiendo las partes formular preguntas al finalizar la diligencia a través del juez, que las traslada al experto, con lo que se garantiza el principio de contradicción.

Tal y como ha puesto de manifiesto Viguer Soler[132] al relatar la experiencia llevada a cabo se trata de un servicio que a fecha de hoy funciona con plena normalidad, la realización de este tipo de diligencias se ha convertido en algo habitual y forma parte del día a día del trabajo de los Juzgados, fundamentalmente de los Juzgados de Instrucción cuando se trata de preconstituir prueba, o de los Juzgados de lo Penal e incluso de Menores cuando se trata de la práctica de prueba en el juicio oral evitando la confrontación visual, e incluso la Audiencia Provincial ha utilizado el servicio. Es de destacar por otro lado, tal y como consta en las normas de funcionamiento, que el servicio no sólo es aplicable y útil para las exploraciones de los menores y discapacitados sino también para las declaraciones testificales de las víctimas mayores de edad en situación de especial vulnerabilidad, en este caso sin la asistencia de expertos (psicólogos),

---

132 Viguer Soler, P. "Estatuto de la víctima, protección del menor y prueba preconstituida" en *Diario La Ley*, nº 9116, enero 2018.

como prueba anticipada en los casos en que proceda legalmente.

Quizá, uno de los inconvenientes mayores que se pueda apreciar para la extrapolación de esta forma de llevar a cabo la exploración del menor a los supuestos de menores víctimas de violencia de género es que la experiencia relatada se ha llevado a cabo en un ámbito muy acotado, principalmente en procesos penales en los que los menores han sido víctimas de abusos sexuales y ello con la finalidad de evitar los procesos de victimización secundaria, tanto si intervienen como víctimas como si son testigos.

La regulación llevada a cabo en los artículos 9 de la LO 1/1996 y 14 de la LO 8/2021 sobre el derecho de niñas y niños a ser escuchados sigue siendo lo suficientemente generalista como para admitir la práctica de la exploración en el sentido propuesto. Así, el párrafo 2° del apartado 1° del artículo 9 dispone que las comparecencias o audiencias se realizarán de forma adecuada a la situación y desarrollo del menor, con la asistencia, si fuerte necesario, de profesionales cualificados, cuidando de preservar su intimidad, si bien sin concretar qué es lo "adecuado"; ni cuando es necesaria la asistencia de profesionales cualificados; ni cómo se debe cuidar de la intimidad de los menores.

En el ámbito concreto de protección de los menores, ahora también considerados víctimas directas de violencia de género, entiendo que la utilización de este sistema permite al Juez además evaluar cuál es el interés superior del menor víctima en relación con las medidas civiles que necesariamente debe adoptar; también, que dicha exploración o audiencia pueda servir como prueba en el proceso penal que se haya iniciado como consecuencia del acto de violencia de género que haya determinado la apertura de las diligencias penales. No podemos olvidar que en estos casos los menores con su testimonio pueden aportar pruebas trascendentales sobre la situación familiar y sobre la realidad de la existencia de actos de violencia.

4. INFANCIA Y ADOLESCENCIA ANTE LA VIOLENCIA DE GÉNERO

4.1. Menor testigo y menor víctima de violencia de género

La Ley 1/2004 reconoce en el último párrafo del apartado II de su Exposición de Motivos que las situaciones de violencia sobre la mujer afectan también a los menores que se encuentran dentro de su entorno familiar, víctimas directas o indirectas de esta violencia. La Ley contempla también su protección no sólo para la tutela de los derechos de los hijos e hijas, sino para garantizar de forma efectiva las medidas de protección adoptadas respecto de la mujer.

Pese a esta consideración, ni ésta norma, ni previamente la Ley 27/2003, de 31 de julio, reguladora de la Orden de Protección de las víctimas de la violencia doméstica contemplaban de forma explícita la consideración de los menores que viven en entornos violentos como víctimas directas ni de violencia de género ni de violencia doméstica. El Preámbulo de la Ley 27/2003 puso de manifiesto que su objetivo era que a través de un rápido y sencillo procedimiento judicial, la víctima pudiera obtener "un estatuto integral de protección que concentre de forma coordinada una acción cautelar de naturaleza civil y penal. Esto es, que una misma resolución judicial que incorpore conjuntamente tanto las medidas restrictivas de la libertad de movimientos del agresor para impedir su nueva aproximación a la víctima, como las orientadas a proporcionar seguridad, estabilidad y protección jurídica a la persona agredida y a su familia, sin necesidad de esperar a la formalización del correspondiente proceso matrimonial civil". Esta circunstancia ha sido puesta de manifiesto en innumerables ocasiones por la doctrina[133], criticando la consecuencia que de ello se deriva que no es otra que la invisibilización y consiguiente desprotección de los menores.

Partimos por tanto de una situación inicial en la que los menores son los hijos e hijas de madres maltratadas. Esta consideración los coloca en segundo plano, en una parte pasiva, como un efecto colateral de la violencia de género en la que la protagonista principal era la mujer víctima que se identificaba con la madre exclusivamente.

Como consecuencia de las críticas doctrinales acerca de este tratamiento de la figura de las niñas, niños y adolescentes en contextos de violencia de género, se produce una cierta evolución, y se pasa a una noción que conceptualiza a los niños y niñas como testigos de la violencia de género. Se ofrece así una visión más activa en la situación de violencia, pero siguen siendo terceros "ajenos" a la violencia misma, no contemplados por la normativa específica.

Un tercer paso en la evolución del concepto lo encontramos en la Disposición final tercera de la Ley

---

133 Reyes Cano, Paula "Menores y violencia de género: de invisibles a visibles" en *Anales de la Cátedra Francisco Suarez*, 49, 2015, pp. 181-217, p. 194.

Orgánica 8/2015, de 22 de julio de modificación de sistema de protección a la infancia y a la adolescencia a través de la cual se ha llevado a cabo la modificación de la Ley Orgánica 1/2004, de 28 de diciembre, de Medidas de Protección Integral contra la Violencia de Género. Se afirma en el Preámbulo que:

> "Cualquier forma de violencia ejercida sobre un menor es injustificable. Entre ellas, es singularmente atroz la violencia que sufren quienes viven y crecen en un entorno familiar donde está presente la violencia de género. Esta forma de violencia afecta a los menores de muchas formas. En primer lugar, condicionando su bienestar y desarrollo. En segundo lugar, causándoles serios problemas de salud. En tercer lugar, convirtiéndolos en instrumento para ejercer dominio y violencia sobre la mujer. Y finalmente, favoreciendo la transmisión intergeneracional de estas conductas violentas sobre la mujer por parte de sus parejas o exparejas. La exposición de los menores a esta forma de violencia en el hogar, lugar en el que precisamente deberían estar más protegidos, los convierte también en víctimas de esta[134].

---

134 Blanco Prieto, Pilar: "Consencuencias de la violencia sobre la salud de las mujeres. La detección precoz en consulta", en Ruiz-Jarabo Quemada, Consuelo; Blanco Prieto, Pilar (Dirs.) *La violencia contra las mujeres. Prevención y detección. Cómo promover desde los servicios sanitarios relaciones autónomas, solidarias y gozosas*, Madrid, Díaz Santos, 2005, pp. 103-117, p. 110. Pone de manifiesto las consecuencias a que pueden estar sometidos los niños y niñas expuestos a la violencia de género: problemas emocionales y de comportamiento, depresión, ansiedad, bajo rendimiento escolar, desobediencia, pesadillas y síntomas físicos vagos y es posible que tengan conductas agresivas en la infancia y adolescencia. Además, pone de manifiesto que entre el 30 y el 60% de las familias en las que la mujer es maltratada también los niños lo son.

> Por todo ello resulta necesario en primer lugar, reconocer a los niños y niñas víctimas de la violencia de género, mediante su consideración en el artículo uno, con el objeto de visibilizar esta forma de violencia que se puede ejercer sobre ellos"[135].

El apartado dos del artículo 1 de la LO 1/2004 quedó redactado así:

> "Por esta ley tras la reforma se establecen medidas de protección integral cuya finalidad es prevenir, sancionar y erradicar esta violencia y prestar asistencia a las mujeres, a sus hijos menores y a los menores sujetos a su tutela, o guarda y custodia, víctimas de esta violencia".

Con este reconocimiento legal se incide en esa idea de la visibilización de los menores, que también se deja ver en la regulación llevada a cabo por la Ley 4/2015, de 27 de abril del Estatuto de la víctima del

---

135 Con carácter previo a la modificación operada por la LO 8/2015, la Circular 4/2003 de la Fiscalía General del Estado, sobre nuevos instrumentos jurídicos para la persecución de la violencia doméstica, ya decía que los delitos cometidos en el ámbito familiar por su propia dinámica y naturaleza, pese a que producen un resultado que recae sobre un miembro concreto del grupo familiar, afectan a todos los miembros del mismo que han de ser considerados víctimas del delito en su conjunto y también la Instrucción 4/2004, acerca de la protección de las víctimas y reforzamiento de las medidas cautelares en relación a los delitos de violencia doméstica, afirmaba que «el carácter pluriofensivo de los delitos relacionados con la violencia doméstica, supone reconocer que el círculo de víctimas no se identifica exclusivamente con la persona que soporta el maltrato. La erosión de los valores que han de regir la convivencia del grupo familiar afecta también, cómo no, a los hijos menores de edad».

delito. Ya en su Preámbulo aborda esta misma idea en el último párrafo del aparado III: "Igualmente se busca visibilizar como víctimas a los menores que se encuentran en un entorno de violencia de género o violencia doméstica, para garantizarles el acceso a los servicios de asistencia y apoyo, así como la adopción de medidas de protección, con el objetivo de facilitar su recuperación integral".

Hay que reseñar, como se recoge en la Exposición de Motivos del texto, que el Estatuto de la Víctima del Delito se presenta como un catálogo general de los derechos, procesales y extraprocesales, de todas las víctimas de delitos, no solo de las de violencia de género, aunque la normativa que en este estatuto se contempla es plenamente aplicable a los hechos de violencia de género. Y es que se parte de un concepto amplio de víctima, por cualquier delito y cualquiera que sea la naturaleza del perjuicio físico, moral o material que se le haya irrogado. Al definir el ámbito subjetivo de la ley, distingue entre:

a) Víctimas directas, aquellas que sufren el daño o perjuicio sobre su propia persona o patrimonio, y

b) Víctimas indirectas que son aquellos familiares o parientes a que se refiere en la letra b) y c) del párrafo 1° del art. 2, entre los cuales se encuentran los hijos y descendientes, siempre y cuando la víctima directa haya fallecido o desparecido a consecuencia del hecho violento.

Por ello, tal y como ha puesto de manifiesto Peramato Martín[136] en los procedimientos penales competencia de los Juzgados de Violencia sobre la Mujer, el menor puede aparecer como:

- Victima directa, cuando el menor es sujeto pasivo de la violencia física o psicológica ejercida por el agresor, siempre que sea descendiente del agresor o de su esposa o conviviente, o se trate de un menor o persona con la capacidad modificada judicialmente que conviva con el investigado o que se halle sujeto a la potestad, tutela, curatela, acogimiento o guarda de hecho de su esposa o conviviente y, además, se haya producido un acto de violencia de género.
- Víctima indirecta, cuando la madre, tutora, curadora, acogedora o guardadora del menor haya fallecido o haya desaparecido a consecuencia del acto de violencia de género[137];

---

136 Peramato Martín, Teresa "El papel del Fiscal en la adopción de medidas civiles en los procedimientos penales de violencia de género a la luz de las últimas reformas" en *La Ley Derecho de Familia*, nº 12, 2016. pp. 1-15; p. 3.

137 En estos casos no será necesario que la mujer víctima fuera en el momento de los hechos esposa o conviviente, será suficiente con que entre agresor y víctima exista o haya existido en un momento anterior una relación de matrimonio o de análoga afectividad con o sin convivencia, para que al menor víctima indirecta se le reconozcan en el procedimiento penal todos los derechos reconocidos en la Ley del Estatuto de la víctima del delito y por tanto, también, el derecho a la protección (art. 10 de la Ley del EVD) .

- Victimas por exposición, en todo caso, los menores que viven en un entorno de violencia de género, pues la exposición a esta violencia tiene un impacto negativo evidente en su vida, bienestar y desarrollo.

El reconocimiento de los menores como víctimas de violencia de género supone por tanto la aplicación del EVD y en concreto las medidas contenidas en su artículo 26 que están previstas para la protección de menores y personas con discapacidad necesitadas de especial protección:

1) Las medidas que resulten necesarias para evitar o limitar, en la medida de lo posible, que el desarrollo de la investigación o la celebración del juicio se conviertan en una nueva fuente de perjuicios para la víctima del delito, particularmente que las declaraciones recibidas durante la fase de investigación sean grabadas por medios audiovisuales y puedan ser reproducidas en el juicio en los casos y condiciones determinadas por la Ley de Enjuiciamiento Criminal y que la declaración pueda recibirse por medio de expertos;

2) La designación por parte del Juez o Tribunal a instancias de Ministerio Fiscal de un defensor judicial de la víctima:

a) Cuando valore que los representantes legales de la víctima menor de edad o con capacidad judicialmente modificada tienen con ella un conflicto de intereses, derivado o no del hecho investigado, que no permite confiar en una gestión adecuada de sus intereses en la investigación o en el proceso penal,

b) cuando el conflicto de intereses exista con uno de los progenitores y el otro no se encuentre en condiciones de ejercer adecuadamente sus funciones de representación y asistencia de la víctima menor o con capacidad judicialmente modificada, y

c) cuando la víctima menor de edad o con capacidad judicialmente modificada no esté acompañada o se encuentre separada de quienes ejerzan la patria potestad o cargos tutelares; y, por último;

3) La presunción de que se trata de una persona menor de edad cuando existan dudas sobre la edad de la víctima y no pueda ser determinada con certeza.

El reconocimiento legal de niños y niñas como víctimas directas de violencia de género implica pasar a considerar como eslabón en la cadena de violencia de género a niños y niñas expuestos a violencia, niños y niñas que viven en un hogar donde su padre o la pareja de su madre es violento contra la mujer, incluyendo situaciones en las que tras la separación y cese de convivencia siguen viviendo situaciones de maltrato. A estos niños y niñas hoy la normativa los considera víctimas directas. Sabemos que esos niños y esas niñas sufren consecuencias directas, ven afectada su personalidad, capacidad de desarrollo físico y psíquico, así como sus capacidades de relación social por esa situación de violencia que viven[138].

---

[138] Sobre las consecuencias psicoemocionales de la violencia de género en hijos e hijas: Carracedo Cotiñas, Sandra: *Menores testigos de violencia entre sus progenitores: repercusiones a nivel psicoemocional*, 2018, Gobierno de España. Ministerio de la Presidencia, Relaciones con las Cortes e Igualdad; Caravaca Llamas, Carmen, Sáez Dato, Mª Angeles: "Las otras víctimas: consecuencia y reconocimiento

Una de las particularidades que tienen estos niños es la posible reproducción de los roles marcados de género y la transmisión intergeneracional de la violencia de género. Así se pone de manifiesto en el estudio llevado a cabo por Deu del Olmo "Hijos e hijas víctimas de violencia de género en la ciudad de Ceuta" en su tesis doctoral[139], en la que se lleva a cabo un estudio cualitativo de las consecuencias de la violencia de género en los hijos e hijas de las madres maltratadas llegando a la conclusión de que las niñas y los niños no tienen las mismas consecuencias conductuales cuando son víctimas sus madres. Así, las niñas adoptan rol pasivo como pauta general, de sumisión, elemento conciliador, evitan conflictos. En cambio, los niños presentan roles más violentos, no dialogantes y suelen desarrollar actitudes violentas hacia sus madres. El estudio presenta los resultados que arrojan las entrevistas realizadas a las niñas y a los niños. Las niñas son las que deciden irse con sus padres y no los hijos porque manifiestan que pensaban que de ese modo se iban a solucionar los problemas, si se van con los padres van a dejar de ejercer violencia contra sus madres.

Pese a que con carácter general la mayoría de la doctrina valora positivamente la inclusión legal de los menores como víctimas directas de violencia de género-

---

legal de los menores de edad víctimas de la violencia de género ejercida en el hogar", *Boletín Criminológico,* 2020, nº 191, pp. 1-21; Imaz Montes, María del Mar, Martínez Vázquez, Lydia: "El menor como víctima de violencia de género. Un enforque multidisciplinar", en *Femeris,* Vol. 8, nº 1, pp. 25-46.

139 Deu del Olmo, Mª Isabel: *Hijos e hijas víctimas de violencia de género en la ciudad de Ceuta,* Tesis, 2016, en línea, disponible en https://hera.ugr.es/tesisugr/25885881.pdf.

ro, destaca en este punto la opinión, que comparto, claramente en contra de Lorente Acosta[140]. Para este autor la violencia de género no va dirigida contra los niños y las niñas, aunque la violencia de género afecta de manera directa a los niños y niñas que viven en el ambiente donde al agresor ejerce la violencia de manera sistemática contra la mujer. La aparente contradicción se explica con un símil médico: "Puede parecer una contradicción, pero no lo es, lo mismo que no es contradictorio afirmar que una cirrosis hepática produce alteraciones cardiacas como consecuencia de la hipertensión portal que origina, sin que se pueda decir que los problemas del corazón son una hepatopatía. El corazón sigue siendo el corazón, eso sí, afectado por la enfermedad hepática, y el hígado continúa siendo el hígado".

Con ello quiere poner de manifiesto que la inclusión de los menores como víctimas directas de violencia de género en la ley, en su opinión posee una dosis fuerte de intencionalidad ideológica a la vez que no aporta ningún elemento que mejore la protección de los niños y niñas que sufren los efectos de la violencia de género, ni tampoco la atención que requieren. La modificación del artículo 1 de la Ley Integral al incluir a los menores como víctimas tiene otro sentido que supone un desconocimiento preocupante de la Violencia de Género. La violencia de género es la que se ejerce contra las mujeres como consecuencia de las referencias socio culturales que llevan a los hombres a entender que es una forma aceptable para controlar y dominar a las mujeres,

---

140 Lorente Acosta, Miguel: El gobierno, la violencia de género y los menores, El País, 29 abril 2014. Autopsia >> Archivo >> Blogs EL PAÍS (elpais.com)

y de resolver los conflictos que se presenten en ese tipo de relación. Es una violencia contra las mujeres que podrá afectar a otras personas que convivan con ella o que no estén viviendo en el mismo hogar que la mujer a quien dirige la violencia el agresor, dependerá de la decisión e intencionalidad de él. Incluir en el artículo que la define a los menores es desviar la atención sobre el objeto y significado de esta violencia, y atender a una parte de las posibles consecuencias, no a todas, pues no considera a otras personas que también sufren las consecuencias de la violencia que los agresores dirigen contra las mujeres. Volver a esconder la violencia que sufren las mujeres en el contexto doméstico o familiar es perder la oportunidad para abordar sus causas y circunstancias, y con ellas evitar que se produzca y que los hijos e hijas la sufran.

Si de verdad quiere proteger a los menores, a las mujeres y cualquier persona que pueda ser atacada por maltratador, lo que se tiene que hacer es dejar de recortar en recursos y presupuestos en lugar de aumentar el número de personas diferentes que pueden ser víctimas de una violencia que va dirigida específicamente contra las mujeres. Hacerlo es como si decir que en una campaña contra la "gripe A" también se dirige contra la "hepatitis B" y pensar que por la simple referencia ya se es eficaz contra las dos, seguro que algunas medidas higiénicas pueden ser buenas para las dos enfermedades, pero el tratamiento de cada una exige medidas específicas.

Desde una perspectiva más práctica, la Medida 216 del Pacto de Estado contra la violencia de género, prevé el impulso de la aplicación práctica del reconocimiento de las y los menores como víctimas directas de la violencia de género: reconocidos como víctimas directas desde 2015, cuando se reformó el artículo 1 de la Ley Orgánica 1/2004, mediante la Ley Orgánica 8/2015, de 22 de julio, de modificación del sistema de protección a la infancia y a la adolescencia. Por este motivo, dentro de las transferencias que se realizan desde la Delegación del Gobierno contra la Violencia de Género las Comunidades Autónomas, una parte va destinada a programas de atención y apoyo a los menores, hijos e hijas de las mujeres víctimas de violencia de género. Esta protección se ha visto incrementada precisamente tras la aprobación de la Ley Orgánica 8/2021, de 4 de junio, de protección integral a la infancia y la adolescencia frente a la violencia que además incluye el nuevo término de violencia vicaria.

En esta misma línea, la LO 10/2022, de 6 de septiembre, avanza en la consolidación de esta ampliación, introduciendo un nuevo artículo en la LOMPIVG, el art. 19 bis, que garantiza el derecho a la atención sanitaria no solo a las mujeres víctimas de violencia de género, sino también a sus hijos e hijas. Se destaca la importancia de que los servicios sanitarios cuenten con psicólogos infantiles para atender a los hijos e hijas menores que sean víctimas de violencia vicaria.

4.2. La violencia vicaria en violencia de género

Existe una manifestación adicional y específica de la violencia de género que se ejerce sobre los hijos e hijas y que comienza a manifestarse a partir del momento en que la mujer maltratada decide poner fin a su relación con el maltratador y se lo comunica. A partir de dicho momento, y como consecuencia de la pérdida de control y poder sobre la mujer, el maltratador utiliza la vía adicional de hacer daño a hijos e hijas como mecanismo para seguir dañando a la mujer, generándose lo que se viene denominando violencia vicaria[141].

La Ley 8/2021, de medidas de protección integral contra la violencia de niñas, niños y adolescentes, ha modificado el punto 4 del Art. 1 de la Ley 1/2004, de medidas de protección integral contra la Violencia de Género, incorporando a la definición de violencia de género que contenía la ley integral a la violencia ejercida sobre personas menores de edad o personas a cargo de la mujer, para dañarla: "La presente Ley tiene por objeto actuar contra la violencia que, como manifestación de la discriminación, la situación de desigualdad y las relaciones de poder de los hombres sobre las mujeres, se ejerce sobre éstas por parte de quienes sean o hayan sido sus cónyuges o de quienes estén o hayan estado ligados a ellas por relaciones similares de afectividad, aun sin convivencia 4. La violencia de género a que se refiere esta Ley también comprende la violencia que con el objetivo de causar perjuicio o daño a las mujeres se ejerza sobre sus familiares o allegados menores de edad por parte de las personas indicadas en el apartado primero".

Este refrendo legal tiene precedentes en algunas leyes autonómicas. Así, la Ley 7/2018, de 30 de julio, por la que se modifica la Ley 13/2007, de 26 de noviem-

---

141 Sonia Vaccaro, acuñó el término "violencia vicaria" en 2012, y argumentó que el fundamento principal de esta violencia consiste en infligir acciones a otras personas o elementos instrumentales para ocasionar dolor a una persona en concreto que no es contra quien se está tomando la acción directamente, pero sí quien sufrirá sus consecuencias, es decir, se trata de una "violencia desplazada", puesto que el objetivo último es la mujer, aunque se esté usando a los/las hijos/as.

bre, de medidas de prevención y protección integral contra la violencia de género de Andalucía introdujo como principal novedad la ampliación del concepto de víctima de violencia de género incluyendo además de a las hijas e hijos que sufran la violencia a la que está sometida su madre, también a otras personas como son las personas mayores, las personas con discapacidad o en situación de dependencia, sujetas a la tutela, guardia o custodia de la mujer víctima de la violencia de género, que convivan en el entorno violento, así como a las madres cuyos hijos e hijas hayan sido asesinados como forma de violencia vicaria. Además, se incluye en el art. 3.n de la norma la definición de violencia vicaria:" La violencia vicaria es la ejercida sobre los hijos e hijas, así como sobre las personas contempladas en las letras c y d del artículo 1 bis, que incluye toda conducta ejercida por el agresor que sea utilizada como instrumento para dañar a la mujer".

Con posterioridad, el reconocimiento legal de la violencia vicaria como una forma específica de violencia de género también se ha llevado a cabo en otras leyes autonómicas: Ley 14/2021, de 20 de julio, por la que se modifica la Ley 11/2007, de 27 de julio, gallega para la prevención y el tratamiento integral de la violencia de género introduce un párrafo 2° en el art. 1: "Se incluye dentro del concepto de violencia de género la violencia vicaria, entendida esta como el homicidio, asesinato o cualquier otra forma de violencia ejercida sobre las hijas o hijos de la mujer, así como sobre cualquier otra persona estrechamente unida a ella, con la finalidad de causarle mayor daño psicológico, por parte de quién sea o haya sido su cónyuge o por quien mantuvo con ella una relación análoga de afectividad aun sin convivencia"[142]. También se incluye en el concepto de violencia vicaria entendida como la violencia contra menores cometida por el padre, o por el hombre con el que la madre mantiene o ha mantenido una relación afectiva de pareja, con o sin convivencia, con el fin de infligir a la madre un maltrato psicológico o emocional. Así como, la violencia ejercida contra otras personas convivientes sujetas a guarda o curatela a cargo de la mujer víctima de violencia de género y personas convivientes dependientes o a su cargo, que sean víctimas de dicha situación en el art. 4 de la Ley 11/2022, de 20 de septiembre contra la violencia de género de La Rioja. También ha sido modificada la Ley 5/2008, del derecho de las mujeres a erradicar la violencia machista de Cataluña mediante la Ley 17/2020, de 22 de diciembre incluyendo en el art. 4 la violencia vicaria entre las formas de violencia machista.

4.2.1. Violencia vicaria extrema o letal

Dentro de las distintas acciones que emprende el maltratador relativas a niños, niñas y adolescentes se ha ido perfilando una distinción que atiende a la gravedad de las conductas llevadas a cabo contra és-

---

[142] El Decreto 42/2000, de 7 de enero, por el que se refunde la normativa reguladora vigente en materia de familia, infancia y adolescencia de Galicia (TOL1.258.607) en la regulación que lleva a cabo de los gabinetes de orientación familiar pone de manifiesto que uno de sus objetivos será "Evitar la instrumentalización de los hijos ante diferentes situaciones de conflictividad, fundamentalmente conyugal, desde los puntos de vista jurídico, económico y emocional".

tos. Así, si la actuación del maltratador llega hasta el punto gravísimo de acabar con la vida los hijos de su pareja, sean propios o ajenos, se habla de violencia vicaria extrema. En cuanto a la denominación de "violencia vicaria" entendiendo por tal la que finaliza con la muerte de un menor cometida por su padre o la pareja de su madre, la doctrina no termina de ponerse de acuerdo. Así, Lorente Acosta cuestiona el uso del término "violencia vicaria" de forma generalizada al hacer notar que la expresión "violencia vicaria" o "violencia por sustitución" puede aplicarse a contextos ajenos a las violencias machistas, como el secuestro de familiares de una persona amenazada, aunque reconoce que las causas pueden ser distintas. Por ello insiste en que, aunque las víctimas experimentan un sufrimiento similar, en casos de maltrato machista, cuando un padre asesina a sus hijos, lo hace como parte de una violencia estructural basada en la identidad masculina que busca dominar a la mujer. Por esta razón, propone hablar específicamente de "violencia vicaria en violencia de género" para distinguirla de otros contextos en los que se podría aplicar el término y que son ajenos a la violencia de género[143]. En esta misma línea de la conveniencia de cierta precisión terminológica se pronuncian Eric García-López, Mila del Campo y David González Trijueque[144]. Estos autores coinciden en que la difusión del término "violencia vicaria" contribuyen a la sensibilización social de un problema que

---

143 Lorente Acosta, Miguel: "Violencia Vicaria" disponible en https://miguelorenteautopsia.wordpress.com/2021/06/15/violencia-vicaria/.

144 García-López, Eric; Trijueque, David; Campo, Mila. "Sobre la llamada "violencia vicaria", *INACIPE, Instituto Nacional de ciencias penales,* Julio 2022, p. 3.

nos concierne a todos (refiriéndose a los supuestos de violencia vicaria en violencia de género), si bien entienden que sería más adecuado proceder con mayor rigor terminológico y que la violencia de género no se apropiara de la violencia vicaria[145].

Quizá, uno de los casos más mediáticos que abordan este tipo de violencia extrema es el "caso Bretón". La STSJ Andalucía (Granada), de 5 de noviembre de 2013[146] que juzgó los asesinatos expresa con claridad la dinámica de la violencia vicaria extrema, donde el deseo de causar el máximo daño a la madre se convierte en el móvil de los asesinatos: "Que la personalidad del acusado, ilustrada con testimonios y periciales, no ha sido utilizado como indicio de la comisión del crimen, sino únicamente como factor de identificación de un móvil. Ese móvil se ha concretado no en un ánimo de desprenderse de sus hijos, respecto de quienes no se ha discutido que el acusado mantenía una correcta relación afectiva y parental, sino algo aún peor: la utilización de la vida de los hijos para una suerte de venganza contra la esposa y madre como respuesta a su decisión de romper el matrimonio, golpeándola de la manera más dañina posible. Dicho de otro modo, lo que procuró probarse es que el acusado no mató porque quisiera la muerte de Flor y Norberto, sino para hacer sufrir a su madre, verdadera víctima en el ánimo del acusado" (FD 4º).

---

145 Marín de Espinosa Ceballos, Elena: "La protección penal del menor en supuestos de violencia vicaria y de feminicidio: las reformas de la Ley Orgánica 1/2004 de 28 de diciembre y de los arts. 46 y 140 bis del Código Penal", *Revista de Derecho Penal y Criminología,* nº 29, 2023, pp. 233-264.

146 TOL4.135.632

Se ha publicado recientemente un informe[147] utilizando un enfoque cuantitativo y cualitativo en el que de una manera empírica se analiza la realidad social de los asesinatos cometidos en el marco de la violencia contra la mujer, como Violencia Vicaria en España, desde el año 2000 hasta el 2021, con el propósito de explicar y comprender cuáles son las características de esta violencia para de ese modo poder ofrecer las mejores soluciones preventivas. El informe, que lleva por título: "Violencia vicaria: un golpe irreversible contra las madres" constata que en el 66% de los casos analizados la situación de los progenitores era divorcio o en proceso de divorcio, y en el 69% de los casos hay constancia de que la no aceptación de la separación es el desencadenante de los asesinatos. Se concluye, por lo que de este estudio nos interesa, respecto del contexto en que se producen estos asesinatos que la mayoría se producen cuando los padres están al cuidado exclusivo de las niñas/niños (48%), ya sea por estar en el ejercicio del régimen de visitas (44%) o de custodia compartida (4%). Además, en un 20% de los asesinatos se había alertado previamente a las autoridades del peligro y, dentro de este porcentaje, solo en el 20% de los casos se adopta algún tipo de medida de protección hacia la madre. Pero en ninguno de los casos analizados esas medidas de protección estaban vigentes en el momento del crimen. En ninguno de los casos había una orden de protección hacia los/ las niños/niñas. Ante estas cifras se ha de hacer hincapié en la necesidad de la adopción de medidas cautelares de protección tanto para la mujer como para sus hijos e hijas, pues es en el momento en que la mujer decide

147 https://psicologiafeminista.com/estudio-sobre-violencia-vicaria-extrema/

poner fin a la convivencia con el maltratador cuando el único punto de unión que le queda a éste para seguir controlándola y maltratándola es a través de sus hijos e hijas.

4.2.2. Violencia vicaria instrumental

La Ley Orgánica 8/2021, de 4 de junio, de protección integral a la infancia y la adolescencia frente a la violencia, a través de la disposición final décima modifica el artículo 1 de la Ley Orgánica 1/2004, de 28 de diciembre, de Medidas de Protección Integral contra la Violencia de Género, para hacer constar en su art. 1 que la violencia de género a que se refiere dicha ley también comprende la violencia que con el objetivo de causar perjuicio o daño a las mujeres se ejerza sobre sus familiares o allegados menores de edad, incorporando la violencia vicaria a la norma. Esta violencia puede llegar al extremo de acabar con la vida de niños y niñas, pero en ocasiones sin necesidad de alcanzar dichos extremos se utiliza a los hijos e hijas para seguir ejerciendo un maltrato psicológico a las madres y también a los hijos e hijas y ello principalmente utilizando los tiempos de estancia con los hijos e hijas.

Dentro de las formas más habituales de instrumentalizar a las hijos para seguir controlando a sus madres podemos reconocer diversas manifestaciones, y entre las más comunes se encuentran: las amenazas por parte del padre de llevarse a los niños y niñas y quitarle la custodia a la madre o incluso matarlos; aprovechar la presencia de los hijos e hijas para insultar a la madre, hablar mal de ella, o permitir que otros lo hagan en su presencia; humillarla y amenazarla; interrumpir los tratamientos médicos o farmacológicos de los niños y niñas de forma unilateral cuando están con el padre; utilizar los momentos del régimen de visitas para inventarse información dolorosa acerca de las hijas e hijos o la ausencia de información durante esos días; o que ordene a los hijos e hijas que le informen sobre lo que hace su madre y también cuando los menores vuelven a casa de la madre con prendas rotas tras las visitas o las estancias con el padre. Como pone de manifiesto De Blas Gorordo[148] todas estas conductas pueden influir en cambios de conducta o las negativas de los menores al desarrollo de un régimen de visitas, que en ningún caso deben minimizarse. Esta realidad frecuentemente pasa desapercibida, y por ello se hace necesaria la formación de los agentes que intervienen en la detección de este tipo de violencia vicaria. Así, si dichas conductas son advertidas por el personal técnico de los gabinetes psicosociales y puestas de manifiesto en los informes forenses, se estará en mejores condiciones de evaluar la relación parental para adoptar las medidas de protección necesarias para hijos e hijas. Como muestra, la SAP Valencia de 20 de julio 2023[149] en la que la actitud del progenitor determina la improcedencia del establecimiento de un régimen de custodia compartida y la preceptiva y previa intervención del PEF en el seguimiento del régimen de visitas: "Es destacable que el dictamen del Gabinete Psicosocial estima que la demandada se ha perfilado como figura de referencia afectiva de los menores, de protección y confianza, posibilita el vínculo socio-afectivo con la familia extensa, tanto materna como paterna, presenta

---

148 De Blas Gorordo, Itziar: "Violencia vicaria. Regulación y reformas legales". Curso violencia de género, violencia vicaria, regulación, prevención y las diversas formas que adopta. 13 junio 2022. Centro de estudios jurídicos.

149 DOCUMENTO TOL9.768.676

un estilo educativo de tipo democrático, que suele correlacionar con un mayor ajuste psicoemocional en los menores, mientras que el progenitor no se ha perfilado como figura de referencia afectiva, de protección y de confianza, impidiendo un adecuado arraigo sociofamiliar en los niños, no favorece la interacción social en sus hijos, apreciándose cierto aislamiento que los menores acusan de insatisfactorio, presenta un estilo educativo autoritario, que correlaciona con bajos niveles de ajuste emocional de los hijos.

Se constata además un elevado conflicto y una baja cooperación interparental, el progenitor obstaculiza las comunicaciones telefónicas materno-filiales a través del control en la duración de las mismas y hay una elevada instrumentalización de los niños por parte del progenitor, así como una elevada minusvaloración y desprecio hacia la figura de la progenitora por parte del demandante, lo que perjudica el bienestar emocional y el ajuste psicológico de los niños, elementos éstos, la instrumentalización, y el desprecio al progenitor, que no se dan en la demandada".

Al hilo de la evidencia de la realidad actual de nuevas manifestaciones de violencias machistas sobre las mujeres, como es la violencia vicaria en violencia de género, los siguientes aparados de la investigación tienen por objeto analizar el alcance concreto de las modificaciones legales que se han producido en el ámbito de las medidas civiles para la protección de menores en contextos de violencia de género con la finalidad de evaluar si efectivamente el cambio era necesario y también la efectividad de este.

Capítulo III

Medidas civiles de protección a hijos e hijas menores en contextos de violencia de género

La actual legislación en materia de lucha contra la violencia que ejercen los hombres sobre las mujeres y la violencia doméstica prevé la posibilidad de adopción de una serie de medidas cautelares y también definitivas, de protección o aseguramiento penales y civiles a través de diferentes vías, si bien con una misma finalidad: prevenir, sancionar y erradicar esta violencia y prestar asistencia a las mujeres, a sus hijos menores y a los menores sujetos a tutela, o guarda y custodia, víctimas de esta violencia.

Desde el año 2015, y con un impulso importantísimo a raíz de la aprobación del Pacto de Estado contra la violencia de género, se han sucedido una serie de reformas legales que poseen como hilo conductor la mejor protección de la infancia que vive en contextos de violencia de género. Así, en el año 2017, fruto del consenso institucional, político y social en España, nació el Pacto de Estado contra la Violencia de Género, una iniciativa legislativa y social que aborda la grave problemática de la violencia de género en el país. Este pacto fue una respuesta conjunta y firme para enfrentar la violencia que sufren las mujeres a manos de sus parejas o exparejas.

En el marco de este pacto, se llevaron a cabo extensos estudios y análisis sobre las disfunciones y carencias del sistema en la respuesta a la violencia de género. Se identificaron áreas críticas que requerían atención y mejoras significativas. Entre las principales deficiencias se encontraban la falta de coordinación entre los diferentes actores y organismos involucrados, la insuficiente protección y apoyo a las víctimas, la necesidad de una mayor sensibilización y formación en el ámbito judicial y policial, y la escasez de recursos para la prevención y atención de esta forma de violencia.

Como resultado de este análisis, se formularon propuestas de mejora en diferentes ámbitos, incluyendo medidas para fortalecer la protección y asistencia a las mujeres víctimas de violencia de género a y sus hijas e hijos[150]. Las medidas incluidas en el Pacto

---

150 "El Pleno del Congreso de los Diputados aprobó por unanimidad, en su sesión de 15 de noviembre de 2016, una Proposición no de Ley por la que se instaba al Gobierno a promover la suscripción de un pacto de Estado en materia de Violencia de Género por el Gobierno de la Nación, las Comunidades Autónomas y Ciudades con Estatuto de Autonomía y la Federación Española de Municipios y Provincias. Por su parte, la Comisión de Igualdad del Senado decidió, el 21 de diciembre de 2016, la creación de una Ponencia que estudiase y evaluase, en materia de Violencia de Género, los aspectos de prevención, protección y reparación de las víctimas, analizase la estrategia para alcanzar e implementar un pacto de Estado contra la Violencia de Género y examinase la Ley Orgánica 1/2004, de 28 de diciembre, de Medidas de Protección Integral contra la Violencia de Género. El 13 de septiembre de 2017 el Pleno del Senado aprobó, por unanimidad el informe de la Ponencia de Estudio, y el Congreso, en sesión plenaria del 28 de septiembre de 2017, aprobó sin ningún voto en contra el Informe de la subcomisión para un Pacto de Estado en materia de Vio-

de Estado[151] se articulan en diez ejes. En concreto, el eje 4 gira en torno a la intensificación de la asistencia y protección de menores. La protección específica de las y los menores parte de su reconocimiento como víctimas directas y lleva aparejada la necesidad de ampliar y mejorar las medidas dirigidas a su asistencia y protección con la implantación de nuevas prestaciones en los casos de orfandad como consecuencia de la violencia de género; de revisar las medidas civiles relativas a la custodia de los menores; de fomentar las actuaciones de refuerzo en el ámbito educativo y de impulsar la especialización de los Puntos de Encuentro Familiar para los casos relacionados con la violencia de género.

La mayor parte de las medidas del eje 4 implican reformas legislativas, algunas de las cuales se han llevado a cabo principalmente en el año 2021, a través de dos importantes normas: la Ley 8/2021, de 2 de junio, por la que se reforma la legislación civil y procesal para el apoyo a las personas con discapacidad

---

lencia de Género. El resultado de estos informes fueron la redacción de 214 medidas en el caso del Congreso y 267 en el caso del Senado a partir de las cuales se desarrolla el Pacto de Estado contra la Violencia de Género cuya aprobación culminó en diciembre de 2017 con los Acuerdos alcanzados entre el Gobierno y el resto de las Administraciones". Documento Refundido de Medidas del Pacto de Estado en materia de violencia de género. Congreso + Senado de 13 de mayo de 2019. https://violenciagenero.igualdad.gob.es/pactoEstado/docs/Documento_Refundido_PEVG_2.pdf

214 medidas del Congreso de los Diputados y 267 medidas del Senado

151 214 medidas del Congreso de los Diputados y 267 medidas del Senado

en el ejercicio de su capacidad jurídica; y la Ley Orgánica 8/2021, de 4 de junio, de protección integral a la infancia y la adolescencia frente a la violencia.

La Ley 8/2021, de 2 de junio, por la que se reforma la legislación civil y procesal para el apoyo a las personas con discapacidad en el ejercicio de su capacidad jurídica, en su artículo 2 modifica algunas disposiciones del CC. En concreto, modifica el artículo 94 para establecer que no procederá el establecimiento de un régimen de visita o estancia, y si existiera se suspenderá, respecto del progenitor que esté incurso en un proceso penal iniciado por atentar contra la vida, la integridad física, la libertad, la integridad moral o la libertad e indemnidad sexual del otro cónyuge o de los hijos que convivan con ambos. Tampoco procederá cuando el juez advierta, de las alegaciones de las partes y las pruebas practicadas, la existencia de indicios fundados de violencia doméstica o de género. No obstante, el juez podrá establecer un régimen de visita, comunicación o estancia en resolución motivada en el interés superior del menor y previa evaluación de la situación de la relación paternofilial. Con esta modificación se ha dado cumplimiento a la medida 204 del Pacto de Estado contra la Violencia de Género, relativo a la suspensión del régimen de visitas en todos los casos en los que el menor hubiera presenciado, sufrido o convivido con manifestaciones de violencia[152]. Asimismo, se añade

[152] Medida 204: Establecer el carácter imperativo de la suspensión del régimen de visitas en todos los casos en los que el menor hubiera presenciado, sufrido o convivido con manifestaciones de violencia, sin perjuicio de adoptar medidas para impulsar la aplicación de los artículos 65 y 66 de la LO 1/2004

en el mismo artículo 94 del CC la previsión de que no procederá en ningún caso el establecimiento de un régimen de visitas respecto del progenitor en situación de prisión, provisional o por sentencia firme, acordada en un procedimiento penal por los delitos previstos de violencia de género, dando cumplimiento a la medida 205 que insta a prohibir las visitas de los menores al padre en prisión condenado por violencia de género[153]. En esta misma norma se ha dado nueva redacción al artículo 156 del CC para permitir que la acreditación de las víctimas de violencia de género por los servicios especializados también permita eximir del consentimiento del progenitor maltratador para la atención y asistencia psicológica de los hijos e hijas menores de edad, continuando con la línea marcada por la reforma de este artículo por el Real Decreto-ley 9/2018, de 3 de agosto, de Medidas Urgentes para el desarrollo del Pacto de Estado en materia de Violencia de Género, en cumplimiento de la medida 207 del Pacto de Estado[154].

En la misma línea de la suspensión imperativa del régimen de vistas de la medida 204, en este caso en la orden de protección la Ley Orgánica 8/2021 de 4 de junio, de protección integral a la infancia y la

---

153 Medida 205: Prohibir las visitas de los menores al padre en prisión condenado por violencia de género

154 Medida 207: Desvincular la intervención psicológica con menores expuestos a violencia de género del ejercicio de la patria potestad; en consecuencia, modificar el artículo 156 del Código Civil para que la atención y asistencia psicológica quede fuera del catálogo de actos que requieren una decisión común en el ejercicio de la patria potestad, cuando exista sentencia firme o hubiera una causa penal en curso por malos tratos o abusos sexuales.

adolescencia frente a la violencia, en su Disposición Final primera, introduce modificaciones relevantes en la Ley de Enjuiciamiento Criminal que afectan a los menores que se encuentran en entornos de violencia. Específicamente, se reforman los apartados 6 y 7 del artículo 544 *ter* para establecer que, en casos en los que se emita una orden de protección con medidas penales y existan indicios fundados de que los hijos menores de edad han presenciado, sufrido o convivido con violencia de género, la autoridad judicial suspenderá, de oficio o a petición de parte, el régimen de visitas, estancia, relación o comunicación del acusado con respecto a los menores dependientes de él. Sin embargo, a solicitud de parte, el tribunal puede decidir no suspender dichas medidas, siempre y cuando lo justifique en interés superior del menor y después de evaluar la situación de la relación paternofilial.

La última reforma en cuanto a la suspensión del régimen de visitas en supuestos de violencia de género se ha llevado a cabo por la disposición final 9.13 de la Ley Orgánica 10/2022, de 6 de septiembre da nueva redacción al art. 66 de la LO 1/2004, de 28 de diciembre, relativo a la medida de suspensión del régimen de visitas, estancia, relación o comunicación con los menores que en la actualidad queda redactado del siguiente modo: "El Juez ordenará la suspensión del régimen de visitas, estancia, relación o comunicación del inculpado por violencia de género respecto de los menores que dependan de él. Si, en interés superior del menor, no acordara la suspensión, el Juez deberá pronunciarse en todo caso sobre la forma en que se ejercerá el régimen de estancia, relación o comunicación del inculpado por violencia de género respecto de los menores que dependan del mismo. Asimismo, adoptará las medidas necesarias para garantizar la seguridad, integridad y recuperación de los menores y de la mujer, a través de servicios de atención especializada, y realizará un seguimiento periódico de su evolución, en coordinación con dichos servicios".

La Ley Orgánica 8/2021, de 4 de junio, de protección integral a la infancia y la adolescencia frente a la violencia, también representa un avance en la implementación de las otras medidas acordadas en el Pacto de Estado respecto de la infancia y adolescencia. Específicamente, los artículos 11 y 26 garantizan el derecho de los menores a ser escuchados y exhortan a la adopción de las medidas necesarias para evitar la consideración de enfoques teóricos o criterios no respaldados por evidencia científica, como el llamado síndrome de alienación parental, de acuerdo con lo establecido en el Pacto de Estado en su medida 129[155].

En la Disposición Final segunda de la Ley Orgánica 8/2021, se realizan modificaciones en el CC relacionadas con los regímenes de custodia de los menores en casos de violencia de género. En concreto, se

---

155 Síndrome de Alienación Parental (SAP) Realizar aquellas actuaciones que sean necesarias para evitar que el denominado Síndrome de Alienación Parental pueda ser tomando en consideración por los órganos judiciales, fomentando el conocimiento entre los operadores jurídicos del significado de dicha expresión. El SAP carece de base científica y está excluida de los catálogos de enfermedades científicamente reconocidas, por lo que será inadmisible como acusación de una parte contra la otra en los procesos de Violencia de Género, separación, divorcio o atribución de custodias a menores.

modifica el apartado 7 del artículo 92 para incluir explícitamente la violencia de género como uno de los casos en los que no se permitirá la custodia compartida, reforzando la prohibición de este tipo de custodia en línea con la medida 203 del Pacto de Estado[156].

La Disposición Final décima de la Ley Orgánica 8/2021 modifica el artículo 1 de la Ley Orgánica 1/2004, de 28 de diciembre, de Medidas de Protección Integral contra la Violencia de Género, para reconocer la violencia vicaria. En este sentido, se establece que la violencia de género también abarca la violencia ejercida sobre familiares o allegados menores de edad con el propósito de causar perjuicio o daño a las mujeres, tal y como se propuso en la medida 198 del Pacto de Estado[157].

---

156 Medida 203: Adoptar las medidas que permitan que la custodia compartida en ningún caso se imponga en casos de violencia de género en los supuestos previstos en el artículo 92.7 del Código Civil, y que no pueda adoptarse, ni siquiera provisionalmente, si está en curso un procedimiento penal por violencia de género y existe orden de protección.

157 Medida 198: Hacer extensivos los apoyos psicosociales y derechos laborales, las prestaciones de la Seguridad Social, así como los derechos económicos recogidos en la Ley Orgánica 1/2004, de 28 de diciembre, de Medidas de Protección Integral contra la Violencia de Género, a quienes hayan padecido violencia vicaria o violencia "por interpósita persona", esto es, el daño más extremo que puede ejercer el maltratador hacia una mujer: dañar y/o asesinar a los hijos/as.

1. LAS MEDIDAS CAUTELARES CIVILES

En el caso concreto de las medias cautelares civiles que afectan a mujeres víctimas y a sus hijos e hijas, éstas se pueden adoptar a través de diferentes vías: bien mediante la orden de protección regulada en el artículo 544.7 *Ter* de la LECrim; o bien a través de las medidas previstas en el Capítulo IV de la Ley Orgánica 1/2004 (arts. 61 a 69); y también al amparo del artículo 158 del CC.

Las reformas operadas a partir año 2015 hasta la actualidad sobre estas medidas cautelares de carácter civil han pretendido mejorar el sistema de protección a la infancia, procediendo a un replanteamiento de las medidas ya existentes, si bien el objeto de análisis debe ser si efectivamente la reformulación llevada a cabo consigue el fin inicialmente pretendido.

El propósito de las siguientes páginas es llevar a cabo ese análisis de las modificaciones normativas para poder evaluar la efectividad de las políticas públicas en materia de protección a los hijos e hijas de mujeres que sufren en contextos de violencia de género.

1.1. La orden de protección

La Orden de protección es un instrumento que se introdujo en la Ley Procesal penal por medio de la Ley 27/2003, de 31 de julio, reguladora de la Orden de Protección, con la finalidad de conceder a la mujer víctima de violencia doméstica[158], así como a sus hijos

---

[158] La orden de protección extiende su virtualidad a los diferentes supuestos de violencia doméstica y no solamente de violencia de género.

menores, un paquete de medidas con las que colmar una laguna existente en orden a potenciar la adopción de las medidas civiles al mismo tiempo que las penales, y activando otras medidas asistenciales y de protección social, cuando una mujer maltratada presenta una denuncia tal y como se pone de manifiesto en su Exposición de Motivos: «Esto es, una misma resolución judicial que incorpore conjuntamente tanto las medidas restrictivas de la libertad de movimientos del agresor para impedir su nueva aproximación a la víctima, con las orientadas a proporcionar seguridad, estabilidad y protección jurídica a la persona agredida y a su familia, sin necesidad de esperar a la formalización del correspondiente proceso matrimonial civil» actuando como verdadera panacea unificadora de criterios en la pretendida coordinación entre la jurisdicción civil y penal.

Su regulación se lleva a cabo mediante la creación del artículo 544 Ter de la Ley de Enjuiciamiento Criminal, incluyéndose en su apartado 7 la regulación de las medidas civiles a adoptar en la orden de protección que en su redacción original disponía:

> "7. Las medidas de naturaleza civil deberán ser solicitadas por la víctima o su representante legal, o bien por el Ministerio Fiscal, cuando existan hijos menores o incapaces, siempre que no hubieran sido previamente acordadas por un órgano del orden jurisdiccional civil, y sin perjuicio de las medidas previstas en el artículo 158 del CC. Estas medidas podrán consistir en la atribución del uso y disfrute de la vivienda familiar, determinar el régimen de custodia, visitas, comunicación y estancia con los hijos, el régimen de prestación de alimentos, así como cualquier disposición que se considere oportuna a fin de apartar al menor de un peligro o de evitarle perjuicios".

1.1.1. Dependencia de las medidas penales

Se combinan pues, en la orden de protección medidas cautelares penales, que pueden ser definidas como los "actos que tienen por objeto garantizar el normal desarrollo del proceso penal", con medidas cautelares civiles, que poseen carácter anticipatorio[159], lo que significa que el órgano judicial penal, al enjuiciar la medida cautelar a adoptar, no debe reparar exclusivamente en la restricción de derechos fundamentales del presunto agresor, sino que además, ha de decidir cómo garantizar a la víctima y a los hijos e hijas su integridad física y moral. Pese a su distinta naturaleza, las medidas civiles que pueden acordarse en la orden de protección no poseen carácter autónomo, no siendo posible que la orden de protección contenga únicamente medidas civiles, dado que la adopción de medidas civiles se supedita a que por el órgano judicial se adopten medidas cautelares penales al apreciar indicios fundados de un delito, así

---

159 Así, en Sentencia de la Audiencia Territorial (SAT) de Valencia de 19 de enero de 1988, Montero Aroca, F. Tercero, se recoge: "No vamos a entrar aquí en la consideración de la naturaleza jurídica de estas medidas, es decir, en la discusión de si son cautelares o simplemente manifestaciones de la justicia provisional, y ello porque, en cualquier caso, las medidas han de responder al principio «*rebus sic stantibus*». Estas medidas, aunque no sirvan para garantizar la ejecución de la sentencia que en el futuro se dicte, con lo que no parece que tengan naturaleza cautelar, sí sirven para mantener y asegurar la situación de las partes, permitiéndoles la realización del proceso, adelantando los efectos de la resolución que se dicte en el futuro; ese mantener la situación de las partes ha de estar relacionado lógicamente con las circunstancias de cada caso y con la modificación de las mismas".

como una situación objetiva de riesgo para la víctima y sus hijos menores, en su caso.

En este sentido se ha pronunciado la jurisprudencia, así el AAP Madrid (Sección 26ª), 22 de Julio 2009[160]: "TERCERO: *A la luz de estas consideraciones procede desestimar el recurso analizado puesto que las medidas civiles contempladas en el artículo 544 ter de la LECrim carecen de autonomía respecto de la penales por lo que de no adoptarse ésta no caben aquellas ostentando además una naturaleza excepcional y una vigencia muy limitada por cuanto la jurisdicción que ha de resolver los conflictos de los particulares en orden a la regulación de los aspectos personales y patrimoniales derivados de la crisis familiar es la jurisdicción civil y no la penal que tiene como función el ejercicio del ius puniendi*".

En el mismo sentido el AAP Navarra (Sección 2ª)[161], de 19 de diciembre de 2017: "*La orden de Protección para las víctimas de la violencia doméstica supuso en nuestro sistema jurídico procesal-penal, la creación de un mecanismo de protección integral tendente a impedir que aquellos que alteran o destruyen la paz familiar mediante la comisión de ilícitos penales puedan continuar en esa lesiva actitud. Su contenido se refiere fundamentalmente, además del otorgamiento de una serie de beneficios jurídicos y sociales a las víctimas de la violencia doméstica, a la imposición de determinadas medidas cautelares restrictivas de la libertad ambulatoria, ordinariamente consistentes en prohibiciones de acercamiento a las víctimas, obligación de abandonar el domicilio familiar por parte del agresor, y otras de similares características como la prohibición de comunicación entre agresor y víctima.*

---

[160] ECLI:ES:APM:2009:10031A

[161] ECLI:ES:APNA:2016:270A

Dicha Orden de protección actúa como mecanismo disuasorio de repetición de conductas, no solo por el importante estigma social que supone la apertura de un procedimiento de estas características contra una persona, sino también porque en caso de quebrantamiento de las medidas acordadas por quien está obligado a observarlas pudiera acordarse incluso su ingreso en prisión.

Por ello, no resulta aceptable que su contenido se limite tal y como se solicitó expresa y específicamente, con el debido asesoramiento jurídico en este caso, a la concesión de medidas del exclusivo carácter civil. Habida cuenta de que las mismas, pueden solicitarse, a través del cauce de las " medidas provisionales previas " - artículo 771 de la Ley de Enjuiciamiento Civil -, en el marco procesal del Capítulo IV Título I Libro Cuarto de dicha Ley, para el que posee competencia objetiva el juzgado de violencia sobre la mujer, con arreglo a lo dispuesto en el artículo 87 ter 2) y 3) LOPJ".

También hay una postura doctrinal minoritaria que se pronuncian sobre la posibilidad técnica de que el juez adopte una orden de protección con medidas civiles sin necesidad de que vayan acompañadas de medidas penales. En este sentido Cerrato Guri[162], para quien a nivel normativo no existe nin-

---

162 Cerrato Guri, Elisabet: "La protección de las personas menores víctimas de violencia de género: Reflexión sobre la adopción de medidas civiles en una orden de protección", *Justicia: Revista de Derecho Procesal*, 2021, nº 2, pp. 269-308, p. 295: "Con todo, hay que destacar que a nivel normativo no existe una norma expresa en este sentido y, por tanto, nada debiera obstar a que el juez de violencia sobre la mujer pudiera, incluso de oficio, establecer sólo medidas civiles en la orden de protección, especialmente -y de nuevo- cuando detectase una situación de riesgo para el menor (artículos 544 ter LECrim y 158

guna norma expresa que impida la adopción únicamente de medidas civiles en la orden de protección. Por otro lado, está la opinión de Rodríguez Ruiz[163], para quien se hace preciso explorar la posibilidad de dictar autos con contenido exclusivamente civil para procurar la protección de las necesidades de los hijos e hijas de las víctimas. Según este autor, dicha interpretación resulta acorde con el Convenio de Estambul[164] y los arts. 61 y 66 de la LO 1/2004[165]. En esta misma línea el estudio llevado a cabo por Font Fer-

---

Código civil); aunque cierto es que en estos supuestos específicos tampoco se suelen adoptar. Ello explica que en la práctica la petición de las medidas provisionales civiles se formule ante el juzgado de familia (y no del órgano penal que está conociendo de la violencia de género), lo que dilata considerablemente el tiempo de su resolución, aumentando en última instancia la situación de riesgo y vulnerabilidad de los menores".

163 Rodríguez Ruíz, Ricardo: "La violencia económica y las consecuencias económicas de la violencia", [En línea] https://violenciagenero.igualdad.gob.es/wpontent/uploads/Violencia_economica_pareja_expareja.pdf *CGPJ*, 2021, pp. 1-9

164 Según el art. 18.3 Las partes tiene obligación de velar por que las medidas tomadas conforme al presente capítulo (Protección y apoyo) respondan a las necesidades específicas de las personas vulnerables, incluso los hijos de las víctimas, y sean accesibles para ellos, además de las obligaciones generales de protección de los hijos e hijas que prevé el art. 31.

165 Medidas judiciales de protección y de seguridad de las víctimas: "Las medidas de protección y seguridad previstas en el presente capítulo serán compatibles con cualesquiera de las medidas cautelares y de aseguramiento que se pueden adoptar en los procesos civiles y penales", en relación al artículo 66 -"relaciones" en sentido amplio.

nández, Villacampa Estiarte, Torres Ferrer[166] sobre la aplicación de la orden de protección a menores víctimas de violencia machista concluye que la protección de hijos e hijas víctimas de violencia machista sería más adecuada desde un planteamiento menos punitivista, que pusiera en el centro la seguridad y recuperación de las víctimas, eludiendo la rigidez del sistema penal.

La postura jurisprudencial y doctrinal mayoritaria no lo entiende así, lo que implica que en la orden de protección sólo se podrán adoptar las medidas civiles previstas en el artículo 544. Ter 7 de la LECrim cuando se den los requisitos exigidos por el art. 544 Ter.1 de la LECrim, a saber:

a) *Fumus Boni Iuris*: Existencia de indicios fundados de la comisión de un delito o falta contra la vida, la integridad física o moral, la libertad sexual, la libertad o seguridad contra las personas mencionadas en el artº. 173.2 CP. Este requisito hace referencia a la apariencia de buen derecho, esto es, a la existencia de indicios, que no sospechas, del hecho delictivo y de la participación del imputado. Por ello será necesario contar con pruebas lo más sólidas posible que respalden la presencia de un delito, las cuales pueden derivar de las declaraciones de las víctimas (mujer e hijas e hijos) y las investigaciones realizadas, tales como partes o informes médicos, testimonios de

---

166 Font Fernández, Cristina, Villacampa Estiarte, Carolina, Torres Ferrer, Claudia: "La orden de protección a menores víctimas de violencia machista: regulación y aplicación de las medidas de salvaguarda que incorpora", en *Dereito: revista xurídica da Universidad de Santiago de Compostela*, 2022, nº 3, pp. 1-23.

testigos o incluso la declaración del propio sospechoso.

b) *Periculum in mora*: Que se pueda temer que con la conducta del investigado se obstaculizará o impedirá el desarrollo normal del proceso. De forma más precisa, que se dé una situación objetiva de riesgo para la víctima que requiera la adopción de alguna de las medidas de protección. En este caso se alude al "pronóstico del peligro", es decir, a la concurrencia del riesgo concreto de que el imputado atentará contra bienes jurídicos de la víctima. En este sentido, AAP Badajoz (Sección 3ª) de 9 de febrero de 2017[167]: " *( ) la existencia de indicios de la posible comisión de una infracción de las consignadas en el art. 544 ter no basta para el dictado de la orden de protección, que requiere también del segundo presupuesto. De haber sido voluntad del legislador que se decretase orden de protección en todo procedimiento iniciado por denuncia de delito o falta contra la vida la integridad física o moral la libertad sexual, la libertad o seguridad de alguna de las personas mencionadas en el art. 173.2 del Código Penal, lo habría manifestado expresamente o hubiese omitido la exigencia de situación objetiva de riesgo, que no significa otra cosa que, constatación objetiva de posibilidad de advenimiento de una acción lesiva para la integridad física o psíquica de la víctima.", denegando la orden de protección por no constar acreditada una situación objetiva de riesgo en la que pudieran encontrarse los hijos*".

En este punto, la última reforma del art. 544 Ter llevada a cabo por la LO 8/2021 de 4 de junio de protección integral a la infancia y adolescencia frente a la violencia introduce una importante novedad, en este caso en el apartado 6 del art. 544 Ter. La modi-

[167] ECLI: ES:APBA:2017:31

ficación es la siguiente: "Las medidas cautelares de carácter penal podrán consistir en cualesquiera de las previstas en la legislación procesal criminal. Sus requisitos, contenido y vigencia serán los establecidos con carácter general en esta Ley. Se adoptarán por el Juez de instrucción atendiendo a la necesidad de protección integral e inmediata de la víctima *y, en su caso, de las personas sometidas a su patria potestad, tutela, curatela, guarda o acogimiento*"[168].

Conforme a la modificación realizada en el artículo 544 Ter 6 de la Ley de Enjuiciamiento Criminal, la adopción de medidas cautelares de orden penal será determinada por el Juez de instrucción, quien deberá tener en cuenta no solo como hasta ahora la necesidad de protección integral e inmediata de la mujer víctima directa del delito, sino también de aquellas personas que se encuentren bajo su patria potestad, tutela, curatela, guarda o acogimiento, que en la mayor parte de los casos serán sus hijas e hijos. En consecuencia, el juez al evaluar la pertinencia de la adopción de estas medidas cautelares en el ámbito penal deberá considerar la protección de la víctima en un sentido amplio, abarcando tanto su bienestar directo como el de aquellas personas legalmente a su cargo. El AAP Madrid de 22 de junio de 2022[169]

---

168 La cursiva es lo que la Ley Orgánica 8/2021 ha añadido al precepto.

169 ECLI:ES:APM:2022:4260ª: "Concurre asimismo una situación objetiva de riesgo para los bienes jurídicos de la víctima dado que según se desprende de la declaración de la perjudicada la última agresión denunciada no es un hecho aislado, sino que se han venido reiterando en los últimos tiempos, produciéndose los hechos en el domicilio familiar y en presencia de los hijos menores, y

contempla el riesgo añadido que supone en dicho supuesto que los actos violentos se llevaran a cabo en presencia de los hijos de la pareja. En dicho supuesto se concede la protección solicitada con la adopción de medidas penales y civiles, si bien no se especifica que el riesgo objetivo que determina la adopción de la orden de protección también tenga que ver con el riesgo que sin duda en dicha situación se encuentran los hijos e hijas menores que presencian los actos de violencia, siendo por ello también víctimas directas de violencia de género.

1.1.2. Obligatoriedad del pronunciamiento judicial sobre las medidas civiles

En la redacción dada al art. 544 Ter 7 por la Ley 4/2015, de 27 de abril del Estatuto de la víctima del delito (EVD), y en la línea de visibilizar a los hijos e hijas que se encuentran en un entorno de violencia como víctimas directas de violencia de género, el legislador reforzó su protección también en la orden de protección al prever que el Juez debía pronunciarse en todo caso, incluso de oficio, sobre la pertinencia de las medidas civiles, añadiendo al apartado 7 del artículo 544 TER un inciso final[170], y que quedó así redactado:

---

habiéndose referido un consumo excesivo de alcohol, lo que podría suponer la ausencia de control de sus impulsos con la consiguiente puesta en peligro de la integridad física de la denunciante."

170 El subrayado del artículo 544. Ter 7 procede de la reforma operada en dicho precepto por la Ley 4/2015 del Estatuto de la Víctima del Delito.

> "7. Las medidas de naturaleza civil deberán ser solicitadas por la víctima o su representante legal, o bien por el Ministerio Fiscal cuando existan hijos menores o personas con la capacidad judicialmente modificada, determinando su régimen de cumplimiento y, si procediera, las medidas complementarias a ellas que fueran precisas, siempre que no hubieran sido previamente acordadas por un órgano del orden jurisdiccional civil, y sin perjuicio de las medidas previstas en el artículo 158 del CC. *Cuando existan menores o personas con capacidad judicialmente modificada que convivan con la víctima y dependan de ella, el Juez deberá pronunciarse en todo caso, incluso de oficio, sobre la pertinencia de la adopción de las referidas medidas*".

El preámbulo de la Ley 4/2015, de 27 de abril, no proporciona una explicación de las razones que subyacen a la obligación del juez de pronunciarse sobre la pertinencia de las medidas civiles en todo caso, incluso si ya se hubieran acordado anteriormente en la jurisdicción civil, cuando existan personas menores o personas con capacidad judicialmente modificada que convivan con la víctima y dependan de ella. Sin embargo, podemos inferir el motivo de esta disposición a partir de la declaración inicial del preámbulo, que busca visibilizar a los menores que se encuentran en un entorno de violencia de género o violencia doméstica como víctimas y garantizarles el acceso a servicios de asistencia y apoyo, así como medidas de protección para facilitar su recuperación integral. El hecho de que el juez deba pronunciarse sobre la pertinencia de las medidas civiles en todo caso, incluso si ya se hubieran acordado en la jurisdicción civil, parece estar destinado a asegurar que, en situaciones de violencia de género o doméstica donde haya menores o personas con capacidad judicialmente modificada involucrados y que dependan de la víctima, se realice una evaluación específica y cuidadosa de la situación concurrente en cada caso.

Esto pudo deberse a varias razones:

Protección de los derechos de los menores y personas con capacidad judicialmente modificada: El objetivo es garantizar que los derechos e intereses de los menores y personas con capacidad judicialmente modificada que conviven con la víctima sean debidamente protegidos, incluso si ya se han tomado medidas civiles previamente.

Adaptación a situaciones cambiantes: La dinámica de la violencia doméstica y de género puede ser compleja y cambiar con el tiempo. Por lo tanto, es importante que el juez evalúe continuamente la situación y tome decisiones actualizadas para proteger a las personas menores y dependientes.

Doble vía de protección: Aunque se hayan tomado medidas en el ámbito civil, la inclusión de esta disposición asegura que la jurisdicción penal también pueda tomar en cuenta las necesidades actuales de protección de los menores y personas dependientes, evitando que algún vacío legal ponga en riesgo su seguridad y bienestar.

En general, esta disposición puede considerarse como una medida adicional para asegurar que las personas menores y dependientes involucrados en casos de violencia de género o doméstica reciban la protección y el apoyo necesarios para garantizar su recuperación integral y así salvaguardar sus derechos fundamentales.

A raíz de la redacción dada al precepto, si existen menores o personas con discapacidad, el juez deberá pronunciarse, en todo caso, sobre la pertinencia de adopción de cualquiera de las medidas civiles reguladas en el párrafo 7 del art. 544 ter de oficio, en concreto la atribución del uso y disfrute de la vivienda familiar, el régimen de guarda y custodia, visitas y comunicación y estancia, alimentos y cualquier otra disposición oportuna para apartarles de un peligro o evitarles perjuicios. Esto supone la necesidad de que, apreciada esa pertinencia, el Juez se pronuncie sobre la adopción de las que considere oportunas, aún en el hipotético caso de que no las pidan ni la víctima ni el Ministerio Fiscal.

La modificación legislativa tuvo una significativa relevancia práctica, especialmente en situaciones en las que el procedimiento se inicia mediante un atestado policial sin una denuncia formal por parte de la mujer víctima. En tales casos, si el juez percibe un grave riesgo para sus hijos e hijas, aunque la víctima no lo reconozca, ni desee presentar una denuncia, se pueden tomar medidas civiles basadas en las primeras diligencias de investigación. Así, la adopción de estas medidas ya no dependerá de la voluntad de la víctima, sino del criterio del juez, cuando en la vivienda convivan niños y niñas o personas con discapacidad que dependan de la víctima.

Debe recordarse que el Juez puede dictar una orden de protección penal aun cuando la víctima no la haya solicitado e incluso contra su voluntad si aprecia, de una forma notoria, que la misma se encuentra en una situación grave de riesgo. Si existen hijos menores o personas con la capacidad judicialmente modificada y que convivan con ella se impone al órgano judicial la obligación de resolver sobre las medidas concernientes a los hijos e hijas aun cuando nadie las pida.

Con esta modificación legal también se puso punto final a las dudas que suscitaba la interpretación conjunta del art. 544 ter 7 de la LECrim y el artículo 61.2 de la LO 1/2004. Este último precepto establece:

> "2. En todos los procedimientos relacionados con la violencia de género, el Juez competente deberá pronunciarse *en todo caso, de oficio* o a instancia de las víctimas, de los hijos, de las personas que convivan con ellas o se hallen sujetas a su guarda o custodia, del Ministerio Fiscal o de la Administración de la que dependan los servicios de atención a las víctimas o su acogida, sobre la pertinencia de la adopción de las medidas cautelares y de aseguramiento contempladas en este capítulo, especialmente sobre las recogidas en los artículos 64, 65 y 66, determinando su plazo y su régimen de cumplimiento y, si procediera, las medidas complementarias a ellas que fueran precisas".

Dado que el artículo 61.2 de la Ley 1/2004 es posterior a la incorporación del artículo 544 ter 7 mediante la Ley 27/2003, parte de la doctrina y la praxis jurisprudencial se cuestionaba si la obligación de pronunciamiento de oficio sobre las medidas contenida en el artículo 61.2 se debía extender a las medidas civiles de la orden de protección. Algunos entendieron que así era, dado que el art. 62, precepto incluido en el mismo capítulo al que alude el art. 61.2, se refiere a la orden de protección en toda su extensión, y por tanto también a las medidas civiles. Sin embargo, los jueces entendieron que esta previsión no suponía una excepción al principio dispositivo toda vez que el art. 62 lo que dispone es que cuando se reciba una solicitud de orden de protección el Juez de Violencia sobre la Mujer o el de Guardia actuaran de conformidad con el art. 544 ter de la LECrim y, este precepto, en su redacción originaria, sometía la posibilidad de adopción de medidas civiles, en todo caso, al principio de rogación o dispositivo[171]. La necesidad de que el juez se pronuncie de oficio en la actualidad ha quedado consagrada con la modificación legal introducida en el art. 544 ter 7 a que hemos hecho referencia.

1.1.3. Relación con las medidas civiles previamente adoptadas

La modificación legal que se analiza supuso la superación de la limitación referida a que no existan medidas acordadas por la jurisdicción civil respecto de hijos e hijas menores. Recordemos que el precepto analizado establece la legitimación de la víctima y del Ministerio Fiscal para solicitar estas medidas «siempre que no hubieran sido previamente acordadas por un órgano del orden jurisdiccional civil y sin perjuicio de las medidas previstas en el art. 158 del CC».

El protocolo de coordinación entre los órdenes jurisdiccionales penal y civil para la protección de las víctimas de violencia doméstica elaborado por la Comisión de Seguimiento para la implantación de la orden de protección de víctimas de violencia doméstica en la reunión de 18 de diciembre de 2003[172] interpretó que el tribunal penal no podía, ni siquiera a

---

171 Peramato Martín, Teresa. "El papel..., ob. cit.

172 "SÉPTIMO. - Coordinación entre los órganos judiciales penales y civiles Sin perjuicio de las competencias propias del Consejo General del Poder Judicial y del resto de instituciones que participan en la Comisión de Seguimiento, en este apartado se contienen determinados criterios y principios que pueden guiar la actividad en este ámbito.
7.1.- Modificación de medidas previamente acordadas por órgano judicial civil

instancia de parte modificar las medidas previamente

1.- Con carácter general, y de conformidad con el apartado 7 del artículo 544 ter de la Ley de Enjuiciamiento Criminal, el órgano penal que dicte una Orden de Protección no podrá modificar aquellas medidas de naturaleza civil que hayan sido previamente acordadas por un órgano del orden jurisdiccional civil, sin perjuicio de las consecuencias que las medidas penales, siempre preferentes, puedan desplegar sobre aquellas medidas civiles.
2.- De conformidad con el mismo apartado 7 del artículo 544 ter de la Ley de Enjuiciamiento Criminal, el Juez penal que dicte una Orden de Protección podrá excepcionalmente modificar o complementar las medidas adoptadas por el Juez civil, por aplicación del artículo 158 del Código Civil y en beneficio del interés del menor de edad. En todo caso, el órgano penal hará constar en el auto que dichas medidas tienen carácter provisional y sin perjuicio de la resolución que dicte el órgano judicial civil competente para conocer del asunto. Si así ocurre, el órgano judicial que dicte la Orden de Protección deberá remitir de oficio al órgano jurisdiccional civil que conozca del asunto testimonio de la Solicitud de Orden de Protección, del Auto de Orden de Protección, de la diligencia de notificación del auto a la víctima con indicación del día en que tuvo lugar, y de cuantos extremos considere necesarios, con un signo distintivo claramente visible con la expresión "Urgente: Violencia Doméstica". El mencionado testimonio deberá ser recibido en el órgano civil dentro del día hábil siguiente a aquél en el que se dictó el auto de protección. Cuando ello resulte imposible, ya sea por encontrarse el Juzgado en otro partido judicial, o por otras circunstancias concurrentes, el órgano penal lo remitirá en todo caso por fax o por vía telemática, sin perjuicio de enviar asimismo el testimonio por vía ordinaria.
3.- Una vez recibido el testimonio por el órgano judicial civil que conozca del asunto, éste lo pondrá en el día siguiente hábil en conocimiento de las partes y del Ministerio Fiscal, quienes podrán instar las actuaciones

adoptadas por un tribunal civil, salvo la modificación o complemento excepcional de dichas medidas por aplicación del artículo del CC y en beneficio del interés de la persona menor de edad. Esta interpretación restrictiva ha sido criticada por la doctrina[173], en la medida que puede dejar desprotegida a la víctima y tener como efecto la imposibilidad de alcanzar la justicia material del caso concreto[174]. Por ello, el planteamiento ahora, y a la luz de la nueva redacción dada por la Ley del EVD, es si subsiste esa prohibición o si el juez puede acordar esas medidas pese a haber sido acordadas previamente en un procedimiento civil de familia y, ello, porque el nuevo apartado del párrafo 7º del art. 544 ter de la LECrim, al regular la obligación del juez de pronunciarse sobre la pertinencia de la adopción de las medidas referidas, incluso de oficio, dispone que deberá hacer ese pronunciamiento «en todo caso».

Lo que parece que ha pretendido el legislador, en aras a la máxima protección del menor, es que el juez examine la situación de aquellos que convivan con la víctima en todos los casos de violencia de género o

---

procesales que consideren oportunas, sin perjuicio de la propia actuación de oficio por parte órgano civil de conformidad con el artículo 158 del Código Civil.

173 Serrano Masip, Mercedes "Efectos negativos de la proliferación de normas reguladoras de medidas cautelares y de protección aplicables a la violencia de género", en *Sentencias de Tribunales Superiores de Justicia, audiencias provinciales y otros tribunales*, nº 5, 2007, pp. 25-54.

174 Pone como ejemplo Serrano Masip, ob. cit., aquéllos supuestos en que acaece un episodio de violencia con posterioridad a que las partes hayan llegado a un acuerdo previo en el proceso civil acerca de las medidas definitivas, y éstas ya hayan sido homologadas por el juez civil.

doméstica teniendo en cuenta todas las circunstancias concurrentes y entre ellas el nuevo hecho u hechos violentos de los que tiene conocimiento, a fin de valorar, en atención al superior interés del menor, si es preciso adoptar cualquier medida de naturaleza civil aun cuando ello suponga una modificación cautelar de las medidas acordadas con anterioridad o bien del modo en que dichas medidas deben ejecutarse[175].

Así ya se entendía con anterioridad a la reforma de 2015 por algunas resoluciones judiciales como la de la AP de Pontevedra, en su auto de 21 de febrero de 2006, al entender que la medida relativa al régimen de visitas de la menor previamente adoptadas en sentencia de procedimiento civil de separación, concretamente que las entregas y recogidas de la menor se realicen a través de un punto de encuentro no suponen una modificación en sí de la medida sino un

---

[175] En esta línea se pronuncia Polo García, Susana: "Adopción de medidas civiles de familia en la orden de protección en casos de violencia de género", en *La Ley Derecho de Familia*, nº 12, 2016, pp. 1-9 para quien sí cabría pronunciamiento sobre las medidas civiles ya adoptadas en el procedimiento de familia, en el caso de que fuera necesario modificar las vigentes, en base a la existencia de violencia de género. A título de ejemplo, se refiere a aquéllos supuestos en que se acuerde el alejamiento del padre con relación a la madre, y exista un régimen de visitas acordado con respecto a los hijos comunes, por lo que sería necesario modificar la entrega y recogida de los menores, en base a la función tuitiva de la orden de protección, cabrá que se puedan acordar determinadas medidas, ya sean provisionales previas o coetáneas, como cuando estemos ante medidas civiles definitivas. En el mismo sentido se pronuncia Múrtula Lafuente, Virginia. *El interés superior…*, ob. cit., pág. 64.

complemento del modo en que dicho régimen de visitas debe ser llevado a cabo, máxime cuando ambas partes fueron oídas respecto a dicha modificación[176]. El auto recoge la postura mantenida por Tirado Garabatos para quien el juez de violencia sobre la mujer tiene la facultad de adoptar medidas civiles, incluso cuando el órgano jurisdiccional civil las haya rechazado previamente, e incluso puede ampliar las medidas que ya hayan sido acordadas[177].

Esta misma interpretación es la que se desprende en la Guía práctica de la Ley Orgánica 1/2004, de 28 de diciembre, de Medidas de Protección Integral contra la Violencia de Género aprobada por el grupo de expertas y expertos en violencia doméstica y de

---

176 AAP Pontevedra de 21 de febrero de 2006 (ECLI:ES:APPO:2006:1299A): "No existía alguna dificultad procedimental civil para ello, pues el proceso civil por separación había terminado por sentencia de 25 de Febrero del 2005 , y desde luego en cuanto al acuerdo en sí mismo, obviamente no es un supuesto de modificación del régimen de visitas, que desde luego se mantiene, sino que se trata de un acuerdo sobre el punto de encuentro de entrega y recogida de la menor, en el que, por cierto, fueron oídas las partes. ( ) Se entiende que, en definitiva, el acuerdo del Juzgado es conforme con el dictado de la lógica, pues se trata de evitar el riesgo de los bienes jurídicos de la esposa y de proteger el interés del menor que no debe verse envuelto en conflictos que repercutan en su formación, y a la vista de los artículos 13 de la Ley de Enjuiciamiento Criminal y 148 nº 4 del Código Civil, es conforme a derecho la medida adoptada y en consecuencia se desestima el recurso de apelación".

177 Tirado Garabatos, Carmen: "Medidas civiles para el cese de la violencia. Coordinación entre la jurisdicción civil y penal", en *Encuentros "Violencia doméstica"*; Consejo General del Poder Judicial, Madrid, 2004, pp. 529-579, p. 534.

género del CGPJ, en la reunión celebrada el día 13 de octubre de 2016, según la cual cabe preguntarse si cabe la adopción de esas medidas civiles en la orden de protección si son precisamente modificativas de las vigentes por razón de la existencia de violencia en el ámbito familiar, por ejemplo, si el régimen de visitas con los hijos/as comunes debe modificarse en cuanto a su suspensión o restricción o en cuanto a la entrega y recogida de los menores al existir una orden de alejamiento del padre en relación a la madre. La respuesta debe ser afirmativa, pues la función tuitiva de la orden de protección la comporta. Y ello no solo respecto a las medidas provisionales previas o coetáneas sino a las definitivas. El principio de que la última medida acordada, sea provisional sea definitiva, sustituye la anterior (véanse artículos 773.5, 774.5 y 775.3 LEC) debe regir también con relación a las medidas civiles de la orden de protección.

Es fácil imaginar que en aquellos supuestos en los que exista una resolución previa de la jurisdicción civil regulando, provisional o definitivamente, las relaciones paterno filiales de los menores afectados (patria potestad, guarda y custodia, régimen de visitas con los hijos comunes) y se advierta la pertinencia y necesidad de adoptar nuevas medidas que modifiquen las anteriores, lo más probable es que su modificación tuviera que estar justificada en la necesidad de apartar al menor de un riesgo o perjuicio.

Precisamente por ello, tales medidas podrían ser acordadas de conformidad con el art. 158 del CC o en virtud de los arts. 65 y 66 de la LO 1/2004, y si se hace así, esas medidas no estarían supeditadas al corto plazo de vigencia que estable el art. 544 ter-7.3° de la LECrim para las medidas civiles adoptadas en el contexto de la orden de protección, lo que daría una mayor estabilidad a las soluciones que se adopten para minimizar, así, los riesgos que cualquier cambio de situación material o emocional pudiera ocasionar en la personalidad y desarrollo de los menores afectados (art. 3.2 de la LOPJM). En esta línea se pronuncian las conclusiones del XII seminario de Fiscales Delegados en violencia sobre la mujer celebrado en Madrid en Noviembre de 2016, al establecerse que dada la pluralidad de vías a través de las que se pueden adoptar medidas civiles, es preciso recordar que las establecidas en los artículos 65 y 66 de la LO 1/2004, previstas específicamente para supuestos de violencia de género, permiten una solución más duradera frente a las medidas del art. 544 ter de la LECrim.

En cualquier caso, no hemos de olvidar que, en estos momentos, y hasta la posterior reforma introducida por la LO 8/2021 de 4 de junio, con carácter general, la regla seguía siendo que no cabrá adoptar medidas civiles en la orden de protección si éstas ya fueron adoptadas previamente en la vía civil. La excepción a dicha regla se incorporó para aquellas medidas que afecten a personas menores de edad, en cuyo caso el pronunciamiento sobre dichas medidas es obligado. De este modo, en relación a las medidas que se hayan acordado en el procedimiento civil correspondiente que no afecten a las personas menores de edad o con discapacidad que convivan con la víctima, no podrán ser acordadas ni modificadas en el contexto de la orden de protección (pensiones alimenticias acordadas para los hijos mayores de edad dependientes económicamente; pensión compensatoria; atribución del uso del domicilio y del ajuar familiar a la mujer por ser su interés el más necesitado de protección...). Por el contrario, aunque dichas medidas se hayan adoptado en proceso civil previo, si las mimas afectan a personas menores de edad (custodia, régimen de visitas), el juez obligatoriamente habrá de pronunciarse sobre su pertinencia, es decir, su adecuación al interés de los menores afectados, teniendo en cuenta los nuevos incidentes de violencia denunciados.

Como se ha puesto de manifiesto por la Nota de Servicio 1/2021 de la Fiscalía General del Estado (Fiscalía de Sala/Unidad de Violencia sobre la Mujer) de 14 de octubre de 2021, sobre criterios orientativos en la interpretación de la nueva redacción de los arts. 544 ter LECrim y 94.4 CC, esta conclusión hace inefectiva la mención que se mantiene en el precepto al art. 158 CC, que tenía sentido en la primera redacción cuando la posibilidad de acordar medidas civiles sin excepción estaba limitada a que no hubieran sido acordadas en el ámbito civil pues, con la remisión a dicho precepto, se abría la posibilidad al juzgador, si se apreciaba un riesgo para los menores, de acordar esas medidas excepcionales de protección para apartarles de cualquier peligro. Con la redacción actual, la remisión al art. 158 CC ha quedado prácticamente vacía de contenido pues, salvo aquellas medidas que tengan por objeto evitar la sustracción de los hijos menores por alguno de los progenitores o por terceras personas, las demás tienen cabida en la orden de protección, concretamente, la suspensión del régimen de visitas tiene una regulación específica y preferente en el art. 544 ter 7 a raíz de las posteriores reformas del artículo en 2021.

Por otra parte, es cuanto menos sorprendente que tal posibilidad se le conceda al juez de oficio y, sin embargo, no se prevea, a la par, la facultad del Ministerio Fiscal de solicitar esas medidas en el contexto de la orden de protección aun cuando exista una resolución judicial civil previa siendo como es el Fiscal el protector de la infancia, adolescencia y personas vulnerables. No obstante, esa falta de previsión en el marco de la orden de protección no impedirá al Fiscal solicitar todas aquellas medidas que pueda adoptar el juez de oficio o las que sean precisas de conformidad con el art. 158 del CC y 65 y 66 de la LO 1/2004[178].

En ningún caso está legitimado el investigado para solicitar medidas civiles en el incidente de la orden de protección, sin perjuicio de las medidas que de oficio el juez puede acordar en relación con los menores, previa audiencia de las partes.

1.1.4. Coordinación entre procesos penales y civiles en materia de violencia de género

De otro lado y en aras a mejorar la coordinación entre los juzgados de civiles y los juzgados de violencia sobre la mujer con relación a la tramitación de procedimientos de crisis familiar ante juzgados de familia y que pudieran ser competencia de un juzgado de violencia sobre la mujer el Real Decreto Ley 6/2023, de 19 de diciembre sobre aspectos procesales y de funcionalidad tecnológica en la justicia ha introducido una importante novedad en el art. 753.1, párrafos 2, 3 y 4 LEC:

> "Cuando se presente ante un juzgado civil una demanda relativa a los procesos a que se refiere este título, de la que pueda ser competente por razón de la materia un juzgado de violencia sobre la mujer conforme a lo dispuesto por la Ley Orgánica

---

178 Peramato Martín, Teresa: "El papel del Fiscal…ob. cit.

> 6/1985, de 1 de julio, del Poder Judicial, se recabará la oportuna consulta al sistema de registros administrativos de apoyo a la Administración de Justicia, así como al sistema de gestión procesal correspondiente a fin de verificar la competencia conforme al artículo 49 bis de esta ley.
>
> La consulta al sistema de registros administrativos de apoyo a la Administración de Justicia y al sistema de gestión procesal correspondiente se reiterará antes de la celebración de la vista o comparecencia del procedimiento contencioso o de jurisdicción voluntaria o del acto de ratificación de los procedimientos de mutuo acuerdo.
>
> Del mismo modo, en el decreto de admisión, se requerirá a las partes para que comuniquen, en el plazo de cinco días, si existen o han existido procedimientos de violencia sobre la mujer entre los cónyuges o progenitores, su estado procesal actual, y si constan adoptadas medidas civiles o penales. Igualmente se advertirá a ambas partes de la obligación de comunicar inmediatamente cualquier procedimiento que inicien ante un juzgado de violencia sobre la mujer durante la tramitación del procedimiento civil, así como cualquier incidente de violencia sobre la mujer que se produzca".

La reforma obedece a la importancia de tener conocimiento de una manera rápida y eficaz del estado de los procedimientos penales, es decir, saber si hay un procedimiento abierto por Violencia de género cuando se inicia un proceso de crisis familiar ante un juzgado civil. Con esta misma finalidad se había creado en el año 2022 la Guía de criterios de coordinación en el ámbito de los procesos penales y civiles en materia de violencia sobre la mujer por el Centro de Estudios Jurídicos del Ministerio de Justica[179].

1.1.5. Las medidas civiles de la orden de protección conforme a la reforma introducida por la LO 8/2021 de 4 de junio

Como venimos anunciando, la LO 8/2021 de 4 de junio de protección integral a la infancia y adolescencia frente a la violencia ha introducido más novedades en el contenido y alcance de las medidas civiles que pueden adoptarse en el seno de una orden de protección. Las enmiendas transaccionales 121[180] y

---

179 https://www.cej-mjusticia.es/sites/default/files/adjuntos/noticias/Gu%C3%ADa%20de%20criterios%20de%20coordinaci%C3%B3n%20en%20el%20%C3%A1mbito%20de%20los%20procesos%20penales%20y%20civiles%20en%20materia%20de%20violencia%20sobre%20la%20mujer.pdf

180 La enmienda 121 fue presentada por el Grupo Parlamentario Plural, en el que se proponía la siguiente redacción del art. 544. Ter 7 de la LECrim: "'1. El Juez de Instrucción dictará orden de protección para las víctimas de violencia doméstica en los casos en que, existiendo indicios fundados de la comisión de un delito o falta contra la vida, integridad física o moral, libertad sexual, libertad o seguridad de alguna de las personas mencionadas en el artículo 173.2 del Código Penal, resulte una situación objetiva de riesgo para la víctima que requiera la adopción de alguna de las medidas de protección reguladas en este artículo.

2. La orden de protección será acordada por el juez de oficio o a instancia de la víctima o persona que tenga con ella alguna de las relaciones indicadas en el apartado anterior, o del Ministerio Fiscal. Sin perjuicio del deber general de denuncia previsto en el artículo 262

de esta ley, las entidades u organismos asistenciales, públicos o privados, que tuvieran conocimiento de alguno de los hechos mencionados en el apartado anterior deberán ponerlos inmediatamente en conocimiento del juez de guardia o del Ministerio Fiscal con el fin de que se pueda incoar o instar el procedimiento para la adopción de la orden de protección. 3. La orden de protección podrá solicitarse directamente ante la autoridad judicial o el Ministerio Fiscal, o bien ante las Fuerzas y Cuerpos de Seguridad, las oficinas de atención a la víctima o los servicios sociales o instituciones asistenciales dependientes de las Administraciones públicas. Dicha solicitud habrá de ser remitida de forma inmediata al juez competente. En caso de suscitarse dudas acerca de la competencia territorial del juez, deberá iniciar y resolver el procedimiento para la adopción de la orden de protección el juez ante el que se haya solicitado esta, sin perjuicio de remitir con posterioridad las actuaciones a aquel que resulte competente. Los servicios sociales y las instituciones referidas anteriormente facilitarán a las víctimas de la violencia doméstica a las que hubieran de prestar asistencia la solicitud de la orden de protección, poniendo a su disposición con esta finalidad información, formularios y, en su caso, canales de comunicación telemáticos con la Administración de Justicia y el Ministerio Fiscal. Ante la denuncia por violencia de género de una mujer con hijos/as menores de edad a su cargo, y en el caso de que se vaya acordar una orden de protección, el Juez no solo estará obligado a pronunciarse de oficio sobre las medidas cautelares de protección para esos menores, sino también a no establecer o suspender automáticamente el régimen de comunicación y estancia de los hijos/as con su progenitor hasta la extinción de la responsabilidad penal tras lo cual será el Juez quien deba valorar si procede tal concesión." JUSTIFICACIÓN: Mejor protección de los niños y niñas. Proponemos que, dentro de las medidas judiciales, ante una solicitud y concesión de orden de protección por

199[181] presentadas y aprobadas por la Comisión en el

---

violencia de género, el juez en todo caso suspenderá las visitas con los y las menores.

181 La enmienda 199 presentada por el Grupo Parlamentario Ciudadanos en la que se proponía: "Se modifica el apartado 6 del artículo 544 ter, que queda redactado como sigue: «6. Las medidas cautelares de carácter penal podrán consistir en cualesquiera de las previstas en la legislación procesal criminal. Sus requisitos, contenido y vigencia serán los establecidos con carácter general en esta Ley. Se adoptarán por el juez de instrucción atendiendo a la necesidad de protección integral e inmediata de la víctima y, en su caso, de las personas sometidas a su patria potestad, tutela, curatela, guarda o acogimiento. En el caso de las víctimas de violencia de género que tengan a su cargo a personas menores de edad, en caso de que se vaya a acordar una orden de protección, el Juez no solo estará obligado a pronunciarse de oficio sobre las medidas cautelares de protección que correspondan para esos menores, sino también a no establecer o suspender automáticamente el régimen de comunicación y estancia de los menores con su progenitor, adoptante, guardador o acogedor hasta la extinción de la responsabilidad penal, tras lo cual el Juez valorará si procede su concesión o restablecimiento."»
JUSTIFICACIÓN La enmienda introduce una nueva modificación en la disposición final primera, por la que se modifica la Ley de Enjuiciamiento Criminal, en lo relativo a la regulación de la orden de protección judicial. En primer lugar, para establecer que las medidas cautelares que puedan adoptarse alcanzarán tanto a la víctima como a las personas sometidas a su patria potestad, tutela, curatela, guarda o acogimiento. Seguidamente, pare prever que, en el caso de víctimas de violencia de género con menores a cargo, estas medidas cautelares deberán contemplar el no establecimiento o la suspensión automática del régimen de comunicación y estancia de los menores con el otro progenitor, adoptante, guardador o acogedor hasta la extinción de la responsabilidad penal,

marco de la tramitación parlamentaria de la Ley Orgánica 8/2021, de 4 de junio, de protección integral a la infancia y la adolescencia frente a la violencia, tienen como objetivo introducir modificaciones en el artículo 544 ter de la Ley de Enjuiciamiento Criminal (LECrim). Estas enmiendas están relacionadas con las medidas que se deben adoptar en casos de denuncias por violencia de género en los que la víctima sea una mujer con hijos/as menores de edad a su cargo.

En la enmienda 121 se planteó una modificación del art. 544 ter LECrim, incluyendo en el párrafo 3 que "Ante la denuncia por violencia de género de una mujer con hijos/as menores de edad a su cargo, y en el caso de que se vaya acordar una orden de protección, el Juez no solo estará obligado a pronunciarse de oficio sobre las medidas cautelares de protección para esos menores, sino también a no establecer o suspender automáticamente el régimen de comunicación y estancia de los hijos/as con su progenitor hasta la extinción de la responsabilidad penal tras lo cual será el Juez quien deba valorar si procede tal concesión".

La enmienda 199 propuso la modificación del apartado 6 del art. 544 ter LECrim en relación a las medidas penales, y en cuanto a las medidas civiles, propuso que "[e]n el caso de las víctimas de violencia de género que tengan a su cargo a personas menores de edad, en caso de que se vaya a acordar una orden de protección, el Juez no solo estará obligado a pronunciarse de oficio sobre las medidas cautelares de protección que correspondan para esos menores,

---

tras lo cual el juez resolverá sobre su concesión o restablecimiento.

sino también a no establecer o suspender automáticamente el régimen de comunicación y estancia de los menores con su progenitor, adoptante, guardador o acogedor hasta la extinción de la responsabilidad penal, tras lo cual el Juez valorará si procede su concesión o restablecimiento".

Es la disposición final primera de la LO 8/2021, de 4 de junio la que modifica los apartados 6 y 7 del art. 544 ter:

"Las medidas cautelares de carácter penal podrán consistir en cualesquiera de las previstas en la legislación procesal criminal. Sus requisitos, contenido y vigencia serán los establecidos con carácter general en esta ley. Se adoptarán por el Juez de instrucción atendiendo a la necesidad de protección integral e inmediata de la víctima y, en su caso, de las personas sometidas a su patria potestad, tutela, curatela, guarda o acogimiento" Apartado 6.

Con la nueva regulación derivada de la enmienda transaccional 199, se modifica el apartado 6 del artículo 544 ter de la LECrim que tiene incidencia en las medidas civiles que se regulan en el párrafo 7 del precepto. En la redacción original del apartado 6, se establecía que las medidas penales se adoptarán por el Juez de instrucción teniendo en cuenta únicamente la necesidad de protección integral e inmediata de la víctima de violencia de género. Con la incorporación de la enmienda transaccional 199, se amplía los aspectos a tenerse en consideración por parte del juez al momento de adoptar medidas penales. Ahora, el juez debe tener en cuenta un parámetro adicional y atender no solo a la protección integral e inmediata de la mujer víctima de violencia de género, sino también a la protección integral e inmediata de las personas sometidas a la patria potestad, tutela, curatela, guarda o acogimiento de la víctima.

Esta modificación tiene su origen en la consideración de los hijos e hijas como víctimas directas de la violencia de género y, por lo tanto, necesitados de protección legal. La inclusión de los hijos/as y dependientes en la consideración de las medidas penales busca proteger sus derechos y garantizar su bienestar en casos de violencia de género junto a sus madres. Al considerar a los menores y dependientes como víctimas de la violencia de género, se pretende asegurar una protección efectiva tanto para ellos como para sus madres, otorgándoles un tratamiento integral e inescindible.

Esta modificación también tiene implicaciones en el apartado 7 del artículo 544 ter LECrim, que se analiza a continuación. El apartado 7 del 544 Ter regula la adopción de medidas civiles en la orden de protección. La redacción de los apartados 2 y 3 del precepto objeto de análisis antes de la reforma era la siguiente:

> "2. Estas medidas podrán consistir en la atribución del uso y disfrute de la vivienda familiar, determinar el régimen de guarda y custodia, visitas, comunicación y estancia con los menores o personas con la capacidad judicialmente modificada, el régimen de prestación de alimentos, así como cualquier disposición que se considere oportuna a fin de apartarles de un peligro o de evitarles perjuicios.
>
> 3. Las medidas de carácter civil contenidas en la orden de protección tendrán una vigencia temporal de 30 días. Si dentro de este plazo fuese incoado a instancia de la víctima o de su representante legal un proceso de familia ante la jurisdicción civil, las medidas adoptadas permanecerán en vigor durante los treinta días siguientes a la presentación de la demanda. En este término las medidas deberán ser

> ratificadas, modificadas o dejadas sin efecto por el Juez de primera instancia que resulte competente".

Con la redacción actual introducida por la LO 8/2021, de 4 de junio, esas medidas "podrán consistir en la forma en que se ejercerá la patria potestad, acogimiento, tutela, curatela o guarda de hecho, atribución del uso y disfrute de la vivienda familiar, determinar el régimen de guarda y custodia, suspensión o mantenimiento del régimen de visitas, comunicación y estancia con los menores o personas con discapacidad necesitadas de especial protección, el régimen de prestación de alimentos, así como cualquier disposición que se considere oportuna a fin de apartarles de un peligro o de evitarles perjuicios.

Cuando se dicte una orden de protección con medidas de contenido penal y existieran indicios fundados de que los hijos e hijas menores de edad hubieran presenciado, sufrido o convivido con la violencia a la que se refiere el apartado 1 de este artículo, la autoridad judicial, de oficio o a instancia de parte, suspenderá el régimen de visitas, estancia, relación o comunicación del inculpado respecto de los menores que dependan de él. No obstante, a instancia de parte, la autoridad judicial podrá no acordar la suspensión mediante resolución motivada en el interés superior del menor y previa evaluación de la situación de la relación paternofilial".

a. La forma en que se ejercerá la patria potestad, acogimiento, tutela, curatela o guarda de hecho

El precepto no hace referencia a la suspensión del ejercicio de la patria potestad, acogimiento, tutela, curatela o guarda de hecho sino al modo en que se ejercerán[182]. La modificación en este punto pretende dar respuesta a las dificultades con que se encuentran las mujeres víctimas de violencia de género, que tienen hijos e hijas a su cargo, para que éstos puedan recibir tratamiento psicológico o terapia que les ayude a recuperarse del impacto que la violencia vivida les ha ocasionado. No resulta infrecuente que, tras la denuncia, los maltratadores se nieguen a conceder autorización para que sus hijos o hijas se sometan a tratamientos psicológicos. La lectura que podemos hacer de la negativa es variada. De un lado, la autorización por el padre maltratador puede ser interpretada como un reconocimiento de la violencia vivida por sus hijos, hijas y madre, que indudablemente tendría una repercusión negativa en su defensa. Además, esta negativa puede ser utilizada por el maltratador para seguir provocando un daño directo en sus hijos e hijas menores e indirecto en sus madres.

Es cierto que la modificación llevada a cabo en el art. 156 del CC por el RD Ley 9/2018 de 3 de agosto de medidas urgentes para el desarrollo del Pacto de Estado contra la violencia de género ya incluyó dicha posibilidad, estableciendo dicho artículo que dictada una sentencia condenatoria y mientras no se extinga la responsabilidad penal o iniciado un procedimiento penal contra uno de los progenitores por atentar contra la vida, la integridad física, la libertad, la integridad moral o la libertad e indemnidad sexual de los hijos o hijas comunes menores de edad, o por atentar contra el otro progenitor, bastará el consentimiento

---

182 Dicha suspensión podrá ser acordada con base en el art. 544 quinquies de la LECrim en los casos en que las niñas y niños sean víctimas directas o indirectas de la violencia.

de éste para la atención y asistencia psicológica de los hijos e hijas menores de edad, debiendo el primero ser informado previamente. Si la asistencia hubiera de prestarse a los hijos e hijas mayores de dieciséis años se precisará en todo caso el consentimiento expreso de éstos. Este precepto ha sido nuevamente reformado por la Ley 8/2021, de 2 de junio por la que se reforma la legislación civil y procesal para el apoyo a las personas con discapacidad en el ejercicio de su capacidad jurídica, incluyéndose también la posibilidad de contar únicamente con el consentimiento de la madre maltratada, víctima de violencia de género, para la asistencia psicológica de los hijos o hijas comunes menores de edad aunque ésta no haya interpuesto denuncia previa, cuando la mujer esté recibiendo asistencia en un servicio especializado de violencia de género, siempre que medie informe emitido por el servicio que acredite dicha situación.

El hecho de que existiera la previsión legal en el CC implicaba que las mujeres que decidieran un tratamiento psicológico para sus hijos o hijas menores debían instar una solicitud en un procedimiento civil, lo que indudablemente ralentizaría el inicio del tratamiento, corriéndose el riesgo de agravarse o cronificarse los efectos de todo tipo que la violencia de género haya podido causar en sus hijas e hijos. De este modo, es en la propia orden de protección donde se puede acordar dicha medida, evitando así que las mujeres deban iniciar una suerte de peregrinación de jurisdicciones para amortiguar los efectos de la violencia que han vivido los menores y que abocaba a una cierta violencia institucional.

B. Determinación del régimen de guarda y custodia

La determinación del régimen de guarda y custodia en la orden de protección es una de las medidas sobre las que se deberá pronunciar el juez al adoptar la orden. Sobre la guarda y custodia el art. 92.7 del CC[183], introducido por la ley 15/2005 de 8 de julio, establecía que "No procederá la guarda conjunta cuando cualquiera de los padres esté incurso en un proceso penal iniciado por atentar contra la vida, la integridad física, la libertad, la integridad moral o la libertad e indemnidad sexual del otro cónyuge o de los hijos que convivan con ambos. Tampoco procederá cuando el Juez advierta, de las alegaciones de las partes y las pruebas practicadas, la existencia de indicios fundados de violencia doméstica".

El precepto ha sido modificado en varias ocasiones, siendo la última la llevada a la Ley 16/2022, de 5 de septiembre, de reforma del texto refundido de la Ley Concursal que le ha dado esta redacción vigente a fecha de hoy: "7. No procederá la guarda conjunta cuando cualquiera de los progenitores esté incurso en un proceso penal iniciado por atentar contra la vida, la integridad física, la libertad, la integridad moral o la libertad e indemnidad sexual del otro cónyuge o de los hijos que convivan con ambos. Tampoco

---

183 7. No procederá la guarda conjunta cuando cualquiera de los progenitores esté incurso en un proceso penal iniciado por atentar contra la vida, la integridad física, la libertad, la integridad moral o la libertad e indemnidad sexual del otro cónyuge o de los hijos que convivan con ambos. Tampoco procederá cuando el Juez advierta, de las alegaciones de las partes y las pruebas practicadas, la existencia de indicios fundados de violencia doméstica o de género.

procederá cuando el Juez advierta, de las alegaciones de las partes y las pruebas practicadas, la existencia de indicios fundados de violencia doméstica o de género. Se apreciará también a estos efectos la existencia de malos tratos a animales, o la amenaza de causarlos, como medio para controlar o victimizar a cualquiera de estas personas".

Del precepto se desprende que es incompatible un régimen de guarda y custodia compartida con un supuestos de violencia de género, por lo que la dinámica y funcionamiento de la custodia compartida implica respecto de la relación estrecha entre los progenitores. Así lo entiende el Auto nº 790/2021 de 16 de septiembre de la AP de León basando su decisión de dos cuestiones, una de fondo y otra de forma. En cuando al fondo establece: "Pretende el apelante que, en cuanto a las medidas civiles se fije una custodia compartida, o al menos un régimen más amplio de visitas y una reducción de la pensión alimenticia atribuida al menor. Con independencia de que la institución de una guarda y custodia compartida es una modalidad incompatible con la violencia de género (art. 92 CC). De otro lado, la objeción que plantea es en cuanto a la forma, dado que las medidas civiles adoptadas en una orden de protección no pueden ser modificadas en ningún sentido, por cuanto las medidas civiles no pueden ser objeto de recurso de apelación. Los motivos de la irrecurribilidad de las medidas son claros. Por la naturaleza perentoria y temporal y de su duración, ya que tratan de resolver de manera urgente y provisional una situación de crisis familiar y como se señala el apartado 7.2 del artículo 544 ter LECrim: "Las medidas de carácter civil contenidas en la orden de protección tendrán una vigencia temporal de 30 días. Si dentro de este plazo fuese incoado a instancia de la víctima o de su representante legal un proceso de familia ante la jurisdicción civil las medidas adoptadas permanecerán en vigor durante los treinta días siguientes a la presentación de la demanda. En este término las medidas deberán ser ratificadas, modificadas o dejadas sin efecto por el juez de primera instancia que resulte competente." Esta limitación temporal se fundamenta en la especial función de la orden de protección, que, conforme a la propia Exposición de Motivos de la Ley 27/2003, de 31 de julio, que la introduce en nuestro derecho viene encaminada a que "a través de un rápido y sencillo procedimiento judicial, sustanciado ante el juzgado de instrucción, pueda obtener la víctima un estatuto integral de protección que concentre de forma coordinada una acción cautelar de naturaleza civil y penal. Esto es, una misma resolución judicial que incorpore conjuntamente tanto las medidas restrictivas de la libertad de movimientos del agresor para impedir su nueva aproximación a la víctima, como las orientadas a proporcionar seguridad, estabilidad y protección jurídica a la persona agredida y a su familia, sin necesidad de esperar a la formalización del correspondiente proceso matrimonial civil". Se trata de una solución provisoria, de tal suerte que, transcurrido aquéllos primeros momentos y plazos, decae la función de dichas medidas, ya que la víctima ya ha tenido tiempo y ocasión para interponer el oportuno procedimiento matrimonial ante la jurisdicción civil, solicitando, en su caso, las medidas provisionales que tuvieren que regir sus relaciones familiares durante su sustanciación y las diligencias útiles para ello." (FD 2°).

C. Suspensión o mantenimiento del régimen de visitas, comunicación y estancia con los menores o personas con discapacidad necesitadas de especial protección

Una de las novedades más importantes que supone la reforma del art 544 Ter.7 es la relativa a la regulación del régimen de visitas, comunicación y estancia en la orden de protección. La redacción de la Ley indica que solo es posible tomar decisiones respecto a la suspensión o al mantenimiento del régimen de visitas, comunicación y estancia. Ahora en ningún caso se permite establecer un nuevo régimen de visitas, si éste no se encontraba previamente establecido. Es la interpretación que se desprende de las enmiendas transaccionales aprobadas por la Comisión, de la que solo cabe deducir que cuando se acuerde una orden de protección en casos de violencia de género donde la mujer tenga a su cargo hijos/as menores de edad, el juez, respecto al régimen de visitas, solo podrá determinar su suspensión o mantenimiento, pero no se puede establecer un nuevo régimen de visitas ("*ex novo*") en ese momento. En otras palabras, si no existe una resolución judicial previa que haya regulado el régimen de visitas antes de la orden de protección, el juez que acuerda la orden de protección no tiene la facultad de establecer un nuevo régimen de visitas para el progenitor no custodio. En cambio, solo puede decidir si suspende o mantiene el régimen de visitas existente hasta el momento. Esta interpretación se fundamenta en el sentido y el contexto normativo de la ley, así como en la necesidad de proteger a los niños y niñas en situaciones de violencia de género. Las enmiendas transaccionales reflejan la intención de brindar una respuesta contundente frente a la violencia de género y proteger a los menores afectados por estas situaciones. Al evitar establecer un nuevo régimen de visitas durante la orden de protección, se busca salvaguardar el bienestar y la seguridad de niños y niñas involucrados. La patria potestad, custodia y el régimen de visitas son cuestiones fundamentales para el cuidado y el desarrollo adecuado de los menores, y es esencial abordar estas cuestiones con prudencia y enfoque centrado en su protección.

Tal y como establece la Nota de Servicio 1/2021 de la Fiscalía General del Estado (Fiscalía de Sala/ Unidad de Violencia sobre la mujer) de 14 de octubre de 2021 sobre Criterios orientativos en la interpretación de la nueva redacción de los arts. 544 ter LECrim y 94.4 CC esta interpretación es la única posible en atención a la realidad social de la violencia de género sobre infancia y adolescencia, que precisa de una respuesta contundente a fin de proteger a los niños y niñas frente a la violencia de género que sufren sus madres y a hacer efectiva la protección de estas, teniendo en cuenta, además, que cuando se acuerda una medida penal de prohibición de aproximación a la madre, el riesgo de instrumentalización y manipulación de los niños y niñas e, incluso, de ejercer la violencia sobre ellos, bien como estrategia para dominar y controlar a la madre, bien para hacerle el máximo daño posible, se eleva a la enésima potencia[184]. Esta imposibilidad de establecimiento del régimen de visitas en la orden de protección en estos casos no impide que el progenitor acuda a un procedimiento civil de familia en el que solicite las medidas paternofiliales que considere oportunas, entre otras el establecimiento de un régimen de visitas.

---

[184] https://www.cicac.cat/wp-content/uploads/2021/10/NOTA-SERVICIO-1-2021-Unidad-Violencia-sobre-Mujer-FGE.pdf

El legislador ha dispuesto que cuando se acuerda una orden de protección con medidas penales no se puede establecer un régimen de visitas y, si existiera ese régimen de vistas, estancias y comunicación con los menores acordado previamente, el juez tiene la obligación de suspenderlo, de oficio o instancia de parte, si los menores han presenciado, sufrido o convivido con la violencia de género o doméstica, y solo podrá excepcionalmente no acordar la suspensión, es decir, mantener ese régimen de visitas, cuando a instancia de parte así proceda, lo que deberá hacer en una resolución motivada en el interés superior del menor y previa evaluación de la situación de la relación paternofilial.

No sostiene esta interpretación la jurisprudencia de forma unánime. El AAP Cáceres de 14 de noviembre 2022[185] entiende que, de la interpretación lógica, sistemática y atendiendo a los antecedentes legislativos, no cabe concluir que no quepa la fijación *ex novo* de un régimen de visitas en una orden de protección. Hace referencia a las excepciones contempladas en otros preceptos que regulan el establecimiento de los regímenes de visitas (arts. 94 CC y 544 *quinquies*) que contemplan la posibilidad excepcional de mantener el régimen de visitas mediante resolución motivada en el interés superior del menor y previa evaluación de la situación de la relación paternofilial. También se alude a la falta de mención alguna a esta cuestión en el Preámbulo de la LO 8/2021, así como a la tramitación parlamentaria de la norma. Se hace alusión a que la modificación del art. 544 ter 6 y 7 no se encontraba inicialmente prevista, y que su introducción

---

185 ECLI:ES:APCC:2022:737A

fue fruto de una enmienda del Grupo Socialista y de Unidas Podemos (enmienda 247) que dió la actual redacción de los párrafos segundo y tercero del artículo 544 ter 7. La justificación o motivación de la enmienda que triunfó es, literalmente, "mejora técnica". Es por ello por lo que, el Preámbulo guarda silencio. Pues bien, tampoco ello es totalmente así. La modificación del 544 ter 6 y 7 tiene su origen en las enmiendas 121 y 199 a que se ha hecho referencia más arriba. En dichas enmiendas respectivamente la justificación fue: "Mejor protección de los niños y niñas. Proponemos que, dentro de las medidas judiciales, ante una solicitud y concesión de orden de protección por violencia de género, el juez en todo caso suspenderá las visitas con los y las menores (121); y "JUSTIFICACIÓN La enmienda introduce una nueva modificación en la disposición final primera, por la que se modifica la Ley de Enjuiciamiento Criminal, en lo relativo a la regulación de la orden de protección judicial. En primer lugar, para establecer que las medidas cautelares que puedan adoptarse alcanzarán tanto a la víctima como a las personas sometidas a su patria potestad, tutela, curatela, guarda o acogimiento. Seguidamente, pare prever que, *en el caso de víctimas de violencia de género con menores a cargo, estas medidas cautelares deberán contemplar el no establecimiento o la suspensión automática del régimen de comunicación y estancia de los menores con el otro progenitor,* adoptante, guardador o acogedor hasta la extinción de la responsabilidad penal, tras lo cual el juez resolverá sobre su concesión o restablecimiento". La mejora técnica a que se refiere la sentencia es consecuencia del consenso a que se llegó en estas enmiendas, que dio lugar ahora sí a la 247 que indica la sentencia. Por tanto, es precisamente la tramitación parlamentaria la que nos da las claves interpretativas de la reforma introducida en el art. 544 ter 7 de la LECRIM.

Aclarado que no cabe establecimiento *ex novo* en la orden de protección de un régimen de visitas, puede ocurrir que dicho régimen esté acordado previamente. En dicho caso, tal y como establece el art. 544 ter 7.3, respecto a dicho régimen el juzgador deberá adoptar, de oficio o a instancia de parte, una de estas dos decisiones: suspenderlo o mantenerlo. Para tomar cualquiera de estas dos decisiones el juzgador deberá tener en cuenta una serie de circunstancias como que existan indicios fundados de que los hijos e hijas menores de edad hubieran presenciado, sufrido o convivido con la violencia de género y doméstica. Dichos indicios podrán deducirse del propio atestado policial, declaración de la víctima, de testificales los propios hijos e hijas, vecinos, o cualquier otro medio de prueba del que pueda deducirse tal indicio.

En el supuesto contemplado por el AAP Huesca, de 8 de febrero de 2023[186], no se acoge la pretensión de la recurrente[187] sobre la base de que en el supuesto analizado se llega a la conclusión de que no existían indicios fundados de que los hijos menores de edad hubieran presenciado, sufrido o convivido con la violencia. La hija en este supuesto tenía un año de edad, y por dicho motivo se considera en el auto que

186 ECLI:ES:APHU:2023:45A

187 En este caso, previamente a los sucesos que dieron lugar a la orden de protección, había establecida una custodia compartida respecto de los menores. La madre solicitó que se estableciera una custodia materna con régimen de visitas en el PEF.

no "sufre", "convive" ni "presencia" la violencia[188]. Se da por bueno el criterio manifestado por el hermano de la menor (de quien no consta su edad) acerca de que la edad de su hermana, un año, hace imposible que sea consciente o le afecte la situación de violencia de género a la que está sometida su madre y respecto de la cual sí se consideró oportuno adoptar medidas penales para protegerla.

Aunque los estudios sobre bebés expuestos a violencia de género no son muy abundantes, sí existen investigaciones con evidencias científicas que llaman la atención acerca de los efectos que genera la violencia de género en bebes y niños muy pequeños. En concreto se refieren a trastornos del sueño o trastornos de la alimentación[189]. Alcántara López pone de manifiesto la existencia de estudios que han encontrado evidencias acerca de que los niños y niñas expuestos a violencia doméstica a la edad de un año eran más propensos a mostrar estrés en respuesta a conflictos verbales que los bebes que no habían estado expuestos. Otros estudios también evidencian la existencia de trauma en bebes de un año que han

---

[188] Respecto de este punto, en la exploración del hermano mayor de la hija señaló, a preguntas concretas sobre esta temática: "¿Qué hacía Esther? Dormir, dormir, dormir, dormir, y, dormir" (Minuto 36:28 de la Exploración de 4 de octubre de 2022), añadiendo "¿Tú crees que se enteraba [de algo]? - Hombre con ¡¿Con un año?! cómo se va a enterar." (Minuto 36:42 de la Exploración de 4 de octubre de 2022).

[189] Hornor Gail. "Domestic violence and children" en *Pediatr Health Care*. 2005 Jul-Aug;19(4), pp. 206-12.

convivido en entornos familiares violentos[190]. Muñoz Vicente y Del Campo Cámara enumeran los desajustes psicológicos en menores expuestos a violencia interprogenitores dependiendo de su etapa evolutiva, destacando en la etapa evolutiva de los 0 a los 5 años:

De 0 a 3 años

- comportamiento irritable y regresivo
- trastorno del sueño
- estrés emocional
- miedo a quedarse solos
- presencia al menos de un síntoma traumático
- mayor riesgo de apego desorganizado Preescolar (3-5 años)
- problemas de conducta social (agresividad, retraimiento social y posesividad)
- problemas de rendimiento cognitivo
- problemas de salud física derivados del estado de temor en el que viven (dolor de cabeza y de estómago, asma, insomnio, pesadillas, sonambulismo y enuresis)
- problemas de salud mental (sintomatología ansiosodepresiva, síntomas de estrés postraumático, dificultades para desarrollarempatía, baja autoestima)[191].

---

190 Alcántara López, María Vicenta: *Las víctimas invisibles: afectación psicológica en menores expuestos a violencia de género* [en línea]; García Montalvo, Carmen María; López Soler, Concepción; López García, Juan José, (Dirs.); Universidad de Murcia, 2010, p. 103.

191 Muñoz Vicente José Manuel y Del Campo Cámara Milagros: "La evaluación pericial psicológica de idoneidad

En la misma línea podemos traer a colación la doctrina sentada por la STS (Sala 2ª) de 18 abril 2018[192] en la que en la interpretación del subtipo agravado del art. 153.3 del CP "ejecutar las lesiones leves sobre la esposa en presencia de los hijos menores de edad" afirma, con razón, que la presencia de los hijos e hijas en episodios de violencia del padre hacia la madre, supone una experiencia traumática, produciéndose la destrucción de las bases de su seguridad, al quedar los menores a merced de sentimientos de inseguridad, de miedo o permanente preocupación ante la posibilidad de que la experiencia traumática vuelva a repetirse. Todo ello se asocia a una ansiedad que puede llegar a ser paralizante y que desde luego afecta muy negativamente al desarrollo de la personalidad del menor, pues aprende e interioriza los estereotipos de género, las desigualdades entre hombres y mujeres, así como la legitimidad del uso de la violencia como medio de resolver conflictos familiares e interpersonales fuera del ámbito de la familia. Si esa es la finalidad de la norma, es claro que sólo se puede cumplimentar su objetivo exacerbando la pena en el caso en que el menor se percate o aperciba de la situación de crispación o de enfrentamiento familiar por cualquiera de los medios sensoriales con que pueda cerciorarse de los hechos. Sin que para ello sea preciso que los vea de forma directa por estar delante de los protagonistas de la escena violenta, sino que puede conocerla de forma sustancial a través de su capacidad auditiva y de

---

de custodia y régimen de visitas en los procedimientos de violencia de género en el contexto legal español", en *Psicopatología clínica, legal y forense*, Vol. 15, 2015; pp. 131-154, p. 147.

192 ES:TS:2018:1378

otros medios sensoriales complementarios que le den perfecta cuenta de lo que está realmente sucediendo. Por consiguiente, la expresión 'en presencia' no ha de interpretarse en el sentido de que los menores han de hallarse físicamente delante de las personas que protagonizan la escena violenta, de modo que el menor pueda tener una percepción visual directa de ellas. La interpretación estrictamente literal del vocablo como «estado de la persona que se halla delante de otra u otras o en el mismo sitio que ellas» (diccionario de la RAE) vaciaría en gran medida de contenido la función y los fines de la norma, llegando a hipótesis absurdas de desprotección normativa de los menores. Y ello porque en muchos casos no se hallan dentro de la habitación de sus ascendientes o de las personas que realizan las escenas violentas, pero escuchan y son plenamente conscientes de lo que está sucediendo, percatándose tanto de las expresiones verbales que contienen un componente agresivo o violento, como del ruido que es propio de un golpe o de una agresión.

Si esto es así, entiendo que el criterio de haber convivido, sufrido o presenciado la violencia no debería descansar exclusivamente en el testimonio del hermano de la bebé, que manifiesta: "Hombre, con un año: ¿Cómo se va a enterar?". Lo conveniente será que los juzgados de violencia, o de instrucción en su caso, tengan adscritas unidades forenses de valoración integral, compuestas por profesionales (médicos, psicólogos, trabajadores sociales) quienes estarán en condiciones técnicas de poder valorar el concreto interés superior de los niños y niñas, independientemente de su edad, respecto de quienes haya que adoptarse medidas que afecten a su relación con el padre maltratador.

Para el mantenimiento del régimen de visitas en la orden de protección, supuesto excepcional, deben concurrir también una serie de presupuestos. En primer lugar, es necesario que lo hayan solicitado las partes (a instancia de parte). Esta posibilidad no se prevé que pueda acordarse de oficio, dado que no tendría mucho sentido que un juez penal mantuviera en una orden de protección un régimen de visitas previamente acordado cuando ninguno de los progenitores lo solicita, ni tampoco el Ministerio Fiscal. El acuerdo acerca del mantenimiento del régimen de visitas se deberá llevar a cabo mediante una resolución motivada en el interés superior del niño o niña y previa evaluación de la relación paternofilial. Para valorar el interés superior del menor, que vendrá determinado por esa previa evaluación de la relación paternofilial, se deberán tener en cuenta los aspectos contemplados en el art. 4 de la LO 8/2021.

Por otra parte, resultará altamente complicada la evaluación de la relación paternofilial que justifique el mantenimiento del régimen de visitas como medida a adoptar por el juez en la orden de protección si tenemos en cuenta que dicha evaluación debe llevarse a cabo en el servicio de guardia de los Juzgados que deben adoptar la orden. La exploración de los menores, necesaria para evaluar esa relación paterno filial, se lleva a cabo por el equipo de Valoración Integral de los Institutos de Medicina Legal, equipos que no tienen un servicio de guardia y que ni tan siquiera en horas de audiencia podrían comparecer y realizar esa valoración en el plazo en el que se debe dictar la orden de protección, dado el volumen y carga de trabajo que soportan[193].

La reciente jurisprudencia menor que se ha ocupado del tema a raíz de la reciente reforma es escasa, y ello porque de forma mayoritaria se considera que frente a la resolución que acuerda las medidas civiles de la orden de protección no cabe recurso por su equiparación por analogía a las medidas previas a las demandas de nulidad, separación y divorcio. En ese sentido se pronuncia el AAP Barcelona de 27 de junio de 2006, Sección 12ª[194]; AAP Cantabria, 27 octubre 2021, Sección 3ª[195]

---

193 Carrión San Cecilio, Maria Elisa: "Novedades jurídicas sobre la violencia de género", *Revista Derecho y Proceso*, nº 2, 2022, 99. 29-52, p. 38.

194 "Es obvio por tanto, la inutilidad de la admisión del recurso de apelación contra este tipo de medidas, dada el escaso periodo de vigencia que van a tener, de manera que esta Sala, de conformidad a lo previsto en el art. 4 del Código Civil , por apreciar identidad de razón, en aplicación analógica de la norma prevista para el supuesto regulado en el art. 771 de la Ley de Enjuiciamiento Civil , que establece la irrecurribilidad de las medidas provisionales previas a la demanda de nulidad, separación o divorcio, que al igual que las medidas que ahora nos ocupan, regularán las medidas o efecto, esto es la forma de organizarse las partes en situación de crisis familiares, y que asimismo tienen una vigencia de 30 días hasta que se presente la correspondiente demanda, es por lo que consideramos que las medidas civiles adoptadas junto con una Orden de Protección, no son recurribles" (FD 2º).

195 ECLI:ES:APS:2021:1527A "Cabe concluir siguiendo la línea jurisprudencial mayoritaria, que no resulta posible recurrir las medidas civiles de la orden de protección, y ello no sólo por lo perentorio del término de su du-

ración que haría ilusorio en la mayoría de los casos tal recurso, sino por su propia naturaleza.

A juicio de la Sala esta interpretación es la más acorde con su naturaleza inmediata y provisional, entendiendo que habida cuenta su carácter perentorio, de admitirse recursos como el que nos ocupa podrían producirse graves disfunciones entre lo resuelto por las correspondientes Secciones Penales de la Audiencia Provincial y lo resuelto por el juez civil.

De igual modo nos encontramos con que el artículo 44 de la Ley 1/2004 que adiciona el apartado 2 del artículo 87 ter de la Ley Orgánica del Poder Judicial indica que los Juzgados de Violencia sobre la Mujer, cuando ejercen sus competencias en materia civil lo llevarán a cabo " de conformidad con los procedimientos y recursos previstos en la Ley de Enjuiciamiento Civil ". Quiere ello decir, por lo tanto, que los recursos que procedan contra las resoluciones dictadas en dicha materia han de tramitarse conforme a lo dispuesto en la Ley de Enjuiciamiento Civil, lo que nos lleva de nuevo al artículo 771.4 de la LEC que excluye de recurso a los Autos de medidas provisionales previas a las demandas de nulidad, separación o divorcio.

En el mismo sentido se han pronunciado recientemente el Auto de la Audiencia Provincial de Madrid de 22 de febrero de 2017, el Auto de la Audiencia Provincial de Zaragoza de 17 de febrero de 2017, entre otras muchas resoluciones, y esta propia Sección Tercera de la Audiencia Provincial de Cantabria de fecha 5 de mayo de 2017 (307/2017) y 7 de agosto de 2017 (648/2017).

Por todo ello, la Sala concluye que no cabe recurso alguno contra la adopción de dichas medidas de naturaleza civil, entendiendo que a tenor de lo dispuesto en el propio artículo 544.7 ter de la Ley de Enjuiciamiento Criminal, deberá ser la jurisdicción civil la que con plenitud de criterio se pronuncie al respecto, lo que en definitiva obliga a la íntegra desestimación del recurso, ello por aplicación de la doctrina jurisprudencial que en-

entre otras[196]. No obstante, dicha opinión no es del todo unánime, pues el AAP Ávila, Sección 1ª, de 7 de octubre de 2022[197] no comparte este criterio, y entiende que las medidas acerca de la suspensión del régimen de visitas no tienen una naturaleza estrictamente civil y por ello no deben seguir el régimen temporal de vigencia de 30 días del párrafo último del art. 544 ter apartado 7, siendo susceptibles de recurso. Según el auto, no es pacífico que la medida de suspensión del régimen de visitas como la adoptada por el Juzgado a quo sea una medida de naturaleza civil, y sí más bien una medida cautelar de protección de los hijos menores y su interés superior, con base en los preceptos que contemplan la posibilidad de su adopción[198]. Considerando posible el recurso, el

---

tiende que las causas de inadmisión no apreciadas en el momento procesal oportuno se convierten a la hora de resolver los recursos en causas de desestimación de los mismos"(FDU).

196 AAP Madrid (Secc. 27), núm. 512/2022 de 23 marzo: "Recordar, a su vez, sobre la impugnación de ésta y de las demás medidas civiles decretadas, atendiendo al criterio sentado por las Secciones Especializadas en materia de Violencia de Género, las 26º y 27º (auto de 16/02/2022, dictado en el RAV núm. 40/2022), de esta Ilma. Audiencia Provincial de Madrid, que tal pedimento ha de ser también rechazado, al entenderse, de forma unánime, que las resoluciones que concedan o denieguen medidas civiles no son recurribles en vía penal, como de forma expresa se expuso en la parte Dispositiva del auto impugnado".

197 ECLI:ES:APAV:2022:311A

198 A) El artículo 544 quinquies 1 d) de la LECR , según el cual en el caso en que se investigue un delito de los mencionados en el artículo 57 del CP, el Juez o Tribunal, cuando resulte necesario al fin de protección de la

auto entra a valorar la procedencia de la suspensión

---

víctima menor de edad o con la capacidad judicialmente modificada, en su caso, adoptará motivadamente alguna de las siguientes medidas: d) suspender o modificar el régimen de visitas o comunicación con el no conviviente o con otro familiar que se encontrara en vigor, cuando resulte necesario para garantizar la protección del menor o de la persona con la capacidad modificada judicialmente".

B) El artículo 66 de la LO 1/2004 , de medidas de protección integral contra la violencia de género, que prevé la posibilidad de que el Juez ordene la suspensión del régimen de visitas del inculpado por violencia de género respecto de los menores que dependan de él.

C) El artículo 158 del Código Civil (al que se refiere precisamente el artículo 544 ter 7 párrafo primero de la LECR), según el cual el Juez dictará, entre otras posibles medidas, la de suspensión cautelar del régimen de visitas y comunicación establecidos en resolución judicial o convenio judicialmente aprobado.

D) El artículo 544 ter 7, párrafo tercero de la LECR , introducido por la DF 1.9 de la LO 8/2021, de 4 de junio, de protección integral a la infancia y la adolescencia frente a la violencia, que señala que " cuando se dicte una orden de protección con medidas de contenido penal y existieran indicios fundados de que los hijos e hijas menores de edad hubieran presenciado, sufrido o convivido con la violencia a la que se refiere el apartado 1 de este artículo, la autoridad judicial, de oficio o a instancia de parte, suspenderá el régimen de visitas, estancia, relación o comunicación del inculpado respecto de los menores que dependan de él. No obstante, a instancia de parte, la autoridad judicial podrá no acordar la suspensión mediante resolución motivada en el interés superior del menor y previa evaluación de la situación de la relación paternofilial".

E) El artículo 94 del Código Civil, modificado por la Ley 8/2021, de 2 de junio, en el que se hace esta indicación al Juez del orden civil: No procederá el establecimiento del régimen de visitas con aplicación del art. 544. Ter 7 de la LECrim. En este caso se considera que las amenazas del padre con tirarse por un puente junto con la hija menor, además de entrañar riesgo vital para la hija, también perturba el sentimiento de seguridad y sosiego de la madre denunciante, causándole un indudable perjuicio y daño moral, encuadrando dicha conducta en el art. 1.4 de la LO 1/2004. Dos circunstancias avalan la suspensión del régimen: "Por tanto, en un caso como el de autos, lo más ajustado a derecho era acordar la suspensión, que es la regla general. Lo excepcional es que, y siempre a instancia de parte, la autoridad judicial pueda no acordar la suspensión mediante resolución motivada en el interés superior del menor y previa evaluación de la situación de la relación paternofilial". Pero esta excepción no es posible apreciarla en el caso que nos ocupa, porque no consta practicada una evaluación previa de la situación de la relación paterno filial, a través del oportuno informe psicosocial, ni cree esta Sala que el interés superior de la menor sea mantener relaciones con el padre cuando éste amenaza con

---

de un régimen de visitas o estancia, y si existiera se suspenderá, respecto del progenitor que esté incurso en un proceso penal iniciado por atentar contra la vida, la integridad física, la libertad, la integridad moral o la libertad e indemnidad sexual del otro cónyuge o sus hijos. Tampoco procederá cuando la autoridad judicial advierta, de las alegaciones de las partes y las pruebas practicadas, la existencia de indicios fundados de violencia doméstica o de género. No obstante, la autoridad judicial podrá establecer un régimen de visita, comunicación o estancia en resolución motivada en el interés superior del menor o en la voluntad, deseos y preferencias del mayor con discapacidad necesitado de apoyos.

quitarse la vida y quitársela al mismo tiempo a su propia hija tirándose por un puente. No, al menos, mientras no exista una adecuada evaluación de la relación paterno filial que permita apreciar una eliminación del riesgo para la menor". (FD 5°).

El AAP Guipúzcoa de 11 de octubre 2021[199], frente al recurso interpuesto por el padre ante la resolución que acuerda la suspensión del régimen de visitas, pese a entender que se trata de una medida no susceptible de recurso dedica parte del fundamento de derecho cuarto a manifestar su posición acerca del carácter excepcional del mantenimiento del régimen de visitas en la orden de protección: "Excepción que ha de motivarse en el interés superior del menor y previa evaluación de la situación de la relación paternofilial, lo que implica que debe ser objeto de interpretación restrictiva y estricta, ya que el legislador entiende que concurriendo los presupuestos señalados el prioritario interés de los menores aconseja la suspensión del régimen de visitas, estancia, relación o comunicación del inculpado con los menores".

1.1.6. Vigencia de las medidas civiles

En el supuesto de que no se hayan adoptado medidas civiles en el proceso de familia ante la jurisdicción civil, las medidas civiles de la orden de protección cumplen una función similar a las medidas previas urgentes previstas en el artículo 771.2 LEC, si bien no cabe entre ambos tipos de medidas una equiparación absoluta. El paralelismo entre ellas se produce por la previsión contenida en el párrafo segundo del artícu-

---

[199] ECLI:ES:APSS:2021:1097A

lo 544 ter. 7 de la LECrim, en el que se fija un plazo de vigencia de las medidas de 30 días, plazo igual al previsto en el artículo 771 de la LEC.

Las medidas de carácter civil contenidas en la orden de protección, como ha quedado apuntado, tendrán una vigencia temporal de 30 días. Si dentro de este plazo fuese interpuesta demanda a instancia de la víctima o de su representante legal relativa a un proceso de familia ante la jurisdicción civil, las medidas adoptadas permanecerán en vigor durante los 30 días siguientes a la presentación de la demanda. En este término las medidas deberán ser ratificadas, modificadas o dejadas sin efecto por el juzgado de familia que resulte competente, exigiendo el párrafo segundo del artículo 544 ter. 7 LECrim una ratificación explícita en un nuevo plazo de 30 días para que la vigencia de las medias ya no esté sujeta a caducidad, sino a sustitución por las distintas que se adopten, provisional o definitivamente en el procedimiento principal[200].

En este segundo plazo de 30 días las medidas civiles adoptadas pueden quedar sin efecto por un doble motivo. Bien porque no se interponga la correspondiente demanda civil; o bien porque pese a la interposición de la demanda civil, el juzgado no adopte una resolución explícita sobre las medidas previamente acordadas en la orden de protección.

---

200 Por su parte, el artículo 772 de la LEC, para el supuesto de interposición de la demanda de nulidad, separación o divorcio en el plazo de 30 días prevé la ratificación tácita de las medidas previamente acordadas, en defecto de convocatoria para la su modificación.

En el primer caso, cuando no se interponga ante la jurisdicción civil competente la demanda de nulidad, separación o divorcio en el plazo de treinta días señalado por el art. 544.7 Ter de la LECrim, se deduce del propio tenor literal del precepto el carácter decisivo con que se conmina a la mujer a instar las medidas de carácter civil en el correspondiente proceso de familia ante la jurisdicción civil antes de que haya transcurrido su vigencia temporal de treinta días. Las medidas civiles acordadas al amparo de la orden de protección son de carácter provisional. Pasados treinta días naturales de la vigencia temporal de las referidas medidas éstas quedan sin efecto[201].

En principio, pasados treinta días naturales de la vigencia temporal de las medidas civiles de la orden de protección éstas quedan sin efecto, salvo que se solicite lo procedente, pues no se trata de un término de naturaleza procesal, sino de un lapso de tiempo durante el que se mantienen unas medidas que comportan una serie de derechos y obligaciones para los que están sometidos a ellas. En este caso, se puede entender que se aplica el criterio de la prórroga tácita del artículo 772 de la LEC, tal y como entendió la AP de Guipúzcoa en su auto de 23 de octubre de 2008; si bien sobre la base de la aplicación del artículo 158.4 del CC y del principio del interés superior del menor:

> *"En el presente caso, la denunciante presentó demanda de divorcio dentro del referido plazo de 30 días, con lo cual la vigencia de las medidas se prorrogó durante otros 30 días, pero el Juzgado no se pronunció en este nuevo plazo sobre la ratifi-*

---

201 AAP Barcelona, Sección 2ª, 10 mayo 2005, JUR 2005\202048.

cación o modificación de tales medidas civiles. Es indudable que dicho órgano judicial incumplió la obligación legalmente establecida de dictar resolución fundada al respecto en el mencionado plazo. La cuestión que se plantea consiste en si dicha inactividad judicial ha de conllevar la pérdida de vigencia de la medida civil consistente en la pensión de alimentos dictada a favor de la hija menor de los litigantes, como solicita el recurrente, o no, como ha considerado el Juzgado, con el apoyo del Ministerio Fiscal y de la representación procesal de Almudena.

El criterio que ha de guiar nuestra decisión es el superior interés del menor, titular del derecho a percibir los alimentos fijados en la Orden de Protección, que no debe verse perjudicado por la inactividad judicial. El apartado 4º del art. 158 del CC proporciona también cobertura legal para esta situación excepcional que se ha suscitado. Con arreglo a tales criterios, la decisión adoptada por el Juzgado resulta ser la más beneficiosa para la menor, puesto que le evita el evidente perjuicio que sufriría, caso de carecer de alimentos con los que atender a sus necesidades vitales. Es cierto que se trata de una prórroga no prevista en la ley, que se dicta sin efectuar nueva audiencia y sin permitir a las partes presentar nuevas pruebas al respecto. Pero la parte apelante sólo se refiere en su recurso al aspecto formal de la pérdida de vigencia de unas medidas no ratificadas judicialmente, sin que indique que se hayan modificado las circunstancias concurrentes en el momento en que fueron dictadas tales medidas, ni si pretendería proponer prueba para solicitar que no se fueran ratificadas, como solicitó la representación procesal de Almudena en su demanda de divorcio, ni en qué consistirían tales pruebas, a fin de que este Tribunal pudiera valorar adecuadamente que su oposición se basa en un efectivo perjuicio que le pudiera producir la decisión impugnada.

En consecuencia, entendiendo que la obligación de prestar alimentos acordada en la Orden de Protección seguía vigente en el periodo al que se refiere la ampliación de ejecución presentada, debemos confirmar la resolución apelada y desestimar el recurso que nos ocupa".

En sentido contrario el AAP de Castellón[202], Sección 2ª, de 20 de octubre de 2010, que, barajando los mismos argumentos, esto es el interés superior del menor y la aplicación del artículo 158 del CC llega a la solución contraria:

"Es de ver, y en ello están conformes las partes, que si el auto de protección ex art. 544 ter con imposición de ciertas medidas civiles es de 20 de abril de 2.007 y se interpuso la demanda dentro del plazo de 30días, ello supuso la prolongación por otros 30 días por el solo hecho de tal presentación, sin embargo lo que no se produjo es la ratificación judicial de tales medidas en forma debida, que es el trámite obligado que prevé el art. 772 de la LEC , pues el art.- 544 ter .7 expresa en términos imperativos que la medidas "deberán ser ratificadas, modificadas o dejadas sin efecto", lo que presupone una específica resolución judicial en tiempo oportuno, dentro de ese plazo.

En este caso no la hubo, pero sí una providencia de 13 de mayo del año siguiente, acordando directamente, al parecer in audita parte, la "prorroga" de aquellas medidas y cuyo fundamento se trata de explicar en el art. 158 del CC.

Pues bien, no puede aceptarse que unas medidas que ya estaba extinguidas por caducadas en su vigencia al no haberse ratificado expresamente como era menester por el juez civil, puedan ser prorroga-

---

[202] ECLI:ES:APCS:2010:1002A

das, dado que estaban ya extintas. Más ni siquiera "rehabilitadas" en su vigencia al modo que se hizo, por providencia varios meses después y sin posibilitar algún tipo de contradicción en el mismo procedimiento civil de divorcio donde antes se habían solicitado por medio de ratificación de aquellas medidas provenientes de la orden de protección, y no se había hecho.

Ahora bien, pese a apreciarse esa caducidad ello no puede suponer la inefectividad completa de las medidas acordadas, pues esa orden tuvo una vigencia inicial de treinta días, más otros 30 días por la presentación del divorcio, es decir sesenta días de efectividad, por lo tanto, se adeudan los impagos correspondientes a tan corta vigencia, es decir 800 euros, con lo que la estimación de la oposición debe ser parcial".

En el mismo sentido el AAP de Logroño, de fecha 31 de marzo de 2006[203]: "*( ) Por seguridad, certidumbre, congruencia y coordinación procesal en la imposición de este tipo de medidas provisionales civiles prima la jurisdicción civil (nulidad, separación y divorcio) sobre la penal y, además, ante una misma situación familiar, sólo puede haber vigentes unas únicas medidas. De lo contrario, la incoherencia y la contradicción darían al traste con esta finalidad protectora y preventiva. La jurisdicción penal sólo puede actuar en caso de que la jurisdicción civil no se haya ocupado aún de ello o hasta que esto ocurra. Por ello el precepto exige "que no hubieran sido previamente acordadas por un órgano del orden jurisdiccional civil". Además, las medidas civiles adoptadas, que tienen un evidente carácter cautelar y provisorio, tiene eficacia temporal limitada a 30 días y, si en este plazo se promueve un procedimiento civil de adopción*

---

[203] ECLI: ES:APLO:2006:81A

de medidas, las medidas se mantienen durante 30 días más, sin posibilidad alguna de prórroga o vigencia ulterior. Así pues, si como ocurre en el supuesto de autos se ha solicitado la adopción de medidas en el orden civil por la recurrente, ante la ausencia de un pronunciamiento judicial expreso, no existe una prórroga indefinida y automática de las medidas así adoptadas, por más que se determine la necesidad de que el juez competente ratifique, modifique o deje sin efecto las medidas acordadas, lo cual evidentemente sólo hará si así se le solicita por alguna de las partes en el proceso civil. Esta inexistencia de medidas, por lo visto, no ha impedido a las partes el seguir rigiendo sus relaciones familiares a partir de las medidas adoptadas en la Orden de Protección, pero es evidente que ello no permite que su cumplimiento pueda ser judicialmente exigido".

También quedarán sin efecto las medidas civiles de la orden de protección en aquéllos supuestos en que se interponga demanda de nulidad, separación o divorcio y el Juzgado que está conociendo de la misma no adopte una resolución explícita y por tanto ni ratifique, ni modifique, ni deje sin efecto las medidas civiles adoptadas en la orden de protección.

1.2. Las medidas civiles previstas en la Ley 1/2004

1.2.1. Alcance de la modificación

En consonancia con la línea marcada por nuevo el art. 544 ter.7 LECrim modificado por la Ley 4/2015, de imponer al juez de instrucción o de violencia sobre la mujer la obligación de pronunciarse sobre las medidas civiles de la orden de protección a que se ha hecho referencia en el apartado anterior, la LO 8/2015, de 22 de julio, de modificación del sistema de protección la infancia y a la adolescencia modifica algunos preceptos relativos a las medidas civiles que se regulan en la LO 1/2004, concretamente los artículos 61.2, 65 y 66. En el artículo 61.2 se indica:

> "2. En todos los procedimientos relacionados con la violencia de género, el Juez competente deberá pronunciarse en todo caso, de oficio o a instancia de las víctimas, de los hijos, de las personas que convivan con ellas o se hallen sujetas a su guarda o custodia, del Ministerio Fiscal o de la Administración de la que dependan los servicios de atención a las víctimas o su acogida, sobre la pertinencia de la adopción de las medidas cautelares y de aseguramiento contempladas en este capítulo, especialmente sobre las recogidas en los artículos 64, 65 y 66, determinando su plazo y su régimen de cumplimiento y, si procediera, las medidas complementarias a ellas que fueran precisas."

Con la citada reforma se introduce una modificación normativa tendente a dar visibilidad como víctimas a los menores que se encuentran en un entorno de violencia dotándoles de unas medidas de protección sobre las que necesariamente se deberá pronunciar el juez competente, incluso de oficio. Se introduce así, la exigencia al juez penal de adoptar de oficio medidas civiles de protección y afectantes al derecho de familia.

Esta modificación legal, contempla aquellos casos en los que previamente no se ha adoptado ninguna medida civil al respecto, lo que será de aplicación en los supuestos en los que estas medidas no se hayan adoptado antes en el trámite inicial dentro de la orden de protección, porque el juez no haya considerado pertinente su adopción en un momento inicial, dado que debió pronunciarse sobre su negativa vía art. 544 ter.7 LECrim, y durante la sustanciación del procedimiento penal el juez considere que deben adoptarse, hasta incluso cuando la víctima o la fiscalía no las haya interesado, pero de las circunstancias del caso se desprenda que es más beneficioso para la protección de los intereses de los menores. Piénsese en los casos de víctimas que se amparan en su derecho a no declarar del art. 416 LECrim y pese a ello el juez entiende que hay maltrato y un peligro para los menores, en cuyo caso está facultado a adoptar estas medidas incluso de oficio[204].

Se modifica también el art. 65 de la LO 1/2004 que lleva por rúbrica "De las medidas de suspensión de la patria potestad o la custodia de menores", para señalar que:

> "El Juez podrá suspender para el inculpado por violencia de género el ejercicio de la patria potestad, guarda y custodia, acogimiento, tutela, curatela o guarda de hecho, respecto de los menores que dependan de él.
>
> Si no acordara la suspensión, el Juez deberá pronunciarse en todo caso sobre la forma en la que se ejercerá la patria potestad y, en su caso, la guarda y custodia, el acogimiento, la tutela, la curatela o la guarda de hecho de los menores. Asimismo, adoptará las medidas necesarias para garantizar la seguridad, integridad y recuperación de los menores y de la mujer, y realizará un seguimiento periódico de su evolución."

---

204 En esta misma línea entiendo que la adopción de medidas cautelares de orden civil deben poder adoptarse también mediante la vía de una orden de protección en un momento no inicial del procedimiento en caso de advertirse una situación de riesgo para la víctima y/o los hijos menores, dando a ello cabida el apartado 11 del artículo 544 ter de la LECrim.

Así, la novedad implica que en el caso de que el juez no acuerde la suspensión del ejercicio de la patria potestad deberá pronunciarse necesariamente sobre la forma en que se ejercerá la relación del progenitor con sus hijos menores. Ello será así salvo que se hayan adoptado las correspondientes medidas civiles en el proceso civil de familia, es decir, que el juez penal intervendrá en defecto de resolución del juez civil.

También se modifica el art. 66 LO 1/2004 que lleva por rúbrica "De la medida de suspensión del régimen de visitas, estancia, relación o comunicación con los menores", para señalar que:

> "El Juez podrá ordenar la suspensión del régimen de visitas, estancia, relación o comunicación del inculpado por violencia de género respecto de los menores que dependan de él.
>
> Si no acordara la suspensión, el Juez deberá pronunciarse en todo caso sobre la forma en que se ejercerá el régimen de estancia, relación o comunicación del inculpado por violencia de género respecto de los menores que dependan del mismo. Asimismo, adoptará las medidas necesarias para garantizar la seguridad, integridad y recuperación de los menores y de la mujer, y realizará un seguimiento periódico de su evolución."

Con anterioridad a la reforma de 2015 sólo se establecía la posibilidad de que el Juez acordara la suspensión de esos derechos; si no se hacía, no se le imponía ninguna otra obligación. Ahora, no sólo habrá de valorar si procede mantener o suspender esos derechos-deberes, sino que, en el caso de que no lo haga ha de efectuar un pronunciamiento específico en relación a la forma de llevarlos a efecto, lo que puede ser fundamental para garantizar el adecuado ejercicio de esa responsabilidad parental, siempre en interés del menor, y para evitar aquellas actuaciones que pudieran causarle cualquier perjuicio o daño a los menores, o que pudieran imposibilitar o dilatar la adopción de decisiones por parte del otro progenitor que sean necesarias para la recuperación y adecuado desarrollo de los menores.

La nueva regulación, por tanto, va a permitir que el juez module el ejercicio de la patria potestad en atención a las necesidades de los menores y siempre en su interés, distribuyendo facultades sin perjuicio de la aplicación, cuando proceda, del art. 158 del CC.

Por otra parte, además de concretar la forma de llevar a cabo esos derechos en el caso de que no los suspenda, se le imponen otras dos obligaciones íntimamente relacionadas:

- La de adoptar las medidas necesarias para garantizar la seguridad, integridad y recuperación, no sólo de los menores, sino también de sus madres.
- La de hacer un seguimiento periódico de la evolución de esas medidas tendentes a la seguridad y recuperación de las víctimas.

De estas obligaciones, por su novedad, merece alguna reflexión la referida a la adopción de medidas tendentes a garantizar la recuperación de los menores y de sus madres, pues, las medidas para garantizar su seguridad e integridad vendrán referidas a aquellas que limiten el contacto y aproximación del inculpado a las víctimas directas, indirectas o por exposición y que podrán conllevar la suspensión del régimen de visitas.

Más difícil, es concretar qué medidas pueda adoptar el órgano judicial para garantizar la recuperación de los menores y de sus madres.

La preocupación del legislador por esta faceta no es una novedad, pues la LO 1/2004 ya reguló el derecho de las mujeres víctimas y de sus hijos a la recuperación integral (art. 19) haciendo referencia concretamente a la necesaria coordinación y colaboración de los servicios sociales con los Cuerpos de Seguridad, los Jueces de Violencia sobre la Mujer, los servicios sanitarios y las instituciones encargadas de prestar asistencia jurídica a las víctimas y, a la formación especializada del personal de los servicios sociales para atender a estos menores, « con el fin de prevenir y evitar de forma eficaz las situaciones que puedan comportar daños psíquicos y físicos a los menores que viven en entornos familiares donde existe violencia de género».

Por ello, partiendo de la necesaria implicación de las Unidades de Valoración Integrales de Violencia de Género allí donde las haya o, en su defecto, de los equipos psicosociales adscritos a los Juzgados, para perfilar la actuación tendente a esa recuperación y promover la implicación y colaboración de las víctimas, sería conveniente que se diseñaran programas específicos de recuperación a los que pueda el juez derivar en sus resoluciones a esas víctimas- mujeres e hijos e hijas- y, al mismo tiempo, protocolos concretos de coordinación entre todas los servicios e instituciones implicadas, a fin de que el seguimiento periódico que ha de hacer el juzgado de las medidas adoptadas y de la evolución de las mujeres y de sus hijos e hijas, sea posible y efectivo.

Estas medidas, no deben contemplarse como sanciones al maltratador, sino como medidas a adoptar para proteger el interés superior del menor[205]. De modo que su adopción no será automática, sino que, atendiendo a la letra de la ley, deberán ponderarse las circunstancias concurrentes en cada caso y, solo en los supuestos más graves y perjudiciales para los hijos menores, siempre y cuando guarden conexión con la situación de violencia de género sobre la mujer, podrán acordarse dichas medidas cautelares[206].

Algunas voces abogan, no obstante, por el automatismo de estas medidas, en especial de la suspensión

---

205 García Rubio, Mari Paz, "El marco civil en la violencia de género", *Tutela jurisdiccional frente a la violencia de género. Aspectos procesales, civiles, penales y laborales*, M. de Hoyos Sancho (Dir.), Lex Nova, 2009, p. 166, quien se muestra crítica con la inclusión de estas medidas como efectos «sancionatorios respecto de los hijos», y Sillero Crovetto, Blanca "Análisis y evaluación de las competencias civiles », cit., p. 76, nota 42. Al respecto, la STS de 24 de abril de 2000 (3419/2000) afirma que "con la privación a los progenitores de la patria potestad sobre el hijo menor insuficientemente atendido, no se trata de sancionar su conducta en cuanto al incumplimiento de sus deberes (aunque en el orden penal puede resultar tipificado), sino que con ello lo que se trata es de defender los intereses del menor".

206 La Fiscalía General del Estado en la Circular 4/2005, de 18 de julio, relativa a los criterios de aplicación de la Ley Orgánica de Medidas de Protección Integral contra la Violencia de Género, matiza que estas medidas deben ser de aplicación limitada a casos cuya gravedad o especial naturaleza así lo aconseje, recordando que el legislador ha querido arbitrar una media cautelar dirigida a la protección de los menores, no una medida sancionadora.

de visitas del padre maltratador[207] en interés de los menores[208] y ello desde la perspectiva de considerarlos víctimas directas de la violencia, como testigos de la situación de violencia familiar, entendiendo que aun cuando no hayan recibido maltrato físico directo, existe una situación de maltrato emocional[209].

---

207 En la doctrina española se discute especialmente si el régimen de visitas debe limitarse o suspenderse automáticamente o si, por el contrario, resulta precisa una ponderación sobre si existen causas que supongan un perjuicio para el menor o le coloquen en una situación de riesgo. Sanz-Díez de Ulzurrun Escoriaza, J. y Moya Castillo, J.M., *Violencia de Género: Ley Orgánica de Medidas de Protección Integral contra la violencia de Género. Una visión práctica,* Barcelona, 2005, p. 148 sostienen que su no limitación a determinados supuestos de violencia (grave, reiterada) o al informe psico-social correspondiente, y pese a contener solo una facultad del Juez («podrá»), son elementos que parecen indicar que la regla general en estos procesos deberá ser la suspensión de las visitas.

208 La Guía de Buenas Prácticas del Proyecto Daphne austriaco de 1997 establecía que: «debería restringirse el régimen de visitas y comunicación del maltratador respecto a los hijos menores de edad, salvo que aquél demuestre que la comunicación entre ambos es positiva para éstos».

209 Las asociaciones de mujeres expertas en violencia de género, de ámbito internacional y nacional (Organización *Save the Children,* Federación Nacional de Mujeres Separadas y Divorciadas, Asociación de Mujeres Juristas Themis, etc.) consideran que el progenitor violento no debe ejercer ningún tipo de visitas respecto de sus hijos menores por las siguientes circunstancias: 1. Los hijos que han sido expuestos a violencia de género en su ámbito familiar son siempre víctimas, junto con sus madres; 2. La violencia psicológica continúa y se prolonga indefinidamente a través de estas visitas; 3. Los hijos que han sido testigos de la violencia continúan reexperimentando el

trauma durante las visitas con el agresor; 4. Se está anteponiendo el contacto entre padres e hijos, a pesar de que se haya demostrado el comportamiento violento del progenitor, permitiéndose que los derechos del padre biológico primen sobre la seguridad física y mental de los hijos; 5. Las madres que se oponen a estas visitas son castigadas judicialmente, y se las califica como vengativas o manipuladoras; 6. El tratamiento de las secuelas físicas, emocionales y de socialización que padece el niño testigo-víctima de violencia implica la ruptura de la relación con el causante de dichos trastornos; 7. La erradicación es imposible si se mantiene la transmisión intergeneracional de la violencia, por lo que es preciso romper definitivamente con el modelo violento. Contundentes también lo son las propuestas realizadas por el Observatorio de Violencia Doméstica, alegando que la violencia entre cónyuges, indiciariamente acreditada, debe ser causa de suspensión inmediata del régimen de visitas respecto de los hijos. Se argumenta que los menores son siempre víctimas de violencia psicológica y es un modo de romper el círculo o cadencia de la violencia, por la cual los menores la asumen como medio de solución de conflicto». La Asociación de Mujeres Juristas Themis «denuncia la inaplicación por parte de los tribunales de la posibilidad de ampliar el alejamiento a los hijos e hijas menores con suspensión automática del régimen de visitas. Lo que implica la invisibilidad de los efectos de la violencia de género en los hijos sin tener en cuenta que crecer en un hogar violento tiene para los/las menores consecuencias psicológicas negativas y, en este sentido, es una forma de maltrato psicológico según el Estudio Mundial de la Infancia del año 2007 de UNICEF). Como consecuencia de lo anterior la ampliación del alejamiento respecto de los hijos/as debería ser la generalidad y no la excepción», conclusión núm. 35, Conclusiones finales del Encuentro Evaluación del tratamiento judicial de la Violencia de género en el ámbito de la pareja, 19 y 20 de noviembre de 2010.

En opinión de Peral López[210] la solución, para los supuestos de violencia de género, quizá sería optar por ampliar la prohibición de forma genérica al régimen individual de guarda y también al de estancias o visitas e, incluso, a la comunicación del progenitor con el menor, sin que resulte necesario justificar estas medidas, configurando estos supuestos como de peligro o daño automático al menor. Para que tengan lugar las prohibiciones indicadas en este supuesto, se requiere la concurrencia de unos tipos penales determinados: atentar contra la vida, la integridad física o psíquica, la libertad e indemnidad sexual de la pareja o de los hijos, en resumen, que concurra ser investigado en cualquier delito por violencia de género.

El planteamiento automático y *a priori* de una opción concreta no parece el más adecuado para solventar la generalidad de los supuestos. El interés del menor y la evaluación del riesgo exige una valoración judicial del supuesto concreto así como la conveniencia de atender a la gravedad de los hechos penales así como a su frecuencia y demás circunstancias concurrentes para determinar si procede la suspensión, tanto del ejercicio de la patria potestad como de la

---

Por su parte, el Observatorio de Violencia Doméstica alega que «la violencia entre cónyuges, indiciariamente acreditada, debe ser causa de suspensión inmediata del régimen de visitas respecto de los hijos». Y argumenta que «los menores son siempre víctimas de violencia psicológica y es un modo de romper el círculo o cadencia de la violencia, por la cual los menores la asumen como medio de solución de conflictos».

210 Peral López, Mari Carmen: "Efectos de la privación de la patria potestad. Referencia al régimen de visitas", en *Actualidad Civil*, n. 7-8, julio 2017, pp. 16-28, p. 20.

guarda y custodia o del régimen de visitas, estancias y comunicaciones[211], y siempre con respeto a los principios de audiencia, contradicción y defensa, donde el órgano judicial deberá valorar, caso por caso, la

[211] En este sentido Tasende Calvo, Julio: "Aspectos civiles de la Ley Orgánica de Medidas de Protección Integral ", cit., p. 7, para quien el factor relevante no es la conducta violenta, sino el interés del menor, que estaría por encima del de sus progenitores, incluida la mujer víctima de la violencia de género; García Rubio; Mª Paz: "El marco civil en la violencia de género ", cit., p. 166 y García Aburuza, maría Paz: "La violencia doméstica desde el ámbito civil", en *Revista Aranzadi Doctrinal* , núm. 11, 2010, p. 122 con relación a la suspensión del régimen de visitas rechazan que se adopte de forma automática ante situaciones de violencia de género Gutierrez Romero, Francisco Manuel: "Incidencia de la violencia de género en el derecho de familia: especial tratamiento del régimen de visitas", en Diario La Ley , núm. 7480, 2010, p. 1272; Verdera Izquierdo, Beatriz, "Cuestiones de Derecho de Familia ante la violencia de género", en *Revista de Derecho de Familia,* núm. 47, 2010, p. 72 y Sillero Crovetto, Blanca, "Análisis y evaluación de las competencias civiles…", cit., p. 80, quien se apoya en la declaración realizada por el Tribunal Constitucional en la Sentencia 176/2008, de 22 de diciembre, indicando que «debe tenerse presente que la comunicación y visitas del progenitor que no ostenta la guarda y custodia permanente del hijo menor de edad se configura por el art. 94 CC como un derecho que aquél podrá gozar en los términos que se señalen judicialmente pero sin que pueda sufrir limitación o suspensión salvo «graves circunstancias que así lo aconsejen o se incumplieren grave o reiteradamente los deberes impuestos por la resolución judicial». Se trata en realidad, de un derecho tanto del progenitor como del hijo, al ser manifestación del vínculo filial que une a ambos y contribuir al desarrollo de la personalidad afectiva de cada uno de ellos.

conveniencia de acordar tal suspensión, ello tras recabar cuantos informes estime necesarios. Tampoco podemos perder de vista la necesidad de que se proceda a la evaluación del menor pudiendo éste último ejercer su derecho a ser oído y a expresarse vinculado a la obligación del órgano judicial de escuchar y entender, *per se* o por medio de peritos a los menores antes de tomar la decisión correspondiente.

1.2.2. Naturaleza

Los artículos contenidos en el Capítulo IV de la LO 1/2004 (arts. 61 a 69) incluyen una serie de medidas cautelares que se pueden adoptar en los procedimientos penales en los que se enjuicie violencia de género con la finalidad de proteger a las víctimas y a sus hijos menores. La LO 1/2004 se refiere a dichas medidas con una terminología confusa e imprecisa que ha hecho que la doctrina cuestione su verdadera naturaleza jurídica. Así, el capítulo IV lleva por rúbrica: "Medidas judiciales de protección y seguridad"; el art. 61, en su segundo párrafo, expone que "en todos los procedimientos relacionados con la violencia de género el juez competente deberá pronunciarse en todo caso sobre la pertinencia de la adopción de las *medidas cautelares y de aseguramiento* contempladas en este capítulo, determinando su plazo si procediere su adopción", mientras que en el art. 69, se hace referencia al mantenimiento de las medidas, afirmando que "podrán mantenerse *tras la sentencia y durante la tramitación de los eventuales recursos* que correspondiesen."

Esta imprecisión terminológica ha hecho cuestionarse a la doctrina[212] si nos encontramos ante medidas de seguridad, medidas cautelares, o si tienen una naturaleza jurídica diferente.

En el Derecho Penal, son medidas de seguridad los tratamientos de carácter psiquiátrico o educativo, o las restricciones de derechos impuestas al autor de un delito, a quien se le ha apreciado la concurrencia de una eximente o una circunstancia atenuante de la responsabilidad criminal por razón de anomalías

---

212 Sobre esta cuestión, Senés Motilla, Carmen: "Consideraciones sobre las medidas judiciales de protección y de seguridad de las víctimas de violencia de género", en *Diario La Ley*, nº 6644, 2007, pp. 1-11; Gutiérrez Romero, Francisco Manuel "Medidas judiciales de protección y seguridad de las víctimas: ¿Novedades o mera ordenación de las existentes en nuestra legislación procesal penal?" en *Diario La Ley*, n 6716, 2007, pp. 1-12; Moral Moro, Mª José "Las medidas judiciales de protección y seguridad de las víctimas en la Ley integral contra la violencia de género", en *Revista Jurídica de Castilla y León*, nº 14, 2008, pp. 111-168; Serrano Masip, Mercedes: "Efectos negativos…, ob. cit. ; Ortega Calderón, J. "Las medidas judiciales llamadas de protección y de seguridad de las víctimas de la violencia de género en la LO 1/2004, de 28 de diciembre", *La ley*, número 6349, 28 de octubre de 2005, p. 1-14, ; Sanz Mulas, Nieves, *Comentarios Breves a la Ley de Medidas de Protección Integral contra la Violencia de Género*, ed. Iustel, 2005; Aragoneses Martínez, Sara: "Las medidas judiciales de protección y de seguridad de las víctimas de violencia de género", en *Tutela penal y tutela penal y tutela judicial frente a la violencia de género*, AA.VV., Colex, 2006, pp. 163-191; Martínez García, Elena: "La protección cautelar de la víctima en la nueva Ley orgánica 1/2004, de 28 de diciembre" en *La nueva Ley contra la Violencia de Género (LO 1/2004, de 28 de diciembre)*, en Boix Reig, Javier y Martínez García, Elena (Coords.), Iustel, 2005, pp. 319-398.

psíquicas, intoxicación o dependencia a bebidas alcohólicas, drogas tóxicas, estupefacientes o sustancias psicotrópicas, así como por sufrir alteraciones en la percepción, todo ello con el propósito de que dicho sujeto no vuelva a delinquir en el futuro (cfr. artículos 95 a 108 del Código Penal). Por ello, no parece que las medidas que se adoptan para la protección de las víctimas de violencia de género durante el proceso gocen de esta naturaleza[213]. Desde el punto de vista de su naturaleza, de su finalidad y aun del momento procesal de su adopción las medidas de protección que introduce la LO 1/2004 no son ni pueden ser medidas de seguridad.

Por otro lado, las medidas cautelares en el proceso penal pretenden asegurar la celebración del juicio, así como la efectividad de la sentencia por lo que se adoptan con la finalidad de evitar que el procesado pueda intentar sustraerse a la acción de la Justicia, o quiera destruir vestigios o pruebas del delito o hacer desaparecer sus bienes, haciendo inútil la posible responsabilidad civil que pudiera declararse. Esta circunstancia hace que algunos autores[214] nieguen la naturaleza cautelar de estas medidas, en cuanto no vendrían a cumplir con los fines tradicionales de la

---

213 Ortega Calderón, Juan Luis: "Las medidas judiciales ....", ob. cit., distingue la diferente finalidad de las medidas de seguridad reguladas en el Código Penal que constituyen un mecanismo de respuesta penal frente a personas inimputables o semiimputables, ante la imposibilidad de proceder a aplicar la pena o, en su caso, compatibles con ésta. En este mismo sentido Gutiérrez Romero, Fernando Manuel: "Medidas judiciales...., ob. cit. p. 3

214 Ortega Calderón, Juan Luis: "Las medidas judiciales..., ob. cit., p. 4.

tutela cautelar en el proceso penal. Para estos autores, no existiría pues, el *periculum in mora* como presupuesto de adopción de las medidas cautelares, sino lo que denominan *periculum in danum*; no están preordenadas al buen fin del proceso, sino a adelantar consecuencias jurídico-penales (restricciones de la libertad ambulatoria que pueden ser impuestas en la sentencia), con lo cual pueden ser incluso asimiladas a las medidas provisionales de los procesos matrimoniales[215].

Estas medidas partirían de un pronóstico de peligrosidad, la posibilidad de reiteraciones delictivas, del que siempre habrían intentado escapar las medidas cautelares personales *stricto sensu*. Es por ello que este autor señala que se trata de instrumentos de protección excepcionales en la medida en que afectan a derechos fundamentales y, por ello mismo, limitados en su aplicación, que no permiten obviar, sin embargo, el cumplimiento de los requisitos propios de las medidas cautelares para ser adoptadas.

También hay autores que las catalogan como medidas coercitivas personales, pues aunque posean caracteres similares propios de las medidas cautelares (jurisdiccionalidad, temporalidad, instrumentalidad y proporcionalidad), la legitimidad para su adopción se basa en una situación objetiva de riesgo grave para la víctima que el juez deberá valorar y motivar en la resolución que la imponga y que es independiente

---

[215] Moreno Catena, Víctor: "Medidas judiciales de protección y seguridad de las mujeres víctimas de malos tratos", en *Tutela Procesal frente a hechos de violencia de género*; AAVV, Universidad Jaume I, Castellón de la Plana, 2007.

de la gravedad de la infracción penal que se le impute al agresor[216].

Por último, entiendo con la doctrina mayoritaria que las medidas de protección, especialmente las que aquí se analizan y que son las que poseen naturaleza civil, en palabras de Moral Moro[217] son las que se dirigen principalmente a garantizar la seguridad de las mujeres y sus hijos menores, frente a posibles y futuras agresiones del maltratador con el que mantiene o ha mantenido alguno de los vínculos legalmente previstos, considerándolas por este motivo, medidas de protección y encontrándose alejadas de las medidas de seguridad y medidas cautelares propias del proceso penal. Además, la suspensión de la patria potestad, guarda y custodia y régimen de visitas se regulan por primera vez con carácter de medidas de protección en el proceso penal, regulándose ahora de modo más detallado el modo en que, de no adoptarse, deben ejercerse, y ello sin duda, además de redundar en la mejor protección de los menores implica una cierta mejora en la técnica legislativa.

1.2.3. Legitimación

En función de lo dispuesto en el artículo 61.2 de la LO 1/2004 estas medidas pueden ser acordadas de oficio por el juez o a petición de la víctima, de los hijos, de las personas que convivan con ellas o se hallen sujetas a su guarda o custodia, del Ministerio Fiscal

---

216 Senés Motilla, Mª del Carmen "Consideraciones sobre las víctimas ", ob. cit. pág. 1-2.

217 Moral Moro, Mª José "Las medidas judiciales…, ob. cit. p. 125.

o de la Administración de la que dependan los servicios de atención a las víctimas o su acogida.

En este punto se pone de manifiesto una de las diferencias entre las medidas civiles que contempla la LO 1/2004 y las analizadas previamente contenidas en la orden de protección. En el caso de las medidas civiles de la orden de protección el art. 544.7 ter de la LECrim legitima para pedir la orden de protección a todas las personas que tengan con la víctima alguna de las relaciones contempladas en el art. 173.2 del CP, esto es, los cónyuges o parejas, ascendientes, descendientes o hermanos; si bien las medidas civiles únicamente pueden ser solicitadas por la víctima o su representante legal, o bien por el Ministerio Fiscal cuando existan hijos menores o personas con la capacidad judicialmente modificada; o bien adoptadas de oficio por el Juez, según la modificación legal comentada en el apartado.

1.2.4. Procedimiento de adopción

La LOMPIVG no regula los trámites que deben seguirse para la adopción de las medidas en ella previstas. Únicamente se ocupa de incidir en determinadas garantías procesales que han de ser preservadas en las actuaciones procesales. En concreto, el art. 68 se refiere a los principios de contradicción, audiencia y defensa. Añade que ha de intervenir siempre el Ministerio Fiscal, debiendo el tribunal resolver por auto. Esta resolución debe referirse a la necesidad y la proporcionalidad de las medidas acordadas y ha de fijar un plazo de vigencia de las mismas. No condiciona la eficacia de las mismas a la futura incoación de un proceso civil, en el caso de que se hayan dispuesto en un proceso penal y tampoco limita su adopción al hecho de que no hayan sido ya acordadas por otro tribunal (civil).

Nada establece acerca de si por razones de urgencia pueden adoptarse medidas cautelares sin oír al imputado. Finalmente, el carácter anticipatorio de la mayoría de las medidas cautelares reguladas en la LOMPIVG junto a la prohibición impuesta por la LECrim y la LECiv de que puedan ejecutarse provisionalmente las sentencias que se dicten en los correspondientes procesos civiles o penales, ha determinado que, si persiste la situación que las justificó, puedan mantenerse en la sentencia definitiva y durante la tramitación de los eventuales recursos que se interpongan contra aquélla (art. 69).

La exhaustividad es una técnica legislativa peligrosa pues conduce, normalmente, a un resultado opuesto al pretendido. El art. 68 LOMPIVG recoge en su texto algunos de los caracteres que el Tribunal Constitucional, siguiendo la doctrina del Tribunal Europeo de Derechos Humanos, atribuye a las medidas cautelares en cuanto medidas privativas y restrictivas de derechos tutelados por la CE. Así, el citado precepto deja constancia de la legalidad, la judicialidad, la motivación de la decisión sobre las medidas debiéndose apreciar «su proporcionalidad y necesidad». Pero no alude a la justificación teleológica de la intervención del Estado en la esfera privada del imputado; es decir, no incorpora a su tenor literal el fin legítimo que con tales medidas se quiere conseguir. Hubiera bastado con hacer referencia, como el art. 503 LECrim tras su reforma por Ley Orgánica 13/2003, de 24 de octubre, a la finalidad de evitar que el imputado pueda actuar contra bienes jurídicos de la víctima. Tampoco condiciona la adopción de las medidas al cumplimiento de la idoneidad, olvidando que las mismas deben ser adecuadas, previa delimitación del imputado, cualitativa y cuantitativamente para conseguir el fin legítimo. Finalmente, el art. 68 LOMPIVG no menciona los presupuestos para poder acordar las medidas: *fumus boni iuris* y *periculum in mora* o *in damnum.*

1.2.5. Duración

Otra cuestión que surge es la relativa al plazo de vigencia de las medidas de protección civiles acordadas en virtud de los arts. 65 y 66 de la LO 1/2004. Mientras que las medidas civiles acordadas de oficio o a petición de la víctima o del Ministerio Fiscal de conformidad con la art. 544 ter 7 de la LECrim tendrán un plazo de 30 días prorrogables por otros 30 si, en el primer periodo, fuera incoado a instancia de la víctima o de su representante legal un proceso de familia, cuando las medidas de suspensión de la patria potestad, custodia o régimen de visitas se acuerdan de conformidad con los arts. 65 y 66 de la LO 1/2004 no están sometidas a esos plazos.

En este sentido De la Rosa Cortina[218], ya decía que estas medidas tienen naturaleza autónoma respecto de las de la orden de protección, « no están sometidas al plazo de caducidad de las medidas civiles de la orden de protección ni están subordinadas a la ratificación en el proceso civil».

En los 73 criterios adoptados por los magistrados de las Audiencias Provinciales con competencias ex-

---

218 De la Rosa Cortina, José Miguel *Tutela cautelar de la víctima, órdenes de alejamiento y órdenes de protección,* Cizur Menor, Navarra, 2008, p. 310.

clusivas en violencia de género el 30 de noviembre de 2005, se decidió que, de conformidad con la naturaleza de las medidas, las medidas reguladas en los arts. 65 y 66 de la Ley integral, que podrían ser acordadas de oficio por el juez o a petición de la víctima, de la Administración de la que dependan los servicios de atención a las víctimas o su acogida o del Ministerio Fiscal, «habrán de estar sometidas a plazo en la causa penal, con independencia de que se presente o no demanda que inicie un proceso de familia. En todo caso habrá de valorarse el interés de los menores afectados»[219]. Respecto de las medidas cautelares penales se estableció que su duración se debe fijar señalando un día concreto de vencimiento, y para el caso de que no se establezca un plazo concreto de duración de las medidas, como mínimo habría de establecerse su duración temporal en relación con determinadas fases del procedimiento, realizando entonces, llegado dicho momento, un pronunciamiento sobre su mantenimiento o su alzamiento.

Sin embargo, cuando la medida consiste en la suspensión de la patria potestad, tutela curatela o guarda de hecho, sí tiene su equivalente en la pena de inhabilitación especial para el ejercicio de estos derechos (art. 39-1- b del CP), cuyo contenido se concreta en el art. 46 del CP y que puede ser impuesta como pena accesoria (art. 55 y 56 del CP), con la duración y vicisitudes de la pena de prisión, o como pena principal en determinados delitos con una duración concreta fijada dentro de los parámetros establecidos en

---

219 En este mismo sentido se pronuncia Gutiérrez Romero, F.M. "Medidas judiciales de protección ", ob. cit. pág.9.

el precepto en el que se prevea su imposición (art. 153, 171-4 y 5; 172-2 y 173-2 del CP).

Esta correlación entre la medida cautelar de suspensión de la patria potestad y la pena de inhabilitación para su ejercicio, podría llevar al planteamiento de la liquidación de la medida al ejecutar la pena impuesta si ésta es principal de conformidad con el art. 58.4 del CP.

En todo caso, no sometidas estas medidas provisionales a plazo concreto en su regulación, deberíamos concluir que su vigencia encuentra como límite máximo el fin del procedimiento penal y que en la sentencia definitiva debería el órgano de enjuiciamiento pronunciarse sobre el mantenimiento o cese de la misma durante la tramitación de los recursos y hasta que alcance firmeza la sentencia de conformidad con el art. 69 de la LO 1/2004, que, por otra parte, no distingue entre medidas civiles y penales, todo ello sin perjuicio de que el Ministerio Fiscal ante tal situación, pueda instar en el procedimiento civil que corresponda, las medidas que considere más idóneas en orden al interés de la menores prevalente, prioritario y digno de protección.

1.3. Las nuevas medidas del artículo 158 del CC

La vigente redacción del artículo 158 del CC es fruto de las reformas introducidas a través de la Ley 26/2015, de 28 de julio de modificación del sistema de protección a la infancia y a la adolescencia, así como de la más reciente LO 8/2021, de 4 de junio, de protección integral a la infancia y la adolescencia frente a la violencia. El apartado 9 del artículo 2 de la Ley 26/2015, de 28 de julio, dio nueva redacción al apartado 4º, que pasó a ser el 6º, e introdujo los nuevos apartados 4º y 5º. Tras dicha reforma el artículo 158 del CC dispuso:

> *"El Juez, de oficio o a instancia del propio hijo, de cualquier pariente o del Ministerio Fiscal, dictará:*
>
> *1º Las medidas convenientes para asegurar la prestación de alimentos y proveer a las futuras necesidades del hijo, en caso de incumplimiento de este deber, por sus padres.*
>
> *2º Las disposiciones apropiadas a fin de evitar a los hijos perturbaciones dañosas en los casos de cambio de titular de la potestad de guarda.*
>
> *3º Las medidas necesarias para evitar la sustracción de los hijos menores por alguno de los progenitores o por terceras personas y, en particular, las siguientes:*
>
> *a) Prohibición de salida del territorio nacional, salvo autorización judicial previa.*
>
> *b) Prohibición de expedición del pasaporte al menor o retirada del mismo si ya se hubiere expedido.*
>
> *c) Sometimiento a autorización judicial previa de cualquier cambio de domicilio del menor.*
>
> *4º La medida de prohibición a los progenitores, tutores, a otros parientes o a terceras personas de aproximarse al menor y acercarse a su domicilio o centro educativo y a otros lugares que frecuente, con respeto al principio de proporcionalidad.*
>
> *5º La medida de prohibición de comunicación con el menor, que impedirá a los progenitores, tutores, a otros parientes o a terceras personas establecer contacto escrito, verbal o visual por cualquier me-*

dio de comunicación o medio informático o telemático, con respeto al principio de proporcionalidad.

6º En general, las demás disposiciones que considere oportunas, a fin de apartar al menor de un peligro o de evitarle perjuicios en su entorno familiar o frente a terceras personas. Se garantizará por el Juez que el menor pueda ser oído en condiciones idóneas para la salvaguarda de sus intereses.

En caso de posible desamparo del menor, el Juzgado comunicará las medidas a la Entidad Pública.

Todas estas medidas podrán adoptarse dentro de cualquier proceso civil o penal o bien en un expediente de jurisdicción voluntaria".

Por su parte, la LO 8/2021 da nueva redacción al nº 6 del art. 158 a través de su Disposición Final 2ª apartado 3º, que ahora dispone:

"6.º La suspensión cautelar en el ejercicio de la patria potestad y/o en el ejercicio de la guarda y custodia, la suspensión cautelar del régimen de visitas y comunicaciones establecidos en resolución judicial o convenio judicialmente aprobado y, en general, las demás disposiciones que considere oportunas, a fin de apartar al menor de un peligro o de evitarle perjuicios en su entorno familiar o frente a terceras personas.

En caso de posible desamparo del menor, el Juzgado comunicará las medidas a la Entidad Pública. Todas estas medidas podrán adoptarse dentro de cualquier proceso judicial o penal o bien en un expediente de jurisdicción voluntaria, en que la autoridad judicial habrá de garantizar la audiencia de la persona menor de edad, pudiendo el Tribunal ser auxiliado por personas externas para garantizar que pueda ejercitarse este derecho por sí misma".

La modificación guarda una estrecha relación con la modificación introducida en el art. 544 ter 6 y 7 de la LECrim por la misma norma, y que ha sido comentada *ut supra* 3.1.1. del presente capítulo.

1.3.1. Finalidad

En el artículo 158 de CC se establecen un conjunto de medidas con la finalidad de llevar a cabo un control judicial, incluso de oficio, en el ejercicio de la patria potestad, como garantía de que ésta se ejerce siempre en beneficio de los hijos e hijas, primando el interés superior de éstos. Con carácter general el precepto responde a la idea de que los poderes públicos están facultados para controlar y vigilar el funcionamiento correcto de la patria potestad así como para adoptar todas las medidas necesarias que garanticen la defensa de los derechos de las personas menores de edad y por ello la adopción de las medidas que contempla el artículo 158 podrán ser solicitadas no sólo por el propio hijo/a, por cualquier pariente del mismo/a o por el Ministerio Fiscal, sino que también podrán ser adoptadas de oficio. Resulta oportuno en este punto traer a colación la doctrina sustentada por el Tribunal Constitucional en la sentencia de 15 de enero de 2001, en función de la cual, junto con el deber de congruencia que deben cumplir, en todo tipo de procesos en los que los Jueces actúan la potestad reconocida en el art. 117.3 CE, "no puede olvidarse que la propia CE (art. 117.4) admite también la atribución a Jueces y Tribunales, por mediación de la ley, de otras funciones en garantía de cualquier derecho, distintas a la satisfacción de pretensiones. Y, precisamente, en garantía de cualquiera de los cónyuges (art. 90, párrafo 2, CC), de los hijos, o del interés familiar más necesitado de protección (art. 103 CC, reglas primera y tercera), la ley atribuye al Juez que conozca de un proceso potestades de tutela relacionadas con determinados efectos de la crisis matrimonial que han de ejercitarse en defecto e, incluso, en lugar de las propuestas por los litigantes (ATC 100/1987, de 28 de enero)[220].

Las novedades introducidas por la Ley 26/2015 de 28 de julio, en los números 4, 5 y 6 del artículo 158 del CC se explican en la exposición de motivos de la misma que señala que *"Se opera una modificación del artículo 158 del CC, partiendo del principio de agilidad e inmediatez aplicables a los incidentes cautelares que afecten a menores, para evitar perjuicios innecesarios que puedan derivarse de rigideces o encorsetamientos procesales, permitiendo adoptar mecanismos protectores, tanto respecto al menor víctima de los malos tratos como en relación con los que, sin ser víctimas, puedan encontrarse en situación de riesgo. Con la modificación del artículo 158 se posibilita la*

---

220 Por ello en la STC 120/1984, de 10 de diciembre, FJ 2, este Tribunal, al analizar una queja de incongruencia, tuvo oportunidad de resaltar que en todo proceso matrimonial se dan elementos no dispositivos, sino de "*ius cogens*", por tratarse de un instrumento al servicio del Derecho de familia. La naturaleza de las funciones de tutela atribuidas a la jurisdicción en este ámbito impide trasladar miméticamente las exigencias de congruencia consustanciales a la función jurisdiccional "stricto sensu" (aquélla que se traduce en un pronunciamiento motivado sobre pretensiones contrapuestas), pues el principio dispositivo, propio de la jurisdicción civil, queda atenuado y, paralelamente, los poderes del Juez se amplían al servicio de los intereses que han de ser tutelados (AATC 328/1985, de 22 de mayo, y 291/1994, de 31 de octubre)".

adopción de nuevas medidas, prohibición de aproximación y de comunicación, en las relaciones paterno-filiales."

Es reseñable que el precepto contemple en sus nuevos apartados 4° y 5° la posibilidad de imponer la prohibición de acercamiento, comunicación o contacto de cualquier tipo a personas distintas de los progenitores o tutores. Concretamente, el precepto admite tal posibilidad respecto de otros parientes o terceras personas. Debe entenderse que solo cabrá imponer tales prohibiciones a esos otros parientes o terceras personas si los mismos han sido citados como interesados a la comparecencia general prevista en el art. 18 de la Ley 15/2015 de 2 de julio de jurisdicción voluntaria[221], pues solo esa citación les garantiza el respeto de su derecho a ser oídos antes de que pueda dictarse una resolución que afectará a su libertad deambulatoria y de comunicación.

Por su parte, la modificación del número 6 del art. 158 CC operada por la LO 8/2021 introduce la mención específica de la posibilidad de adoptar medidas relativas a la suspensión del ejercicio de la patria potestad y/o guarda y custodia; y/o régimen de visitas, comunicación y estancias en todos los supuestos en que, concurriendo una situación de riesgo o peligro para los hijos e hijas, compatible con la convivencia de éstos en entornos familiares violentos, no se haya abierto el proceso penal. En principio, si existen diligencias penales abiertas por violencia de género, será el juez penal el que deba pronunciarse sobre dichas medidas en la orden de protección o bien al amparo de lo dispuesto en los arts. 61, 65 y 66 de la LO 1/2004. También pueden resultar de aplicación las

---

221 BOE» núm. 158, de 03/07/2015.

medidas del art. 158 CC en aquellos supuestos en que se manifiesten episodios violentos con posterioridad a la adopción de la orden de protección, y sea en el procedimiento de familia en curso en el que se solicite la suspensión del régimen de visitas por concurrir la manifestación de un riesgo adicional y sobrevenido que pueda comprometer el interés superior de los menores. Este supuesto es precisamente el analizado por el AAP Burgos de 10 marzo 2023[222]. Se trata de un procedimiento en que la madre de las menores (de tres y un año de edad respectivamente) solicita la suspensión inmediata del régimen de visitas supervisado por el PEF que fue acordado previamente en orden de protección. La orden de protección se acordó ante la denuncia por parte de la madre de haber sufrido durante los 6 años de relación (que finalizó el 4/05/2021), episodios de violencia física. Además, se denunció que el día de la madre el investigado la llamó "asquerosa y sarnosa", ante su hija y el 15/06/2021 con motivo de una discusión por cuestiones de dinero en un restaurante, el investigado la llamo "jeta" o "jetona" expresando, asimismo, al negarse la denunciante a que se llevará a la hija a ver a la familia paterna "que eres muy lista, que te crees que soy tonto, me cuesta muy poco quitarte de en medio, que en la cárcel se vive muy bien". El auto acordó la orden de protección atendiendo a los dos acontecimientos últimos, y la conducta de celopatía del investigado, así como la existencia de mensajes reconocedores de una conducta ofensiva con su pareja. Pese a ello, por el juzgado de instrucción se fijaron visitas entre las hijas menores y el padre supervisadas por el PEF. Con posterioridad la madre solicita la su-

---

222 ECLI:ES:APBU:2023:266A

presión de las visitas con base en el art. 158 CC que el juzgado de instrucción no acuerda al considerar que de la prueba existente resultaba no concurrir una situación de grave riesgo para las menores, debiendo continuar desarrollándose la relación paterno filial, y estando garantizada la protección de las menores con las medidas establecidas para la realización de tales visitas, en particular que tienen lugar en el PEF, y bajo la supervisión de los profesionales de dicha institución. Dicha desestimación es objeto de recurso, en el que se relata la existencia de un nuevo procedimiento de amenazas de 9/04/2022, en que, ante la imposibilidad de realizar la visita con sus hijas, por no poder llevarlas la madre al PEF, en la conversación telefónica que el progenitor mantuvo con la profesional del Punto de Encuentro, el mismo manifestó a dicha técnico las expresiones: ¿Qué quieres? ¿Qué vaya, la agarre del cuello y la mate?" En este proceso, la madre solicitó la suspensión de las visitas, que no consta fuera acordada. Como se puede observar en el supuesto analizado, la vía del art. 158 del CC puede utilizarse como cauce para solicitar la adopción de medidas relativas a las relaciones paterno filiales, pese a que dicha solicitud ya se hubiera formulado en la vía penal abierta en la que se dilucidaban varios procedimientos por violencia de género y con posterioridad a la adopción de la orden de protección. En este supuesto finalmente se desestima la solicitud al entender que las menores no se encuentran en peligro dado que las visitas (dos al mes) se desarrollan en el PEF y bajo la supervisión de los técnicos encargados. Los hechos posteriores denunciados no alcanzan la gravedad suficiente, a entender de la Sala, como para entender que las menores se encuentran en una situación de riesgo o peligro que justifique la suspensión de la relación padre e hijas.

1.3.2. El principio de proporcionalidad

Las medidas introducidas con la reforma deben estar presididas por el interés superior de las personas menores de edad, si bien este principio ha de ser coordinado con el principio de proporcionalidad al que ahora se refieren de forma explícita los apartados 4º y 5º del art. 158 del CC que prevén dos medidas consistentes en el alejamiento, así como prohibición de comunicación de los maltratadores y demás parientes relacionados en ese entorno violento con las niños, niños y adolescentes.

La adecuación al principio de proporcionalidad deriva del hecho de tratarse de medidas restrictivas de derechos (derecho a comunicarse y derecho a deambular libremente) lo que indica que nos encontramos ante medidas que poseen más bien carácter penal que civil y por ello en el propio precepto se contempla la necesidad de que para la adopción de las medidas el Juez tenga especialmente presente el principio de proporcionalidad. Como ha puesto de manifiesto Martínez Del Moral[223] la alusión que se hace en el artículo 158 del CC a la necesidad del «respeto al principio de proporcionalidad», no constituye ninguna novedad al ser una exigencia derivada de cualquier medida prohibitiva o restrictiva de derechos, aplicable, aunque no se mencionara en el texto, y al que ya se refería el art. 68 LOMPIVG[224]. Este principio exige por ello

---

223 Martínez Del Moral, Javier: "La actuación de oficio del Juez en casos de violencia de género. El artículo 158 del Código Civil", en *La Ley Derecho de Familia*, nº 12, 2016, p 1-15.

224 «Las medidas restrictivas de derechos contenidas en este capítulo deberán adoptarse mediante auto motivado en

una triple justificación en la resolución judicial en que se constate si la medida es susceptible de conseguir el objetivo propuesto, si es necesaria en el sentido de que no existe otra medida más moderada para la consecución de tal propósito con igual eficacia; y, finalmente, si la misma era proporcionada en sentido estricto, es decir, ponderada o equilibrada por si los beneficios que se van obtener son mayores que los perjuicios que ocasionaran a los derechos o intereses de los progenitores, tutores, parientes o terceras personas afectadas por estas prohibiciones.

Además de la proporcionalidad, la adopción de las medidas contempladas en el art. 158 del CC debe estar presidida por la idea de prudencia, toda vez que es posible que su adopción afecte a pronunciamientos firmes. Como recuerda el Auto 2060/2008 de la Sección 2ª de la Audiencia Provincial de Guipúzcoa de 27 de junio de 2008[225], las medidas del 158 del CC deben ser adoptadas con cautela por el juzgador cuando aprecie una situación de riesgo para el menor, pues no se puede olvidar que en determinados supuestos la adopción las mismas puede suponer la modificación de pronunciamientos judiciales firmes: *"en el momento de hacer uso de dicha facultad se debe ser cauteloso, puesto que a través de la misma se está posibilitando la revisión de pronunciamientos judiciales firmes. Por tanto, la misma debe reservarse para aquellos supuestos en que se acredita cumplidamente la concurrencia de un riesgo inminente y grave para el menor"*[226].

---

el que se aprecie su proporcionalidad y necesidad ( )».

225 ECLI:ES:APSS:2008:630A

226 En el mismo sentido la Sentencia 525/2016 de la Sección 22 de la Audiencia Provincial de Madrid, de 21 de

En este mismo sentido se pronuncia el AAP de las Islas Baleares de 10 de enero de 2017[227] al revocar el auto en el que se modifica el sistema de visitas fijado previamente en sentencia civil al amparo del art. 158.4 del CC[228]: "(…) *Así las cosas, y habida cuenta de*

---

junio, señala que "...Ante dicha situación, de grave riesgo para la estabilidad emocional y afectiva de los comunes descendientes, se impone necesariamente la continuación de la intervención de los profesionales del CAI con dicho grupo familiar, en orden a una imprescindible normalización de las relaciones paterno-filiales, y de no haberse producido la misma al comienzo del próximo curso escolar, el Juzgador a quo habrá de adoptar, incluso de oficio y por la vía del artículo 158 del Código Civil , las medidas necesarias para proteger el interés prioritario de la prole, no descartándose, en último término, el internamiento institucional de los hijos, si ello fue imprescindible a tal fin."

227 ECLI:ES:APIB:2017:6A

228 En este supuesto el Juez de violencia consideró necesario completar las medidas civiles (régimen de visitas) sobre la base de la siguiente argumentación: "( ) "si bien es claro que el Juez penal que dicte una Orden de Protección (o medidas equivalentes) no podrá modificar aquellas medidas de naturaleza civil que hayan sido previamente acordadas por un órgano del orden jurisdiccional civil, sí podrá dentro de ese ámbito excepcionalmente modificar o complementar aquéllas por aplicación del artículo 158 del Código Civil y en beneficio del interés del menor de edad o con los fines antes expresados, en todo caso con carácter provisional y sin perjuicio de la resolución a dictar por el órgano judicial civil competente para conocer del asunto; desde otra perspectiva, así, cubriendo o completando la atención a la mujer víctima, acordando, si no medidas -ya adoptadas-, la modificación de aspectos relativos a su materialización en su práctica, con respecto a las circunstancias del necesario intercambio del/de los hijo/s menor/es para hacer efec-

que, por lo expuesto, las medidas excepcionales del art. 158

---

tivo el régimen de visitas, comunicación y estancia con el padre, siempre dentro del limitado ámbito cognitivo de este procedimiento urgente, y en estricta relación de causalidad con la necesidad de compaginar tal régimen de visitas preestablecido con la finalidad pretendida con la sobrevenida medida cautelar o pena de alejamiento. Derivadas las precedentes consideraciones al caso, y en la contemplación de la situación actual de hecho porque, en lo que se refiere a las específicas circunstancias familiares de intercambio del menor para la materialización de las visitas y estancias con su padre, se vendría practicando a través de la interposición de tercero familiar que sería la abuela paterna, tal como se hubo previsto además en la Sentencia de referencia, pero ahora no exenta de cierta conflictividad y tensión tributarios del proceso penal litispendiente (de que se ha venido en conocimiento con la intermediación de la Oficina de Asistencia a las Víctimas de Delito con sede en DIRECCION, pues bien, sin perjuicio de refrendar judicialmente el modo habitual de intercambio, esto es a través de la interposición de terceros familiares, y más en concreto de la abuela paterna, y que habrá de extenderse para cualesquiera comunicaciones entre los progenitores en el ejercicio compartido de la patria potestad mientras esté vigente ya medida cautelar ya pena de alejamiento, también se dispondrá la intervención del Punt de Trobada Familiar o Punto de Encuentro Familiar de DIRECCION000, en los términos del vigente Decreto 57/2011, de 20 de Mayo, de la Consejería de Asuntos Sociales, Promoción e Inmigración del Govern de les Illes Balears, por el que se establecen los principios generales de organización y funcionamiento de los Puntos de Encuentro Familiar por derivación judicial, aun subsidiaria en la modalidad de seguimiento de intercambios, cuando menos, los fines de semana, al término de la visita y estancia que corresponde al padre con carácter alterno, resultando haberse previsto horario en coincidencia con el vigente de apertura y actividad preestablecido para dicho servicio publi-

del CC adoptadas en el auto hoy apelado, dictado el 3.7.15, no se perpetuaron en el citado procedimiento declarativo civil, cuya sentencia recayó en fecha 23.1.16 , sino que se confirmaron las acordadas en la sentencia de instancia, y sin que conste en autos prueba que permita llevar la excepcionalidad del art. 158 CC más allá de la propuesta en el recurso (es decir, acomodarse las medidas a establecer que se emplee una tercera persona que pueda realizar los intercambios y, en defecto de ésta, que los mismos se lleven a cabo a través

---

cado o comunicado por éste a los órganos competentes -en la actualidad, los miércoles, de 17 a 20 horas, y los sábados y domingos, de 10 a 13 horas y de 17 a 21 horas-, precisamente para que, debiendo ser los progenitores en tal caso los protagonistas del intercambio, en ocasión del Plan de Intervención en cada caso a individualizar por los profesionales del Equipo Técnico, para determinar los objetivos, las actividades a realizar, recursos y coordinación con otros profesionales para el buen fin de cada intervención, se puedan aprovechar o facilitar o implementar a los padres habilidades compensatorias que les ayuden a superar el enfrentamiento, como incluso a aceptar las responsabilidades que correspondan resultantes del proceso litispendente, presupuesta la profesionalidad y responsabilidad de los componentes de dicho Equipo Técnico.

Lo anterior no prejuzga cuanto, por el Juzgado que en cada momento fuera competente, y en función del trámite o pretensión o acción de que se tratara -no es lo mismo la resolución de una cuestión meramente interlocutoria o para la garantía de un concreto efecto, como sería el caso de mera ratificación de esta medida por el Juzgado de Primera Instancia de origen, que el formal ejercicio de nueva acción, por ejemplo, modificatoria de aquellas medidas-, estimara procedente disponer sobre la vigencia o modificación o ratificación o cese de la/s presente/s medida/s secundaria/s al/a los efecto/s establecido/s en la Sentencia de referencia."

del punto de encuentro familiar), procede estimar el recurso acordando, tal y como se solicita en el suplico al que se adhirió el Ministerio Fiscal, dejar sin efecto la modificación de las medidas realizadas por el auto apelado en relación a las establecidas por la sentencia dictada por el juzgado de violencia sobre la mujer n° 1 de DIRECCION000 en los autos de divorcio n° 656/2014; no obstante, procediéndose a adaptar tales medidas en lo relativo a las entregas y recogidas del hijo, pero sin proceder a la modificación de las medidas al limitarse la adaptación a establecer que, en el caso de que no hubiera tercera persona que pudiera realizar los intercambios, los mismos se lleven a cabo a través del Punto de encuentro familiar".

El principio de proporcionalidad y cautela que justifica la adopción de las medidas del artículo 158 del CC no debe impedir que, si concurren razones de urgencia para la protección de los/las menores, estas medidas puedan imponerse *inaudita parte,* siempre y cuando se evidencie un riesgo urgente para los menores que exija su adopción inmediata[229]. Así, cuan-

---

[229] Para Martínez Derqui, ob. cit. pág. 11, en cualquier caso, aun siendo adoptadas de oficio las medidas del art. 158 del Código civil considerando que pueda haber supuestos en los que concurran circunstancias acreditadas de urgencia que hagan que pueda acordarse una medida inaudita parte, es preciso posteriormente y antes de la formalización del recurso de apelación dar intervención a las personas afectadas sin merma de los derechos reconocidos en el art. 24 CE, sea cual sea el orden jurisdiccional en que se hayan establecido, pues como se recoge, entre otras, en la Sentencia del Tribunal Constitucional de 12 de diciembre de 2005: «Según constante y reiterada doctrina de este Tribunal, el art. 24 CE, en cuanto reconoce los derechos a la tutela judicial efectiva con interdicción de indefensión, a un proceso con todas las garantías y

do se soliciten al amparo de la orden de protección, en la comparecencia del artículo 544 ter deberán las partes ser oídas acerca de las medidas que se interesen consignándose en el acta correspondiente.

1.3.3. Procedimiento de adopción

Por lo que respecta al procedimiento para su adopción, salvo la previsión de que se adopten en un procedimiento de jurisdicción voluntaria en cuyo caso habrá que estar a lo dispuesto en los artículos 13 a 22 y 85, 87 y 88 de la Ley 15/2015 de 2 de julio, el CC no indica nada al respecto.

El artículo 544 ter 7 de la LECrim, permite la adopción de las medidas del artículo 158 en el seno de una orden de protección, por tanto, junto con las medidas penales y civiles que pueda acordar el órgano judicial, tras la celebración de la comparecencia que establece el artículo 544 ter 4 de la LECrim. Como regla general será necesaria la audiencia y con-

---

a la defensa, ha consagrado, entre otros, los principios de contradicción e igualdad de armas, imponiendo la necesidad de que todo proceso judicial esté presidido por la posibilidad de una efectiva y equilibrada contradicción entre las partes a fin de que puedan defender sus derechos e intereses. También hemos afirmado que la interdicción de la indefensión requiere del órgano jurisdiccional un indudable esfuerzo, a fin de preservar los derechos de defensa de las partes, correspondiendo a los órganos judiciales la obligación de procurar que en un proceso se dé la necesaria contradicción entre ellas, así como que posean idénticas posibilidades de alegar o probar y, en definitiva, de ejercer su derecho de defensa en cada una de las instancias que lo componen».

tradicción de todas las partes interesadas, previendo la ley la citación a una comparecencia tanto en el caso de la orden de protección como en el caso de un expediente de jurisdicción voluntaria, no siendo preceptiva en este último caso la intervención de abogado ni de procurador.

No obstante lo anterior, si solicitada la orden de protección no pudiera celebrarse la citada comparecencia, nada impide que por el Juez se acuerde, por un lado la protección penal al amparo del artículo 544 bis, y medidas concernientes a los hijos al amparo del artículo 158 del CC. Cabe también la posibilidad de que, denegada la orden de protección, el órgano judicial aprecie una situación de urgencia para los hijos menores pudiendo adoptar medidas relativas a los mismos mediante el expediente del artículo 158 del CC. De igual manera si a la vista de la solicitud se aprecia que, de forma palmaria, no existe riesgo alguno para los menores puede rechazarse la admisión del incidente[230].

Estas medidas pueden ser acordadas dentro de cualquier proceso civil o penal o en un expediente de jurisdicción voluntaria. Así, podrán dictar medidas al amparo del artículo 158 del CC en los asuntos competencia del Juzgado de Violencia Sobre la Mujer, el Juez de Familia antes de inhibirse al Juzgado de Violencia cuando se den los presupuestos del artículo 87

---

[230] Guía práctica Guía práctica de la Ley Orgánica 1/2004, de 28 de diciembre, de Medidas de Protección Integral contra la Violencia de Género aprobada por el grupo de expertas y expertos en violencia doméstica y de género del CGPJ, en la reunión celebrada el día 13 de octubre de 2016.

Ter 2 y 3 de la Ley Orgánica del Poder Judicial, los Jueces de Instrucción cuando actúan en sustitución de estos, incluso, el Juzgado de lo Penal o la Audiencia Provincial a los que corresponda el enjuiciamiento de los hechos.

Se ha cuestionado la posibilidad de adopción de estas medidas por la vía del artículo 158 en un procedimiento de ejecución de sentencia, con la finalidad de adoptar medidas de trascendencia para los menores. En principio, las normas que regulan la ejecución de sentencia se limitan a otorgar efectividad a los pronunciamientos de la resolución que se ejecuta por lo que, como regla general, la pretensión de modificación de las medidas ejecutadas debería articularse a través del correspondiente procedimiento de modificación de medidas. No obstante, el principio del interés superior del menor, así como las circunstancias urgentes que en relación con los menores puedan acontecer, hace que los tribunales acepten la posibilidad de la adopción de estas medidas del artículo 158 incluso en procedimientos de ejecución de medidas firmes. En este sentido el AAP de Zaragoza (Sección 5ª) de 4 de marzo de 2000[231]:

> "Comparte este Tribunal la tesis de las resoluciones del Juez «a quo» en el sentido de que en materia de relaciones paternofiliales el norte que ha de regir la decisión judicial ha de ser el «favor filii», quedando al margen o en plano secundario otro tipo de intereses o derechos, por muy lícitos que sean. Pero ha de añadir esta Sala a tal enfoque una serie de consideraciones.

231 AC 2000\437

> En primer lugar y desde la óptica de la santidad de la cosa juzgada de las sentencias, hay que recordar que en materia de relaciones personales, familiares e incluso económico-familiares (p. ej. derecho de alimentos), aquella fijación del «status» jurídico que constituye toda sentencia firme, es modificable en atención a las variaciones que dichas relaciones sufren en el decurso del tiempo; pues estamos ante fenómenos eminentemente dinámicos, que harían esencialmente injusto el mantenimiento de unos derechos y deberes nacidos ante situaciones precedentes esencialmente distintas a las actuales. Por lo tanto, no hay violación del derecho a la ejecución de sentencia en términos abstractos".

En este sentido se pronuncia Gutiérrez Romero[232], para quien la adopción de las medidas cautelares y demás disposiciones que en favor de los hijos se refiere el artículo 158 del CC, pueden ser perfectamente adoptadas por los trámites de la jurisdicción voluntaria, si bien también son factibles de determinarse en fase de ejecución de las sentencias e incluso de las medidas previas y de las coetáneas a tales procesos matrimoniales, siempre y cuando concurran las circunstancias que fundamentan su adopción. En cambio, para Martínez Derqui[233] fuera de los supuestos concretos en que por la vía del artículo 158 CC se realizaran variaciones accidentales y no sustanciales sobre lo resuelto, entiende que la posibilidad de que sea necesario adoptar medidas para asegurar la per-

---

232 Gutiérrez Romero, Francisco Manuel: "Cuestiones prácticas que suscita la aplicación de las medidas judiciales de protección de las víctimas de violencia de género", http://www.interiuris.org/archivos/1_CUESTIONES_PRACTICAS_QUE_SU.pdf.

233 Martínez Derqui, Francisco Javier, "La actuación de oficio…., ob. cit. p. 10.

sona del menor debe llevarse a cabo a través de un expediente de jurisdicción voluntaria.

1.3.4. Duración

En cuanto a su duración, ha declarado de forma constante la jurisprudencia que no poseen necesariamente carácter cautelar, sino que se trata de medidas que tendrán la naturaleza del procedimiento en que se adopten, civil o penal, con carácter provisional o definitivo. En este sentido el Auto de la AP de Sevilla de 18 de abril de 2005[234]:

> *"Por el contrario, las medidas que el Juez puede adoptar de oficio a tenor del artículo 158 del CC (reformado por la Ley Orgánica 9/2002 de 10 de diciembre) tienen carácter definitivo, pues el indicado precepto no alude en ningún momento a la provisionalidad de las mismas, sino que de su redacción resulta que el Juez dictará medidas "para asegurar la prestación de alimentos y proveer a las futuras necesidades del hijo, en caso de incumplimiento de este deber, por sus padres", es decir, son medidas con clara vocación de permanencia, de regular definitivamente la protección del menor, cuando se está previendo en ellas incluso las necesidades futuras del menor en caso de incumplimiento de los padres. A continuación se refiere a otras disposiciones y medidas en ningún caso con carácter de provisionalidad o temporalidad, sino para regular definitivamente situaciones de peligro, riesgo o perturbación para el menor, o evitar su sustracción por algún progenitor o por terceras personas. Y finaliza el precepto diciendo que tales medidas "podrán adoptarse dentro de cualquier*

---

[234] Haciéndose eco de la doctrina contenida en este auto, en el mismo sentido el AAP de Murcia (Sección 5ª) de 17 de febrero de 2012, ECLI: ES: APMU: 2012:98.

proceso civil o penal o bien en un procedimiento de jurisdicción voluntaria".

De lo anterior se colige que las disposiciones que el Juez adopta de oficio al amparo del artículo 158 del CC, son de naturaleza totalmente distinta a las medidas provisionales que se pueden adoptar en los procesos de separación, nulidad o divorcio, porque mientras éstas han de ser pedidas por las partes, aquellas pueden decretarse de oficio, mientras aquellas están limitadas a las previstas en los artículos 102 y 103 del CC, estas son mucho más amplias, el Juez puede adoptar todas las que considere "convenientes" o "apropiadas" o "necesarias" u "oportunas", sin limitación, para cumplir las finalidades que en el artículo 158 del CC se indican, finalidades que tienen como fundamento situaciones de desamparo del menor por incumplimiento del deber de alimentos por ambos padres, no solo por uno de ellos, en cuyo caso el otro puede pedir medidas provisionales para obligarle a contribuir junto con el progenitor solicitante al mantenimiento del menor, el cual no está desasistido; o situaciones de perturbación por cambio de titular de la potestad de guarda; o situaciones de riesgo de sustracción de los hijos por alguno de las progenitores o por terceras personas; o situaciones de peligro para los menores.

Y, por último, que las medidas adoptadas de conformidad con el artículo 158 del CC no son asimilables a las provisionales del artículo 773 de la Ley de Enjuiciamiento Civil, lo pone de manifiesto el hecho de que pueden adoptarse dentro de cualquier proceso civil, penal o de jurisdicción voluntaria. Y que para su adopción se apliquen las normas de jurisdicción voluntaria, de acuerdo con lo que dispone la Disposición Adicional Primera de la Ley Orgánica 1/1996 de 15 de Enero. No dice el CC que se puedan adoptar cautelarmente, por lo que no puede entenderse que tengan ese carácter, pues para ello debería decirlo expresamente. La ausencia de cualquier referencia al carácter provisional o transitorio de las medidas excluye su naturaleza cautelar. Y lo corrobora que el trámite para su adopción que prevé la Ley no sea el de una medida cautelar, sino el de jurisdicción voluntaria".

1.3.5. Relación con los otros procedimientos

Existen múltiples interrelaciones entre los procesos contenciosos de familia y algunos expedientes de jurisdicción voluntaria.

Así ocurre, por ejemplo, con la vigencia de las medidas del art. 158 CC adoptadas en el seno de un expediente de jurisdicción voluntaria del art. 87 LJV, que pueden servir para modificar las medidas definitivas adoptadas en un proceso anterior. En relación con las medidas adoptadas en este expediente (por ejemplo suspensión del régimen de comunicaciones y estancias paterno filiales) se suscita la duda de la eficacia temporal de tales medidas y si las mismas tienen duración ilimitada o caducan transcurrido un plazo determinado si no son ratificadas o confirmadas en un proceso jurisdiccional posterior, en este caso, el proceso de modificación de medidas correspondiente.

La respuesta la encontramos en el art. 19.4 LJV[235]: salvo que el auto que adopta la medida de suspensión del régimen de estancias establezca un plazo de duración a dicha medida o exija presentar la demanda

---

[235] 4. La resolución de un expediente de jurisdicción voluntaria no impedirá la incoación de un proceso jurisdiccional posterior con el mismo objeto que aquél, debiendo pronunciarse la resolución que se dicte sobre la confirmación, modificación o revocación de lo acordado en el expediente de jurisdicción voluntaria.

de modificación de medidas en un plazo determinado bajo apercibimiento de caducidad de la medida adoptada, la misma conservará su validez y eficacia hasta que en el posterior proceso de modificación de medidas se dicte resolución que confirme , modifique o revoque la suspensión acordada en el expediente de jurisdicción voluntaria.

Sin embargo, es claro que, si la resolución dictada en el expediente de JV no fija un límite temporal a lo acordado o condiciona su vigencia a la iniciación de un proceso jurisdiccional posterior, la medida adoptada en el expediente de jurisdicción voluntaria conserva su eficacia indefinidamente, pues ninguna norma procesal obliga a confirmar la medida en un proceso jurisdiccional posterior.

Igualmente plantea dudas la viabilidad de la utilización de un expediente de jurisdicción voluntaria del art. 87.1° LJV para obtener, con fundamento en el art. 158.1° CC, un cambio de guarda y custodia que puede solicitarse en el proceso de modificación de medidas al amparo del art. 775 LEC. Parece que, una vez dictada la sentencia que acuerda las medidas paterno filiales definitivas, no puede acudirse al procedimiento previsto en el art. 87 LJV para solicitar, al amparo del n° 1.a del mismo, y con fundamento en el art. 158.1° CC, el cambio de guarda y custodia del menor, siendo lo procedente acudir al procedimiento de modificación de medidas previsto en el art. 775 LEC, y, en caso de urgencia, solicitar la modificación provisional de las medidas anteriores.

Y otro tanto cabe decir cuando se articulan, a través del expediente de jurisdicción voluntaria previsto en el art. 86 LJV, relativo a discrepancias en el ejercicio de la patria potestad, con fundamento en el art. 156 CC, peticiones que tienen su cauce procesal idóneo y natural en el procedimiento de modificación de medidas. O cuando se formulan en el expediente de jurisdicción voluntaria pretensiones propias del proceso contencioso de modificación de medidas, como ocurre si se pide autorización para cambiar de colegio al menor y, en el mismo expediente del art. 86 LJV, se solicita un incremento de la pensión alimenticia a cargo del otro progenitor.

1.3.6. Contenido

Las medidas del art. 158 tienen carácter abierto y están directamente dirigidas a la protección de los menores y a evitarles perjuicios que se puedan producir en su entorno más cercano. Así, como dice el AAP Cantabria 23 de abril 2015 (Sección 2ª)[236]: "... *El art. 158 CC ha sido objeto de dos modificaciones: la que produjo la Disp. Final 4 de la LO 1/1996, de 15 enero, y la que ha añadido el apdo. 3 y cambiado el número del apdo. 4, por el art. 6 de la LO 9/2002, de 10 diciembre 2002. Su propósito, sin duda, es incrementar la protección de los menores, en sede de disposiciones generales, dentro de la regulación de las relaciones paterno-filiales , aunque, como ha tenido ocasión de establecer la STS de 17 de septiembre de 1.996 , las medidas que los jueces pueden adoptar (art. 158 del CC) se amplían a todo tipo de situaciones, incluso aunque excedan de las meramente paterno-filiales, con la posibilidad de que las adopten al inicio, en el curso o después de cualquier procedimiento.*

Las medidas sustantivas de carácter genérico que contiene (así se habla de "las medidas convenientes", "las disposiciones apropiadas", "las medidas necesarias" o "las demás disposi-

[236] ECLI: ES:APS:2015:855A

ciones que considere oportunas") y la referencia en su último párrafo a los procesos en los que pueden adoptarse las mismas (en "cualquier proceso civil o penal o bien en un procedimiento de jurisdicción voluntaria"), hacen que su concreción en la práctica forense, tanto al tiempo de su instancia como al de su trámite y resolución, no pueda calificarse de unívoca y excluyente de la medida de "alejamiento del entorno del menor" , que es la interesada en la demanda interpuesta por la Administración y rechazada de plano e indebidamente por parte del juzgador de instancia; (...) Por tanto, el art. 158 del CC no contiene una enumeración taxativa de medidas que limite al juzgador, ya sea penal o civil, para adoptar, por razones de urgencia y celeridad, todas aquellas que sean necesarias para proteger los superiores intereses del menor (...)"

En esta línea, se ha estimado adecuada por el AAP de Huesca (Sección 1ª), de 25 de enero de 2017[237] la vía del artículo 158 del CC para que por el Juzgado se adoptaran las medidas oportunas para determinar la persona física o institución tutelar del menor a la que debe abonarse la pensión de orfandad reconocida por la Seguridad Social a un menor, por la muerte de su madre, en lugar de que su percepción sea hecha por el padre del menor, al estar inhabilitado para cobrar la pensión de orfandad de su hijo, por haber sido condenado por un delito de violencia de género por sentencia firme cuya víctima era la causante de la pensión de orfandad:

> *"( ) en el número 6.º del artículo 158 del CC podemos encontrar fundamento bastante para acoger la pretensión del Ministerio Fiscal, al autorizar que el Juez, incluso de oficio, dicte las demás disposiciones que considere oportunas, a fin de evitar al menor perjuicios en su entorno familiar , todo lo cual se*

237 ECLI: ECLI:ES:APHU:2017:23A

> *adecua al siempre superior interés del menor, como también resalta el artículo 45.2 de la Ley de la Jurisdicción Voluntaria (15/2015, de 2 de julio) en sede de tutela, curatela y guarda de hecho".*

En cuanto a la prohibición de comunicación con los hijos menores fruto de la reforma que se comenta del artículo 158. 5º CC se ha pronunciado el AAP de Barcelona (Sección 20ª) 8 de junio de 2017[238]:

> *"Contra la resolución de instancia se alza la representación procesal de Fidel impugnando la prohibición de acercamiento y comunicación que se impone en la misma respecto a sus tres hijos. Alega el recurrente que con ello se le genera indefensión y que se impide que sus hijos puedan visitarlo de forma voluntaria.*
>
> *Frente a ello cabe alegar que el art. 544 quinquies de la Ley de Enjuiciamiento Criminal establece que en los supuestos en los que se investigue un delito de los mencionados en el artículo 57 del Código Penal, el Juez o Tribunal podrá, cuando resulte necesario al fin de protección de la víctima menor de edad o con la capacidad judicialmente motivada, adoptar de forma motivada la suspensión de la patria potestad de alguno de los progenitores y la suspensión o modificación del régimen de visitas o comunicación. Por su parte el art. 544 bis LECrim permite en los mismos supuestos, adoptar de forma motivada y cuando resulte estrictamente necesario al fin de protección de la víctima, la prohibición de aproximarse o comunicarse, con la graduación que sea precisa a determinadas personas. En el mismo sentido el art. 65 de la LO 1/2004, de 28 de diciembre, establece que el Juez podrá suspender para el inculpado por violencia de género el ejercicio de la patria potestad o de la guarda y custodia, respecto a los menores a que se refiera. Por último, el art. 158 del CC estable-*

238 ECLI: APB:2017:5286A

ce en sus apartados 4° y 5° la medida de prohibición a los progenitores, tutores, a otros parientes o a terceras personas de aproximarse al menor y acercarse a su domicilio o centro educativo y a otros lugares que frecuente, con respeto al principio de proporcionalidad y la medida de prohibición de comunicación con el menor, que impedirá a los progenitores, tutores, a otros parientes o a terceras personas establecer contacto escrito, verbal o visual por cualquier medio de comunicación o medio informático o telemático, con respeto también al principio de proporcionalidad.

SEGUNDO.- Pues bien, en el presente caso, y tal como señala la Instructora, los menores, de tan solo 13, 12 y 5 años de edad, son víctimas, aunque indirectas, de la violencia cometida por el investigado sobre su madre. El impacto psicológico de relacionarse con la persona que les ha causado un daño tan grave como es privarles de su madre a tan temprana edad es evidente, existiendo el riesgo de manipulación por parte del investigado hacia sus hijos como intento de justificar su acción. El derecho de patria potestad tiene vinculación directa con el delito que se imputa al investigado por las razones ya expuestas, habiendo demostrado éste su falta de capacidad para ejercer tal función de forma adecuada al tratarse de una persona violenta que llegó a ignorar a sus propios hijos, ya que su existencia no tuvo ningún efecto disuasorio en su conducta. Por ello, las medidas cautelares adoptadas resultan completamente necesarias para proteger la integridad psicológica de los menores".

No se hace referencia en el auto analizado a la modificación legal operada en el artículo 1.2 de la LO 1/2004 así como al artículo 10 de la Ley del EVD aplicable al presente supuesto en cuanto considera víctima indirecta a los menores, cuando la madre, tutora, curadora, acogedora o guardadora del menor haya fallecido o haya desaparecido a consecuencia del acto de violencia de género.

Cabe también, con fundamento en el artículo 158. 6º CC suspender un régimen de visitas al constatar la existencia de una situación de riesgo para la menor puesta de manifiesto en el propio proceso de violencia en el ámbito familiar, como señala el Auto de la Sección 4ª de la AP de Tarragona de 15 de septiembre de 2008[239], o en el Auto de la Sección 3ª Audiencia

---

239 ECLI:ES:APT:2008:1014A: "( )Ahora bien, la naturaleza de la medida adoptada en cuanto suprime el régimen de visitas al constatar la existencia de una situación de riesgo puesta de manifiesto en el propio proceso de violencia en el ámbito familiar, tiene cabida en el art. 158 del Código Civil , en virtud del cual, el Juzgado, de oficio o a instancia de parte, podrá acordar dentro de cualquier proceso civil o penal o de jurisdicción voluntaria, las disposiciones oportunas a fin de apartar al menor de un peligro o de evitarle perjuicios. En este aspecto, incluso el propio art. 544 1º , al regular la orden de protección, contiene expresamente esa salvedad refiriéndose a la adopción de medidas civiles cuando existan hijos menores o incapaces, que, "sin perjuicio de las medidas previstas en el art. 158 del Código Civil", podrán consistir en la atribución del uso y disfrute de la vivienda familiar, determinar el régimen de custodia, visitas, comunicación y estancia con los hijos, el régimen de prestación de alimentos, así como cualquier disposición que se considere oportuna a fin de apartar al menor de un peligro o de evitarle perjuicios, por lo que, a pesar de haber transcurrido más de dos meses desde la adopción de la orden de protección, en el presente supuesto la Juzgadora del orden penal resultaba plenamente competente para acordar dicha medida de supresión del régimen de visitas, al amparo del art. 158 Código Civil".

Provincial de Santander 18/2016 de 21 de enero[240] debiendo atenderse siempre al prioritario interés del menor.

Si el Juez considera que efectivamente no existe riesgo alguno para la integridad o la indemnidad física de los menores o, en definitiva, una situación de urgencia puede inadmitir la solicitud como en el Auto de la Audiencia Provincial de Cádiz, de 28 de marzo de 2017[241]: "*Si analizamos la documental médica obrante y este último dictamen psicológico, esta Sala considera la escasez de indicios respecto al presunto delito de maltrato psicológico denunciado a los efectos analizados del padre hacia su hija, e igualmente, ausencia de urgencia y de riesgo para dicha menor, apreciándose únicamente una clara disociación de ambos ambientes familiares, la de su madre y hermanos con su pareja y la del padre, y ningún indicador de maltrato que hubiere colocado a la menor en una situación de peligro o abandono. Es más, se aprecian tres circunstancias llamativas, el cambio de actitud de la madre respecto a la guarda y custodia a favor del padre (de hecho está con su madre no*

---

240 " ( ) Por todo ello, la sala entiende que siendo el superior interés de la menor el que ha de presidir la adopción de cualquier medida en esta materia, al amparo de lo dispuesto en el artículo 158 del Código Civil en relación con lo dispuesto en la Ley Orgánica 1/2004, de 28 de diciembre, de Medidas de Protección Integral contra la Violencia de Género, en concreto sus artículos 65 y siguientes ; así como visto el contenido del vigente artículo 544 *quinquies* de la Ley de Enjuiciamiento Criminal, no procede en este momento procesal establecer un régimen de visitas como el fijado en el Auto que ahora se recurre, debiendo por ello revocarse el Auto de instancia, y estarse a lo dispuesto en el Auto de fecha 19 de septiembre de 2014 ( )".

241 ECLI:ES:APCA:2017:406A

cumpliéndose el régimen de guarda y custodia compartida), el nuevo intento de la denunciante de obtener una orden de protección tras la denegación de la primera (dicha denunciante ha cambiado de dirección letrada hasta en tres ocasiones en esta instrucción penal) y una excesiva victimización secundaria de la menor al someterla a continuas exploraciones médicas, psicológicos y judiciales, con manifiesta infracción del estatuto de la víctima.

Si analizamos tales indicios, la resolución es acorde a derecho, dada la imposibilidad material de establecer una relación de causalidad entre lo denunciado y el estado de la menor, existiendo evidentes discrepancias entre las declaraciones, y todo apunta a un conflicto civil respecto a la interpretación del convenio regulador donde existe entre los progenitores una enorme conflictividad familiar que han extrapolado a la menor, pues ambas partes residen en ciudades distintas y ambas partes han rehecho su vida, pero ello no puede entenderse como existencia probable de situación objetiva de riesgo total para la víctima menor, ni siquiera a efectos indiciarios podría hablarse de infracción penal punible, dadas las evidentes contradicciones entre ambas partes.

Ante estas circunstancias, lo cierto es que es difícil entender que existe una situación real y objetiva de riesgo para la menor"[242].

---

242 En igual sentido el Auto 123/2014, de 12 de febrero, AAP de Valencia (Sección 4) : "( ) De conformidad con lo expuesto, y con independencia que del resultado de la instrucción de la causa por Delito de Abandono de Familia pueda derivarse algún reproche penal, ello no implica la procedencia en dicho ámbito de la adopción de la medida cautelar interesada por el apelante, la cual comporta una modificación del régimen de visitas acordado en el procedimiento civil, debiendo ser en este orden jurisdiccional donde se formule y resuelva sobre la mis-

Respecto de la solicitud de autorización de cambio de país o de residencia, en ocasiones se articula a través del expediente del artículo 158 y otras por la vía del artículo 156 del CC. Así, el Auto Sección 1ª AP Sta. Cruz de Tenerife 133/2015 de 1 de octubre, cita de la STS 20 de octubre de 2014 se refiere a esta cuestión.

El optar por uno u otro procedimiento puede tener importancia desde el punto de vista de los recursos. En este sentido, resulta interesante el Auto de la AP de Barcelona 50/2015 de 10 de febrero, Sección 18 en el que "Entiende la Sala que, si hay que atender específicamente a la naturaleza del desacuerdo y que, si se trata de un mero debate sobre problemas que hay que resolver en el día a día y en la cotidianeidad del hijo, que por razones de urgencia se ha consumado en una determinada actuación o cuando se trata de cuestiones leves o banales no cabe recurso. Pero otras controversias como el cambio de domicilio (a veces al extranjero), que implique la necesidad de plantear la modificación de otras medidas relacionadas (desplazamientos, alimentos, etc.) son de suficiente enjundia como para merecer no sólo la determinación del progenitor decisor (lo que implica normalmente un juicio de valor sobre la decisión de fondo), sino también el eventual control en alzada. Se trata de supuestos que, en puridad, son de modificación de efectos y que deberían reconducirse *ab limine* a dicho trámite."

---

ma, ante la ausencia de indicios fundados de situación objetiva de riesgo para el menor, derivada de la comisión de un delito o falta contra la vida, integridad física o moral, en el ámbito del art. 57 del Código Penal , y lleva a la consecuencia obligada de desestimar el Recurso de Apelación formulado y la confirmación de la resolución impugnada en todas sus partes".

Uno de los supuestos más comunes de aplicación del artículo 158 CC viene referido, en los casos de que exista un procedimiento penal por violencia de género, a aquellas decisiones tomadas, de forma unilateral, por uno de los progenitores y que afectan a los menores. En efecto, se trata de evitar situaciones adoptadas sin el consentimiento, y a veces, sin el conocimiento del otro progenitor, utilizando una vía de hecho, pese a que no existe resolución judicial alguna que atribuya a uno u otro la guarda y custodia, y por ende, sin que exista suspensión, ni privación de la patria potestad.

En los supuestos en que el padre se ve incurso en un proceso penal por violencia de género, la madre, en ocasiones, y mientras se tramita un procedimiento matrimonial (medidas provisionales, separación o divorcio), adopta decisiones que afectan a los menores (desplazamientos a otro lugar, cambio de colegio...). Este es el presupuesto básico para poder instar alguna de las medidas previstas en el artículo 158 CC, máxime cuando no exista ningún procedimiento matrimonial en marcha y con carácter temporal hasta tanto se adopten medidas civiles en el procedimiento principal o en la pieza de medidas.

2. LAS MEDIDAS DEFINITIVAS EN LOS PROCEDIMIENTOS DE FAMILIA CON VIOLENCIA DE GÉNERO: ANÁLISIS JURISPRUDENCIAL CON PERSPECTIVA DE GÉNERO

Ahora, desde el punto de vista jurisprudencial, se analizan las sentencias del Tribunal Supremo más relevantes que se han pronunciado desde las reformas legales a que se ha hecho referencia en el apartado anterior del presente estudio. La finalidad del análisis es valorar el alcance de las reformas legislativas en su aplicación por los Tribunales de Justicia, así como incidir en la importancia que tiene la labor de los jueces en la aplicación de las normas con perspectiva de género.

En este apartado, uno de los conceptos importantes a analizar es la aplicación, principalmente por parte de la jurisdicción civil en este caso, de la técnica de juzgar con perspectiva de género, también conocido como *gender mainstreaming* en aquellos asuntos relativos a la protección a menores en supuestos de violencia de género.

Se ha de partir de unas ideas y conceptos previos para justificar la importancia de la aplicación de la perspectiva de género en las resoluciones judiciales como medio para eliminar los estereotipos de género que perpetúan las desigualdades, y en consecuencia la violencia contra la mujer como manifestación de estas. El punto de partida para comprender lo que propone la perspectiva de género como categoría de análisis en la interpretación judicial es distinguir entre los conceptos de sexo, género e identidad de género. El sexo representa la realidad biológica de las personas. Designa características biológicas de los cuerpos mientas que el género se identifica con lo culturalmente construido, con el conjunto de características, actitudes y roles sociales, cultural e históricamente asignadas a las personas en virtud de su sexo. Por último, la identidad de género se refiere a la vivencia interna e individual del género tal como cada persona la siente profundamente, la cual podría corresponder o no con el sexo asignado al momento del nacimiento, incluyendo la vivencia personal del cuerpo.

De otro lado, se entiende por rol, el conjunto de tareas o funciones que se derivan de la situación de una persona con respecto al grupo al que pertenece. Rol puede relacionarse con rol de género, identificándose en este caso con las tareas, funciones y conductas que tradicionalmente se han atribuido a un sexo u otro, a través de un proceso de socialización. A partir de los roles que se les atribuyen a hombres y mujeres se generan unos estereotipos. Los estereotipos son ideas sobre personas o grupos, adquiridas simplemente por haberlas oído, que generalizan, simplifican y sesgan la información al fijarse solo en un aspecto. Constituyen generalizaciones y creencias compartidas socialmente que representan un conocimiento acrítico de la realidad e influyen en las expectativas y comportamientos de ese colectivo. Los estereotipos de género corresponden a modelos de conducta y valores atribuidos dependiendo de si son hombres o mujeres, sin tener en cuenta su individualidad[243].

---

243 Los estereotipos masculinos o de hombres tienen una valoración positiva con respecto a la valoración negativa de los estereotipos femeninos o de las mujeres. En la valoración que se hace de ambos, existe una discriminación que explica las formas diferentes en las que intervienen e interactúan en la sociedad. Son estereotipos generalmente atribuidos a las mujeres la sensibilidad; la debilidad física; la sumisión; la abnegación; la dependencia, etc. En cambio, son estereotipos atribuidos a los hombres la razón; la fortaleza física; la inteligencia; la autoridad; el liderazgo o la independencia, entre otros. En relación con estos estereotipos se dan los prejuicios que son ideas preconcebidas respecto a algo o alguien sin fundamentación, en base a datos insuficientes. Supone un juicio de valor sin fundamento suficiente, pero que se utiliza como justificación.

Los estereotipos y prejuicios de género se refieren a la construcción social y cultural de hombres y mujeres debido a sus diferentes funciones físicas, biológicas y sexuales que asignan atributos, características y los roles que deben cumplir unos y las otras (por ejemplo, el rol de cuidadoras para las mujeres o de proveedores para los hombres). Estereotipamos para definir la diferencia que facilite nuestra comprensión de un modelo más simple. Pero este proceso se convierte en problemático cuando se usa para ignorar las características, habilidades, necesidades y circunstancias de una persona llegando a perpetuar las jerarquías de género existentes[244]. En esta línea, la Recomendación general nº 35 del Comité CEDAW indica que "El Comité considera que la violencia por razón de género contra la mujer está arraigada en factores relacionados con el género, como la ideología del derecho y el privilegio de los hombres respecto de las mujeres, las normas sociales relativas a la masculinidad y la necesidad de afirmar el control o el poder masculinos, imponer los papeles asignados a cada género o evitar, desalentar o castigar lo que se considera un comportamiento inaceptable de las mujeres. Esos factores también contribuyen a la aceptación social explícita o implícita de la violencia por razón de género contra la mujer, que a menudo aún se considera un asunto privado, y a la impunidad generalizada a ese respecto". Los estereotipos son la base de las discriminaciones y cuando penetran en el sistema judicial, lo distorsionan al redundar en las

---

[244] Fernández Rodríguez de Liévana, Gemma, "Aplicación de la perspectiva de género en la jurisdicción civil", en *Cuadernos digitales de formación*, CGPJ, nº 48, 2016, p.5.

percepciones, perpetuando las asimetrías sociales entre hombres y mujeres y en el peor de los casos, pueden llegar a impedir el acceso a la justicia de víctimas y supervivientes de la violencia de género[245].

Las sentencias tienen un poder individual y colectivo que impacta en la vida de las personas y conforman la identidad del poder judicial como dinamizador imprescindible en la construcción de un Estado social y democrático de Derecho. Un tratamiento igualitario a situaciones que son de origen socialmente desiguales resulta discriminatorio y contraviene el principio de equidad que debe presidir la impartición de justicia.

Por ello la impartición de justicia con perspectiva de género es una estrategia judicial para abandonar la estereotipación de género y avanzar hacia la igualdad real desde la justicia. La labor interpretativa desde una perspectiva de género implica tomar necesariamente en cuenta la particular desigualdad existente entre hombres y mujeres y asumir que esa labor está incondicionalmente impregnada de su propia construcción social. Así mismo, la incorporación del enfoque de género implica concebir al Derecho como un sistema jurídico integral, partiendo para ello del principio de igualdad material o real según el cual, lo importante es la condición real de las personas, considerando no sólo las perspectivas de los hombres, sino también de manera indispensable, las experiencias, posición y situación de las mujeres. Es una fórmula de evaluación y también una fórmu-

---

245 Poyatos Matas, Gloria, "Juzgar con perspectiva de género, el camino judicial hacia la igualdad real" en *Actum Social*, nº 131, monográfico 2018, pp. 37-45, p. 38.

la de argumentación, consistente en tener en cuenta el impacto que tiene en hombres y mujeres una determinada medida o decisión judicial para adoptar la medida con conocimiento de causa de esas consecuencias. Juzgar con perspectiva de género no es una ideología ni una propuesta feminista, se trata de un mandato jurídico vinculante para los órganos jurisdiccionales españoles.

Así, tanto la normativa nacional como internacional aplicable en materia de igualdad y no discriminación, por razón de género y también en materia de violencia de género obligan a aplicar una metodología con perspectiva de género en la interpretación y aplicación de las normas por los jueces.

En el ámbito nacional el artículo 4.3 de la Ley 15/2022, de 12 de julio, integral para la igualdad de trato y la no discriminación[246] dispone que: «El derecho a la igualdad de trato y la no discriminación es un principio informador del ordenamiento jurídico y, como tal, se integrará y observará con carácter transversal en la interpretación y aplicación de las normas jurídicas. (…) En las políticas contra la discriminación se tendrá en cuenta la perspectiva de género y se prestará especial atención a su impacto en las mujeres y las niñas como obstáculo al acceso a derechos como la educación, el empleo, la salud, el acceso a la justicia y el derecho a una vida libre de violencias, entre otros». Previamente, también en el ámbito nacional, el artículo 4 de la LO 3/2007 de 22 de marzo de Igualdad Efectiva de Mujeres y Hombres[247], cuya rúbrica es "Integración del principio de igualdad en

---

246 «BOE» núm. 167, de 13/07/2022.

247 BOE-A-2007-6115

la interpretación y aplicación de las normas", supone la concreción del principio y del derecho fundamental a la igualdad efectiva: "La igualdad de trato y de oportunidades entre mujeres y hombres es un principio informador del ordenamiento jurídico y, como tal, se integrará y observará en la interpretación y aplicación de las normas jurídicas". La interpretación social del Derecho con perspectiva de género exige la contextualización y la actuación conforme al principio pro-persona, que se configura en este ámbito como un criterio hermenéutico que obliga a los órganos jurisdiccionales a adoptar interpretaciones jurídicas que garanticen la mayor protección de los derechos humanos, en especial los de las víctimas. Los estereotipos de género son la base de la discriminación contra las mujeres. Su presencia en los sistemas de justicia tiene consecuencias perjudiciales para los derechos de las mujeres, particularmente para las víctimas y supervivientes de diferentes formas de violencia, pudiendo impedir el acceso a una tutela judicial efectiva. Los estereotipos de género han de ser erradicados en la interpretación y aplicación judicial. El principio de integración de la dimensión de género en la actividad jurídica vincula a todos los Poderes del Estado.

Así se reconoce por el Comité CEDAW en su Recomendación general nº 33 sobre el acceso de las mujeres a la justicia, en la que señala que "los estereotipos y los prejuicios de género en el sistema judicial tienen consecuencias de gran alcance para el pleno disfrute de los derechos humanos de las mujeres. Pueden impedir el acceso a la justicia en todas las esferas de la ley y pueden afectar particularmente a las mujeres víctimas y supervivientes de la violencia. Los estereotipos distorsionan las percepciones y dan lugar a decisiones basadas en creencias preconcebidas y mitos, en lugar de hechos. Con frecuencia, los jueces adoptan normas rígidas sobre lo que consideran un comportamiento apropiado de la mujer y castigan a las que no se ajustan a esos estereotipos. El establecimiento de estereotipos afecta también a la credibilidad de las declaraciones, los argumentos y los testimonios de las mujeres, como partes y como testigos. Esos estereotipos pueden hacer que los jueces interpreten erróneamente las leyes o las apliquen en forma defectuosa. Esto tiene consecuencias de gran alcance, por ejemplo, en el derecho penal, ya que tienen como consecuencia que los perpetradores no sean considerados jurídicamente responsables de las violaciones de los derechos de la mujer, manteniendo de esta forma una cultura de impunidad. En todas las esferas de la ley, los estereotipos comprometen la imparcialidad y la integridad del sistema de justicia, que a su vez puede dar lugar a la denegación de justicia, incluida la revictimización de las denunciantes"[248].

En esta misma línea en agosto de 2014, el Comité CEDAW emitió su Dictamen en el asunto González Carreño contra España, al que ya nos hemos referido en otro apartado de esta obra, determinando que el Estado español infringió los derechos de Ángela y su hija Andrea en virtud de los artículos 2 a), b), c), d), e) y f); 5 a); y 16, párrafo 1 d) de la Convención, leídos juntamente con el artículo 1 de la Convención y la Recomendación General N.º 19. El Comité considera que el asesinato de Andrea se enmarcó en un contexto de violencia de género y de violencia estruc-

---

[248] http://www.acnur.org/fileadmin/scripts/doc.php?file=fileadmin/Documentos/BDL/2016/10710

tural contra las mujeres y que el procedimiento de regulación del régimen de visitas, que el maltratador utilizaba para continuar ejerciendo violencia contra Ángela y su hija, refleja: "Un patrón de actuación que obedece a una concepción estereotipada del derecho de visita basado en la igualdad formal que [...] otorgó claras ventajas al padre a pesar de su conducta abusiva y minimizó la situación de madre e hija como víctimas de violencia, colocándoles en una situación de vulnerabilidad" (§ 9.4).

Como consecuencia de la vulneración de los derechos de Dª Ángela y su hija Andrea, el Comité dirige recomendaciones a España, de dos tipos: por un lado, medidas concretas de reparación para la recurrente y por otro lado medidas de carácter estructural, como garantía de no repetición. El Comité establece que se deben tomar medidas adecuadas y efectivas para que los antecedentes de violencia de género sean considerados en el momento de estipular los derechos de custodia y visita de los hijos y las hijas y para que el ejercicio de los derechos de visita o custodia no pongan en peligro la seguridad de las víctimas, incluidos sus hijos e hijas. Además, el Comité CEDAW señala que se debe reforzar la aplicación del marco legal con miras a asegurar que las autoridades competentes ejerzan la debida diligencia para responder de manera adecuada a situaciones de violencia de género.

Por último, el Dictamen establece que debe proporcionarse formación obligatoria a jueces y juezas y al personal administrativo competente sobre la aplicación del marco legal en materia de lucha contra la violencia de género que incluya formación acerca de la definición de este tipo de violencia y sobre los estereotipos de género, así como una formación apropiada con respecto a la Convención, su Protocolo Facultativo y las Recomendaciones Generales del Comité, en particular la Recomendación General Nº 19. El Comité también determina que se debe publicar y difundir ampliamente el Dictamen para alcanzar a todos los sectores pertinentes de la sociedad.

Dos puntos importantes de las medidas generales a cumplir por España a destacar son:

1. La diligencia debida, especialmente en casos de violencia de género, es un principio fuertemente arraigado en el derecho internacional de los derechos humanos del cual no hay referencia en la legislación española, siendo el Dictamen una oportunidad para su incorporación a ésta, en miras de una adecuada comprensión y aplicación de este.

2. En cuanto a los estereotipos de género, el Comité detecta la persistencia de sesgos y estereotipos negativos como parte de la respuesta del sistema de justicia en los procedimientos administrativos y judiciales que Ángela inició, estableciendo un vínculo entre la aplicación de estereotipos, la discriminación y la violencia. Los estereotipos de género negativos sobre las mujeres y sobre las víctimas de violencia de género tienen consecuencias muy graves y en ocasiones fatales para los derechos de las mujeres y de sus hijos e hijas, al condicionar la respuesta del sistema judicial. Además, la eliminación de estereotipos es una obligación de los Estados bajo el artículo 5 de la Convención, en la medida en que estos sustentan prácticas culturales o consuetudinarias nocivas para las mujeres como la violencia de género. Un este-

> reotipo es la visión generalizada o preconcepción sobre los atributos o características de los miembros de un grupo en particular o sobre los roles que tales miembros deben cumplir. Los estereotipos presumen que todas las personas que forman parte de un cierto grupo social poseen características particulares (los adolescentes son irresponsables) o tienen roles específicos (las mujeres son cuidadoras). Entender la forma en que el Derecho puede contribuir a la estereotipación de género nos ayuda a comprender las experiencias de desigualdad y discriminación que enfrentan las mujeres.

De manera similar al Comité, tribunales nacionales de distintas partes del mundo y tribunales regionales en distintos contextos han manifestado la importancia de la formación sobre estereotipos de género a los operadores jurídicos, principalmente judicatura, fiscalía y abogacía. También han detectado que el uso de estereotipos de género en el sistema judicial se convierte en un obstáculo para la protección de los derechos de las víctimas de violencia de género. Por estos motivos, una formación obligatoria en el sentido indicado por el Comité será fundamental para una implementación efectiva de la legislación en la materia y para una protección real de las víctimas de violencia de género.

Por último, el Convenio de Estambul vigente en España desde el 1 de agosto de 2014, vincula la violencia contra la mujer con la desigualdad y discriminación que sufre, y dispone que los Estados: "adoptaran las medidas legislativas o de otro tipo necesarias para promover y proteger el derecho de todos, en particular de las mujeres, a vivir a salvo de la violencia tanto en el ámbito público como en el ámbito privado" y "Las partes adoptarán las medidas legislativas o de otro tipo necesarias de conformidad con los principios fundamentales de los derechos humanos y teniendo en cuenta la perspectiva de género en este tipo de violencia, para garantizar una investigación y un procedimiento efectivos por los delitos previstos en el presente Convenio" (art. 49.2).

Haciendo mención a esta idea es pertinente hacer referencia a la STSJ (Sala de los Social), de Las Palmas de Gran Canaria, de 7 de marzo de 2017[249], al ser la primera sentencia dictada en España en la que se define teóricamente el criterio hermenéutico que obliga a los órganos judiciales a adoptar interpretaciones jurídicas que garanticen la mayor protección de los derechos humanos, en especial los de las víctimas, mediante la técnica de impartir la justicia con perspectiva de género, además de proyectar y aplicar al caso enjuiciado esta técnica.

De la sentencia destacamos el Fundamento de Derecho segundo, en el que se define la integración de la dimensión de género en la sentencia:

> "(...) El acceso a la pensión de viudedad en el caso de mujeres separadas o divorciadas que hayan sido víctimas de violencia de género exige la concurrencia de unas requisitos objetivos que se han venido clarificando a través de la jurisprudencia de nuestro alto Tribunal. No obstante, al tratarse de una modalidad de viudedad vinculada a una situación de violencia de género, *se hace imprescindible, la integración de la dimensión de género, para la resolución de la "questio litis" por expreso mandato del art. 4 de la LO 3/2007.* Las caracte-

249 ECLI:ES:TSJICAN:2017:1

rísticas de género son construcciones socioculturales que varían a través de la época, la cultura y el lugar; y se refieren a los rasgos psicológicos y culturales que la sociedad atribuye, a cada uno, de lo que considera "masculino" o "femenino". Es decir, define la posición que asumen mujeres y hombres con relación a unas y otros y la forma en que construyen su identidad. *Por ello, en todos los casos que involucren relaciones asimétricas, prejuicios y patrones estereotípicos por razón de género, deberá aplicarse en la impartición de justicia una metodología con perspectiva de género.* La violencia de género física y/o psicológica, deriva directamente de las referidas asimetrías endémicas y estructurales. En primer lugar, debemos acudir a la normativa nacional e internacional aplicable en materia de igualdad y no discriminación, por razón de género y también en materia de violencia de género.

1) Ley Orgánica 1/2004 de 28 de diciembre: El concepto jurídico de la víctima de violencia de género, se acota en el artículo 1 de la LO 1/2004 de 28 de diciembre de Medidas de Protección Integral contra la Violencia de Género: " Artículo 1. Objeto de la Ley. La presente Ley tiene por objeto actuar contra la violencia que, como manifestación de la discriminación, la situación de desigualdad y las relaciones de poder de los hombres sobre las mujeres, se ejerce sobre éstas por parte de quienes sean o hayan sido sus cónyuges o de quienes estén o hayan estado ligados a ellas por relaciones similares de afectividad, aun sin convivencia. 2. Por esta ley se establecen medidas de protección integral cuya finalidad es prevenir, sancionar y erradicar esta violencia y prestar asistencia a las mujeres, a sus hijos menores y a los menores sujetos a su tutela, o guarda y custodia, víctimas de esta violencia. 3. La violencia de género a que se refiere la presente Ley comprende todo acto de violencia física y psicológica, incluidas las agresiones a la libertad sexual, las amenazas, las coacciones o la privación arbitraria de libertad."

La violencia de género no es un problema que afecte al ámbito privado. Al contrario, se manifiesta como el símbolo más brutal de la desigualdad existente en nuestra sociedad. Se trata de una violencia que se dirige sobre las mujeres por el hecho mismo de serlo, por ser consideradas, por sus agresores, carentes de los derechos mínimos de libertad, respeto y capacidad de decisión. El principio de igualdad efectiva de mujeres y hombres exige la integración de la dimensión de género en la aplicación de todas las normas, tanto si se trata de normas procesales, incluyendo las probatorias, como si se trata de normas sustantivas. La Sentencia 59/2008, de 14 de mayo del Tribunal Constitucional -al tratar la cuestión de inconstitucionalidad planteada con ocasión de los tipos penales que introdujo la LO 1/2004- ha declarado que la ley atiende al "carácter especialmente lesivo de ciertos hechos a partir del ámbito relacional en el que se producen y del significado objetivo que adquieren como manifestación de una grave y arraigada desigualdad".

Quiere sancionar más unas agresiones que entiende "que son más graves y reprochables socialmente a partir del contexto relacional en el que se producen y a partir también de que tales conductas no son otra cosa, como a continuación se razonará, que el trasunto de una desigualdad en el ámbito de las relaciones de pareja de gravísimas consecuencias para quien, de un modo constitucionalmente intolerable, ostenta una posición subordinada».

2). Ley Orgánica 3/2007 de 22 marzo y artículo 14 de la CE Española. El artículo 4 de la LO 3/2007 de 22 de marzo de Igualdad Efectiva de Mujeres y Hombres, cuya rúbrica es "integración del principio de igualdad en la interpretación y aplicación de las normas", supone la concreción del principio y del derecho fundamental a la igualdad efectiva: "La igualdad de trato y de oportunidades entre mujeres y hombres es un principio informador del ordenamiento jurídico y, como tal, se integrará y observará en la interpretación y aplicación de las normas jurídicas". *La interpretación social del Derecho con perspectiva de género exige la contextualización y la actuación conforme al principio pro-persona, que se configura en este ámbito como un criterio hermenéutico que obliga a los órganos jurisdiccionales a adoptar interpretaciones jurídicas que garanticen la mayor protección de los derechos humanos, en especial los de las víctimas. Los estereotipos de género son la base de la discriminación contra las mujeres. Su presencia en los sistemas de justicia tiene consecuencias perjudiciales para los derechos de las mujeres, particularmente para las víctimas y supervivientes de diferentes formas de violencia, pudiendo impedir el acceso a una tutela judicial efectiva. Los estereotipos de género han de ser erradicados en la interpretación y aplicación judicial. El principio de integración de la dimensión de género en la actividad jurídica vincula a todos los Poderes del Estado. Tal afirmación se encadena, por lo que respecta a la actividad jurisdiccional, con la existencia de un amplio derecho antidiscriminatorio, con amparo constitucional en el art. 14 de la CE, que debe desplegarse en tres fases judiciales concretas* (tramitación del proceso, valoración de las pruebas y aplicación de la norma sustantiva). Por tanto, debe integrarse en la valoración de la prueba el principio de igualdad -distribución de la carga de la prueba de la discriminación, relevancia de la declaración de la víctima-.

3)- La Convención sobre la eliminación de todas las formas de discriminación de las mujeres (CEDAW) La CEDAW es un es uno de los tratados internacionales de derechos humanos de Naciones Unidas más operativo en la conquista de la igualdad de oportunidades y de trato entre mujeres y hombres, también llamado "la carta internacional de los derechos humanos de las mujeres". Fue aprobada por la Asamblea General en 1979 y entró en vigor en 1981, siendo ratificada por España en 1.984. La propia Convención creó "el Comité para la Eliminación de la Discriminación de la mujer" que examina los progresos realizados por los diferentes Estados Parte en la aplicación de la Convención, debiéndose destacar aquí el Dictamen nº 47/2012 del citado Comité, dirigido al estado español. La recomendación nº 25 del Comité CEDAW, pone de relieve lo siguiente: "El género se define como los significados sociales que se confieren a las diferencias biológicas entre los sexos. Es un producto ideológico y cultural, aunque también se reproduce en el ámbito de las prácticas físicas; a su vez, influye en los resultados de tales prácticas. Afecta a la distribución de los recursos, la riqueza, el trabajo, la adopción de decisiones y el poder político, y el disfrute de los derechos dentro de la familia y en la vida pública. Pese a las variantes que existen según las culturas y la época, las relaciones de género en todo el mundo entrañan una asimetría de poder entre el hombre y la mujer como característica profunda. Así pues, el género produce estratos sociales y, en ese sentido, se asemeja a otras fuentes de estratos como la raza, la clase, la etnicidad, la sexualidad y la edad. Nos ayuda a comprender la estructura social de la identidad de las personas según su género y la estructura desigual del poder vinculada a la relación entre los sexos". La propia Exposición de Motivos de la LO 1/2004 hace expresa referencia a la CEDAW.

4)- El Convenio del Consejo de Europa sobre prevención y lucha contra la violencia contra la mujer y violencia doméstica (Convenio de Estambul), abierto a la firma en Estambul el 11 de mayo de 2011 y vigente en España desde el 1 de agosto de

> 2014, vincula la violencia contra la mujer con la desigualdad y discriminación que sufre, y dispone que los Estados: "adoptaran las medidas legislativas o de otro tipo necesarias para promover y proteger el derecho de todos, en particular de las mujeres, a vivir a salvo de la violencia tanto en el ámbito público como en el ámbito privado".
>
> 5)- Impartición de Justicia y valoración de la prueba con perspectiva de género. Del reconocimiento de los derechos humanos a la igualdad y a la no discriminación por razones de género, deriva la impartición de justicia con base en una perspectiva de género. Debe priorizarse el reconocimiento de derechos sustantivos de carácter constitucional frente a consideraciones principalitas e integrar el valor de igualdad de los sexos en la aplicación de una norma que, debiendo considerarlo, no ha considerado ese valor, evitando determinados efectos perversos (...)".

En este caso, el tribunal tenía que resolver un recurso de una demandante de pensión: una mujer "viuda divorciada en su modalidad de víctima de violencia de género". El matrimonio se separó en 1995 y el esposo había fallecido en 2014. La primera instancia en la que se juzgó consideró no probado que la demandante había sufrido malos tratos. Sin embargo, el TSJ le dio una perspectiva más amplia al caso y se fijó en el hecho de que "la actora contrajo matrimonio con el causante en fecha 18 de julio de 1981 separándose en 1.995". Es decir, mucho antes del desarrollo de la Ley contra la Violencia de Género de 2004. Por tanto, acabó dándole la razón a la solicitante después de abordar el caso de manera integral y contextualizada, valorándose como indicios de violencia de género las numerosas denuncias presentadas y los informes de atención a la víctima expedidos por el Instituto Canario de la Mujer.

2.2. La patria potestad sobre hijos e hijas menores de edad

Las personas menores de edad, en cuanto que sujetos en formación, requieren de una protección especial al tener una personalidad en desarrollo, que es necesario preservar. La infancia implica un periodo de la vida fundamental en la formación futura de la personalidad del ser humano, de ahí la importancia que alcanza a desarrollar un adecuado sistema jurídico para su protección y promoción.

El nacimiento de una persona genera un vínculo jurídico con sus progenitores del que dimana un conjunto de derechos y obligaciones. En las primeras etapas de su desarrollo, la persona menor de edad precisa de un mecanismo de protección personal y patrimonial, que se desenvuelve dentro del ámbito de la atribución por ministerio de la ley de la patria potestad a sus progenitores en igualdad de condiciones.

En este sentido, se expresa el artículo 154 del CC, cuando señala que los hijos no emancipados están bajo la potestad de los progenitores, y que la patria potestad, como responsabilidad parental, se ejercerá siempre en beneficio de los hijos e hijas y con respeto a sus derechos, su integridad física y mental. Esta función comprende los siguientes deberes y facultades: 1° Velar por ellos, tenerlos en su compañía, alimentarlos, educarlos y procurarles una formación integral. 2° Representarlos y administrar sus bienes. 3.° Decidir el lugar de residencia habitual de la persona menor de edad, que solo podrá ser modificado con el consentimiento de ambos progenitores o, en su defecto, por autorización judicial.

Si los hijos o hijas tuvieren suficiente madurez deberán ser oídos siempre antes de adoptar decisiones que les afecten sea en procedimiento contencioso o de mutuo acuerdo. En todo caso, se garantizará que puedan ser oídos en condiciones idóneas, en términos que les sean accesibles, comprensibles y adaptados a su edad, madurez y circunstancias, recabando el auxilio de especialistas cuando ello fuera necesario.

Los progenitores podrán, en el ejercicio de su función, recabar el auxilio de la autoridad.

Es decir, que el ejercicio de la patria potestad, mediante el cumplimiento de tales deberes, pretende garantizar la asistencia moral, afectiva, física y jurídica de niñas, niños y adolescentes sometidos a ella[250]. La patria potestad deberá de ser ejercida en el interés de la persona menor de edad sometida a ella[251].

---

250 En este sentido, la STS de 9 de julio de 2002 proclama que: "Viene configurada la patria potestad en nuestro ordenamiento jurídico como una función instituida en beneficio de los hijos, que abarca un conjunto de derechos concedidos por la Ley a los padres sobre la persona y bienes de los descendientes en tanto son menores y no emancipados, para facilitar el cumplimiento de los deberes de sostenimiento y educación que pesa sobre dichos progenitores; y constituye una relación central de la que irradian multitud de derechos y deberes, instituidos todos ellos, no en interés del titular, sino en el del sujeto pasivo" ECLI:ES:TS:2002:5126.

251 La STC de 18 de julio de 2002 (Rec. 3468/1997), se pronuncia sobre esta idea cuando ha proclamado que "... sobre los poderes públicos, y muy en especial sobre los órganos judiciales, pesa el deber de velar por que el ejercicio de la patria potestad por sus padres se haga en interés del menor y no al servicio de otros intereses que, por muy lícitos y respetables que puedan ser, deben pos-

El art. 39.3 de la CE establece que la función de atender a los hijos corresponde a los padres. Esta función no es un derecho fundamental de los padres dado que el art. 39.3 CE se sitúa entre los principios rectores de la política social y económica, y no en el capítulo II del Título I entre los derechos reconocidos como fundamentales. La CE reconoce un conjunto de derechos fundamentales en los artículos 14 a 29 que tienen un régimen jurídico especial vinculando a los poderes públicos, y con la posibilidad de plantear un recurso de amparo ante el Tribunal Constitucional cuando se consideren vulnerados. El artículo 39 de la CE no reconoce por tanto un derecho fundamental. Su régimen jurídico es el de un principio rector de la política social y económica. Esto significa que "inspirarán la legislación positiva, la práctica judicial y la actuación de los poderes públicos". La patria potestad no es, por tanto, un derecho subjetivo de los progenitores, sino una potestad que el derecho otorga a los progenitores con la finalidad de atender a sus hijos e hijas. Así, la patria potestad ha pasado de ser una figura del derecho privado, a una potestad controlada por la autoridad tal y como se configura en el art. 154 del CC. Tal como expresa el art. 154 del CC la patria potestad no es un derecho subjetivo, sino una potestad que el derecho otorga con carácter indisponible a los progenitores, con la finalidad de atención y capacitación del hijo o hija. Siguiendo esta

---

tergarse ante el superior del niño". De igual manera, se ha expresado la jurisprudencia del Tribunal Supremo, al proclamar reiteradamente que el interés del menor ha de informar tanto la privación de la patria potestad como su mantenimiento (SSTS de 5 de marzo de 1998 (RJ 1998, 1495) y 23 de febrero de 1999 (RJ 1999, 1130).

línea, la jurisprudencia[252] ha señalado que la patria potestad, más que un poder sobre los hijos, viene actualmente configurada como una función en beneficio de ellos, cuyo contenido está integrado por deberes más que por derechos, como así resulta del art. 154 del CC, de tal modo que éstos se confieren con la única finalidad de asegurar las cargas que incumben a los padres respecto a su sostenimiento y educación, trascendiendo del ámbito meramente privado para cumplir unas finalidades sociales.

En el contexto de las crisis familiares pueden producirse modificaciones que afecten tanto a la titularidad como al ejercicio de la patria potestad de los progenitores sobre los hijos e hijas menores de edad. Como regla general y por sí solo el hecho de la separación o divorcio de los progenitores no afecta a la

---

252 Por todas, la STS 31 diciembre 1996 ECLI:ES:TS:1996:7658: "La patria potestad es la institución protectora del menor por excelencia y se funda en una relación de filiación, cualquiera que sea su naturaleza (matrimonial, no matrimonial o adoptiva). Más que un poder, actualmente se configura como una función establecida en beneficio de los hijos menores, ejercida normalmente por ambos progenitores conjuntamente, y cuyo contenido está formado más por deberes que por derechos, como resulta del propio artículo 154 del Código civil. El carácter familiar de la patria potestad no excluye que el legislador, teniendo en cuenta las razones que justifican una especial protección de los menores, prevenga la intervención judicial en esa institución protectora, así como la del Ministerio Fiscal, y la entidad pública administrativa. Consecuentemente, la patria potestad deberá ejercerse siempre en beneficio de los hijos de acuerdo con su personalidad, por lo que es rechazable todo ejercicio que entrañe beneficio exclusivo del titular, o cuando en su ejercicio se prescinda de la propia personalidad del menor" (FD 4°).

titularidad de la patria potestad, pues la siguen ostentando ambos. No obstante, dispone el artículo 92.3 del CC que el juez acordará la privación de la patria potestad cuando en el proceso se revele causa justa para ello. En función de lo dispuesto en el artículo 170 del CC, la justa causa para la privación de la patria potestad sobre los hijos menores se debe fundar en el incumplimiento de los deberes inherentes a la misma. Más adelante volveremos sobre esta cuestión.

El CC, respecto del ejercicio de la patria potestad en los supuestos de separación y divorcio establece una regla distinta, presuponiendo que los progenitores viven separados a causa de la crisis familiar y que los hijos conviven con uno solo de ellos. Concretamente el artículo 156 en su apartado quinto dispone:

> *"Si los padres viven separados, la patria potestad se ejercerá por aquel con quien el hijo conviva. Sin embargo, el Juez, a solicitud fundada del otro progenitor, podrá, en interés del hijo, atribuir al solicitante la patria potestad para que la ejerza conjuntamente con el otro progenitor o distribuir entre el padre y la madre las funciones inherentes a su ejercicio".*

Así mismo, *"Los padres podrán acordar en el convenio regulador o el Juez podrá decidir, en beneficio de los hijos, que la patria potestad sea ejercida total o parcialmente por uno de ellos"* (art. 92.4 del CC), lo que sucederá en el caso de existir desacuerdos reiterados que entorpezcan gravemente su funcionamiento, o en los supuestos de ausencia, incapacidad o imposibilidad de uno de los progenitores (art. 156 del CC).

Una de las preguntas que surgen con frecuencia en este ámbito es el deslinde entre las facultades que comprende el ejercicio de la patria potestad (que acabamos de delimitar respecto de la titularidad de esta) y las que se circunscriben al ámbito de la guarda y custodia de los menores. Se tiende a identificar guarda y custodia de los menores y ejercicio de la patria potestad, debido a que en estos casos en los que los progenitores no viven juntos, puede otorgarse el ejercicio de la patria potestad de forma exclusiva al guardador. Esto implica en la práctica que sea el guardador quien decida sobre todas aquellas cuestiones que afectan a la vida de los hijos e hijas, sin que el progenitor apartado de la guarda tenga posibilidades de intervenir.

Cuando el guardador tiene el ejercicio exclusivo de la patria potestad, las facultades propias de la guarda y aquellas otras que conforman el ejercicio de la patria potestad, se superponen, pues las ejercita la misma persona. Por ello parece que la figura de la guarda y custodia atribuya, a quien ostente la misma, un gran poder decisión sobre toda la vida del hijo o hija, pero eso no es exactamente así, ya que hay decisiones o asuntos que competen al guardador como "guardador" y otros que le corresponden al guardador como titular del ejercicio de la patria potestad.

Es necesario, por tanto, encontrar un criterio que nos permita deslindar guarda y custodia de un lado y ejercicio de la patria potestad de otro, y así poder delimitar concretamente qué decisiones son competencia de cada progenitor y al abrigo de qué institución se pueden tomar unas u otras decisiones.

La guarda y custodia comprende el cuidado directo de hijos e hijas. Dado que el correcto desempeño de la función de cuidado exige la convivencia entre el progenitor y el hijo o hija, la guarda y custodia implica, junto con la función de cuidado, una situación de convivencia. Por ello los asuntos, decisiones, situaciones, etc. que deriven de la convivencia diaria con el menor forman parte del ámbito de la guarda, con independencia de que estos se refieran o afecten a la educación, formación o salud de los hijos e hijas. Por el contrario, las cuestiones que no tienen relación con el cuidado y la convivencia exceden del ámbito de la guarda y pertenecen al ámbito del ejercicio de la patria potestad siendo éste el criterio que permite distinguir ambas figuras.

En este contexto de crisis familiar, una de las cuestiones que con más frecuencia se han planteado en la práctica es si el ejercicio de la guarda y custodia ampara para que el titular de ésta decida unilateralmente el lugar de residencia del menor de edad, o si bien dicha decisión entra de lleno en el ámbito del ejercicio de la patria potestad. En este sentido se ha pronunciado el Tribunal Supremo entendiendo que se trata de una decisión que entra de lleno en el ámbito del ejercicio de la patria potestad[253]. Esta doc-

---

253 A este respecto se pronunció el Tribunal Supremo en su sentencia 642/2012, de 26 de octubre de 2012, Rec. 1238/2012; ECLI:ES:TS:2012:6811: "( ) Pues bien, la guarda y custodia de los menores deriva de la patria potestad y de la patria potestad, entre otras cosas, deriva la fijación del domicilio familiar, según dispone el artículo 70 del Código Civil, para dar cumplimiento a lo previsto en el artículo 68 del Código Civil, respecto de la obligación de vivir juntos. La ruptura matrimonial deja sin efecto la convivencia y obliga a los progenitores a ponerse de acuerdo para el ejercicio de alguna de estas facultades que traen causa de la patria potestad, entre otras la de fijar el nuevo domicilio y, como consecuencia, el de los hijos que se integran dentro del grupo familiar afectado por la ruptura coincidente por lo general con el de quien ostenta la guarda y custodia. Estamos, sin duda,

trina jurisprudencial ha sido recientemente incorporada al texto del art. 154.3° del CC, el cual establece de forma expresa que las decisiones sobre el lugar de residencia de los hijos e hijas sometidos a patria potestad entran dentro de la esfera de su ejercicio, requiriéndose el consentimiento de ambos progenitores para su modificación y en su defecto autorización judicial[254].

En esta misma línea argumental se puede entender que será el progenitor custodio quien se encargue de supervisar el rendimiento escolar de hijos e hijas si bien no podrá de forma unilateral decidir a qué centro escolar acudirán pues dicha decisión no forma parte contenido de la guarda y custodia, sino del ejercicio de la patria potestad. Si el guardador tiene la facultad de decidir el centro escolar donde hijos e hijas cursarán sus estudios, esta facultad no le ha sido conferida en virtud de la guarda y custodia, sino que le corresponde en virtud del ejercicio de la patria potestad. En el caso de que se haya establecido un régimen de ejercicio exclusivo de la patria potestad, sólo el guardador podrá decidir el centro escolar al que acudirán hijos e hijas. Si por el contrario

---

ante una de las decisiones más importantes que pueden adoptarse en la vida del menor y de la propia familia, que deberá tener sustento en el acuerdo de los progenitores o en la decisión de uno de ellos consentida expresa o tácitamente por el otro, y solo en defecto de este acuerdo corresponde al juez resolver lo que proceda previa identificación de los bienes y derechos en conflicto a fin de poder calibrar de una forma ponderada la necesidad y proporcionalidad de la medida adoptada, sin condicionarla al propio conflicto que motiva la ruptura" (FD 2°).

254 Modificación introducida por la Disposición Final Segunda de la Ley Orgánica 8/2021, de 4 de junio.

se ha dispuesto un régimen de ejercicio conjunto o una atribución de funciones, la elección del centro educativo compete a ambos progenitores o a aquél a quien se le haya atribuido las funciones que tienen que ver con la educación.

En conclusión, podemos afirmar que el ejercicio de la patria potestad comprenderá aquellas decisiones de mayor importancia o trascendencia para la vida de la persona menor de edad -como la elección del colegio donde cursará sus estudios; el lugar de residencia; la decisión sobre la formación religiosa o laica; el sometimiento a tratamientos médico-sanitarios, etc.

Por otro lado, los progenitores, o el juez en su caso, deberán tener en cuenta, a la hora de decidir sobre cualquier cuestión que afecte a los intereses de la persona menor de edad la opinión que ésta tenga al respecto, siempre y cuando tenga suficiente madurez, según dispone el art. 154 del CC y el art. 9 de la LO 1/1996 ya analizado.

2.1.1. Privación e inhabilitación de la patria potestad en causa criminal

Como se ha visto en el apartado I del Capítulo III, las últimas reformas llevadas a cabo tanto en la LECrim como en la LO 1/2004 han subrayado la importancia y necesidad de que el juez penal resuelva, también, sobre las medidas civiles en los procesos de violencia de género, sobre todo aquéllas que afectan a las relaciones entre los padres y los hijos e hijas menores de edad: patria potestad; guarda y custodia y régimen de visitas.

Una de las primeras cuestiones que surgen, a la luz de la jurisprudencia sobre la materia, es la de si a través de la jurisdicción penal, en supuestos de condena por delitos de violencia de género, se puede también privar o inhabilitar, de una forma u otra, de la patria potestad. En relación con los hijos menores sometidos a patria potestad, la previsión legal se encuentra en el artículo 170 del CC que prevé:

> *"El padre o la madre podrán ser privados total o parcialmente de su potestad por sentencia fundada en el incumplimiento de los deberes inherentes a la misma o dictada en causa criminal o matrimonial.*
>
> *Los Tribunales podrán, en beneficio e interés del hijo, acordar la recuperación de la patria potestad cuando hubiere cesado la causa que motivó la privación".*

Se constata pues que el CC admite la privación de la patria potestad, y que ello se pueda acordar bien en proceso civil pero también en una causa criminal.

Tras la reforma operada en el Código Penal por la LO 5/2010 de 22 de junio[255], el Código Penal incluye

---

255 El Código Penal de 1995 configuraba en el artículo 39.b) como pena privativa de derechos la de inhabilitación especial para los derechos de patria potestad. En 2009 el Gobierno presenta un Proyecto de Ley Orgánica de modificación del Código Penal de 1995. En ese proyecto se propuso la introducción de una nueva pena, la pena de privación de la patria potestad, sin suprimir la de inhabilitación para el ejercicio de la patria potestad con la finalidad de proteger más eficazmente a los menores. Este Proyecto, tras su tramitación parlamentaria dio lugar a la aprobación de la Ley Orgánica 5/2010, de 22 de junio, por la que se modifica la Ley Orgánica 10/1995, de 23 de noviembre, del Código Penal.

desde ese momento la pena de privación de la patria potestad y se le ha dado una nueva redacción y contenido a la pena de inhabilitación para su ejercicio. Tal modificación afectó a los artículos 39, 46, 55 y 56 del CP.

En el artículo 39.1.j se añade la pena de privación de patria potestad al catálogo de penas graves, inexistente hasta entonces.

El artículo 46[256] reguló el contenido de las penas de inhabilitación especial para el ejercicio de la patria potestad, tutela, curatela, guarda o acogimiento y de la pena de privación de la patria potestad. La regulación de estas penas como accesorias se completa

256 «La inhabilitación especial para el ejercicio de la patria potestad, tutela, curatela, guarda o acogimiento, priva al penado de los derechos inherentes a la primera, y supone la extinción de las demás, así como la incapacidad para obtener nombramiento para dichos cargos durante el tiempo de la condena. La pena de privación de la patria potestad implica la pérdida de la titularidad de esta, subsistiendo los derechos de los que sea titular el hijo respecto del penado. El juez o Tribunal podrá acordar estas penas respecto de todos o alguno de los menores o incapaces que estén a cargo del penado, en atención a las circunstancias del caso. A los efectos de este artículo, la patria potestad comprende tanto la regulada en el Código Civil, incluida la prorrogada, como las instituciones análogas previstas en la legislación civil de las Comunidades Autónomas».

en los artículos 55[257] y 56.1.3 ª[258] del CP en los que se establecen las condiciones para su imposición, que se apreciarán "cuando estos derechos hubieran tenido relación directa con el delito cometido".

La exposición de motivos del anteproyecto que da origen a la reforma del art. 55, indicaba como motivos que justifican la incorporación de la privación de la patria potestad en el Código Penal el interés del menor y razones de economía procesal, al otorgar al Juez o Tribunal penal la facultad de aplicar lo dispuesto en el art. 170 del CC, en cuanto esta norma contiene una atribución legal que determina una extensión de la jurisdicción de los tribunales penales a cuestiones que, en principio, corresponden a la ju-

---

257 «La pena de prisión igual o superior a diez años llevará consigo la inhabilitación absoluta durante el tiempo de la condena, salvo que ésta ya estuviere prevista como pena principal para el supuesto de que se trate. El Juez podrá además disponer la inhabilitación especial para el ejercicio de la patria potestad, tutela, curatela, guarda o acogimiento, o bien la privación de la patria potestad, cuando estos derechos hubieren tenido relación directa con el delito cometido. Esta vinculación deberá determinarse expresamente en la sentencia».

258 «1. En las penas de prisión inferiores a diez años, los jueces o tribunales impondrán, atendiendo a la gravedad del delito, como penas accesorias, alguna o algunas de las siguientes: [ ] 3.ª Inhabilitación especial para empleo o cargo público, profesión, oficio, industria, comercio, ejercicio de la patria potestad, tutela, curatela, guarda o acogimiento o cualquier otro derecho, la privación de la patria potestad, si estos derechos hubieran tenido relación directa con el delito cometido, debiendo determinarse expresamente en la sentencia esta vinculación, sin perjuicio de la aplicación de lo previsto en el artículo 579 de este Código».

risdicción civil. En la interpretación que hace el TS del art. 55 del CP pone de manifiesto que debe primar en su imposición, no la voluntad de sancionar al progenitor, sino la apreciación de un daño o de un riesgo probable del mismo para el desarrollo del menor de tal entidad que exija que se adopte cualquiera de las medidas relativas a la patria potestad debiendo primar en la toma de la decisión sobre la patria potestad el interés superior de la persona menor de edad (STS 180/2020 de 19 de mayo[259]).

Tampoco establece ni exige la norma que los delitos cometidos hubiesen recaído sobre el menor o persona con discapacidad, de cuya patria potestad se prive, sino que el comportamiento delictivo objeto de condena tenga relación directa, con el ejercicio de la patria potestad, y los deberes que implica; al margen de cuál haya sido el comportamiento previo del condenado con el menor o la persona con discapacidad. (STS 118/2017 de 23 de febrero)[260].

El alcance de la privación de la patria potestad, así como la determinación de los derechos de las personas menores de edad que han de subsistir en caso de privación de la patria potestad se han incorporado al texto del art. 46.2 del CP en la reforma del precepto introducida por la LO 8/2021 de 4 de junio que ahora dispone: "Para concretar qué derechos de las personas menores de edad o personas con discapacidad han de subsistir en caso de privación de la patria potestad y para determinar respecto de qué personas se acuerda la pena, la autoridad judicial valorará el interés superior de la persona menor de edad o con

[259] ECLI:ES:TS:2020:2489

[260] ECLI:ES:TS:2017:691

discapacidad, en relación a las circunstancias del caso concreto".

La diferencia entre la inhabilitación para el ejercicio de la patria potestad y la privación de esta estriba en que con la inhabilitación se priva al condenado de los derechos inherentes a la patria potestad, mientras que la privación supone la pérdida de la titularidad. En ambos casos subsisten los derechos de los que sean titulares hijos e hijas respecto de la persona condenada, aun cuando tal salvedad sólo aparezca en el texto legal en relación a la pena de privación de la patria potestad, y ello porque, además de afectar la inhabilitación sólo a los derechos inherentes a la patria potestad que corresponden al penado, y por tanto no a sus obligaciones o deberes, el artículo 110 del CC dispone que «*El padre y la madre, aunque no ostenten la patria potestad, están obligados a velar por sus hijos menores y a prestarles alimentos*» y el artículo 111 del CC expresamente dice que en los casos de exclusión de la patria potestad «*quedarán siempre a salvo las obligaciones de velar por los hijos y prestarles alimentos*».

Otra diferencia entre ambas penas es la relativa a su duración. La inhabilitación especial para el ejercicio de la patria potestad posee naturaleza temporal mientras que la privación de la patria potestad implica la pérdida de la titularidad con carácter definitivo, aunque ello no impida su futura recuperación conforme al art. 170.2 CC.

Además, la privación afecta a los derechos sobre la sucesión del menor de edad, pues puede constituir causa de indignidad para suceder al hijo o hija haber perdido la patria potestad por las causas expresadas en el artículo 170 del CC, haber negado alimentos o haber atentado uno de los padres contra la vida del otro si no hubo reconciliación (artículo 854 del CC). Por último, no es necesario que se recabe el consentimiento en la adopción del progenitor privado de patria potestad (artículo 177 del CC).

El legislador exige como condición para la imposición de estas penas, la existencia de una vinculación entre el delito y los derechos afectados y así, tanto el artículo 55 como el 56-1. 3ª del CP prevén la posibilidad de imponer estas penas «si estos derechos hubieran tenido relación directa con el delito cometido, debiendo determinarse expresamente en la sentencia esta vinculación».

La cuestión es determinar cuándo concurren elementos o circunstancias que hagan aconsejable la solicitud y en su caso la imposición de la pena de privación de la patria potestad o inhabilitación, tanto como pena principal cuando es discrecional (arts. 153, 171-4 y 5, 173-2 del CP) como en los casos de pena accesoria que en la nueva redacción también se regula con ese carácter facultativo (arts. 46, 55 y 56 del CP).

La Conclusión vigesimocuarta de la Circular de la Fiscalía General del Estado 6/2011 sobre criterios para la unidad de actuación especializada del Ministerio Fiscal en relación a la violencia sobre la mujer razona sobre la posibilidad de solicitar esta pena diciendo que: «La vinculación directa entre los derechos inherentes a la patria potestad con el delito cometido, cuya concurrencia exigen los artículos 55 y 56.1.3.º del Código Penal, supone la existencia de elementos que lleven a un convencimiento racional de que, respecto de los hijos con que el delito no guarde relación directa, el condenado no está en condiciones de desempeñar aquellas facultades, por lo que los Sres. Fiscales deberán atender a la gravedad del hecho y al superior interés del menor como parámetros en los que fundar la solicitud de imposición de estas penas como accesorias, o principales cuando su previsión es facultativa».

Hasta la sentencia del TS de 30 de septiembre de 2015, la Jurisprudencia de la Sala 2ª del TS ha sido reacia a aplicar en delitos vinculados con la violencia de género tanto la pena de inhabilitación especial para el ejercicio de la patria potestad como la de privación de la patria potestad, y tanto como pena principal como accesoria, eso sí, sin perjuicio de poder solicitar que dicha privación se demandara en la vía civil. Exponente de dicha corriente jurisprudencial es la STS 1383/2010 de 15 de diciembre, que además añade que «en consecuencia, es la protección del bien superior del menor la finalidad que debe prevalecer para determinar la aplicación de esta pena. Por esa razón es necesario exigir una prueba -pericial o de otro tipo- a través de la cual constatar que la privación de la patria potestad va a ser beneficiosa para el menor, en consecuencia, de no existir prueba o de ser ésta demostrativa de que la privación al padre de la patria potestad no va a beneficiar al menor, no puede aplicarse legalmente esta pena»[261].

Esta línea jurisprudencial viene marcada por la separación que el TS hacía cuando la conducta de-

---

261 TOL2.024.678. En esta misma línea encontramos las SSTS 780/2000, de 11 de septiembre; o la 568/2001, de 6 de julio, así como STS 750/2008, de 12 de noviembre, si bien éstas de fechas anteriores a la reforma que comentamos de los preceptos del CP que prevén la modificación de las penas de privación e inhabilitación para el ejercicio de la patria potestad.

lictiva enjuiciada no tenía como sujetos pasivos del delito a los hijos e hijas menores, pese a que fueran testigos directos del acto violento. En esta línea el fundamento jurídico cuarto de la STS 750/2008, de 12 de noviembre[262], cuando dispone textualmente: "En nuestro caso, el acierto de la Sala de instancia debe ser reconocido cuando relega al orden jurisdiccional civil, en realidad -aunque no lo diga expresamente- las previsiones del art. 170 del CC , que dispone en efecto que: "el padre o la madre podrán ser privados total o parcialmente de su potestad por sentencia fundada en el cumplimiento de los deberes inherentes a la misma o dictada en causa criminal o matrimonial". Ello, no supone dejar en una situación de indefensión a la acusadora particular (madre de la víctima y de la menor en cuyo beneficio pide la aplicación de la medida) lógicamente preocupada por la salvaguarda físico-psíquico-moral de su hija, que pudiera verse comprometida por su relación con un padre condenado por abusar de su otra hija que en este momento ha alcanzado ya la mayoría de edad. La reforma del CC operada por Ley Orgánica 1/1996 de 15 de enero, introdujo los mecanismos sustantivos y procesales civiles precisos para una inmediata y automática protección del menor desamparado, sin necesidad de que la jurisdicción penal asuma lo que a la jurisdicción civil corresponde mediante la aplicación de las correspondientes normas civiles a través de los cauces procesales específicamente creados para ello".

Cierto distanciamiento acerca del argumento de la necesaria relación de causalidad entre la pena de inhabilitación especial para el ejercicio de la patria

---

262 TOL1.408.377

potestad y el concreto delito enjuiciado lo encontramos en la sentencia del Alto Tribunal 126/2011 de 31 de enero[263], relativa la posible imposición de la pena de inhabilitación especial para el ejercicio de la patria potestad prevista en el artículo 173.2 del Código Penal para el delito de maltrato familiar habitual: «cuando el Juez o Tribunal lo estime adecuado al interés del menor», dice que este condicionante «evidencia su aplicabilidad no solo en los casos en que el habitual maltrato recae directamente sobre el menor, supuesto en que no tendría sentido el condicionante por ser evidente la afectación del interés del menor, sino también cuando recae el maltrato sobre otras personas, como la madre en este caso, en cuanto podría tal conducta afectar negativamente sobre los hijos sometidos a la patria potestad de ambos».

Pero cuando realmente se aprecia un cambio discursivo de la línea jurisprudencial mantenida hasta el momento es en la sentencia del TS 568/2015, de 30 de septiembre de 2015[264]. En el caso analizado en la sentencia de 23 de enero de 2015 de la Audiencia Provincial de Guadalajara, posteriormente casada por la del TS de 30 de septiembre de 2015, no se acordó la imposición de la pena de inhabilitación especial para el ejercicio de la patria potestad ante un caso de tentativa de asesinato en concurso con quebrantamiento de medida cautelar, habiéndose producido una agresión a la ex pareja cuando salía de un establecimiento comercial, a la que tenía prohibido acercarse por episodio previo de violencia doméstica,

[263] TOL2.066.357

[264] TOL5.508.688

asestándole múltiples puñaladas en presencia de la hija menor de 3 años.

Argumenta la AP que: "*No procede, sin embargo, acordar la pena de privación de patria potestad con respecto a la hija menor Adoración pedida por las acusaciones. En efecto, la petición se fundamenta en el artículo 55 del Código Penal en relación con el artículo 46 del citado Código. En este sentido, esta Sala considera que no se puede imponer la pena solicitada porque no se trata de una pena cuya imposición sea automática. En efecto, el legislador ha condicionado la imposición de la pena de privación del ejercicio de la patria potestad a que tuviera relación directa con el delito cometido, lo que no acontece en el caso de autos; pero además el propio artículo 46 del Código Penal dice: "La inhabilitación especial para el ejercicio de la patria potestad, tutela, curatela, guarda o acogimiento, priva al penado de los derechos inherentes a la primera, y supone la extinción de las demás, así como la incapacidad para obtener nombramiento para dichos cargos durante el tiempo de la condena. La pena de privación de la patria potestad implica la pérdida de la titularidad de la misma, subsistiendo los derechos de los que sea titular el hijo respecto del penado. El Juez o Tribunal podrá acordar estas penas respecto de todos o alguno de los menores o incapaces que estén a cargo del penado, en atención a las circunstancias del caso. A los efectos de este artículo, la patria potestad comprende tanto la regulada en el CC incluida la prorrogada, como las instituciones análogas previstas en la legislación civil de las Comunidades Autónomas". Todo ello, por la redacción dada por la Ley Orgánica 5/2010 de 22 junio 2010, lo que significa que deberá de atenderse en estos casos a la relación circunstanciada que deberá de recogerse en la sentencia con relación a los hechos probados, lo cual tampoco acontece en este caso, pues lo cierto es que no siendo una pena cuya aplicación proceda de forma automática, deberá de probarse y acreditarse -conforme a las exigencias del derecho penal- la necesidad de su imposición, pues no basta la mera alegación o pretender su imposición por el mero reproche objetivo de la conducta cometida por el acusado, debiendo acreditar, pues así lo exige el derecho sancionador, que los hechos son perjudiciales para el menor, prueba esta que no ha acontecido, y criterio este al que se puede acudir, pero ahora insuficiente por lo antes expuesto, toda vez que no tiene relación directa con el delito cometido.*

Por tanto, esta falta de prueba en este orden jurisdiccional no implica que en el ámbito civil pueda instarse y pretender lo que aquí ahora se deniega penalmente ante la falta de acreditación por parte de quien debe de acreditar lo que quiere, esto es la acusación. No procede, por tanto, imponer la pena de privación de patria potestad, sin perjuicio de que como ya se dijo en la sentencia de esta sala de fecha 17 de octubre de 2014, que: "En cualquier caso y en el seno del procedimiento civil tendrán las partes mayor libertad de alegación y prueba pudiendo en aquella sede debatir nuevamente esta cuestión."

No procede poner la pena de alejamiento con relación a la hija menor Adoración por lo antes expuesto, sin perjuicio de lo que pudiera resolverse o se haya resuelto en la Jurisdicción Civil".

Pues bien, ante dicha argumentación la Sala Segunda del TS revoca esta sentencia y accede a la imposición de la pena de inhabilitación para el ejercicio de la patria potestad sentando los criterios y argumentos que justifican la aplicación de dicha pena en un supuesto enjuiciado, que son:

1. Previsión legal de la pena de inhabilitación para el ejercicio de la patria potestad en el CP[265].

2. Carácter potestativo y no vinculante en la imposición de la pena[266].

---

265 En la actualidad, existe en el Código penal desde la LO 5/2010 cuatro expresas referencias a la pena de inhabilitación especial de la patria potestad. Una se encuentra en el art. 55 del CP que la prevé como potestativa y con naturaleza de accesoria para toda condena de prisión igual o superior a diez años, siempre que se aprecie una vinculación entre el delito y el ejercicio de la patria potestad.
Las otras tres proceden del texto original de la L.O. 10/1995 del nuevo Código Penal, y se encuentran en los arts. 192 relativo a los delitos contra la libertad e indemnidad sexuales, en el art. 226 delitos contra las relaciones familiares y en el art. 233, también dentro del mismo título.

266 "La peculiaridad de la posible imposición de tal pena de privación de la patria potestad prevista en el art. 55 del CP es que aparece prevista, con carácter potestativo, pero de forma general en todo delito castigado con pena igual o superior a diez años, exigiéndose una vinculación entre el delito y la privación del derecho a la patria potestad. "Relación directa" exige el tipo penal.
En general, la jurisprudencia de la Sala Penal ha sido reacia a la adopción de esta pena de privación de la patria potestad, sin perjuicio de que en vía civil se pudiera acordar tal medida. Como exponente de esta resistencia a la aplicación en el propio proceso penal de esta pena de privación de la patria potestad, se pueden señalar, entre otras, las SSTS de 6 de Julio 2001, la nº 568/2001, la nº 750/2008 de 12 de noviembre y la 780/2000 de 11 de septiembre. En esta última se declara que no cabe acordar la privación de la patria potestad mediante una aplicación directa por el Tribunal penal de las normas

3. Posible imposición de esta pena en delitos sancionados con pena igual o superior a 10 años de prisión, siempre que exista una relación directa entre el delito cometido y la privación o inhabilitación de la patria potestad.

En este caso la conexión se encuentra en el hecho de que el ataque a la madre se produjo en presencia de la hija menor de edad. Se recoge expresamente en la sentencia que el acuchillamiento de la madre fue efectuado en presencia de la menor, que a la sazón tenía tres años, dato que el Ministerio Fiscal estima de extraordinaria relevancia al constituir tal acción, además de un delito contra la madre de la menor, un ataque frontal contra la integridad moral de la hija y el equilibrado y armónico desarrollo de su personalidad, impensable si se mantuviera la patria potestad del padre condenado.

El Tribunal estima concurrente la existencia de un nexo entre el delito y el desarrollo integral de la menor, y apunta que es un dato incontestable que la

---

del derecho de familia ex art. 170 CC. El caso al que se refería la STS 780/2000 era el de un autor de homicidio de su cónyuge que aparecía en la sentencia de instancia privado de la patria potestad sobre la hija menor común. El Pleno no Jurisdiccional de Sala de 26 de mayo de 2000 acordó la no privación de la patria potestad, estimando el recurso del condenado.

El presente caso es idéntico al analizado en la sentencia indicada 780/2000, pero actualmente se cuenta con la nueva redacción del art. 55 CP que prevé la imposición de tal pena en cualquier delito sancionado con pena igual o superior a diez años, siempre que exista una relación directa entre el delito cometido y la privación de la patria potestad".

presencia de la menor en el ataque a su madre efectuado por su padre, va a tener un prolongado efecto negativo en el desarrollo de la menor de mantener la patria potestad, que por ello resulta incompatible y por tanto aparece sin justificación razonable mantener la patria potestad. Además se entiende más injustificada la decisión de la Audiencia si se tiene en cuenta que se incurre en una contradicción patente con lo decidido por la misma Audiencia en el auto de 15 de Abril de 2014, que ante la petición de una pericial por parte de la defensa tendente a acreditar si podía existir algún perjuicio para la menor de visitar a su padre en prisión, la clara y contundente decisión del Tribunal fue la de denegar tal prueba por ser patente los perjuicios que para la menor se provocarían de permitirle visitar a su padre en prisión.

Textualmente se dice en el auto argumentando la improcedencia de tal prueba pericial:

> "(...) *Resulta evidente que, habiendo presenciado la agresión a su madre, las consecuencias resultaran claramente negativas. En segundo lugar, porque la práctica de tal prueba, insistimos inútil para los hechos que constituyen el objeto de esta causa, podría perjudicar a la menor dada su corta edad, agravando el proceso de victimización de la misma, cuyo interés ha de ser siempre priorizado y objeto de una primordial y preferente protección.*
>
> Si durante la tramitación de la causa se razonó por el Tribunal de este modo, no puede por menos sorprender negativamente que, después del dictado de la sentencia se olviden tales argumentos y no se prive ni de la patria potestad, ni del derecho de visitas, ya que tampoco se le impone la pena de alejamiento.
>
> Ciertamente, repugna legal y moralmente, mantener al padre en la titularidad de unas funciones res-

> pecto de las que se ha mostrado indigno pues resulta difícil imaginar un más grave incumplimiento de los deberes inherentes a la patria potestad que el menor presencie el severo intento del padre de asesinar a su madre.
>
> Hay que recordar que la patria potestad se integra, ex art. 154 CC por una serie de deberes de los padres para sus hijos menores, por lo que se trata de una institución tendente a velar por el interés de las menores que es el fin primordial de la misma, debiéndose acordar tal privación en el propio proceso penal evitando dilaciones que, si siempre son perjudiciales, en casos como el presente pueden ocasionar un daño irreparable en el desarrollo del hijo menor".

El avance es evidente, pues ya no se condiciona la privación de la patria potestad a que el sujeto pasivo del delito sea el hijo menor de edad, sino que basta la conexión entre el delito cometido y el desarrollo de la personalidad del hijo, lo que resulta más que evidente cuando los delitos cometidos sobre la madre se cometen en presencia de los hijos menores de edad. No hace falta en este caso una prueba de los efectos que la conducta presenciada por los hijos ha podido provocar en su integridad moral y el equilibrado y armónico desarrollo de su personalidad.

La línea marcada por la sentencia TS de 30 de septiembre de 2015 se ha consolidado en otras posteriores, así la STS de 23 de febrero de 2017[267], en que se

---

[267] TOL5.979.739. ECLI: ES: TS: 2017:691 "La peculiaridad de la posible imposición de tal pena de inhabilitación especial para el ejercicio de la patria potestad prevista en el art. 55 del C penal es que aparece prevista, con carácter potestativo, pero de forma general, en todo delito casti-

acuerda la imposición de la pena de inhabilitación

---

gado con pena igual o superior a diez años, exigiéndose una vinculación entre el delito y la privación del derecho a la patria potestad. "Relación directa" exige el tipo penal.

A continuación se recuerdan Sentencias de estas Sala y se añade, entre otros extremos, que no se cuestiona que el acusado haya tenido un comportamiento de atención y cuidado respecto a la menor, antes de acordarse la prisión del mismo, pero lo que la ley establece es si, a la luz de los hechos por los que se condena al acusado, debe acordarse la inhabilitación del mismo para el ejercicio de la patria potestad, porque su comportamiento tiene una relación directa, con el ejercicio de la misma, y de los deberes que implica. Se sigue diciendo que se considera que, además de un delito contra la madre de la menor, hay un ataque frontal contra la integridad moral de la menor y el equilibrado y armónico desarrollo de su personalidad, que hace impensable que se mantenga la patria potestad del padre condenado, pues si bien la menor no presenció el ataque efectuado por su padre, a su madre, porque este tuvo lugar cuando ella estaba en el colegio, lo cierto es que si este hubiera consumado su propósito, la menor hubiera llegado a su casa y encontrado el cadáver de su madre. Continúa señalando que el ataque efectuado por el acusado va a tener un efecto negativo en el desarrollo de la menor, pues dicho ataque no ha sido a una persona que está fuera del círculo de conocidos de la menor, sino que con dicho ataque se privaba a la misma de uno de sus progenitores y que de una valoración del hecho en su conjunto y en particular del comportamiento del acusado, se desprende que, ante discrepancias con la expareja, este decide acabar con la vida de ella. Lo que nos lleva a considerar que, el comportamiento del acusado no es el más adecuado para ejercitar, por ahora la patria potestad pues resulta difícil imaginar un más grave incumplimiento de los deberes inherentes a la patria potestad que el severo intento del padre de asesinar a su madre.

para el ejercicio de la patria potestad en un supuesto en el que el condenado había intentado asesinar a la madre de la menor que, si bien no presenció el ataque efectuado por su padre, a su madre, porque este

---

Y tras recordar los deberes y obligaciones que implica el ejercicio de la patria potestad establecidos en el artículo 154 del Código Civil , se añade que difícilmente es compatible que la persona que ha intentado acabar con la vida de la madre de su hija pueda ser apto para educar y procurar una formación integral a la menor y que situándonos en la hipótesis de que el hecho se hubiera consumado, se habría producido un acto que hubiera implicado dejar a la menor en una situación de desamparo, al privar de la vida a uno de los progenitores, y lógicamente encontrarse el otro en situación de privación de libertad, con lo que ello conlleva de distorsión en la vida y desarrollo de una persona que en el momento de los hechos tenía cinco años de edad, lo que no supuso un freno para la conducta del acusado.
Las razones expresadas por el Tribunal de instancia para acordar la aplicación de la inhabilitación especial para el ejercicio de la patria potestad deben ser compartidas.
Ciertamente, como recuerda la Sentencia de esta Sala 1083/2010, de 15 de diciembre (RJ 2011, 160), es la protección del bien superior del menor la finalidad que debe prevalecer para determinar la aplicación de esta inhabilitación especial.
Y esas razones, como bien se señala en la sentencia recurrida, han determinado, en este caso, la decisión del Tribunal de instancia ya que ciertamente repugna legal y moralmente mantener al padre en la titularidad de unas funciones que resultan absolutamente incompatibles en quien, de forma alevosa, ha intentado matar a la madre de la menor y se mostró indiferente a que se encontrara con el cadáver de su madre y especialmente privarle a una niña tan pequeña de su madre, daño irreparable en la integridad moral y desarrollo de la personalidad de la menor".

tuvo lugar cuando ella estaba en el colegio, lo cierto es que, si este hubiera consumado su propósito, la menor hubiera llegado a su casa y encontrado el cadáver de su madre. Además, difícilmente es compatible que la persona que ha intentado acabar con la vida de la madre de su hija pueda ser apta para educar y procurar una formación integral a la menor. En el supuesto de que el hecho se hubiera consumado, se habría producido un acto que hubiera implicado dejar a la menor en una situación de desamparo, al privar de la vida a uno de los progenitores, y lógicamente encontrarse el otro en situación de privación de libertad, con lo que ello conlleva de distorsión en la vida y desarrollo de una persona que en el momento de los hechos tenía cinco años de edad, lo que no supuso un freno para la conducta del acusado[268].

---

268 En este mismo sentido la sentencia TS 10119/2017, 26 de junio de 2017. En este caso se recoge la doctrina sentada por la sentencia de 30 de septiembre de 2015: "En el caso, de los hechos probados resulta que el recurrente ejecutó los actos de agresión a la madre de la menor en presencia de ésta, que no dejaba de gritar y llorar, habiendo sufrido lesionas causadas por el trauma psíquico que le provocaron una crisis el 5 de junio de 2015, presentando episodio de fiebre, convulsiones y estrés marcado, precisando para su curación del transcurso de quince días. Además, como ya se ha puesto de relieve, consta probado que el recurrente, al final de los actos agresivos llegó a colocar el destornillador en el cuello de la menor en actitud amenazante. En sentido contrario, no consta ningún dato que aconseje mantener la relación entre el recurrente y la menor dentro de los términos propios de la relación característica de la patria potestad.
En la STS nº568/2015, de 30 de septiembre, en la que se examinaba un supuesto similar, esta Sala entendió que era un dato incontestable que la presencia de la menor

---

en el ataque a su madre efectuado por su padre iba a tener un prolongado efecto negativo en el desarrollo de la menor de mantener la patria potestad.

Teniendo en cuenta estos datos, la privación de la patria potestad acordada en la sentencia se acomoda a la protección más correcta de los intereses de la menor, por lo que ambos motivos se desestiman".

También la más reciente de STS 1 de febrero 2018 (ECLI: ES:TS:2018:229), en su fundamento noveno: "En la sentencia recurrida se argumenta sobre este particular, remitiéndose a su vez a la STS 118/2017, de 23 de febrero , que teniendo en cuenta los deberes y obligaciones que implica el ejercicio de la patria potestad establecidos en el artículo 154 del Código Civil , «difícilmente es compatible que la persona que ha intentado acabar con la vida de la madre de su hijo pueda ser apto para educar y procurar una formación integral al menor y que situándonos en la hipótesis de que el hecho se hubiera consumado, se habría producido un acto que hubiera implicado dejar al menor en una situación de desamparo, al privar de la vida a uno de los progenitores, y lógicamente encontrarse el otro en situación de privación de libertad, con lo que ello conlleva de distorsión en la vida y desarrollo de una persona que en el momento de los hechos tenía cinco años de edad, lo que no supuso un freno para la conducta del acusado».

El Tribunal de instancia considera aplicables al presente supuesto las razones que se acaban de exponer, al ser la protección del bien superior del menor la finalidad que debe prevalecer para determinar la aplicación de esta inhabilitación especial. Y especifica que en este caso existe un ataque frontal contra la integridad moral del menor y el equilibrado y armónico desarrollo de su personalidad, que hace impensable que se mantenga la patria potestad del padre condenado por haber intentado y casi conseguido matar a la madre.

Por consiguiente, sí se expresan razones de peso en la sentencia de la Audiencia. Sin que, además, se ajuste a la

En la STS de 1 febrero 2018[269] se ratifica la imposición de la pena de privación de la patria potestad al acusado al amparo del art. 55 CP por la SAP Madrid, de 10 julio 2017. En este supuesto se argumenta en el recurso de casación la aplicación indebida del art. 55 CP al entender que los hechos objeto de enjuiciamiento no tienen una relación directa con el ejercicio de la patria potestad pues la acción por la que se le condena (agredir con maza de albañil a su ex-pareja de forma repentina cuando se encontraba de espaldas en centro donde trabajaba y con el ánimo de acabar con su vida) no concierne a ninguna de las obligaciones paternofiliales. Según se razona, consta que en el momento de los hechos el acusado se dirigió al lugar donde se encontraba la víctima para darle 300 euros para la manutención mensual de su único hijo, y ello teniendo unos ingresos mensuales de 880 €, cantidades que -dice- exceden por tanto en mucho a las habitualmente asignadas en una situación económica de esa índole. A ello añade que la imposición de dicha medida tiene su base en un factor de naturaleza eminentemente civil, por lo que a la hora de determinar si existe dicha relación directa con los hechos habrá que acudir al contenido del artículo 154 CC. El desarrollo del motivo del recurso

---

realidad del caso el argumento reiterado del recurrente de que los hechos no tuvieron nada que ver con el menor, toda vez que las fricciones entre la denunciante y el denunciado obedecieron en gran medida a las dificultades que éste ponía a la hora de abonar los gastos diarios del hijo y también a las comunicaciones que pretendía mantener con él, según se desprende de las declaraciones prestadas por ambas partes y por la forma en que se desarrolló la acción homicida y los preparativos previos".

269 ECLI:ES:TS:2018:229

da pie al TS a pronunciarse acerca del alcance que debe darse a la imposición de la pena de privación de la patria potestad, reproduciendo los argumentos de la STS 23 febrero 2017 arriba comentada, y que determinan que debe ser la protección del bien superior del menor la finalidad que debe prevalecer para determinar la aplicación de esta inhabilitación especial. Y especifica que en este caso existe un ataque frontal contra la integridad moral del menor y el equilibrado y armónico desarrollo de su personalidad, que hace impensable que se mantenga la patria potestad del padre condenado por haber intentado y casi conseguido matar a la madre. Además, pese a que no parece necesario, en este caso se busca una relación entre los hechos ocurridos y las obligaciones derivadas de la patria potestad, añadiendo *obiter dicta* que: "Sin que, además, se ajuste a la realidad del caso el argumento reiterado del recurrente de que los hechos no tuvieron nada que ver con el menor, toda vez que las fricciones entre la denunciante y el denunciado obedecieron en gran medida a las dificultades que éste ponía a la hora de abonar los gastos diarios del hijo y también a las comunicaciones que pretendía mantener con él, según se desprende de las declaraciones prestadas por ambas partes y por la forma en que se desarrolló la acción homicida y los preparativos previos".

Más recientemente, la sentencia de la Sala de lo Penal del TS de 24 de mayo de 2018[270], reitera la doctrina acerca de la privación de la patria potestad en estos supuestos, revocando la SAP de Ciudad Real,

---

[270] ECLI: ES:TS:2018:2003

Sección 2ª, de 9 de junio de 2017, estableciendo al respecto:

> *"En consecuencia, la reforma determina la obligación de pronunciarse en el orden jurisdiccional penal sobre medidas que afecten a la patria potestad en casos de violencia de género, y en el caso que ahora nos ocupa existe una clara vinculación que exige el art. 55 CP entre la adopción de la medida que en este motivo interesa la Fiscalía en su recurso por ser procedente en atención a la gravedad de los hechos y la presencia de estos por la hija en común.*
>
> *Además, las reglas de la naturaleza impiden otorgar normalidad alguna a un suceso como el desplegado y relatado en los hechos probados. Y estas mismas reglas son las que, trasladadas al ámbito jurídico, deben conllevar un régimen sancionador grave para un hecho, también considerado grave, en cuanto se refiere a las relaciones de los padres con respecto a sus hijos, porque cuando aquellos han despreciado a estos, a su personalidad y a su psique en un ataque de esta naturaleza, deben asumir las consecuencias penales en orden a la privación de la patria potestad sobre estos menores, ya que no es preciso que se produzca un ataque directo al menor para que proceda la imposición de esta pena, sino que el ataque a la propia madre de este menor por su propio padre, y con la clara intención de acabar con su vida determina la imposición de la pena interesada de privación para el ejercicio de la patria potestad, lo que supone la fijación de la "vinculación" de la relación directa entre la imposición de esta pena con el delito cometido y "presenciado" por la propia menor y en consecuencia la inexistencia de régimen de visitas ni ningún tipo de medida que implique contacto alguno con la menor. Todo ello con el resto de accesorias impuestas en sentencia tanto con respecto a la madre como a la hija de prohibición de aproximación y comunicación".*

Como último exponente de la línea iniciada en el año 2015 encontramos la STS (Sala de lo Penal, Sección 1ª) de 8 de octubre de 2019[271]. En este caso el TS casa la sentencia de la Sala de lo Civil y Penal del STSJ de Castilla y León de 26 marzo 2019[272]. Los hechos enjuiciados y por los que se condenó al acusado por un delito de amenazas, así como un delito de homicidio en grado de tentativa ocurrieron en el interior del vehículo de la víctima en presencia de sus hijos menores de uno y seis años de edad. El padre de los menores, aprovechando que su expareja le llevaba a sus hijos menores para en el cumplimiento del régimen de visitas que habían acordado, se abalanzó contra ella en el interior del vehículo propinándole cinco pinchazos con un cuchillo abre ostras. La STSJ entiende que no procede la imposición de la pena consistente en privación de la patria potestad ratificando así los argumentos esgrimidos por la SAP de Palencia. En ambas instancias se considera que la protección del bien superior del menor exige una prueba, pericial o de otro tipo, a través de la cual pueda constatarse que la privación de la patria potestad va a redundar en beneficio de los hijos y que ningún indicio existe de que, en este caso eso pueda llegar a ocurrir. Se aduce que en dicho supuesto no se acompañó informe pericial que corrobore estos extremos o que permita vislumbrar que el mantenimiento del agresor en el ejercicio de las funciones derivadas de la patria potestad pueda ocasionar a sus hijos algún daño o trastorno, pues “ ni tan siquiera el informe psicológico, limitado a valorar la consecuencia que para el niño de cinco años tuvo presenciar la

---

271 ECLI:ES:TS:2019:3035

272 ECLI:ES:TSJCL:2019:625

agresión sufrida por su madre a manos de su padre, permite definir una consecuencia que justifique una medida tan drástica como la privación de la patria potestad ". Y concluye que, si la exposición de los menores a la agresión presenciada justifica, por si sola, la pena de alejamiento, la afectación emocional y conductual que padeció el hijo de seis años fue leve y se solventó exitosamente hasta el punto de que, no presenta sintomatología clínica de relevancia, haciendo innecesaria la intervención clínica psicológica. Por todo ello, al no entender que la decisión acerca de la no privación de la patria potestad al padre agresor respecto de sus hijos resulte inmotivada o arbitraria y al coincidir la Sala del TSJ con lo razonado por la AP, desestimó el recurso interpuesto.

Partiendo de dicha situación, la Sala 2ª del TS haciendo un recorrido por la última jurisprudencia de dicha Sala (concretamente las sentencias a que se ha hecho referencia en este apartado) razona la necesaria aplicación de la pena de privación de la patria potestad en supuestos de violencia del padre contra la madre presenciado por sus hijos. En primer lugar, considera que cuando la comisión de un delito compromete este derecho/deber, la propia actuación sancionada pone de manifiesto que no es posible mantener la patria potestad, dado que se ha generado un contexto de agresividad grave que puede comprometer a los menores. Y ello puede venir motivado por actos delictivos graves contra ellos, o contra su propia madre, que es lo que en este caso ha ocurrido.

No puede desligarse en estos casos que un intento de homicidio perpetrado en presencia de los menores, y, en un contexto como el ocurrido en el caso analizado, en el que el agresor había concertado la cita con su ex pareja para que sus hijos estuvieran con él, en lugar de dar cumplimiento al fin con el que habían concertado la cita, toma la decisión premeditada de tomar un cuchillo, entrar de improviso en el vehículo y delante de los hijos asestarle varias puñaladas a la mujer con intención de matarla y delante de ellos.

En opinión del TS resulta incontestable que no puede haber acto más cruel para un niño que el ver cómo su padre intenta matar a su madre y a presencia suya con un absoluto desprecio del padre hacia su propio hijo manifestado en el sufrimiento que le reportará ver esa escena que permanecerá imborrable en su memoria. Llevar a cabo dicha conducta, a sabiendas de que va a dejar a su propio hijo sin su madre, con el sufrimiento doble que ello lleva consigo. Y se argumenta que es doble, porque el hijo verá morir a su madre, pero ese intento lo es por su propio padre, lo que debe provocar un sufrimiento en este menor de dimensiones incalculables en el plano psicológico y vivencial para el resto de su vida. En conclusión, estos argumentos llevan a considerar que los hechos enjuiciados deben llevar consigo una sanción como la de la inhabilitación especial para el ejercicio de la patria potestad, en este caso, o su privación por la vía del art. 55 CP en el caso de que sea éste aplicable.

Toda esta doctrina jurisprudencial, que se inició con la STS 30 de septiembre 2015 ha sido acogida por el legislador mediante la reforma introducida en el art. 140 bis del CP mediante la LO 8/2021, de 4 de junio de protección integral a la infancia y adolescencia frente a la violencia en su disposición final sexta, que añade al citado precepto la obligación de imponer la pena de privación de la patria potestad cuando concurren hechos graves de homicidio y asesinato así como sus formas imperfectas en dos supuestos: Si la víctima y quien sea autor de los delitos previstos en los tres artículos precedentes tuvieran un hijo o hija en común; y cuando la víctima fuere hijo o hija del autor, respecto de otros hijos e hijas si existieren. La reforma efectuada supone como novedad que ya no se requiere que para la imposición de la pena de privación de la patria potestad en causa penal en los casos de homicidio y asesinato se precise la motivación que se requería por el art. 55 del CP dado que la imposición preceptiva de dicha pena se recoge ahora en el art. 140 bis 2 del CP, y por tanto se estará ante el supuesto del inciso segundo del art. 55 CP. Como pone de manifiesto Magro Servet lo que ha hecho el legislador es trasladar la imposición preceptiva de esta pena, habida cuenta de la gravedad de los hechos relativos a los crímenes de género consistentes en acabar, o intentar hacerlo, con la vida, precisamente de la madre de los hijos sobre los que se va a privar de la patria potestad al autor del hecho delictivo. Se entiende, con ello, tanto por la jurisprudencia del Tribunal Supremo como por el legislador con esta reforma que la gravedad de los crímenes de género no deben permitir el mantenimiento de la patria potestad por esa correlación existente entre la persona a la que el autor del delito ha matado, o ha intentado hacerlo, con los hijos que tuvieran en común, por la inexistencia de ese derecho que acaba imponiéndose como una pena con carácter preceptivo, dada la inexistencia de una exigencia de motivación respecto a un delito tan grave. No puede concebirse entender, como se ha hecho en alguna ocasión, que la privación de la patria potestad es una medida que debe adoptarse en el orden civil, ya que el juez penal debe pronunciarse respecto a las penas consideradas como principales o accesorias que tienen, también, su reflejo en materia civil[273].

Pese a compartir las razones de fondo de la reforma del art. 140 bis 2 y 3 del CP, la doctrina penalista pone de manifiesto algunos problemas que se generan con la previsión imperativa de este tipo de sanción penal. Así, ha puesto de manifiesto González Tascón[274], entre los supuestos de aplicación imperativa del art. 140 bis 2 se olvida el legislador de aquellos supuestos en que el hijo o hija víctima directa del delito cuya vida ha sido puesta en peligro a través de la forma imperfecta de ejecución de estos delitos o de sus actos preparatorios punibles. En caso de que éstos sean menores de edad, la aplicación de la privación de la patria potestad tendrá que llevarse a cabo mediante la aplicación de las penas accesorias (arts. 55 y 56 CP). Sorprende la solución legislativa dado que en estos casos de hijos e hijas menores que han sido agredidos por su padre en los que no haya conseguido acabar con su vida (tentativa de homicidio o asesinato) la autoridad judicial tiene la potestad de decidir si aplica o no la pena de privación de la patria potestad mientras que en relación con otros hijos ésta es imperativa por aplicación del 140 bis 2

---

[273] Magro Servet, Vicente: "La privación de la patria potestad como pena preceptiva tras la LO 8/2021, de 4 de junio de protección de la infancia" en *Práctica de los Tribunales: Revista de derecho procesal civil y mercantil*, nº 156, 2022, pp. 1-8.

[274] González Tascón, María Marta: "Observaciones a las novedades introducidas por la Ley orgánica de protección integral a la infancia y la adolescencia frente a la violencia en relación con la materia penal", *Diario La Ley*, nº 9902, julio, disponible en: https://bit.ly/3wkxqOT.

del CP. Lloria García apunta que el interés superior del menor debe guiar también la imposición de estas sanciones, tal y como demanda la lógica de la LO 8/2021 y las previsiones normativas supranacionales, como, por ejemplo, el Convenio de Estambul en su art. 45[275].

2.1.2. Decisiones en torno a la patria potestad en causa civil

2.1.2.1. Privación de la patria potestad

Como ya se ha adelantado en el epígrafe anterior, el artículo 170 del CC prevé también la posibilidad de que la privación de la patria potestad se acuerde en sentencia dictada en el orden jurisdiccional civil, de hecho, la sede civil ha sido tradicionalmente su lugar natural.

Con carácter general se sostiene que es necesario que la privación de la patria potestad venga aconsejada por las circunstancias concurrentes y resulte actualmente conveniente a los intereses de los hijos e hijas. Debe en este sentido recordarse que la privación no tiene carácter irreversible[276] y que, si la patria potestad es recuperable tras el cese de la causa que la motivó, la procedencia de la medida en cuestión pasa por la

---

[275] Lloria García, Paz: "La lo 8/2021, de 4 de junio, de protección integral a la infancia y la adolescencia frente a la violencia y la transformación del código penal. algunas consideraciones" en *IgualdadES*, año 4, núm. 6, 2022, pp. 271-298.

[276] STS de 30 de abril de 1991 ECLI:ES:TS:1987:6149.

continuidad de la causa que la determina[277]. En suma, la privación judicial de la patria potestad exige:

a) La existencia y subsistencia, plenamente probada de una causa grave, de entidad suficiente para acordarla[278].

b) La razonable necesidad, oportunidad y conveniencia de su actual adopción para la adecuada salvaguarda de la persona e intereses del menor.

Por ello, la privación de la patria potestad, más que una sanción al incumplimiento de tales deberes implica una medida de protección a los hijos que ha de ser adoptada en su beneficio. Las actitudes de los progenitores pueden resultar lesivas para los intereses prioritarios de sus hijos, y revelarse inadecuadas para su futura integración social y educación y ello sin necesidad de profundizar en el carácter voluntario o no de la imposibilidad de cumplimiento de dichos deberes. En definitiva, lo que prima en la institución de la patria potestad es la idea de beneficio o interés de los hijos, conforme establece el artículo 154 del CC y declara el Tribunal Supremo desde antiguo[279].

El artículo 170 del CC establece: "El padre o la madre podrán ser privados total o parcialmente de su potestad por sentencia fundada en el incumplimiento de los deberes inherentes a la misma o dictada en causa criminal o matrimonial.

---

277 STS 5 de octubre de 1987 ECLI:ES:TS:1991:17255.

278 STS 25 de junio de 1994 ECLI:ES:TS:1994:4923.

279 Sentencias de 26 de abril de 1963, 8 de abril de 1975 y 5 de octubre de 1987, entre otras muchas.

Los Tribunales podrán, en beneficio e interés del hijo, acordar la recuperación de la patria potestad cuando hubiere cesado la causa que motivó la privación."

Por ello el TS mantiene que el artículo 170 del CC vincula la privación total o parcial de la patria potestad al incumplimiento culpable de los deberes que integran el contenido de dicha función tuitiva, esto es, no basta la constatación objetiva del inadecuado ejercicio de la patria potestad, sino que habrán de examinarse las circunstancias en que se produce para establecer el grado de reproche que merece el padre o madre incumplidor, con el añadido que dicha privación no constituye una consecuencia necesaria o inevitable del incumplimiento, antes bien es una posibilidad que solo debe materializarse cuando se prevea que la medida redundará en beneficio del menor.

Como también señala la sentencia del Tribunal Supremo de 6 de julio de 1996, citada por la STS de 10 de noviembre de 2005, el artículo 170 del CC, en cuanto contenedor de una norma sancionadora, debe ser objeto de interpretación restrictiva, y la aplicabilidad del mismo exige que, en el caso concreto de que se trate, aparezca plenamente probado que el progenitor, al que se pretende privar de la patria potestad, haya dejado de cumplir los deberes inherentes a la misma. Y, en este sentido, sigue diciendo la mentada resolución que ya sea "desde la perspectiva de la interpretación restrictiva del precepto (Sentencias del Tribunal Supremo de 6 de julio de 1996 y 18 de octubre de 1996, sea desde la exigencia de una interpretación que atienda prioritariamente al interés del menor, (Sentencias del Tribunal Supremo de 12 de febrero de 1992) y 31 de diciembre de 1996 , entre otras), postulados ambos no incompatibles, la privación total o parcial de la patria potestad requiere la realidad de un efectivo incumplimiento de los deberes de cuidado y asistencia (Sentencia del Tribunal Supremo de 24 de abril de 2000 imputable de alguna forma relevante al titular o titulares de la patria potestad, juicio de imputación basado en datos contrastados y suficientemente significativos de los que pueda inducirse la realidad de aquel incumplimiento con daño o peligro grave y actual para los menores derivados del mismo".

En los supuestos de violencia de género son dos las vías en el orden jurisdiccional civil para alcanzar una resolución en la que se prive de la patria potestad: bien la vía del procedimiento *ad hoc*, en el que se solicita expresamente la privación; bien en la vía de la causa matrimonial al amparo de lo dispuesto en el artículo 92.3 del CC. Al requerirse sentencia judicial que prive de la patria potestad al progenitor incumplidor de los deberes derivados de la misma, es lógico que ningún otro tipo de resolución judicial pueda adoptar dicha medida, en concreto ni la orden de protección, ni los autos de medidas provisionales.

2.1.2.2. La vía ad hoc del art. 170 del CC

En cuanto a la privación de la patria potestad en causa civil, el Tribunal Supremo se ha pronunciado, tras las modificaciones legales estudiadas, en su sentencia de 9 de noviembre de 2015[280]. Se trata de un supuesto en el que progenitor fue condenado en el año 2007 como autor de un delito de lesiones en el ámbito familiar. En la sentencia que lo condenaba se

---

280 ECLI: ES:TS:2015:4575

estableció que el régimen de visitas establecido respecto de su hija menor, que contaba con un año de edad por aquél entonces, se llevara a cabo a través del Punto de Encuentro, pese a lo cual el progenitor no acudió a dicho centro a relacionarse con su hija sin causa justificada. De otro lado, en la sentencia de divorcio de fecha 23 de julio de 2010, fecha en la que la menor tenía cuatro años, se recoge que el demandado hacía al menos un año que no veía a su hija. La falta de contacto fue la que aconsejó que en dicho procedimiento matrimonial se estableciera un régimen de visitas progresivo a desarrollar en el punto de encuentro, sin que tampoco lo cumpliera el progenitor. Ese reiterado incumplimiento de las obligaciones que venían impuestas en las sentencias y la absoluta dejación de los deberes más elementales para con su hija determinó la estimación de la demanda de la madre de la menor en la que solicitaba la privación de la patria potestad de conformidad con el artículo 170 del CC.

Recurrida en casación, el TS confirma la sentencia de instancia al apreciar que, en dicho supuesto, al tratarse la patria potestad de una función con un amplio contenido y no de un mero título o cualidad, resulta incompatible mantener la potestad y, sin embargo, no ejercer en beneficio del hijo ninguno de los deberes inherentes a la misma.

En dicho sentido, para la valoración del alcance y significado del incumplimiento de los deberes se exige una amplia facultad discrecional del juez para su apreciación, de manera que la disposición se interprete con arreglo a las circunstancias del caso, exigiéndose tener siempre presente el interés del menor. Por tanto, este interés del menor debe tenerse en cuenta a la hora de examinar si la privación de la patria potestad es conveniente o no para la menor. Dicho interés, continúa el TS, se ha visto potenciado y desarrollado por la Ley Orgánica 8/2015, de 22 julio, de modificación del sistema de protección de la infancia y a la adolescencia.

En este supuesto, se valoran los hechos que ha declarado probados con los criterios discrecionales, pero de racionalidad, que exige el ordenamiento jurídico. Así califica de graves y reiterados los incumplimientos del progenitor prolongados en el tiempo, sin relacionarse con su hija, sin acudir al punto de encuentro, haciendo dejación de sus funciones tanto en lo afectivo como en lo económico, y sin causa justificada, y todo ello desde que la menor contaba muy poca edad; por lo que ha quedado afectada la relación paterno-filial de manera seria y justifica que proceda, en beneficio de la menor, la pérdida de la patria potestad del progenitor recurrente, sin perjuicio de las previsiones legales que fuesen posibles, de futuro conforme a derecho, y que recoge el Tribunal de instancia.

Se observa que en el presente supuesto el TS confirma la privación de la patria potestad en un procedimiento instado *ad hoc* por la progenitora. Los motivos para la privación son el incumplimiento grave y reiterado de sus obligaciones como titular de la patria potestad (visitas y alimentos), pero en ningún caso se hace referencia a la condena previa por un delito de lesiones en el ámbito familiar, ni a que los hechos que dieron lugar a dicha condena tengan algún tipo de incidencia en la decisión que se adopta.

2.1.2.3. La vía del art. 92.3 del procedimiento de familia

La realidad judicial de la violencia de género demuestra que en ocasiones concurren, se solapan y entrecruzan en el tiempo los procesos penales y civiles en los que se imponen medidas definitivas relativas a la privación de la titularidad o ejercicio de la patria potestad. El 25 de noviembre de 2016 el TS (Sala 1ª)[281] conoció de un supuesto en el que se solicitaba en el procedimiento de divorcio entre los cónyuges la adopción de la medida de privación de la patria potestad al padre respecto de su hija de 5 años. En este caso, la AP de La Coruña, en su sentencia de 3 de junio de 2015[282] había acordado que no procedía la privación de la patria potestad del demandando toda vez que en dicho caso no existía un pronunciamiento condenatorio firme que desvirtuara la presunción de inocencia del demandado. Por ello, y partiendo de una interpretación restrictiva de la privación de la patria potestad (SSTS de 6 de julio y 18 de octubre de 1996 y 10 de noviembre de 2005), conjugándola con el principio de presunción de inocencia, y hallándose protegido el interés del menor con las medidas adoptadas[283], no encuentra la Sala de apelación razones para la revocación de la sentencia apelada, sin perjuicio de su revisión y de las medidas a adoptar, una vez concluido el proceso penal, con sentencia firme condenatoria.

Paralelamente recayó sentencia el 24 de febrero de 2015 dictada por el Juzgado de Violencia sobre

---

281 ECLI: ES:TS:2016:5164

282 ECLI:ES:APC:2015:1467

283 Se acordó el ejercicio exclusivo de la patria potestad por la madre y se le atribuyó la guarda y custodia de la menor.

la Mujer de La Coruña en el procedimiento penal seguido contra el demandado en el que resultó condenado por un delito de homicidio en grado de tentativa a las penas de prisión de siete años, accesorias de inhabilitación especial para el derecho de sufragio pasivo y de prohibición por nueve años de comunicación por cualquier medio y de aproximación a distancia de 100 metros de su ex mujer , así como a la privación de la patria potestad sobre su hija menor (sin acotarla en el tiempo). Dicha sentencia devino firme al ser inadmitido el recurso de casación presentado ante la Sala 2ª del TS mediante auto de 5 de mayo de 2016.

Respecto a la privación de la patria potestad argumenta la representación procesal de la madre en el recurso de casación interpuesto que la sentencia recurrida vulnera la doctrina contenida en las sentencias del TS de 31 de diciembre de 1996 y 2 de octubre de 2003 pues prima el derecho a la presunción de inocencia frente al derecho a la integridad moral de la menor, pues el hecho de atentar contra la vida de la madre de su hija es causa más que suficiente para acordar la privación absoluta de la patria potestad, pues estos hechos colocan a la hija en una situación de peligro para su bienestar emocional y moral que suponen una violación grave de los deberes paterno-filiales. Igualmente se alega la infracción de la doctrina contenida en la sentencia de la Sala 1ª del TS de 20 de enero de 1993, que considera que la petición del abuelo materno de privación de la patria potestad del progenitor, que se encuentra en prisión provisional por el parricidio de su esposa, debe estimarse. Se alega por la recurrente, como ya recogió en el recurso de apelación, que no se trata de castigar al padre y en consecuencia esperar a que se produzca la condena o no en el procedimiento penal, sino que, lo que se pretende proteger son los intereses fundamentales de la menor por encima de los deseos de los padres.

El TS en este caso argumenta que el tribunal de apelación no excluyó la privación de la patria potestad, sino que declaró que se habría de estar a lo que declarase la jurisdicción penal, que finalmente privó de la patria potestad al demandado, si bien con carácter firme con posterioridad a la sentencia de la Audiencia Provincial. Entiende por ello que en la sentencia recurrida se compatibilizó el respeto a la presunción de inocencia (art. 24 de la CE) con la protección esencial y efectiva del interés de la menor (art. 39 de la CE), dado que mientras se sustanciaba el proceso penal (homicidio en grado de tentativa) el padre se encontraba privado del derecho de comunicación y de visita a la menor.

Ciertamente la gravedad de los hechos denunciados y el reconocimiento parcial de los mismos por el entonces acusado exigían la adopción de unas medidas cautelares civiles y/o penales tuteladoras de los intereses de la hija menor de edad, como de hecho se acordó, al amparo de los arts. 94 del C. Civil y 65 de la LO 1/2004 (sentencia núm. 598, de 27 de octubre de 2015).

Por ello, y de acuerdo con el art. 170 del CC el TS acuerda tener por declarada la privación de patria potestad del progenitor, en relación con su hija, ya pronunciada en sentencia penal de la AP de La Coruña, declarada firme.

La SAP de Pontevedra de 31 marzo 2022[284] falla a favor de la privación de la patria potestad al padre de la menor en seno del proceso de familia. La sentencia dictada en instancia en relación con la hija menor de edad acordó que la titularidad de la patria potestad sobre la hija fuera ostentada por ambos progenitores, si bien el ejercicio de esta se atribuyó en exclusiva a la madre. Asimismo, se suspendieron, durante la permanencia en el centro penitenciario del padre (sin ingresos) las obligaciones económicas del mismo para con la hija común menor de edad. Recurren la sentencia la representación de la madre y el Ministerio Fiscal interesando ambos la privación de la patria potestad por infracción de los art. 92.3 y 170.1 CC. La petición revocatoria la fundamentan en la sentencia dictada en fecha 18 de marzo 2021 por la Sección 4ª de la AP Pontevedra en Sumario 66/2019 que condena al padre por la comisión de los delitos de detención ilegal, agresión sexual continuada, lesiones contra la mujer, maltrato habitual en el ámbito de la violencia de género y revelación de secretos, perpetrados contra la progenitora, sentencia que fue confirmada por la Sala de lo Penal del TSJ de Galicia, salvo en la pena accesoria, dado que, estimando el recurso interpuesto por el Ministerio Fiscal, ésta última sentencia acuerda la privación de la patria potestad del padre sobre la menor por tiempo de cinco años.

En este caso, una sentencia firme en el ámbito penal ya había privado al padre de la patria potestad durante un plazo de cinco años, pero lo que se pretende en vía civil es que dicha privación no esté acotada en el tiempo. Dos son las consideraciones

284 ECLI:ES:APPO:2022:865

que llevan a la Sala a acordar la privación de la patria potestad en los términos solicitados. En primer lugar, el hecho de que no resulta necesario que el incumplimiento de los deberes inherentes a la patria potestad tenga como sujeto pasivo directo a la persona menor de edad sometida a ella: "(...) para la privación de la patria potestad no es necesario que la agresión o incumplimiento de deberes tenga como sujeto pasivo directo al hijo, también se puede inferir de la agresión a la madre. En efecto, como ya se hizo patente, en particular a partir de la firma del Convenio de Estambul y de la aprobación de la Directiva 2012/29/UE el Parlamento Europeo y del Consejo, de 25 de octubre de 2012, por la que se establecen normas mínimas sobre los derechos, el apoyo y la protección de las víctimas de delitos, actualmente podemos entender que cuando hablamos de niños o niñas víctimas de violencia de género, necesariamente hemos de entender aquellos menores que han vivido en entornos donde está presente la violencia de género contra sus madres, ellos son víctimas directas también de esa violencia, y lo son por las consecuencias perniciosas que esa exposición tiene sobre su bienestar, pues el comportamiento de los agresores tiene siempre un impacto sobre los menores, una huella sobre su salud y desarrollo, de hecho estudios efectuados por psicólogos y educadores muestran que los menores expuestos a violencia de genero pueden presentar los mismos patrones que las víctimas de abusos sufridos en primera persona, de ahí que conceptual y normativamente ya se empiece a considerar a los menores víctimas directas, aunque no lo sean de la violencia física o moral infringida contra ellos en primera persona. Buena prueba de lo anterior es su inclusión en las políticas integrales contra la violencia de género, como lo refleja la actual realidad normativa (art. 1.2 LO 1/2004, art. 2 LO 8/2015)".

En segundo lugar es la valoración de la gravedad de los hechos cometidos, y por los que fue condenado el progenitor, lo que llevan a considerar necesaria la privación de la patria potestad, más allá del plazo de cinco años, y ello como única medida para proteger adecuadamente el interés superior de la hija menor de edad: "(..) no tenemos duda, tal se infiere del relato de hechos de la sentencia penal, de la entidad de los delitos por los que ha sido condenado el demandado y del interrogatorio de Doña Genoveva practicado en el acto del juicio oral, que la menor ha sido víctima de los episodios de violencia del padre hacia la madre, lo cual necesariamente ha tenido que afectar muy negativamente al desarrollo de su personalidad (el tratamiento psicológico que está siguiendo es buena prueba de ello), pues no se puede soslayar que el comportamiento del demandado ha sido muy grave, reiterado en el tiempo e incompatible con un interés genuino en procurar el bienestar de la hija común, por tanto, con suficiente entidad para provocar la privación de la patria potestad, medida que necesariamente, desde el punto de vista estrictamente civil y al margen de la pena impuesta en el proceso penal -que por definición tiene carácter temporal-, se evidencia en el caso como realmente necesaria desde este momento a fin de evitar que quien ha incurrido en ese uso abusivo de la patria potestad pueda seguir interfiriendo en la toma de decisiones sobre la hija, a la par que se conjura todo peligro de que don Herminio pueda intentar siquiera seguir ejerciéndola una vez cumplida la privación temporal impuesta en el proceso penal, resulta, por tanto, una medida necesaria para proteger el interés de la menor; sin perjuicio de que en su caso pueda solicitar la rehabilitación en caso de cambio sustancial de las circunstancias si es que resulta conveniente entonces al interés de Rocío".

2.1.3. Suspensión de la patria potestad

En cuanto a la atribución de la patria potestad con carácter exclusivo a la madre, víctima de violencia de género, se ha pronunciado el TS principalmente en supuestos en los que el progenitor se encontraba privado de libertad por delitos de maltrato habitual. Así, la STS (Sala 1ª) de 13 de mayo de 2016[285], en la que se suspende al padre condenado por un delito de violencia de género del ejercicio de la patria potestad respecto de sus tres hijos menores de diez, nueve y seis años de edad. En este supuesto el TS argumenta que en la sentencia recurrida no se priva de la patria potestad, sino que simplemente se suspende su ejercicio, dado que se encuentra en un centro penitenciario, en aplicación de lo dispuesto en el art. 156 del CC, dada la imposibilidad de su ejercicio efectivo. Por tanto, en la sentencia recurrida no se infringe precepto, pues el art. 65 de la LO 1/2004 prevé dicha suspensión de la patria potestad; ni se desvincula de la jurisprudencia existente, dado que concurre una base jurídica sólida para suspender el ejercicio de la patria potestad, sin perjuicio de lo cual, en el ejercicio de una ponderada valoración del interés de los menores, mantiene el derecho de visita, si bien restringido.

Al mismo tiempo considera desproporcionado supeditar la posibilidad de alterar el sistema de comuni-

---

[285] ECLI: ES:TS:2016:2129

caciones, a la plena libertad del padre, otorgándosele la posibilidad de que pueda solicitar una modificación en el régimen de visitas desde que consiga el tercer grado y/o la libertad condicional. En caso contrario, no podría ver a los menores en el centro penitenciario (en el que ya no estaría), ni mediante otro sistema de visita. Por la misma razón, considera que quedará sin efecto la suspensión del ejercicio de la patria potestad, desde que el progenitor disfrute de libertad condicional, pues en dicho momento cesará el internamiento (completo o parcial) que justificaba la imposibilidad del ejercicio.

En el presente supuesto, la suspensión del ejercicio de la patria potestad se justifica únicamente en la imposibilidad material de su ejercicio debido a que el progenitor se encuentra internado en un centro penitenciario. Vemos que en el razonamiento judicial se produce una desvinculación total del concreto incumplimiento de los deberes inherentes a la patria potestad vinculados a la conducta violenta del progenitor por la que ha resultado no sólo condenado, sino ingresado en prisión.

Llama la atención la decisión temporal dado que en el supuesto analizado se habían puesto de manifiesto las disfunciones que pueden derivarse del ejercicio conjunto de la patria potestad en supuestos de violencia de género. Consta en la sentencia analizada que el progenitor se negó a dar autorización para que su hijo menor estuviera documentado en España, lo que obligó a la madre a interponer demanda para que la autoridad judicial autorizara que el menor pudiera ser inscrito en el Consulado italiano y tener derecho a tarjeta sanitaria. El ejercicio conjunto de la patria potestad en contextos de violencia de género perjudica en muchas ocasiones el interés superior del menor, y en este caso se advierte claramente como ha obstaculizado determinadas decisiones adoptadas por la madre en beneficio del hijo, instrumentalizando cuestiones sanitarias relativos a los menores para seguir dañando a la mujer.

Más recientemente, el TS (Sala 1ª), en su auto de 22 de noviembre de 2017[286] inadmite el recurso de casación contra la SAP de Vizcaya de 22 de febrero de 2017[287]. En este supuesto la AP en relación con la suspensión de la patria potestad al padre recuerda que lo que la sentencia de instancia hace es suspender el ejercicio de la patria potestad, no privar la patria potestad al recurrente, lo que estaría totalmente justificado en los autos, i) Por un lado porque el apelante se encuentra en situación de preso preventivo, y afectado por una medida de alejamiento respecto de la progenitora, lo que ya de por si evidencia una imposibilidad física para el ejercicio adecuado de la patria potestad, ii) Se establece en tanto no varíe la circunstancia actual; iii) La situación penal y penitenciaria del apelante, motivada por presuntos delitos contra la madre de los menores, también justifica el pronunciamiento, por cuanto resultaría imposible el ejercicio conjunto de la patria potestad, por los riesgos a que se expondría a la madre; iv) Las periciales practicadas justifican de todo punto la decisión adoptada. Argumenta además que la atribución de la guarda y custodia a la madre y suspensión de visitas al padre es una consecuencia de la medida anterior, que se sustenta en los mismos argumentos, el beneficio de los menores, destacando que, frente a lo ar-

---

[286] ECLI: ES:TS:2017:10849A

[287] ES:APBI:2017:223

gumentado por el progenitor, no estamos ante meras desavenencias de los padres, remitiéndose a los informes psicosociales obrantes en autos.

En este caso lo relevante, a mi modo de ver, es que se considera por la AP que la suspensión de la patria potestad, más allá de justificada por la situación penitenciaria del progenitor, se justifica también en este caso por los riesgos que el ejercicio conjunto de la patria potestad supondría para la madre y en consecuencia el beneficio para los menores.

El TS, aunque inadmite el recurso de casación y por tanto no entra en la medida cuestionada sí que indica que "dado el prevalente principio de interés superior del menor, la sentencia recurrida en casación, confirmando la de primera instancia, atendiendo a las circunstancias concurrentes, acuerda no la privación de la patria potestad del padre sobre los menores, pero si la suspensión cautelar del ejercicio de la misma, sobre la base de los informes elaborados por órganos adscritos al juzgado, equipos psicosociales que emiten sus informes y proponen las medidas acordadas, en atención al interés de la menor y las circunstancias concurrentes". Por tanto, ratifica la idea de suspensión de la patria potestad en un supuesto de violencia de género desvinculada en este caso de la concreta imposibilidad física del ejercicio de la patria potestad por el padre debido a su ingreso en prisión.

Esta misma idea se reitera en jurisprudencia posterior, abriéndose paso en los tribunales la idea de que la violencia de género es incompatible con una relación entre los progenitores basada en el diálogo y la cooperación necesaria que conduzca al intercambio fluido de información y consenso para el ejercicio conjunto de la patria potestad[288]. Comparto la

---

[288] SAP Murcia, 13 julio 2023, ECLI:ES:APMU:2023:1884: "La mencionada sentencia fundamenta su decisión atribuyendo en exclusiva a la progenitora materna el ejercicio de la patria potestad en las cuestiones sanitarias, de escolarización y trámites administrativos de los menores, en la condena del progenitor paterno por delitos de acoso y de amenazas con respecto a su esposa a las penas de 1 año y 6 meses de prisión y 6 meses de prisión respectivamente quedando suspendida por plazo de dos años y supeditada a su vez al cumplimiento de la prohibición de aproximación a la esposa a menos de 500 metros y de acudir a la población de su domicilio durante dicho periodo de suspensión.
Añade la sentencia que como consecuencia del cumplimiento de esa pena, el ejercicio conjunto de la patria potestad quedaría claramente dificultado ya que las materias educativas y sanitarias de los hijos difícilmente van a poder valorarse y consensuarse conjuntamente por ambos progenitores, por lo que en atención a ello y a los principios de perspectiva de género y esencialmente el de interés de los menores resulta procedente acordar ese ejercicio exclusivo de la patria potestad por la esposa en las cuestiones antes mencionadas.
Este tribunal comparte en principio dicha decisión.
Téngase en cuenta que no existe ningún pronunciamiento privando al progenitor paterno del ejercicio de la patria potestad, sino únicamente suspendiendo su ejercicio en las cuestiones ya referidas. Esa distinción entre privación y ejercicio exclusivo se encuentra prevista en el artículo 156 Código Civil conforme a la nueva redacción dada por la Ley 8/2021 de 2 de junio que establece que ... " En defecto, o por ausencia, incapacidad o imposibilidad de uno de los progenitores, la patria potestad será ejercida por el otro". En este caso las razones expuestas por la juzgadora de instancia se revelan fundadas al respecto por cuanto el cumplimiento de las penas por el progenitor paterno constituyen claros impedimentos para un ejercicio conjunto de la patria potestad y en con-

opinión de Guillarte Martín-Calero[289] de entender que la violencia de género es una causa que dificulta enormemente el ejercicio conjunto de la patria potestad, y que estaría plenamente justificada la atribución en exclusiva a la madre que ejerce la guarda y custodia. Dicha posibilidad se encuentra legalmente prevista, en el artículo 65 de la LO 1/2004, y pese a ello, la práctica de los Tribunales evidencia que la privación de la titularidad y/o ejercicio de la patria potestad en estos supuestos es prácticamente anecdótica, y la suspensión en la mayor parte de los casos deriva de la imposibilidad efectiva de ejercer dicha patria potestad derivada del hecho de estar ingresado en prisión el maltratador, o encontrarse en vigor una medida de alejamiento respecto mujer titular de la custodia y en ocasiones también de los hijos o hijas menores.

---

creto para las funciones de valoración, debate y consenso sobre las cuestiones mencionadas. En tal sentido se ha pronunciado el TS en la sentencia de 17 enero 2017 con valoración de la condena por amenazas en el ámbito familiar y con prohibición de comunicación... "lo que impide la posibilidad de diálogo"; también en la sentencia de 31 mayo 2021 que declara que... " los indicios de criminalidad son incompatibles con una relación razonable que permita el intercambio fluido de información y consenso entre los progenitores (FD 2º)".

289 Guilarte Martín-Calero, Cristina: "La atribución de la guarda y custodia de los hijos menores y el régimen de comunicación y estancia en los supuestos de violencia de género", en *Tutela jurisdiccional frente a la violencia de género: aspectos procesales, civiles, penales y laborales,* Coord. De Hoyo Sancho Montserrat, Lex Nova, 2009, pp. 203-230.

2.2. La guarda y custodia compartida sobre los hijos e hijas menores

Dado que las situaciones de crisis familiar llevan aparejada por lo general una finalización de la convivencia entre los progenitores, uno de los aspectos a decidir es con quién permanecerán conviviendo los hijos e hijas menores de edad. La guarda y custodia deriva de una de las funciones que integran el ejercicio de la patria potestad e implica tener a los hijos e hijas en su compañía, bajo el cuidado y atención de sus progenitores. Esa responsabilidad y obligación de garante de los hijos e hijas menores se modifica como consecuencia del fin de la convivencia entre los progenitores en los supuestos de crisis familiar.

La atribución de la guarda y custodia presenta fundamentalmente dos modelos:

a) Guarda y custodia monoparental (paterna o materna): Los hijos e hijas pasarán a convivir habitualmente con un progenitor, quien asumirá la guarda y custodia, conviviendo de forma menos habitual y frecuente con el otro progenitor, quien asumirá el derecho y obligación de relacionarse, comunicar y permanecer con sus hijos e hijas conforme al régimen de visitas que se establezca a favor del menor.

b) Guarda y custodia compartida o alterna: es aquélla en la que ambos progenitores se encargan de forma conjunta, periódica o rotatoria del cuidado, atención y educación de los hijos e hijas. Por tanto, supone la distribución de las funciones y responsabilidad parental que ambos progenitores separados asumen sobre sus hijos e hijas en pie de igualdad, rotando en el ejercicio de esas funciones y responsabilidad (cuidado y atención directa). Esa alternancia o rotación puede realizarse y llevarse a efecto de múltiples maneras, siempre procurando que se desarrolle en interés de los hijos, y así puede distribuirse el tiempo de convivencia por semanas, quincenas, meses, cursos escolares, etc.

En el ámbito concreto de la atribución de la guarda y custodia, cualquier decisión que se tome en relación con los hijos e hijas menores de edad ha de venir presidida por el principio *favor filii,* de forma que han de adoptarse las medidas que satisfagan mejor su interés. El problema se agudiza en este ámbito concreto de crisis familiar, donde en la mayoría de los supuestos la convivencia forzosamente deberá ser más compleja que la que se lleva a cabo cuando los progenitores conviven. Ha señalado reiteradamente la Jurisprudencia del Tribunal Supremo que lo que ha de primar a la hora de elegir el sistema adecuado en cada caso concreto, es el interés del menor, y no lo que convenga al interés de sus progenitores, «pues el sistema está concebido en el artículo 92 como una forma de protección del interés de los menores cuando sus progenitores no conviven, no como un sistema de premio o castigo al cónyuge por su actitud en el ejercicio de la guarda». STS 10 enero 2011[290].

El ejercicio de la custodia compartida se regula en el art. 92.5 del CC que establece:

> "Se acordará el ejercicio compartido de la guarda y custodia de los hijos cuando así lo soliciten los padres en la propuesta de convenio regulador o

290 ECLI:ES:TS:2012:628

cuando ambos lleguen a este acuerdo en el transcurso del procedimiento".

No obstante existir un acuerdo de los progenitores en favor de la custodia compartida, se establecen legalmente una serie de cautelas en beneficio de los hijos e hijas, a saber:

a) En todo caso, antes de acordar el régimen de guarda y custodia compartida el Juez deberá recabar informe del Ministerio Fiscal, y oír a los menores que tengan suficiente juicio cuando se estime necesario, de oficio o a petición del Fiscal, partes o miembros del Equipo Técnico Judicial, o del propio menor, valoradas las alegaciones de las partes vertidas en la comparecencia, y la prueba practicada en ella, y la relación que los padres mantengan entre sí y con sus hijos para determinar su idoneidad con el régimen de guarda (art. 92.6 CC).

b) No procederá la guarda conjunta cuando cualquiera de los padres esté incurso en un proceso penal iniciado por atentar contra la vida, la integridad física, la libertad, la integridad moral o la libertad e indemnidad sexual del otro cónyuge o de los hijos que convivan con ambos. Tampoco procederá cuando el Juez advierta, de las alegaciones de las partes y las pruebas practicadas, la existencia de indicios fundados de violencia doméstica o de género (art. 92.7 CC)[291] .

---

[291] El precepto ha sido reformado, si bien puntalmente. La primera reforma, que afecta al régimen de custodia compartida se llevó a cabo mediante la disposición final segunda.1 de la Ley Orgánica 8/2021, de 4 de junio que amplió su aplicación a los supuestos de violencia doméstica "y de género". El art. 1.3 de la Ley 17/2021, de

El tercer inciso de art. 92.7 del CC, dispone que se apreciará también a estos efectos la existencia de malos tratos a animales, o la amenaza de causarlos, como medio para controlar o victimizar a cualquiera de estas personas, que fue introducido por la Disposición Final Primera de la Reforma del Texto Refundido de la Ley Concursal.

2.2.1. La constitucionalidad del artículo 92.7 del CC

Tal y como se ha configurado legalmente la custodia compartida, ésta resulta *a priori* incompatible con supuestos en los que concurra o haya concurrido violencia de género y/o violencia doméstica. La constitucionalidad de la redacción y alcance del precepto se ha cuestionado, hasta el momento, en dos ocasiones.

En primer lugar, el titular del Juzgado de violencia sobre la mujer nº1 de Jerez de la Frontera planteó cuestión de inconstitucionalidad del art. 92.7 CC mediante auto de 28 de septiembre 2020[292]. El origen del que trae causa la mencionada cuestión de inconstitucionalidad del art. 92.7 CC es un procedimiento de divorcio contencioso interpuesto por la esposa en

---

15 de diciembre de 2021 amplió el supuesto de hecho, añadiendo la mención "intentar" a atentar, quedando redactado del siguiente modo: "No procederá la guarda conjunta cuando cualquiera de los padres esté incurso en un proceso penal iniciado por intentar atentar contra la vida, la integridad física, la libertad, la integridad moral o la libertad e indemnidad sexual del otro cónyuge o de los hijos que convivan con ambos". Por último, la disposición final 1.1 de la Ley 16/2022, de 5 de septiembre sustituyó el término "padres" por "progenitores".

292 ECLI:ES:JVMCA:2020:1A

el que solicita la custodia materna de sus dos hijos menores de edad, y con carácter subsidiario el establecimiento de un régimen de custodia compartida. Durante la sustanciación del procedimiento de divorcio se inició una causa penal por hechos de apariencia delictiva relacionados con la violencia de género '[maltrato (art.153.1 CP); amenazas (art.169.2 CP); acoso (art.172 ter CP) y contra la libertad sexual (art. 179 CP)], constatándose una situación objetiva de riesgo, que provocó que el 24 de septiembre de 2019 el Juzgado de Instrucción número 4 dictara un auto por el que se concedía una orden de protección a la esposa y se prohibía al progenitor aproximarse a menos de 300 metros de aquella, así como comunicarse con ella por cualquier medio. Se adoptaron también medidas civiles consistentes en atribuir la custodia de los hijos menores a la madre, con un régimen de visitas a favor del padre con entregas y recogidas a través del punto de encuentro. El inicio del proceso penal determinó que el proceso de divorcio fuera remitido al Juzgado de violencia sobre la mujer de Jerez de la Frontera. Las medidas civiles de la orden de protección fueron prorrogadas durante la tramitación del divorcio en virtud de auto de 24 de marzo de 2020. En el acto de la vista del divorcio, celebrada el día 6 de julio de 2020, ambas partes manifestaron haber alcanzado un acuerdo sobre las medidas a adoptar respecto de sus hijos menores entre las que se incluía la custodia compartida de los hijos menores de edad. El Ministerio Fiscal informó desfavorablemente al acuerdo porque la custodia compartida no está permitida en un caso como el enjuiciado, según lo dispuesto en el art. 92.7 CC.

Los argumentos esgrimidos por el juez de instancia en el auto giran en torno a dos cuestiones. En primer lugar, se considera que el interés superior del menor, base de la prohibición del establecimiento de custodia compartida en supuestos de violencia de género, constituye un concepto jurídico indeterminado y de carácter dinámico, que debe ser concretado en cada caso por referencia a las circunstancias particulares de cada menor. En opinión del juzgador el diseño del precepto resulta inadecuado para tutelar el interés preferente del menor dado que no contempla ninguna excepción que permita que se pudiera acordar la custodia compartida si ello se revela como lo más conveniente para el menor afectado. La incorrección del precepto también se pone de manifiesto al prohibir la custodia compartida, pero no la exclusiva del progenitor incurso en el proceso penal.

En segundo lugar, se alega que la prohibición de la custodia compartida en los casos previstos en el artículo 92.7 CC implica una interferencia en el derecho a la vida privada y familiar de los progenitores y de los menores afectados. La vida privada está protegida en el artículo 8 del Convenio Europeo de Derechos Humanos (CEDH) y goza de tutela constitucional merced al reconocimiento del libre desarrollo de la personalidad como fundamento del orden político y la paz social (artículo 10.1 de la CE). De estos preceptos resulta un principio general de libertad de autodeterminación en la esfera de desarrollo de la propia personalidad que solo puede ser restringida en la medida necesaria para salvaguardar otros principios y derechos constitucionales (SSTC 93/2013, 132/2019 y 81/2020). La proyección de la paternidad y la maternidad, manifestada en el modo en que se desempeñan las responsabilidades hacia los hijos, forma parte de ese núcleo de libertad, como demuestran los numerosos preceptos del Derecho de

Familia que priorizan la voluntad de los progenitores, siempre que no perjudiquen a los hijos menores (artículos 90.2, 91, 103 o 159 del CC, por ejemplo). En cuanto a la vida familiar, también está protegida en el artículo 8 CEDH y, a través de los artículos 10.1, 39.1 y 39.4, goza de tutela constitucional (SSTC 131/2016 y 186/2013). La esencia de la vida familiar es la convivencia o, al menos, el mantenimiento de las relaciones entre progenitores e hijos con la mayor amplitud que las circunstancias permitan, atendiendo de manera proporcionada al interés del menor y de los progenitores (SSTEDH de 13 de junio de 1979, Maeckx; de 24 de marzo de 1988, Olsson; de 19 de septiembre de 2000, Gnaoré; o de 6 de julio de 2010, Neulinger, por ejemplo). Tanto la libertad de desarrollo de la vida familiar de progenitores e hijos como la libertad de autodeterminación de los primeros a la hora de decidir cómo desempeñar sus responsabilidades para con los segundos quedan limitadas por la prohibición del artículo 92.7, inciso primero. En la medida en que ese precepto, sin embargo, no tutela adecuadamente el interés superior del menor, tal limitación no puede considerarse proporcionada. En efecto, el artículo 92.7 constituye un obstáculo para la satisfacción del interés del menor en casos como el que da origen a la cuestión planteada.

El TCO ha dado respuesta a la cuestión planteada a través de su sentencia de 12 de julio 2022[293] con el resultado de su inadmisión debido a la incorrecta formulación del juicio de relevancia, sin entrar en el fondo de los argumentos planteados por el juzgado. En opinión del TCO el motivo de la inadmisión del

[293] ECLI:ES:TC:2022:98

recurso es el incorrecto planteamiento del juicio de aplicabilidad y relevancia del órgano judicial. El juez de instancia no concretó en el recurso si la imposibilidad de acordar la custodia compartida deriva de lo previsto en el art. 92.7 CC, o si bien surge forzosamente de la existencia de unas medidas de protección adoptadas en el proceso penal iniciado por la denuncia formulada por la madre de los menores contra el padre de estos. Dichas medidas consistían no solo en la prohibición de que el padre de los menore pudiera aproximarse a la madre de los menores a menos de 300 de metros; sino también la prohibición de comunicarse con ella por cualquier medio y es precisamente la vigencia de esa medida de prohibición de comunicación la que en opinión del TCO hace inviable el régimen de custodia conjunta, dado que para que el régimen de custodia compartida pueda acordarse es preciso que los progenitores puedan tener comunicación entre ellos, pues solo de este modo pueden adoptarse las decisiones consensuadas que esta forma de custodia requiere (SSTS 23/2017, de 17 de enero, FJ 8, y 729/2021, de 27 de octubre FJ 7) y ello con independencia de que dicho régimen haya sido acordado por los progenitores.

Pese a que el argumento técnico empleado por el TCO se centra la ausencia del juicio de relevancia[294], merece consideración la razón de fondo que subyace, y que trae a colación la doctrina del TS que determina que el establecimiento de un régimen de

---

[294] El juicio de relevancia implica que debe darse una verdadera "dependencia" (STC 189/1991, de 3 de octubre, FJ 2), o un "nexo de subordinación", entre el fallo del proceso y la validez de la norma cuestionada (STC 157/1990, de 18 de octubre, FJ 1).

custodia compartida *a priori* no resulta adecuado en aquéllos supuestos en que el marco de relaciones familiares se ve limitado por la adopción de medidas cautelares que apartan al padre del entorno familiar y de la comunicación con la madre, lo que va a imposibilitar el ejercicio compartido de la función parental adecuado al interés de sus hijos.

En segundo lugar, la Sala Primera del TS ha planteado cuestión de inconstitucionalidad ante el Tribunal Constitucional mediante auto de fecha 11 de enero de 2023[295], a raíz del contenido del art. 92.7 CC, por la posible oposición contra el interés superior del menor. El motivo por el que se plantea el recurso es que, en opinión del TS, la redacción no permite al tribunal valorar la gravedad, naturaleza o alcance del delito que se atribuye a uno o a ambos progenitores, ni el efecto que desencadena en la relación con los hijos o hijas menores de edad. El TS considera que el precepto obliga a actuar de manera automática e imperativa, y no permite al tribunal ajustar la normativa al caso enjuiciado.

El supuesto que da origen a la cuestión de constitucionalidad planteada deriva de un caso concreto, en el que la madre interpuso una demanda en la que solicitó la custodia materna de forma exclusiva, sin perjuicio del establecimiento de un régimen de visitas a favor del progenitor. En primera y segunda instancia se desestimó la solicitud de la madre y el juzgado acordó la custodia compartida del menor. Sin embargo, en el transcurso del proceso la madre interpuso denuncia contra el progenitor por haber atentado supuestamente contra su integridad física, al haberla golpeado

---

[295] ECLI:ES:TS:2023:581A

en el antebrazo sin causarle lesión[296]. En consecuencia, la actora interpuso recurso de casación basado en la vulneración del art. 92.7 CC, ya que se permitió la custodia compartida durante el proceso penal. El Ministerio Fiscal apoyó dicho recurso.

El TS considera oportuno plantear la cuestión de inconstitucionalidad del art. 92.7 CC, al entender que entra en contraposición con el interés superior del menor consagrado en el art. 39 de la CE, por afectar de forma negativa al libre desarrollo de la personalidad del art. 10 CE al no contemplar todo el haz de circunstancias posibles, y suponer una injerencia no debidamente justificada en el derecho a la vida privada del art.8 CEDH.

En el recurso el TS hace referencia a las circunstancias concretas de la relación paternofilial poniendo de manifiesto que no consta que en el supuesto enjuiciado y que da lugar a la interposición del recurso por el TS, el menor hubiera sufrido consecuencia negativa alguna derivada del incidente ocurrido, ni tan siquiera se dice que el hijo lo hubiera presenciado. En el informe psicológico se dictamina que "la motivación del padre para ostentar la guarda y custodia de su hijo responde a un interés real por participar más activamente en su educación". No existe el

---

296 El primer dato respecto a la situación de violencia de género surge de un incidente puntual, derivado de una discusión sobre la mochila del niño, en el curso de la cual, presuntamente, el padre golpeó a la madre en su antebrazo sin causarle lesión. Denuncia que fue archivada, inicialmente, por el juzgado de violencia, en resolución revocada por la Audiencia, para que, en el acto del juicio oral, se valorase cuál de las contradictorias versiones de los litigantes ofrece mayor crédito.

más mínimo atisbo de violencia vicaria, y se descarta que el padre postule dicho régimen de estancia con su hijo con fines espurios apartados de su finalidad legítima de participar más activa e intensamente en el cuidado y atención de su hijo menor, como venía haciendo antes de la crisis de pareja.

Se cuestiona la constitucionalidad de la redacción vigente del art. 92.7 del CC en la medida que entiende que no permite al tribunal valorar la gravedad, naturaleza o alcance del delito que se atribuye a uno o a ambos progenitores; ni el efecto que desencadena en la relación con los hijos o hijas menores de edad; y tampoco contempla su carácter doloso o culposo; ni las concretas circunstancias concurrentes que exijan un específico tratamiento individualizado. Opera, por el contrario, con carácter imperativo y automático, sin admitir excepción alguna. Incluso basta que cualquiera de los progenitores esté incurso en un proceso penal, todavía no enjuiciado, para que se vede la custodia compartida.

A expensas de lo que finalmente resuelva el TC, también es cierto que entre los criterios jurisprudenciales que han perfilado el régimen de custodia compartida se encuentra el de que se precisa que entre los progenitores exista una relación de mutuo respeto en sus relaciones personales que permita la adopción de actitudes y conductas que beneficien al menor, que dichas actitudes y conductas no perturben su desarrollo emocional y que, pese a la ruptura afectiva de estos, se mantenga un marco familiar de referencia que sustente un crecimiento armónico de su personalidad[297] y ello no suele ser compatible con

---

297 STS 619/2014, de 30 de octubre.

actitudes y hechos que deriven en procesos judiciales por violencia de género.

Como ha puesto de manifiesto Pérez Ureña[298]: "Tal y como está configurado el régimen de custodia compartida en el art. 92 CC incluso con anterioridad a la Ley 16/2022, entendemos que no hace viable el establecimiento de un régimen de custodia compartida en el curso de un procedimiento penal por violencia de género, y más si entre los progenitores media una orden de protección con medidas penales de alejamiento y prohibición de comunicaciones: en tal caso es que, simplemente, no es operativo un régimen de custodia compartida. Es pacífico que no cabe la fijación en la orden de protección de una custodia compartida, como se ha pronunciado la Sala Primera del Tribunal Supremo, entre otras, en las Sentencias 36/2016 de 4 febrero y 779/2021 de 27 octubre".

En esta misma línea, en el primer informe de evaluación a España sobre el grado de cumplimiento del Convenio de Estambul llevado a cabo por GREVIO en el año 2020 se insta a las autoridades españolas a que emprendan las medidas necesarias, si es necesario a través de modificaciones legislativas y formación a los operadores jurídicos, para: "limitar el margen de discrecionalidad judicial, tanto penal como civil, en aquellas decisiones que tengan que ver con la custodia y los derechos de visita de los culpables de violencia ejercida en el ámbito de la pareja, con res-

---

298 Pérez Ureña, Antonio Alberto: "¿Debe aplicarse de forma preceptiva en los procesos de separación y divorcio la prohibición de la custodia compartida cuando exista proceso penal por violencia en el hogar a la mujer?" *Revista de jurisprudencia,* octubre 2023.

pecto a aquellos que están en espera de juicio y en los casos en que se hayan reunido pruebas suficientes para confirmar el abuso del niño o la madre". Parece por tanto que el juicio de proporcionalidad lo hace la norma, estando legitimada la limitación de la discreción judicial.

De otro lado, la aprobación de la LO 8/2021, de 4 de junio, de protección integral de la infancia y la adolescencia frente a la violencia[299] también ha supuesto la introducción de normas que afectan directamente a la atribución de la guarda y custodia en supuestos de violencia de género. Así, el art. 29, que lleva por título: Situación de violencia de género en el ámbito familiar, establece:

1. Las administraciones públicas deberán prestar especial atención a la protección del interés superior de los niños, niñas y adolescentes que conviven en entornos familiares marcados por la violencia de género, garantizando la detección de estos casos y su respuesta específica, que garantice la plena protección de sus derechos.

---

299 La LOPIVI también modifica el art. 12 de la LO 1/1996, de 15 de enero de protección jurídica del menor, cuyo artículo 12.3, relativo a las actuaciones en situación de desprotección social de la persona menor de edad ahora dispone: "3. Cuando los menores se encuentren bajo la patria potestad, tutela, guarda o acogimiento de una víctima de violencia de género o doméstica, las actuaciones de los poderes públicos estarán encaminadas a garantizar el apoyo necesario para procurar la permanencia de los menores, con independencia de su edad, con aquella, así como su protección, atención especializada y recuperación.

2. Las actuaciones de las administraciones públicas deben producirse de una forma integral, contemplando conjuntamente la recuperación de la persona menor de edad y de la madre, ambas víctimas de la violencia de género. Concretamente, se garantizará el apoyo necesario para que las niñas, niños y adolescentes, de cara a su protección, atención especializada y recuperación, permanezcan con la mujer, salvo si ello es contrario a su interés superior.

Para ello, los servicios sociales y de protección de la infancia y adolescencia asegurarán:

a) La detección y la respuesta específica a las situaciones de violencia de género.

b) La derivación y la coordinación con los servicios de atención especializada a menores de edad víctimas de violencia de género.

Asimismo, se seguirán las pautas de actuación establecidas en los protocolos que en materia de violencia de género tienen los diferentes organismos sanitarios, policiales, educativos, judiciales y de igualdad.

La norma introducida viene a reforzar la atribución de la guarda y custodia de hijos e hijas menores de edad a la madre víctima de violencia de género, siempre y cuando dicha medida no sea contraria a su interés superior.

También a nivel autonómico se han pronunciado leyes sobre la incidencia de la violencia de género en la determinación del modelo de guarda y custodia en las que se constata la opción de otorgar un mayor margen de decisión a la autoridad judicial, y/o requerir la existencia de la constatación de indicios de criminalidad. El art. 233.11.3 de la Ley 25/2010, de 29 de julio, del libro segundo del CC de Cataluña, relativo a la persona y la familia, establece que:

> "En interés de los hijos e hijas, no se puede atribuir la guarda al progenitor, ni se puede establecer ningún régimen de estancias, comunicación o relación, o si existen se tienen que suspender, cuando haya indicios fundamentados de que ha cometido actos de violencia familiar o machista. Tampoco se puede atribuir la guarda al progenitor, ni se puede establecer ningún régimen de estancias, comunicación o relación, o si existen se tienen que suspender, mientras se encuentre incurso en un proceso penal iniciado por atentar contra la vida, la integridad física, la libertad, la integridad moral o la libertad y la indemnidad sexual del otro progenitor o sus hijos o hijas, o esté en situación de prisión por estos delitos y mientras no se extinga la responsabilidad penal".

La Ley 71 contenida en la Ley Foral 21/2019, de 4 de abril, de modificación y actualización de la Compilación del Derecho Civil Foral de Navarra o Fuero Nuevo, sobre custodia de los hijos en los casos de ruptura de la convivencia de los padres de Navarra, dispone que:

> "No procederá la atribución de la guarda y custodia a uno de los progenitores, ni individual ni compartida, cuando se den estos dos requisitos conjuntamente:
>
> a) Esté incurso en un proceso penal iniciado por atentar contra la vida, la integridad física, la libertad, la integridad moral o la libertad e indemnidad sexual del otro progenitor o de los hijos o hijas.
>
> b) Se haya dictado resolución judicial motivada en la que se constaten indicios fundados y racionales de criminalidad.

> Tampoco procederá la atribución cuando el juez advierta, de las alegaciones de las partes y de las pruebas practicadas, la existencia de indicios fundados y racionales de violencia doméstica o de género.
>
> Las medidas adoptadas en estos dos supuestos serán revisables a la vista de la resolución firme que, en su caso, se dicte al respecto en la jurisdicción penal.
>
> La denuncia contra un cónyuge o miembro de la pareja no será suficiente por sí sola para concluir de forma automática la existencia de violencia, de daño o amenaza para el otro o para los hijos, ni para atribuirle a favor de este la guarda y custodia de los hijos".

El art. 80.6 del Decreto Legislativo 1/2011, de 22 de marzo, del Gobierno de Aragón, por el que se aprueba el Texto Refundido de las Leyes civiles aragonesas, dispone que:

> "No procederá la atribución de la guarda y custodia a uno de los progenitores, ni individual ni compartida, cuando esté incurso en un proceso penal iniciado por atentar contra la vida, la integridad física, la libertad, la integridad moral o la libertad e indemnidad sexual del otro progenitor o de los hijos, y se haya dictado resolución judicial motivada en la que se constaten indicios fundados y racionales de criminalidad. Tampoco procederá cuando el Juez advierta, de las alegaciones de las partes y las pruebas practicadas, la existencia de indicios fundados de violencia doméstica o de género".

En similar sentido el art. 11.3 y 4 de la Ley 7/2015, de 30 de junio, del País Vasco, de relaciones familiares en supuestos de separación o ruptura de los progenitores establece que:

"No obstante, con igual carácter general se entenderá que no procede atribuir la guarda y custodia de los hijos e hijas, ni individual ni compartida, ni un régimen de estancia, relación y comunicación respecto de ellos y ellas, al progenitor que haya sido condenado penalmente por sentencia firme por un delito de violencia doméstica o de género por atentar contra la vida, la integridad física, la libertad, la integridad moral o la libertad e indemnidad sexual del otro miembro de la pareja o de los hijos e hijas que convivan con ambos hasta la extinción de la responsabilidad penal.

En este sentido, los indicios fundados de la comisión de dichos delitos serán tenidos en cuenta por el juez como circunstancias relevantes a los efectos del establecimiento o modificación de las medidas previstas en esta ley en relación con dicho régimen, del mismo modo que lo podrá ser, en su caso, la resolución absolutoria que pudiera recaer posteriormente.

4. Excepcionalmente, el juez podrá establecer, si lo considera conveniente para la protección del interés superior de los hijos e hijas, en atención a los criterios anteriores y, singularmente, a la entidad y gravedad del delito cometido, a la naturaleza y duración de la pena fijada, y a la reincidencia y peligrosidad del progenitor, un régimen de estancia, de relación o de mera comunicación respecto de ellos.

Extinguida la responsabilidad penal, el juez, a instancia de parte, deberá valorar si procede la modificación de las medidas adoptadas atendiendo a los criterios anteriores".

2.2.2. Los delitos que pueden dar lugar a la prohibición del establecimiento de la custodia compartida

La aplicación e interpretación del art. 92.7 CC ha suscitado no pocas cuestiones. La primera se refiere a la interpretación de la prohibición del establecimiento de custodia compartida en los supuestos en que cualquiera de los progenitores esté incurso en un proceso penal iniciado por intentar atentar contra la vida, la integridad física, la libertad, la integridad moral o la libertad o indemnidad sexual del otro cónyuge o de los hijos que convivan con ambos; o cuando el juez advierta la existencia de indicios fundados de violencia doméstica o de género.

En un primer momento se cuestionó la aplicabilidad de la prohibición de custodia compartida a aquellos supuestos en que cualquiera de los progenitores se hallaba incurso en un proceso penal, pero por un delito que no estaba incluido en los contemplados en el art. 97.2 CC. Pérez Vallejo[300] advierte que no se trata de una lista cerrada de figuras delictivas, si bien apuesta por que en una futura modificación del precepto se incluyeran los delitos de amenazas, coacciones así como figuras más nuevas como el *stalking* por las dudas interpretativas que ha suscitado el precepto. Estas dudas se han disipado con la modificación que se introdujo a través de la disposición final segunda.1 de la Ley Orgánica 8/2021, de 4 de junio que amplió el supuesto de hecho de aplicación de

300 Pérez Vallejo, Antonio Manuel: "Custodia compartida y violencia de género: Cuestiones controvertidas ex art. 92.7 del CC", en *Raudem, Revista de estudios de las mujeres*, Vol. 4, 2016, pp. 87-115, p. 99.

la prohibición de la custodia compartida también a aquellos otros supuestos en el juez advirtiera la existencia de indicios fundados de violencia doméstica "o de género".

Al respecto, se ha dicho por la doctrina que la STS (Sala 1ª) 36/2016, de 4 de febrero supuso un punto de inflexión dado que en este caso el TS se pronuncia claramente acerca de la incidencia que debe tener la condena por violencia de género (en este concreto caso una condena por delito de amenazas en el ámbito familiar) en la atribución de la guarda y custodia compartida[301]. En este supuesto,

---

301 En este sentido apunta Múrtula Lafuente, Virginia, *El interés superior del menor*, ob. cit. pág. 164 que hasta esta sentencia el TS a la hora de recoger en sus sentencias las causas para acordar o no la custodia compartida no ha hecho mención expresa a la violencia de género como causa de exclusión de esta, pese a la dicción del artículo 97.2 del CC. Es por ello por lo que considera, junto con el resto de la doctrina que la sentencia de 4 de febrero de 2016 supone un punto de inflexión en este sentido. Vid en esta misma línea Sillero Crovetto, Blanca: "Interés superior del menor y responsabilidades parentales compartidas: criterios relevantes" en Actualidad Jurídica Iberoamericana, IDIBE, num. 6, febrero 2017, pp. 11 a 40; Berrocal Lanzarot, Ana Isabel: "Violencia de género y custodia compartida", en *La Ley Derecho de Familia*, num. 12, 2016, ejemplar dedicado a Protección del menor en situación de violencia de género; Ureña Carazo, Belén: "La conflictividad entre los progenitores como criterio de atribución de la custodia compartida. Especial referencia a la violencia de género", en *La Ley Derecho de Familia*, nº 11, 2016, Verdera Izquierdo, Beatriz: "Estado actual de la guarda y custodia y el régimen de visitas ante supuestos de violencia de género", en *Logros y retos: Actas del III congreso universitario nacional*: "Investigación y gé-

la demandante ejercitó acción sobre regulación de las relaciones paternofiliales interesando, entre otras medidas, que se le atribuyera la guarda y custodia de sus dos hijos. El Juzgado estimó sustancialmente la demanda y atribuyó a la demandante la guarda y custodia de los menores. Sin embargo, la Audiencia Provincial de Bizkaia revocó la sentencia y acordó la guarda y custodia compartida de los menores entre ambos progenitores por semanas alternas. El Tribunal Supremo estima el recurso de casación interpuesto por la demandante, casando la sentencia recurrida y confirmando la del Juzgado que adoptó un sistema de custodia materna.

La Sala señala que la Audiencia Provincial acertó en su respuesta a la pretensión del padre, estableciendo la guarda y custodia compartida a partir de la integración de los hechos que considera acreditados según los criterios expresados por la propia Sala en esta materia. Sin embargo, se da la circunstancia de

---

nero", Coord. Vázquez Bermúdez, 2011, pp. 2040-2057; Águeda Rodríguez, Ricardo Miguel, *El interés del menor en la guarda conjunta, con especial atención a los supuestos de violencia,* http://hdl.handle.net/11441/38299; Pinto Andrade, Cristóbal: "La custodia compartida en la práctica judicial española: los criterios y factores para su atribución" en *Misión jurídica: Revista de Derecho y ciencias sociales,* núm. 9, 2015, pp. 143-175; Ruiz de la Cuesta Fernández, Soledad: "La atribución de la custodia compartida en supuestos de violencia intrafamiliar", en *Práctica de los Tribunales, Revista especializada en derecho procesal civil y mercantil,* núm. 100, 2013, pp.100-112; Pérez Vallejo, Antonio Manuel: "Custodia compartida y violencia de género: Cuestiones controvertidas ex art. 92.7 del CC", en *Raudem, Revista de estudios de las mujeres,* Vol. 4, 2016, pp. 87-115.

que, tras dictarse la sentencia de apelación, el padre fue condenado por un delito de violencia de género contra la demandante (amenazas en el ámbito familiar), prohibiéndosele acercarse a ella a una distancia inferior a 300 metros, así como comunicarse con ella por cualquier medio, todo ello durante un plazo de 16 meses.

Según la doctrina jurisprudencial, la custodia compartida conlleva como premisa la necesidad de que entre los padres exista una relación de mutuo respeto en sus relaciones personales que permita la adopción de actitudes y conductas que beneficien al menor, que no perturben su desarrollo emocional y que pese a la ruptura afectiva de los progenitores se mantenga un marco familiar de referencia que sustente un crecimiento armónico de su personalidad.

El Tribunal resalta que un entorno de violencia en el ámbito familiar repercute en los hijos, del que son también víctimas, directa o indirectamente, y un sistema de guarda compartida como el acordado les colocaría en una situación de riesgo por extensión al que sufre su madre, directamente amenazada. Y es que, dice el Tribunal, una cosa es la lógica conflictividad que puede existir entre los progenitores como consecuencia de la ruptura, y otra muy distinta que el marco de relaciones se vea tachado por una injustificable condena por un delito de violencia de género que aparta al padre del entorno familiar y de la comunicación con la madre, lo que va a imposibilitar el ejercicio compartido de la función parental adecuado al interés de sus hijos.

La Sala ha declarado reiteradamente que debe primar, en todo caso, el interés del menor, criterio este expresado en el art. 2 LO 1/1996, de 15 de enero, de Protección Jurídica del Menor, modificado por la LO 8/2015, y que tiene corolario lógico en lo dispuesto en el art. 92.7 CC, según el cual, "no procederá la guarda y custodia conjunta cuando (...) el Juez advierta, de las alegaciones de los padres y las pruebas practicadas, la existencia de indicios fundados de violencia doméstica".

En consecuencia, la Sala, tras estimar el recurso, asume la instancia y mantiene la guarda y custodia de los hijos acordada en favor de la madre por el Juzgado, el cual deberá determinar, en ejecución de sentencia, el régimen de comunicaciones y estancias de los hijos con su padre.

El alcance que la repercusión de los delitos de violencia de género tienen en el establecimiento del régimen de custodia compartida requiere del análisis de las circunstancias concurrentes en cada caso y en concreto del análisis de cómo dichas circunstancias pueden influir en el adecuado desarrollo de los hijos e hijas, quienes tienen el derecho a vivir en un entorno libre de violencias machistas. La STS 29 marzo 2021 refuerza esta idea, y revoca la SAP Cáceres de 11 de marzo de 2019[302]. En dicha sentencia, la AP no consideró que la existencia de dos procedimientos penales en marcha, en los cuales se habían dictado sendos autos de incoación de procedimiento abreviado por delitos de vejaciones injustas y maltrato psíquico en el ámbito de la violencia de género, debieran tener relevancia a la hora de fijar un régimen de custodia compartida: "No debe ser obstáculo por otro lado la situación de tensión o de desencuentro que existe, al parecer, entre los progenitores, *pues ello no*

---

[302] ECLI:ES:APCC:2019:263

tiene ni debe influir en la relación con la menor. Es cierto, y así se acredita documentalmente, que se ha dictado auto de PA contra Teofilo por un delito de vejaciones injustas y otro de maltrato psíquico en el ámbito de la violencia de género. *No hay, en principio, sentencia de condena, sino solo indicios racionales de delito, y tampoco se ha dictado medida cautelar contra aquél. No hay violencia física.* En todo caso, insistimos, *tales hechos, pendientes de juicio, no tienen por qué influir en la decisión sobre la custodia compartida* la cual es, según el citado equipo de especialistas, la solución más beneficiosa para la niña partiendo de la suficiente y acreditada capacidad y responsabilidad de uno y otro progenitor para cuidar y educar a su hija " (FD 2°).

Durante la sustanciación del recurso, se dictó por el Juzgado de lo Penal n.° 2 de Cáceres sentencia de 3 de octubre 2019, que es firme, en la que se condenó al demandado. En la declaración de hechos probados consta: "[...] La relación entre ambos (litigantes) que ha durado 7 años y medio, en los últimos 5 años se ha ido deteriorando hasta devenir insostenible, con insultos continuos, de forma que el acusado se dirigía a ella con expresiones como puta, zorra o pelarrabos. De hecho, en 2015 Magdalena se marchó del domicilio al no aguantar la situación, pero el acusado le pidió de forma reiterada que volviera a casa, cosa que hizo transcurridos 2 meses. Después de esa fecha la situación se fue agravando, llegando el acusado a despertar a altas horas de la madrugada a la niña de 6 años para decirle que su madre era una puta, y que se "había follado a Baltasar". El acusado ha intentado limitar en la medida de lo posible los contactos de Magdalena con su familia, no permitiendo que tuviera dinero para viajar a Cáceres donde residía su madre, y no permitiendo tampoco que utilizase alguno de los vehículos del que él es titular. No solo limitaba el uso del dinero para impedir que Magdalena se relacionara con su familia, de hecho, Magdalena no contaba con dinero alguno y era el acusado el que iba a la tienda del pueblo a pagar la compra que su mujer efectuaba, debiendo pedirle ésta dinero incluso para comprar tabaco y obligándola el acusado a atender el ganado para conseguir ese dinero. El acusado además mantenía un control sobre el teléfono de su mujer. El acusado le ha venido diciendo a Magdalena que "qué pintas en esta vida, pues no te quiere nadie". Delante de amigos comunes ha manifestado expresiones como "yo con esa no voy que me da asco" (refiriéndose a Magdalena) o bien le preguntaba a algún amigo: "¿tú no te la has follado? Pues si tú le pones la mano encima te la follas". Cuando Magdalena comenzó a pensar en la separación, el acusado le decía que le iba a quitar a la niña, pues ella no tenía nada, no tiene trabajo, ni dinero y que la niña se la iban a dar a él. Magdalena puso una primera denuncia en enero de 2018, denuncia cuyo archivo pidió pues el acusado la convenció para llegar a un acuerdo de separación en el que ella mantendría la guardia y custodia de la niña, pero como eso no se materializaba y Magdalena seguía angustiada con las amenazas continuas de que se iba a quedar sin su hija volvió a poner en conocimiento de los Tribunales la situación que estaba viviendo. Durante esos días posteriores a la primera denuncia, y mientras seguían conviviendo los 3 en el domicilio de xx, el acusado le decía a la hija que tienen en común "tú tienes que ir a Cáceres hija, porque tu madre tiene la entrepierna caliente". Ante las peticiones de Magdalena pidiendo que no le dijera eso a la niña el acusado contestaba "si ella ya sabe lo puta que eres"". Con base en tales hechos, la sentencia condenó al padre, por un delito de maltrato habitual del art. 173.2.3 del CP, a la pena de un año y ocho meses de prisión, con inhabilitación especial para el ejercicio del derecho de sufragio pasivo durante el tiempo de la condena, privación del derecho de tenencia y porte de armas por tiempo de tres años y prohibición de acercarse a menos de de 200 metros de la denunciante, de su domicilio y de su lugar de trabajo y de comunicar con ella por cualquier medio por tiempo de tres años. Igualmente se condenó al demandado, por un delito continuado de vejaciones injustas, a la pena de dos meses de multa a razón de cuatro euros diarios, con responsabilidad personal subsidiaria y prohibición de acercarse a menos de 200 metros de la demandante, de su domicilio, de su lugar de trabajo y de comunicar con ella por cualquier medio durante seis meses y un día.

La ponderación de los hechos por los que fue condenado el progenitor llevan en este caso al TS desestimar la petición de establecimiento de un régimen de custodia compartida, al entender que el supuesto analizado no constituye "un supuesto de meras desavenencias entre los progenitores con típicos desencuentros propios de su crisis matrimonial. Tampoco ante excesos verbales, en incidentes puntuales y aislados, que no afectan al interés superior de la menor de disfrutar de una custodia como la debatida en este proceso, sino ante un patrón de conducta prolongado en el tiempo, que constituye una expresión inequívoca de desprecio y dominación del demandado sobre la actora, que trasciende al demérito de la misma delante de la hija común, con palabras directamente dirigidas a la menor sobre la valoración que su padre tiene de su madre, claramente vejatorias y manifiestamente dañinas para el ulterior desarrollo de la personalidad de la pequeña. El padre proyecta sobre la menor su problemática de pareja y un comportamiento constitutivo de violencia doméstica elevado a la condición de delito. Así resulta claramente de la declaración de hechos probados de la sentencia dictada por el Juzgado de lo Penal, que impone además al demandado una orden de alejamiento con respecto a la recurrente.

Es, por ello, que las circunstancias expuestas y el mal pronóstico de coparenting, es decir la forma en que los padres deben coordinar el cuidado de los hijos, en un régimen de máxima colaboración como es el propio de la custodia compartida, determina que no se considere procedente el fijado por la sentencia dictada por la Audiencia Provincial." (FD 3°).

Esta línea jurisprudencial ha sido consolidada por pronunciamientos posteriores del TS en los que aún asumiendo que la existencia de desencuentros propios de la crisis de convivencia no justifica *per se* que se desautorice el sistema de custodia compartida, insiste en que la custodia compartida implica como premisa la necesidad de que entre los progenitores exista una relación de mutuo respeto que permita la adopción de actitudes y conductas que beneficien a los hijos, que no perturben su desarrollo emocional. Es necesario que, pese a la ruptura efectiva de los progenitores, se mantenga un marco familiar de referencia que sustente un crecimiento armónico de la personalidad de niños y niñas. Ese marco armónico es necesario e incompatible con situaciones contrastadas de violencia de género. Así se pone de manifiesto en la STS 27 octubre 2021[303]: "La sala, en aplicación de este precepto, ha rechazado la procedencia de custodia com-

303 ECLI:ES:TS:2021:4022

partida en las sentencias 350/2016, de 26 de mayo (que tiene en cuenta el auto de incoación de procedimiento abreviado y la influencia de los hechos enjuiciados en las condiciones en que debe ejercerse la custodia[304]); 23/2017, de 17 de enero (que tiene en cuenta que la condena por amenazas en el ámbito familiar, con prohibición de comunicación, impide la posibilidad de diálogo[305]); 175/2021, de 29 de marzo (que tiene en cuenta la condena por maltrato y el mal pronóstico en la forma en que los padres deben coordinarse para el cuidado de los hijos[306]); y

---

304 ECLI:ES:TS:2016:2304 "Partiendo de delito sometido a enjuiciamiento y de las actitudes del padre, ejerciendo una posición irrespetuosa de abuso y dominación, es impensable que pueda llevarse a buen puerto un sistema de custodia compartida que exige, como la jurisprudencia refiere, un mínimo de respeto y actitud colaborativa, que en este caso brilla por su ausencia, por lo que procede casar la sentencia por infracción de la doctrina jurisprudencial, dado que la referida conducta del padre, que se considera probada en la sentencia recurrida, desaconseja un régimen de custodia compartida, pues afectaría negativamente al interés del menor, quien requiere un sistema de convivencia pacífico y estable emocionalmente". (FD 5°).

305 "A la vista de esta doctrina, debemos declarar que la condena del esposo por amenazar a su pareja y a la familia de ésta y la prohibición de comunicación, impiden la adopción del sistema de custodia compartida, dado que el mismo requiere una relación razonable que permita el intercambio de información y un razonable consenso en beneficio de los menores, que aquí brilla por su ausencia, por lo que procede desestimar el recurso de casación" (FD 8°).

306 ECLI:ES:TS:2021:1226: "En el caso presente, no nos encontramos ante un supuesto de meras desavenencias entre los progenitores con típicos desencuentros propios de

31/2021, de 31 de mayo (que aprecia los indicios de criminalidad que resultan del auto de un juzgado de violencia y que son incompatibles con una relación razonable que permita el intercambio fluido de información y consenso exigidos por la jurisprudencia para adoptar la custodia compartida[307])".

---

su crisis matrimonial. Tampoco ante excesos verbales, en incidentes puntuales y aislados, que no afectan al interés superior de la menor de disfrutar de una custodia como la debatida en este proceso, sino ante un patrón de conducta prolongado en el tiempo, que constituye una expresión inequívoca de desprecio y dominación del demandado sobre la actora, que trasciende al demérito de la misma delante de la hija común, con palabras directamente dirigidas a la menor sobre la valoración que su padre tiene de su madre, claramente vejatorias y manifiestamente dañinas para el ulterior desarrollo de la personalidad de la pequeña. El padre proyecta sobre la menor su problemática de pareja y un comportamiento constitutivo de violencia doméstica elevado a la condición de delito. Así resulta claramente de la declaración de hechos probados de la sentencia dictada por el Juzgado de lo Penal, que impone además al demandado una orden de alejamiento con respecto a la recurrente". (FD. 3º).

307 ECLI:ES:TS:2021:2255: "Pues bien, en atención a las circunstancias expuestas, procede dejar sin efecto la guardia y custodia compartida, con fundamento en la existencia de indicios racionales de criminalidad de violencia de género, unidos a la acusación penal formulada por la actora contra el demandado, lo que determina la imposibilidad de la existencia de una relación razonable, que permita el intercambio fluido de información y un razonable consenso entre los progenitores en beneficio de las menores para el establecimiento de un régimen de custodia." (FD 3º).

2.2.3. Estar incurso en un proceso penal

Otro de los aspectos controvertidos en la aplicación del precepto hace referencia al alcance que debe darse a la interpretación de otro de los requisitos previstos en la norma que determinará la no concesión de la custodia compartida: "estar incurso en un proceso penal iniciado(...)". La expresión estar incurso en un proceso penal abarca todas las fases del proceso: investigado, condenado o penado. Las dudas se pueden plantear en aquellos supuestos en que se ha denunciado un delito de violencia doméstica o de género, pero el proceso penal no se ha iniciado porque esté pendiente la decisión sobre su admisión. El Tribunal Constitucional se ha pronunciado sobre el alcance constitucional de la precisión de la expresión: "estar incurso en un proceso penal" al adjetivar dicha expresión con "iniciado" en su sentencia del Pleno de 13 de septiembre de 2022[308]. En este supuesto el TCO resuelve un recurso de inconstitucionalidad interpuesto contra el artículo 2, apartados décimo y decimonoveno, de la Ley 8/2021, de 2 de junio, por la que se reforma la legislación civil y procesal para el apoyo a las personas con discapacidad en el ejercicio de su capacidad jurídica. En lo que aquí interesa, se cuestiona la constitucionalidad del artículo 2.10 de la Ley 8/2021, en la redacción que efectúa al art. 94 párrafo cuarto del CC, por vulnerar los artículos 24, 117.3, 122 y 9.3 CE. El precepto prevé que «[n]o procederá el establecimiento de un régimen de visita o estancia, y si existiera se suspenderá, respecto del progenitor que *esté incurso en un proceso penal iniciado* por atentar contra la vida, la integridad

308 ECLI:ES:TC:2022:106

física, la libertad, la integridad moral o la libertad e indemnidad sexual del otro cónyuge o sus hijos». Si bien el recurso se refiere a la constitucionalidad del art. 94 CC relativo a la suspensión del régimen de visitas, el supuesto de hecho es el mismo que el contemplado en el art. 92.7 para la no concesión de la custodia compartida en el supuesto de que el progenitor esté incurso en un proceso penal. Por ello, la interpretación es extrapolable. En el planteamiento del recurso consideran los recurrentes que la expresión «incurso en un procedimiento penal iniciado» que se contiene en el párrafo cuarto del art. 94 CC lesiona el principio de seguridad jurídica (art. 9.3 CE), pues parece dar a entender que cabe la posibilidad de que el progenitor se halle incurso en un proceso penal no iniciado, o que el legislador trate de excluir de su aplicación los supuestos en que solo conste presentada denuncia o querella, sin que aún se haya resuelto sobre su admisión. Añade que no existe un concepto legal que describa la situación de «estar incurso en un proceso penal».

El TCO entiende que debe descartarse la vulneración del principio de seguridad jurídica por dos motivos. El motivo principal es que considera que el juicio de constitucionalidad no es un juicio de técnica legislativa, pues el TCO no es «juez de la calidad técnica de las leyes», en su triple dimensión de corrección técnica, oportunidad o utilidad de las leyes (STC 341/1993, de 18 de diciembre, FJ 2; con posterioridad, STC 341/2005, de 21 de diciembre, FJ 9), sino «vigilante de su adecuación a la CE» (STC 40/2018, de 26 de abril, FJ 8). El control de constitucionalidad se detiene en los «defectos de técnica legislativa» [STC 225/1998, de 25 de noviembre, FJ 2 A)], en «la perfección técnica de las leyes» [SSTC 226/1993, de

8 de julio, FJ 4, y 225/1998, FJ 2 A)], en su «corrección técnica» (STC 341/1993, de 18 de noviembre, FJ 2), pues el principio de conservación de la ley opera de freno en este ámbito (STC 37/1981, de 16 de noviembre, FJ 5). No debe olvidarse por otra parte «que numerosas leyes utilizan, necesariamente, fórmulas más o menos imprecisas cuya interpretación y aplicación dependen de la práctica judicial» (STEDH de 25 de mayo de 1993, asunto Kokkinakis c. Grecia, § 40). «Por tanto, en cualquier sistema jurídico, por muy clara que sea la redacción de una disposición legal, incluso en materia penal, existe inevitablemente un elemento de interpretación judicial. Siempre será necesario dilucidar las cuestiones dudosas y adaptarse a los cambios de situación. Por otra parte, la certeza, aunque muy deseable, se acompaña a veces de una rigidez excesiva» (STEDH de 12 de febrero de 2008, asunto Kafkaris c. Chipre, § 141).

Como segundo argumento considera que la naturaleza de las medidas restrictivas de derechos contenidas en la norma cuestionada y su interpretación sistemática, permite afirmar que si la autoridad judicial decidiera la suspensión del régimen de visitas, (o la no concesión de la custodia compartida en nuestro caso) respecto del progenitor denunciado o querellado que hubiera sido imputado por cualquiera de los delitos que el párrafo cuarto del art. 94 CC señala, habrá de hacerlo mediante una resolución motivada, en la que valore la relación indiciaria del progenitor con los hechos delictivos que han dado lugar a la formación del proceso penal. Parece que la clave estará en la motivación de la resolución que acuerde el régimen concreto de guarda y custodia en los casos en que los progenitores estén incursos en el procedimiento penal correspondiente.

Al respecto la STS (Sala 1ª), de 26 de mayo de 2016[309] entiende que no procede la custodia compartida en un supuesto en el que consta aportado al procedimiento un auto de fecha posterior a la sentencia que se recurre, de incoación de procedimiento abreviado ante la posibilidad de constituir los hechos imputados al esposo un delito de violencia en el ámbito familiar y coacciones. Igualmente se aporta a la causa un informe forense integral, en el que se reconoce a la esposa, se explora al menor y se entrevista al padre, realizado por la forense de ese mismo juzgado. Razona el TS en este caso que procede revocar la sentencia recurrida con el siguiente argumento:

> "En el caso de autos consta un auto de incoación de procedimiento abreviado (no firme) en el que se concretan los indicios existentes de un delito de violencia doméstica, unido a que en la propia sentencia recurrida se declara que «pues si bien es cierto que el padre mantiene con la madre una relación de falta total de respeto, incluso abusiva y dominante, ello no es relevante para determinar la guarda y custodia compartida». Partiendo de delito sometido a enjuiciamiento y de las actitudes del padre, ejerciendo una posición irrespetuosa de abuso y dominación, es impensable que pueda llevarse a buen puerto un sistema de custodia compartida que exige, como la jurisprudencia refiere, un mínimo de respeto y actitud colaborativa, que en este caso brilla por su ausencia, por lo que procede casar la sentencia por infracción de la doctrina jurisprudencial, dado que la referida conducta del padre, que se considera probada en la sentencia recurrida, desaconseja un régimen de custodia compartida, pues afectaría negativamente al interés del menor, quien requiere un sistema de convivencia pacífico y estable emocionalmente. Estimando el recurso de casación, esta Sala atribu-

309 ES:TS:2016:2304

> ye la custodia del menor a la madre, debiendo el juzgado determinar el sistema de visitas, alimentos, gastos y medidas derivadas, en ejecución de sentencia, al cual deberá aportar la recurrente el auto de incoación de procedimiento abreviado y el informe forense al que nos hemos referido".

En este caso, más allá de encontrarse incurso el progenitor de un proceso de violencia de género con posterioridad a la sentencia objeto del recurso, el argumento empleado por el TS para la denegación de la custodia compartida descansa en la constatación de la existencia de una actitud abusiva, dominante e irrespetuosa por parte del padre que encuentra mejor encaje en la constatación de la existencia de indicios de violencia de género y violencia doméstica con independencia de la incoación de un procedimiento penal por dichos actos.

2.2.4. El pronunciamiento firme en un proceso penal por violencia de género

En la STS (Sala 1ª) de 13 de abril de 2016[310] entiende que procede la modificación de la medida relativa a la custodia del hijo menor acordando ahora la custodia compartida y teniendo en cuenta la absolución por el delito de maltrato habitual y amenazas. Se argumenta por el TS que para la adopción del sistema de custodia compartida no se exige un acuerdo sin fisuras, sino una actitud razonable y eficiente en orden al desarrollo del menor, así como unas habilidades para el diálogo que se han de suponer existentes en los litigantes, al no constar lo contrario. En esta

---

[310] ECLI:ES:TS:2016:1638

línea entiende que la custodia compartida conlleva como premisa la necesidad de que entre los padres exista una relación de mutuo respeto que permita la adopción de actitudes y conductas que beneficien al menor, que no perturben su desarrollo emocional y que pese a la ruptura afectiva de los progenitores se mantenga un marco familiar de referencia que sustente un crecimiento armónico de su personalidad.

Se hace igualmente referencia al concepto de interés del menor desarrollado en la Ley Orgánica 8/2015 de 22 de julio de modificación del sistema de protección a la infancia y a la adolescencia, no aplicable por su fecha a los presentes hechos, pero sí extrapolable como canon hermenéutico, en el sentido de que «se preservará el mantenimiento de sus relaciones familiares», se protegerá «la satisfacción de sus necesidades básicas, tanto materiales, física y educativas como emocionales y afectivas»; se ponderará «el irreversible efecto del transcurso del tiempo en su desarrollo»; «la necesidad de estabilidad de las soluciones que se adopten...» y a que «la medida que se adopte en el interés superior del menor no restrinja o limite más derechos que los que ampara».

En el presente supuesto se dan las siguientes circunstancias que aconsejan en opinión del TS la estimación del recurso, por infracción de doctrina jurisprudencial, en interés del menor, al apreciarse un cambio significativo de las circunstancias que se tuvieron en cuenta cuando se adoptó el anterior sistema de custodia:

1. Tras la sentencia de divorcio de 13 de junio de 2011 se modificaron jurisprudencialmente los requisitos para la adopción de la custodia compartida.

2. Este Tribunal lo ha considerado, recientemente, el sistema normal, salvo excepciones.
3. La menor tenía cinco años y en la actualidad diez años. El incremento de edad constituye en sí mismo una variable que aconseja un contacto más intenso con los dos progenitores.
4. El informe de la psicóloga del Juzgado aconsejaba en diciembre de 2010 el sistema de custodia compartida. La psicóloga propuesta por el padre informa en febrero de 2014 que el sistema de custodia compartida es el más idóneo, en este caso. Ambas profesionales oyeron a la menor e informan sobre la misma.
5. No menos importante a la hora de valorar el cambio de circunstancias es que el padre fue absuelto del delito de maltrato habitual y amenazas, por los que le denunció su esposa. Con anterioridad se habían archivado diligencias penales en las que le denunciaba por abuso contra la menor, resolución que fue confirmada por la Audiencia Provincial, en base a la pericial de los expertos del Juzgado y exploraciones de la menor, llevadas a cabo por el Juez de Instrucción. Dicha absolución constituye un cambio significativo de las circunstancias, dado que fue uno de los elementos que motivaron la denegación de la custodia compartida, por aplicación del art. 92.7 del C. Civil.

En el mismo sentido, y sobre la relevancia de la absolución del progenitor en un proceso penal sobre violencia de género en cuanto al establecimiento del régimen de custodia compartida se pronuncia la STS 26 septiembre 2023[311].

Se pronuncia también al respecto el ATS de 31 de enero de 2018[312]. En este supuesto se interpone recurso de casación contra la sentencia dictada el 22 de febrero de 2017 por la Sección 10ª de la Audiencia Provincial de Valencia en el procedimiento de modificación de medidas por el que se atribuyó un régimen de custodia compartida. En dicho supuesto se concede la custodia compartida a la vista de los numerosos informes periciales que así lo aconsejan, especialmente el emitido en la alzada, obrante en el rollo de Sala que evidencia, más allá de toda duda posible, la absoluta conveniencia de dicho tipo de custodia. No se hace absolutamente ninguna mención en la fundamentación de la sentencia a la alegación de la madre acerca de la condena al padre por un delito continuado de amenazas leves. Recurrida la sentencia en casación, tampoco el TS se refiere a la condena por delito de amenazas continuadas, y entiende que la sentencia apelada no desconoce la doctrina jurisprudencial del TS, sino que la recoge al concluir que numerosos informes periciales aconsejan mantener la custodia compartida y en segundo lugar que la conflictividad en la relación de los progenitores no es argumento para excluir la custodia compartida ya que la situación de conflicto es la normal en una situación de ruptura matrimonial judicializada.

Sí se hace referencia a la condena penal por delito de violencia de género en la STS de 4 de febrero de 2016 que declara incompatible la custodia comparti-

[311] ECLI:ES:TS:2023:3830

[312] ECLI:ES:TS:2018:795A

da ante la condena por un delito de amenazas. Nos remitimos a los comentarios sobre esta sentencia hechos en el apartado 4.2.1.

2.2.5. La extinción de la responsabilidad criminal

El TS también se ha pronunciado recientemente en dos ocasiones acerca del alcance que debe dársele a la extinción de los antecedentes penales del progenitor en orden al establecimiento de custodia compartida. En el primer caso la STS de 28 de marzo de 2022[313] considera que en el supuesto enjuiciado la decisión de establecer un régimen de custodia compartida en un supuesto en el que el progenitor había sido condenado por un delito leve de vejación injusta a la pena de diez días de localización permanente no infringe el art. 92.7 CC. El argumento utilizado se fundamenta en el art. 136 del CP que establece la cancelación de los antecedentes penales a los seis meses. La aplicación de dicho precepto implica que no es computable la condena como óbice para el establecimiento de la custodia compartida, al no estar incurso el progenitor en una condena penal, por lo que cuando la Audiencia Provincial fijó el sistema de custodia compartida, no infringió el art. 92 .7 del C. Civil. La decisión también se apoya en otro argumento relativo a la conformidad que prestó la madre con el amplio régimen de visitas fijado al padre de fines semanas alternos y dos tardes entre semana con pernocta, lo cual evidenciaba que lo consideraba apto para una convivencia amplia con los hijos.

---

[313] ECLI:ES:TS:2022:1207

Como pone de manifiesto Guilarte Martín-Calero[314], la decisión tomada por el TS en esta sentencia de fijar el límite a la prohibición del establecimiento de custodia compartida en el momento de la cancelación de los antecedentes penales implica una interpretación que, si bien puede defenderse desde el punto de vista de la precaución o cautela, puede considerarse una interpretación extensiva del art. 92.7 CC, limitativa de los derechos del progenitor. En su opinión, el establecimiento de la custodia compartida en supuestos como el enjuiciado debería basarse en la verificación de si la condena por violencia de género al progenitor pone de manifiesto una mala calidad de relación entre los progenitores que desaconsejara el régimen de custodia compartida.

Con posterioridad, y sobre esta misma cuestión se ha pronunciado la STS de 27 de noviembre de 2023[315]. En ella, el TS valora positivamente que el progenitor hubiera cumplido la pena impuesta a la que fue condenado por un delito de malos tratos en el ámbito de la violencia de género del art. 153.1 CP. El delito fue cometido el 12 de mayo de 2019, cuatro años antes de la decisión acerca del régimen de guarda y custodia, y se le condenó a la pena de 35 días de trabajos en beneficio de la comunidad, privación del derecho a la tenencia y porte de armas por 14 meses y prohibición de aproximación y comunicación con su expareja durante 7 meses. Los hechos enjuiciados consistieron en que, tras recriminar la madre al pa-

---

314 Guilarte Martín-Calero, Cristina: "Custodia compartida y violencia de género. Comentario a la STS de 28 de marzo de 2022", en *Cuadernos Cívitas de Jurisprudencia Civil*, núm. 120/2022, pp. 227-242.

315 ECLI:ES:TS:2023:5273

dre que se presentara en la comunión del niño, el demandante la escupió, con insultos de puta y gitana, profiriendo además la frase "te vas a enterar, te vas a arrepentir de esto", al tiempo que le daba un golpe en el hombro.

El TS entiende que en este caso es aplicable la custodia compartida y que dicha decisión no contradice el tenor del art. 92.7 CC dado que en el momento de tomar la decisión acerca de la custodia del menor, el progenitor ya no se encontraba incurso en un procedimiento por violencia de género, habiéndose cumplido las penas impuestas en fecha 19 de febrero de 2020 y por tanto con anterioridad al establecimiento del régimen de custodia debatido. Pero la decisión sobre el régimen de custodia en este caso se hace sopesando otros aspectos igualmente relevantes como las buenas relaciones del padre con su hijo y el deseo del hijo de ampliar los contactos con su progenitor, así como la intención real y seria del padre de participar en el cuidado y atención del niño. También se tiene en cuenta que el régimen de visitas de que venían disfrutando padre e hijo es muy intenso, con una distribución prácticamente igual de la custodia del niño entre sus padres.

Cuando se valora por el TS la incidencia del concreto episodio de violencia de género que se produjo entre los progenitores, también quiere dejar claro que las manifestaciones de violencia de género, con carácter general y en tanto implican un deterioro de las relaciones personales entre los progenitores, impiden el establecimiento de este régimen de custodia. Con una redacción un tanto confusa, el tribunal cierra el fundamento de derecho con la siguiente consideración y referencia jurisprudencial: "Lo expuesto no significa que la existencia de manifestaciones de violencia de género impidan la fijación de una custodia compartida (SSTS sentencias 350/2016, de 26 de mayo[316]; 23/2017, de 17 de enero de 2017[317]; 175/2021, de 29 de marzo[318] , o 372/2021, de 31 de mayo[319] , entre otras (FD 3º)".

Así, la STS de 26 de mayo de 2016: "Pues bien, en atención a las circunstancias expuestas, procede dejar sin efecto la guardia y custodia compartida, con fundamento en la existencia de indicios racionales de criminalidad de violencia de género, unidos a la acusación penal formulada por la actora contra el demandado, lo que determina la imposibilidad de la existencia de una relación razonable, que permita el intercambio fluido de información y un razonable consenso entre los progenitores en beneficio de las menores para el establecimiento de un régimen de custodia compartida (sentencias 51/2016, de 11 de febrero; 350/2016, de 26 de mayo; 23/2017, de 17 de enero o 175/2021, de 29 de marzo), toda vez que las relaciones personales de los litigantes sobrepasan con creces el umbral de los desencuentros propios de la crisis de convivencia (sentencias 433/2016, de 27 de junio y 318/2020, de 17 de junio) generando un proceso penal abierto".

También la STS de 17 de enero de 2017: "A la vista de esta doctrina, debemos declarar que la condena del esposo por amenazar a su pareja y a la familia de ésta y la prohibición de comunicación, impiden la adopción del sistema de custodia compartida, dado

316 ECLI:ES:TS:2016:2304

317 ECLI:ES:TS:2017:161

318 ECLI:ES:TS:2021:1226

319 ECLI:ES:TS:2021:2255

que el mismo requiere una relación razonable que permita el intercambio de información y un razonable consenso en beneficio de los menores, que aquí brilla por su ausencia, por lo que procede desestimar el recurso de casación".

En la STS de 29 de marzo de 2021, con una importante recopilación normativa y jurisprudencial se concluye para el supuesto enjuiciado: "En el caso presente, no nos encontramos ante un supuesto de meras desavenencias entre los progenitores con típicos desencuentros propios de su crisis matrimonial. Tampoco ante excesos verbales, en incidentes puntuales y aislados, que no afectan al interés superior de la menor de disfrutar de una custodia como la debatida en este proceso, sino ante un patrón de conducta prolongado en el tiempo, que constituye una expresión inequívoca de desprecio y dominación del demandado sobre la actora, que trasciende al demérito de la misma delante de la hija común, con palabras directamente dirigidas a la menor sobre la valoración que su padre tiene de su madre, claramente vejatorias y manifiestamente dañinas para el ulterior desarrollo de la personalidad de la pequeña. El padre proyecta sobre la menor su problemática de pareja y un comportamiento constitutivo de violencia doméstica elevado a la condición de delito. Así resulta claramente de la declaración de hechos probados de la sentencia dictada por el Juzgado de lo Penal, que impone además al demandado una orden de alejamiento con respecto a la recurrente.

Es, por ello, que las circunstancias expuestas y el mal pronóstico de *coparenting*, es decir la forma en que los padres deben coordinar el cuidado de los hijos, en un régimen de máxima colaboración como es el propio de la custodia compartida, determina que no se considere procedente el fijado por la sentencia dictada por la Audiencia Provincial". (FD 3º).

En definitiva, podemos concluir que, según la jurisprudencia analizada, en la decisión acerca del establecimiento de un régimen de custodia compartida en supuestos en que ha acontecido violencia de género, la cancelación de los antecedentes penales e incluso el cumplimiento de la pena impuesta, así como el trascurso del tiempo desde los hechos, son circunstancias que se deben valorar en la recta aplicación del art. 92.7 CC. No obstante, ello por sí solo no resulta determinante en la toma de la decisión, toda vez que debe constatarse si los hechos que dieron lugar a esa condena por violencia de género, con independencia del cumplimiento de la pena, ponen de manifiesto la actualidad de una relación conflictiva, irrespetuosa y de incomunicación entre los progenitores que no haga aconsejable al interés superior de los hijos e hijas el establecimiento de un régimen de custodia compartida.

2.3. Régimen de relación, comunicación y estancias

Es el art. 94 del CC el que regula el régimen de relación, comunicación y estancias de los progenitores que no ostentan la guarda y custodia de sus hijas e hijos menores de edad. La Ley 8/21 de 2 de junio, por la que se reforma la legislación civil y procesal para el apoyo a las personas con discapacidad en el ejercicio de su capacidad jurídica reformó el art. 94 del CC que ahora dispone:

> "La autoridad judicial determinará el tiempo, modo y lugar en que el progenitor que no tenga consigo a los hijos menores podrá ejercitar el de-

recho de visitarlos, comunicar con ellos y tenerlos en su compañía.

Respecto de los hijos con discapacidad mayores de edad o emancipados que precisen apoyo para tomar la decisión, el progenitor que no los tenga en su compañía podrá solicitar, en el mismo procedimiento de nulidad, separación o divorcio, que se establezca el modo en que se ejercitará el derecho previsto en el párrafo anterior.

La autoridad judicial adoptará la resolución prevista en los párrafos anteriores, previa audiencia del hijo y del Ministerio Fiscal. Así mismo, la autoridad judicial podrá limitar o suspender los derechos previstos en los párrafos anteriores si se dieran circunstancias relevantes que así lo aconsejen o se incumplieran grave o reiteradamente los deberes impuestos por la resolución judicial.

No procederá el establecimiento de un régimen de visita o estancia, y si existiera se suspenderá, respecto del progenitor que esté incurso en un proceso penal iniciado por atentar contra la vida, la integridad física, la libertad, la integridad moral o la libertad e indemnidad sexual del otro cónyuge o sus hijos. Tampoco procederá cuando la autoridad judicial advierta, de las alegaciones de las partes y las pruebas practicadas, la existencia de indicios fundados de violencia doméstica o de género. No obstante, la autoridad judicial podrá establecer un régimen de visita, comunicación o estancia en resolución motivada en el interés superior del menor o en la voluntad, deseos y preferencias del mayor con discapacidad necesitado de apoyos y previa evaluación de la situación de la relación paternofilial.

No procederá en ningún caso el establecimiento de un régimen de visitas respecto del progenitor en situación de prisión, provisional o por sentencia

> firme, acordada en procedimiento penal por los delitos previstos en el párrafo anterior.
>
> Igualmente, la autoridad judicial podrá reconocer el derecho de comunicación y visita previsto en el apartado segundo del artículo 160, previa audiencia de los progenitores y de quien lo hubiera solicitado por su condición de hermano, abuelo, pariente o allegado del menor o del mayor con discapacidad que precise apoyo para tomar la decisión, que deberán prestar su consentimiento. La autoridad judicial resolverá teniendo siempre presente el interés del menor o la voluntad, deseos y preferencias del mayor con discapacidad".

El derecho de visitas cumple una función familiar y la ley persigue con el establecimiento de éste, en los casos de crisis familiar, que el progenitor saliente del domicilio familiar mantenga la comunicación y esté en compañía de sus hijos e hijas de manera que su relación sea lo más enriquecedora posible. Con ello se pretende evitar que los hijos e hijas sufran otros daños distintos a los ya graves, por si solos, de la falta de la presencia en su vida cotidiana de ambos progenitores, debiendo, por tanto, potenciarse los contactos con el progenitor que no ostente la custodia[320].

---

320 En opinión de Rivero Hernández la finalidad del derecho de visitas es clara: "propiciar un desarrollo integral del hijo, en todos los aspectos, los afectivos y educacionales sobre todo, en un entorno personal y familiar adecuado; un desarrollo de su personalidad equilibrada y armónica, por encima de influencias unilaterales de otros miembros de la familia del menor con quienes la convivencia y compañía es más inmediata; diversificar y ampliar a veces su mundo relacional más próximo (que los padres ya no monopolizan), enriqueciéndolo con nuevas perspectivas y afectos". Rivero Hernández, Fran-

En el derecho de visitas confluyen distintos intereses que se han de convenir. De un lado, el derecho de los progenitores que ya no conviven con sus hijos e hijas a seguir relacionándose con ellos, que debe conciliarse con el derecho de hijos e hijas al mantenimiento de sus relaciones familiares con ambos progenitores, dado que ello sin duda va a influir en su pleno desarrollo a todos los niveles. Así se establece en el artículo 9 de la Convención sobre los Derechos del Niño, adoptada por la Asamblea General de las Naciones Unidas el 20 de noviembre de 1989[321] ; así también el artículo 14 de la Carta Europea de los Derechos del niño aprobada por el Parlamento Euro-

---

cisco: "La protección del derecho de visita por el Convenio Europeo de Derechos Humanos. Dimensión Constitucional", *Derecho Privado y Constitución*, nº 20, 2006, pp. 331 y ss.

321 "1. Los Estados Parte velarán por que el niño no sea separado de sus padres contra la voluntad de éstos, excepto cuando, a reserva de revisión judicial, las autoridades competentes determinen, de conformidad con la ley y los procedimientos aplicables, que tal separación es necesaria en el interés superior del niño. Tal determinación puede ser necesaria en casos particulares, por ejemplo, en los casos en que el niño sea objeto de maltrato o descuido por parte de sus padres o cuando éstos viven separados y debe adoptarse una decisión acerca del lugar de residencia del niño.
2. En cualquier procedimiento entablado de conformidad con el párrafo 1 del presente artículo, se ofrecerá a todas las partes interesadas la oportunidad de participar en él y de dar a conocer sus opiniones.
3. Los Estados Parte respetarán el derecho del niño que esté separado de uno o de ambos padres a mantener relaciones personales y contacto directo con ambos padres de modo regular, salvo si ello es contrario al interés superior del niño".

peo en Resolución de 18 de julio de 1992[322] e igualmente cabe citar en la misma línea el artículo 24.3 de la Carta de los Derechos Fundamentales de la Unión Europea[323]. Por su parte, el art. 8 del Convenio Europeo de Derechos Humanos consagra el derecho de toda persona al respeto a la vida privada y familiar y en la interpretación de dicha norma el TEDH considera que se vulnera este derecho cuando se priva al progenitor del derecho a comunicarse y mantener relaciones personales con sus hijos e hijas también cuando los progenitores han roto sus relaciones. Sirva como ejemplo la STEDH Caso *Chizhov contra Rusia.* Sentencia de 6 julio 2021: "El primer párrafo del artículo 8 del Convenio garantiza a toda persona el derecho al respeto de su vida familiar. Como está bien establecido en la jurisprudencia del Tribunal, el disfrute mutuo por parte de padres e hijos de la compañía del otro constituye un elemento fundamental de la vida familiar, y las medidas internas que obstaculizan ese disfrute equivalen a una interferencia con el derecho protegido por esta disposición. Cualquier interferencia de este tipo constituye una violación de este artículo a menos que sea "de conformidad con

---

322 "En caso de separación de hecho, separación legal, divorcio de los padres o nulidad del matrimonio, el niño tiene derecho a mantener contacto directo y permanente con los dos padres, ambos con las mismas obligaciones, incluso si alguno de ellos viviese en otro país, salvo si el órgano competente de cada Estado miembro lo declarase incompatible con la salvaguardia de los intereses del niño".

323 "Todo niño tiene derecho a mantener de forma periódica relaciones personales y contactos directos con su padre y con su madre, salvo si ello es contrario a sus intereses".

la ley", persiga uno o varios objetivos que sean legítimos según su segundo párrafo y puedan considerarse "necesarios en una sociedad democrática" (ver *Strand Lobben* y otros c. Noruega [GS], n.º 37283/13, § 202, 10 de septiembre de 2019)[324].

Así lo declara también la jurisprudencia del TCO al estimar que las visitas del menor son "un derecho tanto del progenitor como del hijo" en la sentencia 176/2008, de 22 de diciembre[325]: "Debe tenerse presente que la comunicación y visitas del progenitor que no ostenta la guarda y custodia permanente del hijo menor de edad se configura por el art. 94 del CC como un derecho del que aquél podrá gozar en los términos que se señalen judicialmente pero sin que pueda sufrir limitación o suspensión salvo «graves circunstancias que así lo aconsejen o se incumplieren grave o reiteradamente los deberes impuestos por la resolución judicial». Se trata, en realidad, de un derecho tanto del progenitor como del hijo, al ser manifestación del vínculo filial que une a ambos y contribuir al desarrollo de la personalidad afectiva de cada uno de ellos".

---

324 ECLI: CE: ECHR:2021:0706JUD001153619. En el mismo sentido se pronuncia la STEDH, sección 3.ª, de 18 de febrero de 2014, caso Fernández Cabanillas contra España, al proclamar que: "El TEDH reitera, a modo de premisa, que el disfrute de la compañía mutua por padres e hijos constituye un elemento fundamental de la "vida familiar" en el sentido del artículo 8del Convenio (véase, entre otras, Saleck Bardi c. España, nº 66167/09, § 50, 24 de mayo de 2011, y R.M.S. c. España, nº 28775/12, § 68, 18 de junio de 2013)".

325 ECLI:ES:TC:2008:176

En la determinación de la trascendencia jurídica del régimen de comunicación entre progenitores con hijos e hijas también se ha pronunciado el TS en su reciente sentencia de 26 de septiembre 2022[326]: "Los padres constituyen el centro del núcleo afectivo y de dependencia de su prole. El rol de aquellos es trascendente en el desenvolvimiento futuro de sus hijos, transmitiéndoles señales de aceptación o de rechazo, inculcándoles valores éticos, propiciando su socialización y, en definitiva, el desarrollo de su personalidad. La existencia de positivas interacciones entre padres e hijos es decisiva en el desarrollo ulterior de los menores. O, dicho de otra forma, la dinámica familiar no discurre ajena a los hijos, sino que mueve los cimientos de su desarrollo.

A un niño o a una niña, que disfruta de lazos afectivos y de apego seguro con sus progenitores, no se le puede privar del contacto y comunicación con ellos, lo que se configura como un derecho del menor, (...). En el sentido expuesto, la STS 373/2013, de 31 de enero, proclama que: "debe asegurarse que tanto la función paterna como la materna estén garantizadas, porque ambas funciones precisa el niño para el desarrollo emocional"(FD 3°).

Pero estas reflexiones deben ser matizadas cuando las relaciones familiares en procesos de crisis familiar están teñidas por la violencia de género. Cuando la mujer víctima de violencia de género se decide a romper su relación sentimental puede ocurrir que el maltratador, que no acepta esa ruptura, utilice la vía de hacer daño a hijos e hijas como mecanismo para seguir dañando a la mujer, y que pueden dar lugar,

---

[326] ECLI:ES:TS:2022:3402

incluso, a actos de la denominada violencia vicaria en violencia de género (vid ut supra 2.5.2). En estos casos la salud y el desarrollo de hijas e hijos puede verse gravemente comprometida precisamente porque los hijos e hijas pueden ser instrumentalizados para seguir manteniendo el control, dominio y maltrato sobre la madre[327]. Esta realidad es el punto de partida de la reforma del art. 94.4 CC introducida por la Ley 8/2021 y que precisamente afecta a la limitación del derecho de visitas respecto de progenitores incursos en procesos penales por causa de violencia doméstica o de género, así como los progenitores en prisión por la misma causa de violencia doméstica o de género del art. 94.5 CC.

2.3.1. La constitucionalidad del artículo 94.4 del CC

El TCO se ha pronunciado acerca de la constitucionalidad de la regla general que establece el art. 94.4 CC respecto del régimen de visitas en supuestos de violencia de género. La sentencia 106/2022 de 13 de septiembre[328] da respuesta al recurso de inconstitucionalidad del art. 94 y 156 párrafo segundo del CC presentado por más de cincuenta diputados del grupo parlamentario Vox del Congreso de los Diputados. En la sentencia se dan dos respuestas distintas a las dudas de constitucionalidad planteadas con un mismo resultado de adecuación de los preceptos

---

327 Caravaca Llamas, Carmen; Sáez Dato, Mª Ángeles: "Las otras víctimas: consecuencias y reconocimiento legal de los menores de edad víctimas de violencia de género ejercida en el hogar" en *Boletín Criminológico*, artículo 3/2020, (nº 191), pp. 1-21.

328 ECLI:ES:TC:2022:106

cuestionados a la CE si bien, con muy distinto alcance. El Pleno del TCO argumenta la constitucionalidad en las tres direcciones en que el recurso se planteó. En primer lugar, el precepto relacionado con la restricción del régimen de visitas o estancias de los hijos e hijas menores de edad no priva automáticamente de este derecho al progenitor, sino que atribuye esta decisión a la autoridad judicial, quien debe valorar las circunstancias concretas de cada caso y resolver sobre su procedencia mediante resolución motivada en el interés superior del menor. En segundo lugar, entiende el TCO que esta previsión no vulnera el principio de seguridad jurídica, pues la utilización de una fórmula imprecisa en la norma cuestionada ("estar incurso") no desconoce su previsibilidad y certeza, sino que constituye un elemento de interpretación judicial que en todo caso excede el juicio de constitucionalidad. Asimismo, el establecer que el juez civil debe tomar en consideración la existencia de indicios de violencia doméstica o de género a los efectos de decidir sobre el régimen de visitas o estancias, no supone una modificación ni afectación del marco de atribución de jurisdicción y competencia diseñado en la Ley Orgánica del Poder Judicial; por lo tanto, no se desconocen los derechos al juez ordinario predeterminado por la ley y la reserva de ley orgánica.

Entiende que es perfectamente compatible con los arts. 39, 24.1 y 117 CE una regulación legal que garantice los derechos fundamentales de las personas menores de edad, entre los que se encuentra el derecho a la vida y a la integridad física y moral (art. 15 CE), que la norma cuestionada trata de preservar, pudiendo establecer no solo acciones positivas o de promoción, sino también implementar prohibiciones o límites que traten de salvaguardar dichos derechos fundamentales u otros bienes dignos de protección constitucional. Será, en su caso, al TCO a quien le corresponda enjuiciar si la concreta regulación legal ha respetado el interés superior del menor, los derechos fundamentales o los principios constitucionales, o ha sido irrazonable, desproporcionada o arbitraria por suponer una restricción carente de justificación, en atención a la finalidad de protección del interés del menor.

Continúa la sentencia en su fundamento jurídico cuarto dando una interpretación al art. 94 en virtud de la cual entiende que el precepto carece de automatismo y no predetermina legalmente la privación del régimen de visita o estancia a ninguno de los progenitores. En su opinión es la autoridad judicial la que debe tomar la decisión de suspender, de restringir o no el régimen de visitas y estancias, y lo deberá hacer guiada por la finalidad de velar por el interés del menor (art. 39 CE). Con dicha finalidad, el precepto permite la posibilidad de que el órgano judicial valore la gravedad, naturaleza y alcance del delito, su incidencia en la relación paterno o materno filial, su carácter doloso o imprudente, la persona o personas directamente afectadas por el mismo, así como las concretas circunstancias del caso. De este modo, el precepto faculta a la autoridad judicial para que pondere entre otras las consecuencias irremediables que el trascurso del tiempo de duración de la instrucción puede tener para las relaciones entre los hijos y los progenitores que no viven con él, el carácter provisional de la condición de investigado, así como su deber de adoptar medidas eficientes y razonables para proteger a los hijos e hijas de actos de violencia o de atentados contra su integridad personal. Dichas medidas, desde luego, pueden ocasionar la pérdida de los derechos dimanantes de la patria potestad si el interés superior del menor no se puede garantizar de ninguna otra forma. Como ha puesto de manifiesto Picontó Novales[329], es evidente que la interpretación llevada a cabo por el TCO diluye el carácter imperativo de la suspensión del régimen de visitas, estancias relación o comunicación. Esta autoría sitúa el riesgo en que la excepción se pueda convertir en regla, bajo el paradigma de que no puede privarse al padre del derecho a relacionarse ya que traería consecuencias negativas para su desarrollo.

El valor de la sentencia analizada reside, en mi opinión, en los argumentos del voto particular concurrente formulado por las magistradas Inmaculada Montalbán Huertas y Mª Luisa Balaguer Callejón y el magistrado Juan Antonio Xiol Rios sobre la base de la obligación de una interpretación constitucional de las normas cuestionadas con perspectiva de género, que ignora abiertamente la sentencia del Pleno. Los argumentos utilizados por la sentencia del Pleno limitan el alcance normativo de los art. 94 y 156 CC obviando el hecho de que las normas cuestionadas surgen en el contexto de un desarrollo normativo que tiene como eje vertebrador la lucha contra la violencia sobre las mujeres. No se debe ignorar que la regla general de la prohibición del establecimiento de regímenes de visita en supuestos de violencia de género no es en absoluto ajena a la protección de la mujer víctima de esa misma violencia. Las medidas

---

329 Picontó Novales, Teresa: "los derechos de los niños y niñas a vivir en un entorno familiar libre de violencia de género" en *Derechos y Libertades*, nº 51, junio 2024, pp. 249-282, p. 277.

establecidas tienen como objetivo, además de la protección de la vida, integridad física y psíquica y seguridad de los hijos e hijas, la protección de sus madres, ante el posible maltrato de sus hijos por su padre en el desarrollo del régimen de visitas como medida de presión y control a la madre, y que por tanto genera una situación en la que la madre también sigue sufriendo violencia de género.

Por ello, no resulta adecuada la interpretación sobre el margen de actuación del órgano jurisdiccional en relación con el art. 94 CC según el cual la decisión de los jueces puede alcanzar, en pie de igualdad, la decisión de restringir las relaciones y derechos parentales o bien la decisión de no hacerlo, en función de las circunstancias del caso, sobre la base del único argumento de que sólo de ese modo es posible salvaguardar el interés superior de las personas menores de edad. De hecho, con la interpretación que se hace del art. 94 CC por la sentencia del Pleno, no se avanza respecto de la realidad que se pretende modificar. Ya se contaba en nuestro ordenamiento jurídico con el art. 66 de la LO 1/2004, que prevé la posibilidad de suspender el régimen de visitas en estos casos. Pese a ello, los datos sobre la aplicación de dichas medidas de suspensión del régimen de visitas evidencian que su aplicación en la práctica era a todas luces insuficiente. Es precisamente por dicho motivo por el que se introduce la modificación del art. 94.4, para convertir en regla general de prohibición lo que hasta ese momento era excepcional. "La lectura del art. 94.4 CC que realiza la sentencia aprobada por la mayoría dando a entender que no modula en modo alguno la discrecionalidad judicial a la hora de establecer regímenes de estancias, visitas y comunicaciones en casos de violencia de género o violencia doméstica, neutraliza por completo la finalidad que dicha norma está llamada a cumplir y que ha justificado su incorporación al ordenamiento jurídico, y la convierte en completamente innecesaria, por cuanto no aportaría nada adicional en relación con la realidad jurídica preexistente. En otras palabras, el efecto de una interpretación del precepto como la que formula la sentencia aprobada por la mayoría equivaldría, a efectos prácticos, a una anulación del mismo, consiguiente a su declaración de inconstitucionalidad, lo que constituye una clara contradicción en la argumentación y el fallo" (apartado 3 voto particular)

Por último, también se critica en el voto particular que en la sentencia del Pleno ponga el énfasis en que la necesidad de preservar el interés superior del menor se sitúe de manera casi exclusiva en el mantenimiento de sus relaciones familiares. Extraña el enfoque, más si cabe teniendo en cuenta pronunciamientos previos del propio TCO sobre el alcance del art. 94 CC en que se argumenta: "Cuando el ejercicio de alguno de los derechos inherentes a los progenitores afecta al desenvolvimiento de sus relaciones filiales, y puede repercutir de un modo negativo en el desarrollo de la personalidad del hijo menor, el interés de los progenitores deberá ceder frente al interés de éste. En estos casos nos encontramos ante un juicio de ponderación que debe constar expresamente en la resolución judicial, identificando los bienes y derechos en juego que pugnan de cada lado, a fin de poder calibrar la necesidad y proporcionalidad de la medida adoptada.

Por otra parte, cuando lo que está en juego es la integridad psíquica del menor no deviene necesario que se acredite consumada la lesión para poder limitar los derechos del progenitor, sino que basta con la existencia de un riesgo relevante de que la lesión puede llegar a producirse (STC 221/2002, de 25 de noviembre, FJ 4; en el mismo sentido STC 71/2004, de 19 de abril, FJ 8). Es decir, un riesgo consistente en la alteración efectiva de la personalidad del hijo menor, merced a un comportamiento socialmente indebido de su progenitor, bien sea por la negatividad de los valores sociales o afectivos que éste le transmite durante el tiempo en que se comunican, bien por sufrir el menor de manera directa los efectos de actos violentos, inhumanos o degradantes a su dignidad ocasionados por el padre o la madre, o que de manera persistente alteran o perturban su psique. Sea cuales fueren los motivos de esa perturbación, incluso si se debieran a circunstancias incontrolables para el progenitor causante (depresiones o problemas mentales de diversa índole), resulta inequívoco y absoluto que el hijo menor no está en modo alguno obligado a sufrirlos, y sí la autoridad competente a arbitrar los instrumentos para evitarlo, incluso con restricción o suspensión de ese derecho de comunicación filial, según la gravedad de los hechos" (STCO 176/2008, de 22 diciembre)[330].

Por tanto, el interés superior del menor que preserva el art. 94 CC debe situarse en otro lugar, concretamente en la protección de las personas menores de edad de las nocivas consecuencias demostradas científicamente que para su vida, integridad física, integridad moral y libre desarrollo de su personalidad tiene la exposición y convivencia en entornos de violencia de género y violencia doméstica. Son estos

---

[330] TOL1.416.108

derechos los que deben prevalecer frente al mantenimiento de las relaciones familiares a toda costa. "La deliberada omisión en la sentencia de toda referencia a la violencia de género en general y a la violencia vicaria en particular constituye una auténtica invisibilización de estas realidades desgraciadamente presentes de manera notoria en nuestra sociedad ( ). La invisibilización de la violencia de género, que constituye la manifestación más grave de la desigualdad entre mujeres y hombres supone también ignorar por completo que el principio de igualdad entre hombres y mujeres, como regla hermenéutica general, ha de integrarse y observarse en la interpretación y aplicación de las normas jurídicas (art. 4 LO 3/2007, para la igualdad efectiva entre hombres y mujeres)" (apartado 4 voto particular).

2.3.2. La regla general de la suspensión del régimen de visitas y sus excepciones

Tras la reforma comentada, el art 94 CC establece en su apartado 4:

> "No procederá el establecimiento de un régimen de visita o estancia, y si existiera se suspenderá, respecto del progenitor que esté incurso en un proceso penal iniciado por atentar contra la vida, la integridad física, la libertad, la integridad moral o la libertad e indemnidad sexual del otro cónyuge o sus hijos. Tampoco procederá cuando la autoridad judicial advierta de las alegaciones de las partes y las pruebas practicadas, la existencia de indicios fundados de violencia doméstica o de género. No obstante, la autoridad judicial podrá establecer un régimen de visita, comunicación o estancia en resolución motivada en el interés superior del menor o en la voluntad, deseos y preferencias del mayor con discapacidad necesitado de apoyos y previa

evaluación de la situación de la relación paterno-filial".

La determinación de la procedencia o no del establecimiento o suspensión de un régimen de visitas, comunicación y estancia como medida definitiva en los procesos de separación o divorcio en que concurre violencia de género es una cuestión que ha dado lugar a una intensa polémica doctrinal[331]. En estos

---

[331] Picontó Novales, Teresa: "los derechos de los niños y niñas a vivir en un entorno familiar libre de violencia de género" en *Derechos y Libertades*, nº 51, junio 2024, pp. 249-282; Prados García, Celia: "Derecho de visitas versus protección a la infancia frente a la violencia", en Lara Aguado, Angeles; Melgarejo Cordón, Pablo; Vilchez Vivanco, María Encarnación (Coords.): *La protección de la infancia migrante a las diferentes caras de la violencia de género, la discriminación y la trata, Sepin*, 2022; Velasco Perdigones, Juan Carlos: "Régimen de visitas, comunicaciones y estancia de los hijos menores en caso de violencia: exégesis de las apartados IV y V del artículo 94 CC", en *Revista Aranzadi Doctrinal*, nº 3, 2024; Berrocal Lanzarot, Ana Isabel: "El régimen jurídico del derecho de visitas, comunicación y estancia: en especial en los casos de violencia de género y violencia vicaria" en *Revista Crítica de Derecho Inmobiliario*, nº 796, 2023, pp. 1.039-1.152; López Suarez, Covadonga: "Derechos de visita, comunicación y compañía: La onda expansiva de la ley 8/2021" en *Actualidad Jurídica Iberoamericana*, 2022, pp. 214-245; Mora Díez, Pablo: "La modificación del art. 94 CC en relación al régimen de visitas con los menores de edad: una reforma necesaria y constitucional" en Lara Aguado, Ángeles; Melgarejo Cordón, Pablo; Vilchez Vivanco, María Encarnación (Coords.): *La protección de la infancia migrante a las diferentes caras de la violencia de género, la discriminación y la trata*, Sepin, 2022; Vela Sánchez, Antonio J.: *Las consecuencias civiles de la violencia de género: estudio doctrinal y jurisprudencial*, J.M. Boch Editor, 2022; Marín Salmerón,

casos y tras la reforma legal la regla general es la no procedencia del establecimiento de un régimen de visitas, comunicación y estancia o su suspensión si estuviera previamente establecido. Esta regla general posee una excepción: que el interés superior del menor aconseje el mantenimiento o establecimiento de dicho régimen de relación paterno filial.

2.3.2.1. El interés superior del menor

Como se ha analizado ut supra 2.4.1., el interés superior del menor fue proclamado por la Convención sobre los Derechos del Niño de las Naciones Unidas el 20 de noviembre de 1989. Este documento establece que, en todas las medidas concernientes a los niños que adopten las instituciones públicas o privadas de bienestar social, los tribunales, las autoridades administrativas o los órganos legislativos, deberá tenerse como consideración primordial el interés superior del niño. En la CE, el artículo 39, apartado 4, señala que los niños gozarán de la protección prevista en los acuerdos internacionales que velan por sus derechos.

La Ley Orgánica 8/2015, de 22 de julio, de modificación del sistema de protección a la infancia y a la

---

Andrés: "La constitucionalidad de la suspensión del régimen de visitas previsto en el artículo 94.4 del Código Civil" en *Derecho Privado y Constitución*, 43, 2023,121-167; Ayllón García, Jesús Daniel: "Suspensión del régimen de visitas o estancia del art. 94 del código civil tras su reforma por la ley 8/2021, de 2 de junio", *Revista Boliviana de Derecho* N° 34, julio 2022, pp. 96-117. Díaz Velázquez, Auxiliadora: "La suspensión de visitas ante la violencia de género y la perspectiva de género", *Práctica de los Tribunales*, n° 156, mayo-junio 2022, pp. 1-12.

adolescencia, introdujo un nuevo modelo en el sistema de protección a la infancia y adolescencia con cambios cruciales que tenía entre otros el objetivo de desarrollar y reforzar el derecho las personas menores de edad a que su interés superior sea prioritario, un principio fundamental en esta materia.

El interés superior del menor fue concretado por esta reforma legal en el artículo 2.1 de la LO 1/1996, de 15 de enero, que establece que todo menor tiene derecho a que su interés superior sea valorado y considerado como primordial en todas las acciones que le conciernan, tanto en el ámbito público como privado. Este interés superior no debe concebirse de manera general, sino que debe ajustarse a las condiciones concretas de cada menor, tal como ha señalado la STS de 21 de febrero 2023[332]: "Otra premisa de la que necesariamente hemos de partir es la de que el interés del menor difícilmente puede concebirse, desde un punto de vista estrictamente abstracto o general, mediante una simple especulación intelectual que prescinda del concreto examen del contexto en que se manifiesta. O, dicho de otro modo, no puede fijarse a priori para cualquier menor, sino que debe ser apreciado con relación a un menor determinado en unas concretas circunstancias.

Como afirma la sentencia de esta sala 444/2015, de 14 de julio, cuya doctrina reproduce expresamente la STS 720/2022, de 2 de noviembre: "El interés que se valora es el de unos menores perfectamente individualizados, con nombres y apellidos, que han crecido y se han desarrollado en un determinado entorno familiar, social y económico que debe man-

---

332 ECLI:ES:TS:2023:809

tenerse en lo posible, si ello les es beneficioso (STS 13 de febrero 2015). El interés en abstracto no basta ni puede ser interpretado desde el punto de vista de la familia biológica, sino desde el propio interés del menor".

2.3.2.2. La evaluación de la relación paterno filial

Para poder concretar ese interés superior de hijos e hijas en cada caso concreto sometido a enjuiciamiento se debe evaluar previamente la relación paterno filial. La constitucionalidad de la alusión que hace el art. 94.4 CC a la necesaria "evaluación de la relación paternofilial" ha sido discutida a través de la cuestión de inconstitucionalidad que planteó la jueza titular del Juzgado de Primera Instancia nº 7 de Móstoles el 22 de marzo de 2022. Se debate en el planteamiento de la cuestión que el precepto impone al juzgador la necesaria realización de un informe de un equipo psicosocial, cuando obliga a una "previa evaluación de la situación paternofilial", inmiscuyéndose en opinión de la juzgadora de forma inaceptable desde el punto de vista de la independencia judicial recogida en el artículo 117 CE, en la función jurisdiccional. Se argumenta en dicho sentido que la imposición de un actuar al juez por parte del legislador inmiscuyéndose en su función jurisdiccional, excluye la libre valoración del superior interés del menor y, consecuentemente, lleva a la consolidación de una sanción civil por la mera existencia de una investigación penal, modificando el estatus jurídico del investigado y privándole de un derecho como si fuera culpable, conculcando, por tanto, su derecho a la presunción de inocencia. Además, se cuestiona que se imponga al juez la práctica de determinadas pruebas de forma preceptiva y que se le obliga a motivar el mantenimiento de un derecho, algo inaudito en nuestra jurisprudencia constitucional. La cuestión de inconstitucionalidad ha sido resuelta mediante auto 186/2023, de 18 de abril[333] en el que inadmite a trámite la cuestión de inconstitucionalidad por inadecuada formulación del juicio de relevancia y por tanto sin entrar a valorar los argumentos esgrimidos.

El planteamiento de la cuestión de inconstitucionalidad parte de una visión patriarcal del derecho de visitas. Como se ha argumentado, el derecho de visitas y relación ya no es un derecho concebido desde la estructura patriarcal que pone al *pater familias* en la cúspide de la pirámide familiar. Como ya se ha apuntado, si bien hasta hace relativamente poco las relaciones de los progenitores con los hijos e hijas se consolidaban como un derecho de los primeros (más del padre que de la madre), en este ámbito se ha cambiado la perspectiva en cuanto a la titularidad del derecho. Son ahora las personas menores de edad quienes tienen el derecho a tener el contacto con sus padres[334]. Así lo declara la jurisprudencia, tanto del TCO como del TS, al estimar que las visitas del menor son "un derecho tanto del progenitor como del hijo"

---

333 ECLI:ES:TC:2023:186A

334 Así se establece en el artículo 9 de la Convención sobre los derechos del niño, adoptada por la Asamblea General de las Naciones Unidas el 20 de noviembre de 1989 y en vigor desde el 2 de septiembre de 1990 ; así también el artículo 14 de la Carta europea de los derechos del niño aprobada por el Parlamento Europeo en Resolución de 18 de julio de 1992 e igualmente cabe citar en la misma línea el artículo 24.3 de la Carta de los derechos fundamentales de la Unión Europea.

si bien la necesaria incorporación de instrumentos jurídicos internacionales sobre protección de menores, integrados en nuestro ordenamiento ex art. 10.2 CE y por expresa remisión de la propia Ley Orgánica 1/1996, de 15 de enero, sobre protección jurídica del menor (art. 3), contemplan el reconocimiento del derecho a la comunicación del progenitor con el hijo como un derecho básico de este último.

De otro lado, la motivación reforzada sobre cualquier medida que afecte a un menor (sea privarle de la relación con sus progenitores, o mantener dicha relación) es necesaria. La aprobación de la Ley 26/2018, de 21 de diciembre de derechos y garantías de la infancia y la adolescencia determina como principio rector de las políticas públicas en relación con la infancia y la adolescencia el derecho de todo niño, niña y adolescente a que su interés superior sea valorado y considerado como primordial en todas las acciones y decisiones que les conciernan, ya sea individual o colectivamente, tanto en el ámbito público como privado. Por ello es necesario incluir en la motivación de cualquier decisión relativa a un menor de un poder público, en este caso del poder judicial, la consideración y evaluación de su interés superior como *ratio decidendi* fundamental. Así así lo ha señalado la STS de 14 de marzo de 2024[335]: "En primer término, no ha de ofrecer duda que son los padres, como titulares de la patria potestad, quienes deben actuar adoptando las decisiones más beneficiosas para los intereses de sus hijos menores de edad.

En este sentido, la intervención de los poderes públicos y singularmente la de los tribunales de justicia,

---

[335] ECLI:ES:TS:2024:1580

se encuentra justificada en los casos de conflicto o enfrentamiento entre los titulares de dicho derecho-deber que constituye el contenido propio de la patria potestad, o cuando los menores se encuentran en una situación objetiva de peligro. Es, entonces, cuando las autoridades quedan positivamente vinculadas al principio rector del interés superior del menor, concebido como "inspirador de todas las actuaciones de los poderes públicos relacionadas con el niño, tanto administrativas como judiciales", en palabras de la STC 127/2013, FJ 6.

En efecto, todas las medidas relativas a los menores de edad, como acontece en el caso presente, en el que se cuestiona la idoneidad de un régimen de comunicación entre el padre y su hijo menor, dadas las discrepancias existentes al respecto entre los progenitores litigantes, se deben solventar conforme al interés superior del menor, que constituye la regla áurea para decidir estos supuestos de colisión de intereses, concebido como un principio rector de aplicación preferente, un concepto jurídico indeterminado, que exige ponderar las concretas circunstancias concurrentes, y conformador, a su vez, de un auténtico elemento de orden público cuya apreciación requiere una motivación reforzada de las sentencias judiciales que lo apliquen (ver, por todas, la reciente sentencia 129/2024, de 5 de febrero y las citadas en ella)".

Con la alusión a la evaluación de la relación paterno filial del art. 94.4 CC se trata de satisfacer el papel activo de menores en los procesos de toma de decisiones que les afectan, pero al mismo tiempo asumiendo que precisamente su condición de personas menores de edad y su grado de evolución/desarrollo, su capacidad para autodeterminarse, para padecer la influencia de uno u otro progenitor y aún de terceros, entre otros son criterios relevantes que necesariamente deben resolverse caso a caso por especialistas[336].

Dicha evaluación requiere necesariamente de un análisis forense de la dinámica relacional violenta denunciada, así como de la repercusión de esa dinámica relacional en el ejercicio de la función parental de cada progenitor y el impacto que la misma pueda tener en el desarrollo psicoevolutivo de los hijos e hijas. Son las unidades de valoración forense integral previstas en la DA 2ª de la LO 1/2004, de 28 de diciembre de Medidas de Protección Integral contra la Violencia de Género las encargadas de ofrecer esa respuesta valorativa especializada y multidisciplinar que permite a los operadores jurídicos decidir el alcance y modo de llevar a cabo las relaciones paternofiliales cuando concurre violencia de género, tras identificar el interés superior de los hijos e hijas. Acerca del alcance que debe dársele a los informes psicosociales en la determinación circunstancial del interés superior del menor se ha pronunciado la STS de 5 de febrero 2024[337]: "La determinación del interés superior del menor no es una simple labor de interpretación jurídica, sino de apreciación circunstancial, en donde el auxilio de otras disciplinas tiene campo abonado de ponderación, y, entre ellas, la psicología ocupa un papel destacado. De esta forma, la sentencia 545/2022, de 7 de julio, refiere a dicha a

---

336 Ortega Calderón, Juan Luis: "La suspensión del régimen de visitas, comunicaciones y estancias al amparo del artículo 94 Código Civil tras la reforma por Ley 8/21 de 2 de junio", *La Ley*, Nº 9892, Sección Tribuna, 15 de Julio de 2021, pp. 1-17, p. 12.

337 ECLI:ES:TS:2024:694

ella, "como ciencia de la conducta que permite hacer predicciones razonables del comportamiento futuro de las personas". En cualquier caso, los informes psicosociales elaborados deben ser analizados y cuestionados jurídicamente por el tribunal, como ocurre con los demás informes periciales, conforme a las reglas de la sana crítica (SSTS 660/2011, de 5 octubre 795/2011, de 18 de noviembre; 465/2015, de 9 de septiembre; 135/2017, de 28 de febrero; 318/2020, de 17 de junio), así como someterlos a valoración con el resto de las pruebas practicadas o aportadas al pleito, pues en otro caso sería tanto como delegar la toma de decisiones en el equipo psicosocial, haciendo dejación de las que corresponden al tribunal por su atribución constitucional (STS 705/2021, de 19 de octubre). En necesario, pues, deslindar adecuadamente el rol procesal que corresponde al perito en el proceso, sin que quepa, como es evidente, consagrar una suerte de usurpación de la función jurisdiccional por aquél y, de esta manera, nos pronunciamos en la sentencia 1377/2007, de 5 de enero, cuya doctrina se reproduce en las sentencias 706/2021, de 19 de octubre y 544/2022, de 7 de julio, en las que sostuvimos que no puede atribuirse un valor inconcuso a los dictámenes periciales, puesto que: a) "[l]a función del perito es la de auxiliar al Juez, ilustrándolo sobre las circunstancias del caso, pero sin privar al juzgador de la facultad de valorar el informe pericial" (SSTS, entre otras muchas, de 30 de marzo de 1984 y 6 de febrero de 1987); b) que tal función del juzgador "[e]stá sujeta a los límites inherentes al principio constitucional de proscripción de la arbitrariedad, al mandato legal de respetar las reglas de la lógica que forman parte del común sentir de las personas y a la obligación de motivar las sentencias" (FD 3º).

En el proceso que sirve de base para promover la cuestión de inconstitucionalidad se dice: "En el caso de autos, dada la prueba practicada y la naturaleza del proceso -no olvidemos, además, que en los expedientes de jurisdicción voluntaria no es preceptiva la comparecencia con abogado y procurador- la prueba de la que se dispone es documental, testifical e interrogatorio, siendo la "evaluación de la situación paternofilial" el resultado de la valoración probatoria efectuada por la juzgadora conforme a la sana crítica ( )". Pues bien, creo que la evaluación de la relación paterno filial debe ser el resultado de un informe pericial forense en el que se proceda a una valoración integral en profundidad de los miembros de la unidad familiar que permita orientar acertadamente y sin riesgos sobre la conveniencia del establecimiento de un régimen de visitas.

La violencia de género se comprende a través de diversos factores que subrayan la necesidad de una intervención profesional especializada, exhaustiva y completa para una evaluación adecuada. Entre las particularidades más destacadas se encuentran la tendencia a minimizar, justificar y racionalizar las conductas violentas por parte de las víctimas, quienes, paradójicamente, tienden a culparse a sí mismas. Estas mujeres a menudo presentan una dependencia emocional significativa, manifestando sentimientos de tristeza ante la ruptura de la relación de pareja y la desaparición de la estructura familiar de sus hijos. Además, suelen experimentar una falsa sensación de control sobre la situación de violencia y una percepción reducida de la gravedad y peligrosidad del contexto en el que se encuentran. Estas particulares circunstancias tienen una influencia sustancial en la información que se aboca al procedimiento judicial y deben ser meticulosamente consideradas para lograr una evaluación de la relación paterno filial adecuada. La falta de conocimiento sobre estas dinámicas puede introducir sesgos importantes en la recopilación de información, lo que puede conducir a valoraciones incorrectas. Dada la complejidad y especificidad inherentes a los procesos de violencia de género, es esencial una respuesta altamente especializada por parte de todos los profesionales involucrados. Esa especialización debe alcanzar al ámbito médico, psicológico y social, todos ellos involucrados en la evaluación del entorno y circunstancias de la víctima, agresor, y el interés superior de sus hijos e hijas.

Para evaluar y ponderar adecuadamente los criterios tendentes a identificar ese interés superior, también es preciso asegurar el derecho de los y las menores a ser informados, oídos y escuchados. Si se adopta una decisión, en este caso judicial, sin oír al menor, esta decisión vulnerará el derecho a su tutela judicial efectiva en la vertiente del derecho a un proceso con todas las garantías (art. 24.1 CE). Si se adopta una decisión, incluso habiendo oído al menor, sin que la motivación que conduce a esa adopción contenga una valoración expresa y una ponderación adecuada de los criterios destinados a identificar el interés superior del niño/a, esa decisión será lesiva del derecho a la tutela judicial efectiva del menor, en su vertiente del derecho a obtener una resolución motivada y fundada en derecho (art. 24.1 CE)[338]. Esta

---

[338] La STC 16/2016 , lo expresa de una forma clara en su FJ 6, que contiene abundante cita de la jurisprudencia previa: «Asimismo, cuando (...) la resolución judicial controvertida afecta a un menor, la adecuación constitucional de la motivación debe evaluarse en función del principio

idea resulta reforzada por la modificación introducida en la regla 4ª de art. 770 de la LEC[339], que ahora dispone: "Si el procedimiento fuere contencioso y se estimare necesario de oficio o a petición del fiscal, partes o miembros del equipo técnico judicial o de los propios hijos, podrán ser oídos cuando tengan menos de doce años, debiendo ser oídos en todo caso si hubieran alcanzado dicha edad. También habrán de ser oídos cuando precisen apoyo para el ejercicio de su capacidad jurídica y este sea prestado por los progenitores, así como los hijos con discapacidad, cuando se discuta el uso de la vivienda familiar y la estén usando.

---

del interés superior del menor, que " con carácter general proclama la Convención de las Naciones Unidas sobre los derechos del niño de 20 de noviembre de 1989 , al disponer que ⊠ en todas las medidas concernientes a los niños que tomen las instituciones públicas o privadas de bienestar social, los tribunales, las autoridades administrativas o los órganos legislativos, una consideración primordial a que se atenderá será el interés superior del niño - (art. 3.1). (...) " . De esta suerte, " el criterio que ha de presidir la decisión que en cada caso corresponda adoptar al Juez, a la vista de las circunstancias concretas, debe ser necesariamente el del interés prevalente del menor, ponderándolo con el de sus progenitores, que aun siendo de menor rango, no por ello resulta desdeñable (...).y hemos afirmado que el interés superior del niño obliga a la autoridad judicial a un juicio de ponderación que debe constar expresamente en la resolución judicial, identificando los bienes y derechos en juego que pugnan de cada lado, a fin de poder calibrar la necesidad y proporcionalidad de la medida adoptada (...)».

339 Se modifica la regla 4ª, con efectos desde el 3 de septiembre de 2021, por el art. 4.21 de la Ley 8/2021, de 2 de junio.

En las audiencias con los hijos menores o con los mayores con discapacidad que precisen apoyo para el ejercicio de su capacidad jurídica se garantizará por la autoridad judicial que sean realizadas en condiciones idóneas para la salvaguarda de sus intereses, sin interferencias de otras personas, y recabando excepcionalmente el auxilio de especialistas cuando ello sea necesario".

Tras la modificación del art. 94 CC el TS se ha pronunciado sobre la aplicación de la suspensión o privación del régimen de visitas, comunicación y estancia en supuestos en que concurre violencia de género en varias ocasiones. La última, en la STS 26 junio 2024[340]. El supuesto de hecho contempla una situación familiar en la que el padre ha sido condenado por tres delitos de violencia contra la mujer por violencia habitual, maltrato físico y amenazas. Establecido un régimen de comunicación telefónica del padre con los dos hijos menores (de 14 y 7 años) en el auto de medidas provisionales, el desarrollo dichos contactos ha dado un pésimo resultado, afectando muy negativamente a los menores. El informe emitido por el equipo Psicosocial del IML de Cantabria sobre la valoración de la conveniencia de continuar con dicho régimen o de establecer visitas, concluye que el régimen de comunicación telefónica actual no debe mantenerse dado que el contacto paternofilial produce desajustes en los menores, especialmente en el mayor de los hermanos, generando en él un malestar emocional que, de mantenerse en el tiempo, puede comprometer su desarrollo y que, a su entender, el progenitor presenta graves dificultades

---

[340] ECLI:ES:TS:2024:3546

personales que interfieren no solo en sus capacidades y habilidades parentales, sino también en lo que respecta a su desarrollo evolutivo y psicosocial, objetivándose una situación de cronicidad sin detectarse indicadores para una evolución favorable. Concluye que, primando el interés superior de los menores, lo más idóneo es proceder a la suspensión del régimen de comunicaciones a favor del padre. Siguiendo el criterio plasmado en el informe pericial del IML la SAP Santander de 26 de mayo 2023[341] suprime el régimen de comunicaciones vigente. Pese a ello, la sentencia establece un régimen de visitas progresivo y supervisado por el PEF "en aras de preservar el vínculo entre los hijos y el padre, necesario para su desarrollo personal". El régimen establecido consiste en un régimen de comunicación, estancia y visitas supervisadas del padre con sus hijos, durante los dos primeros meses, de una hora con cada uno de ellos por separado, el sábado o el domingo de todas las semanas, que se realizarán a través del PEF. Si la evolución es favorable y así se informa por los técnicos del PEF, las visitas continuarán durante un mes más, con la misma frecuencia y horario, con ambos menores a la vez. Transcurrido dicho periodo, el juez de la ejecución podrá diseñar la continuación de la comunicación de forma progresiva en la forma y manera que concretamente determine con apoyo, en su caso, de profesionales expertos. El argumento esgrimido por la AP para la fijación del régimen es la incompatibilidad del interés superior de los hijos con la eliminación del contacto con el padre que determinará, en este supuesto, la ruptura del vínculo entre ellos con

---

[341] ECLI:ES:APS:2023:757

alta probabilidad de quiebra definitiva en un futuro próximo (FD 5).

La sentencia ha sido objeto de recurso de casación en el que la parte recurrente argumenta que el interés superior de los hijos menores exigía, en atención a las circunstancias concurrentes, la suspensión del régimen de visitas entre padre e hijos, sin perjuicio de que, si cambiaran dichas circunstancias, el padre pudiera interesar un régimen de comunicación con sus hijos tras las correspondientes valoraciones psicosociales.

El TS estima el recurso interpuesto argumentando la compatibilidad del interés superior del menor con la suspensión del régimen de visitas, comunicación y estancias atendiendo a las particulares circunstancias del caso enjuiciado. Estas circunstancias las contempla expresamente el art. 94.3 CC cuando dispone que la autoridad judicial podrá limitar o suspender el régimen de visitas "si se dieran circunstancias relevantes que así lo aconsejen o se incumplieran grave o reiteradamente los deberes impuestos por la resolución judicial", sin perjuicio, además, de las prevenciones específicas que establece su párrafo 4.

En efecto, pueden concurrir elementos que justifiquen la limitación de tal régimen de comunicación o su suspensión, en tanto en cuanto resulte perjudicial para el interés superior de los menores, pues las medidas que deben adoptarse al respecto "son las que resulten más favorables para el desarrollo físico, intelectivo e integración social del menor". En la evaluación de lo que deba considerarse el interés superior del menor el TS parte de la premisa de que el interés del menor difícilmente puede ser entendido desde una perspectiva meramente abstracta o general, basada en una especulación intelectual que ignore el análisis concreto del contexto en el que se manifiesta. No se puede establecer de manera universal y a priori para cualquier menor, sino que debe ser evaluado en relación con un menor específico y sus circunstancias particulares. En el presente supuesto, las circunstancias que le llevan a la decisión de suspensión del régimen previamente establecido son:

- La condena penal del demandado como autor de tres delitos de violencia de género, bajo la modalidad de maltrato habitual. Actos delictivos llevados a efecto, incluso en presencia de los menores.
- El padre instrumentaliza a los hijos como componentes de la violencia ejercida sobre la que fue su mujer cuando, según la declaración de hechos probados de la sentencia penal, la amenaza al decirle: "te voy a quitar a los niños; voy a desaparecer con los putos críos; otras por menos están muertas; no me jodas con los niños".
- Los hechos determinantes de las condenas penales responden a un consolidado patrón de conducta, que el informe sociofamiliar valora con características de cronicidad, sin indicadores de evolución favorable.
- El padre no ha interiorizado las consecuencias de su conducta y los daños que genera su comportamiento a sus propios hijos.
- Falta de habilidades para asumir el rol de padre con respecto a sus hijos.
- La existencia de malos tratos psíquicos con respecto a los menores.

- En el informe pericial se aprecian en el hijo mayor indicadores compatibles con los efectos que la violencia de género produce en los niños y niñas: tendencia al aislamiento, conflictos de lealtades, sentimientos de culpa, dificultad en la expresión y manejo de emociones, tendencia a minimizar o restar importancia a las situaciones vividas y parentalización, con asunción de roles tuitivos con respecto a madre y hermano pequeño, que precisan una intervención interdisciplinar para su reparación.

El informe pericial elaborado por el Instituto de Medicina Legal y Ciencias Forenses de Cantabria adquiere especial importancia en casos como el presente, en tanto en cuanto pertenece al ámbito de las ciencias de la conducta, dentro de cuyos campos propios de actuación se encuentran la realización de juicios de predicción científica con respecto a los comportamientos humanos y sus consecuencias sobre los procesos emocionales que desencadenan; pues bien, dicho dictamen concluye que el interés de los menores radica en la suspensión actual del régimen de comunicación con el padre, ya que, de mantenerse en el tiempo, comprometerá seriamente el desarrollo futuro y la integración en la vida adulta de los menores.

El argumento utilizado por el TS para la revocación de la sentencia de la AP y supresión del régimen de visitas establecido parte de la valoración que la situación de violencia de género presenciada y padecida por los hijos, así como la repercusión que dichas vivencias violentas poseen en su vida y desarrollo. La razón por la que la AP decide el establecimiento de un régimen de visitas en el caso analizado es "preservar el vínculo entre los hijos y el padre, necesario para su desarrollo personal". Dicha afirmación, cierta en familias cuyas relaciones se desarrollan al margen de la violencia, no puede extrapolarse como regla general a las relaciones paterno filiales impregnadas por situaciones de violencia de género. La evaluación efectuada de la relación paterno filial en este caso pone de manifiesto precisamente que el desarrollo personal y emocional de los hijos se está viendo gravemente dañado a consecuencia de la violencia de género que siguen padeciendo aún después del cese de la convivencia de sus progenitores y que precisamente puede seguir teniendo lugar con motivo del régimen de comunicación establecido como medida provisional.

La modificación del art. 94.4 CC parte precisamente de esta realidad, la de la violencia de género, que encaja perfectamente con los hechos enjuiciados en esta sentencia. Pese a ello, el TS utiliza el apartado 3 del art. 94 para justificar la concurrencia de circunstancias relevantes que aconsejan la suspensión del régimen de visitas, soslayando la especificidad que requiere el tratamiento de la violencia de género en relación con el régimen de vistas, comunicación y estancia. En esta misma línea, pronunciamientos recientes del TS suspenden el régimen de visitas partiendo de la valoración de las circunstancias concretas del caso, entre las que la violencia de género concurrente se valora como una circunstancia adicional, pero no determinante de la decisión adoptada. Tal el es caso de la STS de 5 de febrero de 2024 en la que se pone de manifiesto en el recurso entablado por el Ministerio Fiscal la relevancia de la existencia de antecedentes de condenas por violencia de género, además de los constatados en el caso objeto de enjuiciamiento[342]. En este caso el TS, con expresa mención de La Resolución de 6 de octubre de 2021 del Parlamento Europeo sobre el impacto de la violencia de pareja y derecho de custodia de mujeres y los niños valora la pertinencia de la suspensión del régimen de visitas por la existencia de episodios previos de violencia de género: "La existencia de episodios previos de violencia de género con la causación de lesiones de entidad contra la demandante. Esta situación no ha sido superada, sino que el conflicto está retenido. Su relato, según el informe psicosocial, está lleno de "improperios hacia su pareja". El riesgo de la proyección y comunicación de dichos juicios peyorativos hacia la niña es real y manifiestamente contrario a sus intereses, dada su personalidad en formación y el hecho de que la madre constituye el núcleo afectivo de la menor, al tiempo que le proporciona los resortes de seguridad necesarios para su estabilidad y adecuado desarrollo emocional.

La Resolución de 6 de octubre de 2021 del Parlamento Europeo sobre el impacto de la violencia de pareja y derecho de custodia de mujeres y los niños, subraya en su apartado i) "[q]ue toda forma de violencia incluida la violencia presenciada contra un

---

[342] "( ) considera el Fiscal que la referencia al pasado y, por lo tanto, a los hechos delictivos es relevante máxime cuando no se acredita la rehabilitación del demandado y son constitutivos de episodios de violencia de género. Además, adiciona al argumento, de que los datos identificativos (que no se aportan por preservar la intimidad de terceras personas) deducidos de la consulta a VIoGÉN (a disposición del Tribunal Supremo), nos dicen que, en el año 2020, el progenitor fue denunciado y condenado por hechos similares afectantes a otra mujer con medidas cautelares y sentencia firme" (FD 1º).

progenitor o una persona allegada, ha de ser considerada tanto en el plano jurídico como en la práctica una violación de derechos humanos y acto contra el interés superior del menor".

Incluso, el Ministerio Fiscal informa de otra conducta de violencia de género contra una nueva pareja, por la que fue condenado" (FD 5º).

2.3.3. El progenitor en situación de prisión por violencia de género

Dando cumplimiento a la medida 146 del Pacto de Estado contra la Violencia de Género, la La Ley 8 /21 ha procedido a modificar el art. 94 CC que en su apartado 5º ahora establece la prohibición de las visitas de los menores al padre en prisión por violencia de género: "No procederá en ningún caso el establecimiento de un régimen de visitas respecto del progenitor en situación de prisión, provisional o por sentencia firme, acordada en procedimiento penal por los delitos previstos en el párrafo anterior".

Del tenor literal del art. 94.5º CC y del contenido del Dictamen de la Fiscalía de Sala contra la violencia sobre la mujer de fecha 14-3-2022 (Ref 172/22), notas de la misma Fiscalía de Sala de 3-2-2022 (Ref 50/2022) y 11-5-2022 (Ref 31 _22) y Conclusiones del XVII Seminario de Fiscales Delegados en Violencia sobre la Mujer Año 2022 Madrid 28 y 29 Noviembre de 2022[343], pueden perfilarse las siguientes características y alcance práctico del precepto en cuestión:

---

[343] https://www.fiscal.es/documents/20142/5476881e-7b92-8c54-c8d3-7dbd679efd9b

1. La prohibición del 94.5 CC afecta exclusivamente a los presos preventivos o condenados por alguno de los delitos a que se refiere el art. 94.4 CC. El delito de quebrantamiento no está incluido en dicho listado, por lo que dicho precepto no deviene aplicable en tales casos, sin perjuicio de que en aras a la mejor protección de las mujeres víctimas y de sus hijas e hijos, proceda interesar la suspensión o no autorización de dicha comunicación.
2. Aunque en la legislación penitenciaria las comunicaciones presenciales que no excedan de tres horas no se consideran visitas, desde el punto de vista civil tienen pleno encaje en el régimen de visitas del art. 160 CC, por lo que en todo caso deben ser consideradas, a los efectos aquí tratados, como régimen de vistas.
3. Teniendo en cuenta lo anterior, y que el art. 94.5 CC solo prohíbe el establecimiento de un régimen de visitas respecto del progenitor en situación de prisión, provisional o por sentencia firme, acordada en procedimiento penal por los delitos previstos en el párrafo anterior, pero no las comunicaciones escritas o telefónicas, cuando el director/a de la prisión concrete en su oficio el tipo de comunicación que se está llevando a cabo o se pretende, debería interesarse la aclaración sobre dicho extremo. Una vez recibida dicha información, si la comunicación que se pretende por el preso es la de comunicaciones escritas o telefónicas, las/los Sras./Sres. Fiscales valorarán las circunstancias del hecho por el que fueron condenados o se encuentran en prisión provisional y cualquier otra de la que puedan tener puntual

conocimiento, a fin de decidir si lo procedente es oponerse a ese establecimiento o solicitar la suspensión de esas comunicaciones, a los efectos de garantizar la incolumidad de los menores y de sus madres.

4. Con relación a Cataluña, dado que en el art. 233-11-3 CCCat la prohibición del establecimiento o mantenimiento del régimen de visitas se extiende también a las comunicaciones, deberá hacerse extensiva la petición de suspensión a cualquier tipo de comunicación del preso con sus hijas e hijos menores en todo caso.

5. La prohibición de los arts. 94.5 CC y 233-11-3 CCCat solo afecta a las relaciones con las niñas, niños y adolescentes comunes de investigado y víctima, en el caso de violencia de género.

6. Si la situación de prisión provisional o por codena por alguno de los delitos previstos en el apartado anterior se produce estando vigente un régimen de visitas, sin perjuicio de los procedimientos que insten las partes para modificar las medidas acordadas previamente, el Fiscal deberá interesar, de conformidad con el art. 158.6 CC, la suspensión del régimen de visitas.

7. Si no existiera una resolución judicial que estipule el régimen de visitas y lo que se comunica es que se están efectuando visitas con las/los hijas/os menores comunes del investigado/condenado y de la víctima en el centro penitenciario, lo procedente, de conformidad con el art. 158.6 CC, será interesar la suspensión de esas comunicaciones por ser contrarias a

los arts. 94.5 CC y 233-11-3 CCCat, a fin de apartar a la persona menor de un peligro o de evitarle perjuicios en su entorno familiar, que es la finalidad a la que atiende el legislador.

8. En todo caso, ambos pronunciamientos deben mantenerse en tanto en cuanto permanezca el investigado/condenado en situación de prisión, provisional o por sentencia firme. La prohibición del art. 94.5 CC solo afecta a aquellos presos que se encuentran internos en los centros penitenciarios, y esta condición la tienen aun cuando disfruten de permisos ordinarios o estén clasificados en tercer grado. En consecuencia, la prohibición extiende sus efectos hasta que el condenado adquiera la libertad condicional o definitiva, salvo en el caso de Cataluña, donde rige el CCCat y, por tanto, la prohibición extiende sus efectos hasta la extinción de la responsabilidad penal.

9. El Juzgado de Vigilancia Penitenciaria carece de competencia para resolver sobre la suspensión o no autorización de visitas en el centro penitenciario de conformidad con los arts. 94.5 CC y 233-11-3 CCCat.

10. El Juzgado de Violencia sobre la Mujer, el Juzgado de lo Penal y la sección de la Audiencia Provincial que estén tramitando el procedimiento penal en virtud del cual se ha acordado la prisión provisional del progenitor investigado por violencia de género, tienen competencia para suspender el régimen de visitas o prohibir las visitas en el establecimiento penitenciario, de conformidad con los arts. 158.6º y 94.5 CC.

11. El Juzgado de lo Penal y la sección de la Audiencia Provincial que estén ejecutando la pena de prisión impuesta a un condenado por violencia de género, tienen competencia para suspender el régimen de visitas o prohibir las visitas en el establecimiento penitenciario de conformidad con los arts. 158.6° y 94.5 CC.

12. Exista o no resolución previa que haya acordado el establecimiento de un régimen de visitas, el Juzgado de Violencia sobre la Mujer será competente para resolver la petición, de conformidad con los arts. 87 ter LOPJ y 158 CC.

13. Dada la casuística analizada, en aras a evitar dilaciones con la interposición de recursos que solo pueden perjudicar a la efectiva protección de los menores, si el Juzgado de lo Penal o la sección de la Audiencia Provincial que esté tramitando el procedimiento penal por el que el progenitor investigado esté en prisión provisional o que esté ejecutando la pena de prisión, a raíz de la comunicación enviada por los/as directores/as de los Centros Penitenciarios, se consideran incompetentes, el/la Fiscal debe interesar del Juzgado de Violencia sobre la Mujer la suspensión o prohibición de visitas de conformidad con los arts. 158. 6 y 94.5 CC.

14. En el derecho común, dado que la prohibición es absoluta, pese al derecho de las personas menores a ser oídos sin discriminación, carece de sentido proceder a su exploración cuando la decisión a tomar, como es el caso, no depende de la voluntad de las partes ni de la opinión del propio menor, sino consecuencia de un imperativo legal. Ahora bien, en el

> art. 233-11-3 párrafo segundo CCCat se prevé en relación con la prohibición regulada en el apartado anterior que "[e]xcepcionalmente, la autoridad judicial puede establecer, de forma motivada, un régimen de estancias, relación o comunicaciones en interés de la persona menor, una vez escuchada, si tiene capacidad natural suficiente".

Teniendo en cuenta que la relación del agresor con los/las hijos/as menores comunes con la víctima puede ser aprovechada por este para, a través de los menores, seguir controlando e, incluso, ejerciendo violencia sobre la madre, instrumentalización que es una forma de maltrato infantil, si se advirtiera la posibilidad excepcionalísima de establecer ese régimen de estancias, relación o comunicación, las/los Sras./Sres. Fiscales velarán por que se haga efectivo el derecho de los menores afectados a ser oídos y escuchados con todas las garantías procesales para evitar su revictimización y manipulación.

La SAP de Valladolid de 9 de junio de 2023[344] se ha pronunciado recientemente sobre el alcance de la prohibición del art. 94.5 CC. En el supuesto enjuiciado la defensa del penado argumenta que su petición no supone, *strictu sensu,* una visita o estancia a efectos de aplicación del art. 94 CC sino que se trata de una "comunicación presencial" no regulada legalmente y respecto de la que no debe hacerse una interpretación extensiva. La Audiencia desestima dicho razonamiento al entender que cualquier comunicación presencial (aunque tenga una configuración distinta en el ámbito penitenciario) implica una visita con el progenitor

---

[344] ECLI:ES:APVA:2023:330A

penado, que es precisamente lo que se prevé que debe ser suspendido en todo caso. Por otro lado, también se desestima el razonamiento que considera que debe ser el procedimiento civil en el que se ha establecido el régimen de vistas donde debe acordarse la suspensión, bien a instancia de la progenitora, bien a instancia del Ministerio Fiscal, lo que no ocurrió en el supuesto enjuiciado. Frente a este argumento se insiste por la AP que incluso de oficio, el Juez de lo Penal que haya dictado una sentencia firme por la que un acusado esté cumpliendo condena en prisión por los delitos relativos a atentar contra la vida, la integridad física, la libertad, la integridad moral o la libertad e indemnidad sexual del otro cónyuge o sus hijos (como es el caso), ha de proceder a suspender el régimen de visitas que el penado tuviera concedido con los hijos comunes que tuviera con la mujer, dado que ha sido condenado por delitos de violencia de género (incluido un delito de amenazas leves en el ámbito de la violencia de género), y la Ley contempla que la suspensión del régimen de visitas sea acordada incluso en el ámbito penal, y ello de conformidad con los arts. 94, 158 y 160 del CC. (FD 6º).

Por último, la reciente STCO 53/2024, de 8 de abril[345] también se ha pronunciado sobre el alcance de la privación del derecho de visitas a un recluso condenado, en este caso no por delitos en el ámbito de la violencia de género sino por un delito de robo en casa habitada. En el recurso de amparo se denuncia la vulneración del derecho a la tutela judicial efectiva, en su vertiente de derecho a una resolución motivada, al no autorizar visita alguna de sus

---

345 ECLI:ES:TC:2024:53

hijas menores de edad durante el tiempo en el que el padre hubiera de permanecer en prisión. El TCO concede el amparo solicitado al entender que la fundamentación jurídica ofrecida por las resoluciones impugnadas (sentencias dictadas por el Juzgado de Violencia sobre la mujer nº 1 de Madrid, y por la Sección Vigesimosegunda de la Audiencia Provincial de Madrid) carece de una valoración de las circunstancias concurrentes que desconocen la atención al superior interés de las menores que impone el art. 39 CE. En opinión del TCO la fundamentación ofrecida por el juzgado no satisface el canon reforzado de motivación a que están sujetas las resoluciones judiciales que resuelven sobre controversias que afectan a menores. Tampoco se refleja cuál sea la voluntad de las menores al respecto, y ello pese a consignarse en la sentencia que las visitas se habían venido realizando por petición expresa de las hijas y que, conforme manifestó la madre en la vista, el padre tenía buena relación con ellas. Tampoco se ha motivado por qué no se ha dado audiencia a las menores, en contra de lo dispuesto en la Ley Orgánica 1/1996, especialmente teniendo en cuenta que una de ellas tenía ya once años. Esta falta de audiencia ha motivado que el órgano judicial no haya podido conocer de forma directa e inmediata las opiniones y deseos de las menores, ni tenerlas en cuenta como criterio a ponderar a la hora de decidir y motivar el sentido de su resolución.

Además, la necesidad de justificar la medida restrictiva del derecho de visitas del recurrente, que no viene determinada por el fallo condenatorio, el sentido de la pena o la ley penitenciaria (o cualquier otra ley), limita su derecho como interno al desarrollo integral de su personalidad y desconoce la importancia del mantenimiento de los vínculos familiares para hacer posible la orientación resocializadora (o, al menos, no desocializadora) de la pena de prisión que impone el art. 25.2 CE. Cuando la sentencia de primera instancia fue dictada por un juzgado de violencia sobre la mujer, de los arts. 94 (en la redacción anterior a la reforma de 2021) y 160 CC no se desprendía que fuera posible considerar la situación de ingreso en prisión del padre como causa de privación del derecho de visitas, constituyendo una inferencia carente de racionalidad. Tal privación debió ser objeto de una motivación que, ponderando las distintas circunstancias del caso, explicitara los criterios que llevaron al órgano judicial a concluir que dicha medida era necesaria y proporcionada para proteger el concreto interés superior de las hijas, que, en atención a las circunstancias normativas y fácticas concurrentes, no puede identificarse con la evitación de visitas al padre por el mero hecho de estar recluido en prisión.

Jurisprudencia

STCO 176/2008, de 22 de diciembre ECLI:ES:TC:2008:176

STCO 64/2019 de 9 de mayo ECLI:ES:TC:2019:64

STCO 98/2022 12 de julio ECLI:ES:TC:2022:98

STCO 106/2022 13 de septiembre ECLI:ES:TC:2022:106

ATCO 186/2023, de 18 de abril ECLI:ES:TC:2023:186ª

STCO 53/2024, de 8 de abril ECLI:ES:TC:2024:53

STS (Sala 1ª) de 5 de octubre de 1987 ECLI:ES:TS:1987:6149

STS (Sala 1ª) de 30 de abril de 1991 ECLI:ES:TS:1991:17255.

STS (Sala 1ª) de 25 de junio de 1994 (ECLI:ES:TS:1994:4923).

STS (Sala 1ª) de 31 de diciembre 1996 ECLI:ES:TS:1996:7658

STS (Sala 1ª) de 10 enero 2011 ECLI:ES:TS:2012:628

STS (Sala 1ª) 11 febrero DE 2011; ECLI: ES: TS: 2011:505

STS (Sala 1ª) 26 de octubre de 2012, ECLI: ES: TS: 2012: 6811

STS (Sala 1ª) 10 de julio de 2015, ECLI: ES: TS: 2015:3158

STS (Sala 1ª) 30 de septiembre de 2015 ECLI: ES: TS: 2015:4122

STS (Sala 1ª) 9 de noviembre de 2015 ECLI: ES: TS: 2015:4575

STS (Sala 1ª) 26 de noviembre 2015, ECLI: ES: TS: 2015:4900

STS (Sala 1ª) 2016, de 4 de febrero; ECLI:ES: TS: 2016:188

STS (Sala 1ª) de 13 de abril de 2016 ECLI:ES:TS:2016:1638

STS (Sala 1ª) 13 de mayo de 2016 ECLI: ES: TS: 2016:2129

STS, (Sala 1ª) 26 de mayo de 2016 ECLI:ES: TS: 2016:2304

STS (Sala 1ª) 25 de noviembre de 2016 ECLI: ES:TS:2016:5164

STS (Sala 1ª) 26 de diciembre de 2016; ECLI: ES: TS: 2016:5164

STS (Sala 1ª) 17 de enero de 2017 ECLI:ES:TS:2017:161

STS (Sala 2ª) 23 de febrero de 2017; ECLI:ES: TS: 2017:691

ATS (Sala 1ª) 22 de noviembre de 2017 ECLI: ES: TS: 2017:10849A

STS (Sala 1ª) 15 de enero de 2018 ECLI: ES: TS: 2018:41

ATS (Sala 1ª) 31 de enero de 2018 ECLI:ES:TS:2018:795

STS (Sala 1ª) 1 de febrero 2018; ECLI: ES: TS: 2018:229

STS (Sala 2ª) 24 de mayo de 2018 ECLI: ES:TS:2018:2003

STS (Sala 2ª) 8 de octubre de 2019 ECLI:ES:TS:2019:3035

STS (Sala 2ª) 19 de mayo 2020 ECLI:ES:TS:2020:2489

STS (Sala 1ª) 29 de marzo 2021 ECLI:ES:TS:2021:1226

STS (Sala 1ª) 31 mayo 2021 ECLI:ES:TS:2021:2255

STS (Sala 1ª) 27 octubre 2021 ECLI:ES:TS:2021:4022

STS (Sala 1ª) de 2 de febrero de 2022 ECLI:ES: TS:2022:356

STS (Sala 1ª) 28 de marzo de 2022 ECLI:ES:TS:2022:1207

STS (Sala 1ª) 26 de septiembre 2022 ECLI:ES:TS:2022:3402

ATS (Sala 1ª)11 de enero de 2023 ECLI:ES:TS:2023:581

STS (Sala 1ª) 21 de febrero 2023 ECLI:ES:TS:2023:809

STS (Sala 1ª) 26 septiembre 2023 ECLI:ES:TS:2023:3830

STS (Sala 1ª) 27 noviembre de 2023 ECLI:ES:TS:2023:5273

STS (Sala 1ª) 5 de febrero 2024 ECLI:ES:TS:2024:694

STS (Sala 1ª)14 de marzo de 2024 ECLI:ES:TS:2024:1580

STS (Sala 1ª) 26 junio 2024 ECLI:ES:TS:2024:3546

STSJ de Castilla y León (Penal y Civil) de 26 marzo 2019 ECLI:ES:TSJCL:2019:625

AAP de Zaragoza (Sección 5ª) 4 de marzo de 2000 AC 2000\437

AAP Barcelona, (Sección 2ª) 10 mayo 2005, JUR 2005\202048

AAP Pontevedra (Sección 4ª) 21 de febrero de 2006 ECLI:ES:APPO:2006:1299)

AAP Logroño (Sección 1ª) fecha 31 de marzo de 2006 ECLI: ES: APLO: 2006:81A

AAP Madrid (Sección 26ª) 22 de Julio 2009 ECLI: ES: APM: 2009:10031A

AAP Castellón (Sección 2ª) 20 de octubre de 2010 ECLI: ES: APCS: 2010:1002A

AAP de Murcia (Sección 2ª) 17 de febrero de 2012, ECLI: ES: APMU: 2012:98

SAP de Barcelona (Sección 12ª) 15 de enero de 2014; ECLI: ES: APB: 2014:1193

AAP Valencia (Sección 8ª), 12 de febrero 2014, ECLI: ES: APV: 2014:6

SAP de Barcelona (Sección 12ª) 13 de febrero de 2014 ECLI:ES:APB:2014:1126

SAP Barcelona (Sección 18) 17 febrero 2014 ECLI:ES:APB:2014:1444

SAP Barcelona (Sección 12ª) 19 de febrero 2014 ECLI:ES:APB:2014:1160

SAP Barcelona (Sección 12ª) 18 marzo 2014 ECLI:ES:APB:2014:2534

SAP Barcelona (Sección 12ª) 29 abril 2014 ECLI:ES:APB:2014:3275

AAP Cantabria (Sección 2ª) 23 de abril 2015 ECLI: ES:APS:2015:855

SAP de La Coruña (Sección 4), 3 de junio de 2015 ECLI:ES:APC:2015:1467

SAP de Madrid (Sección 22ª) 30 de junio de 2015 ECLI: ES: APM: 2015:11086

AAP de las Islas Baleares (Sección 2ª) 10 de enero de 2017 ECLI:ES:APSS:2008:630

SAP Cádiz (Sección 5ª) 18 de enero de 2017; ECLI: ES: APCA: 2017:28

AAP de Huesca (Sección 1ª) 25 de enero de 2017 ECLI: ECLI:ES:APHU:2017:23A

AAP Badajoz (Sección 3ª) 9 de febrero de 2017; ECLI: ES: APBA: 2017:31

SAP de Vizcaya (Sección 4ª) 22 de febrero de 2017 ES:APBI:2017:223

AAP de Cádiz (Sección 3ª) 28 de marzo de 2017 ECLI:ES:APCA:2017:406A

AAP de Barcelona (Sección 20ª) 8 de junio de 2017 ECLI: APB:2017:5286ª

AAP Navarra (Sección 2ª), 19 de diciembre de 2017 JUR\2017\5839

SAP de Vizcaya (Sección 2ª) 22 de febrero de 2017; ES: APBI: 2017:223

SAP Cáceres (Sección 1ª) 11 de marzo de 2019 ECLI:ES:APCC:2019:263

AAP Guipúzcoa (Sección 3ª) 11 de octubre 2021 ECLI:ES:APSS:2021:1097ª

AAP Cantabria (Sección 3ª) 27 octubre 2021, ECLI:ES:APS:2021:1527A

SAP de Pontevedra (Sección 6ª) 31 marzo 2022 ECLI:ES:APPO:2022:865

AAP Madrid (Sección 2ª) 22 de junio de 2022 ECLI:ES:APM:2022:4260

AAP Ávila (Sección 1ª) 7 de octubre de 2022 ECLI:ES:APAV:2022:311

AAP Cáceres (Sección 2ª) 14 de noviembre 2022 ECLI:ES:APCC:2022:737A

AAP Huesca (Sección 1ª) 8 de febrero de 2023 ECLI:ES:APHU:2023:45A

AAP Burgos (Sección 2ª), 10 de marzo 2023 ECLI:ES:APBU:2023:266ª

SAP Cantabria (Sección 2ª) 26 de mayo 2023 ECLI:ES:APS:2023:757

SAP de Valladolid (Sección 4ª) 9 de junio de 2023 ECLI:ES:APVA:2023:330

SAP Murcia (Sección 4ª) 13 julio 2023, ECLI:ES:APMU:2023:1884

AJVM 1 Jeréz de la Frontera ECLI:ES:JVMCA:2020:1A 28 de septiembre 2020

Bibliografía

Águeda Rodríguez, Ricardo Miguel: *El interés del menor en la guarda conjunta, con especial atención a los supuestos de violencia.* Tesis doctoral dirigida por Vivas Tesón, Inmaculada, Universidad de Sevilla, 2015.

Aragoneses Martínez, Sara: "Las medidas judiciales de protección y de seguridad de las víctimas de violencia de género", en *Tutela penal y tutela penal y tutela judicial frente a la violencia de género,* AA.VV., Cólex, 2006, pp. 163-191.

Arce Fernández, Ramón., Alonso Fernández y Novo Pérez, Merceres, "Estudio de sentencias de violencia de género con menores implicados: carga de la prueba y decisiones sobre los menores" en Fariña Rivera, Francisca, Arce Fernández Ramón, Novo Pérez Mercedes y Seijo Martínez, Dolores (Coords.) *Separación y divorcio: interferencias parentales,* Asemyp, 2014, pp. 241-252.

Atenciano Jiménez, Beatriz; De Celis Matute, Estíbaliz; López Díez, Mercedes: "Menores expuestos a violencia de género: Concepto y marco legal", en *Intervención Psicológica con menores expuestos/as a violencia de género. Aportes teóricos y clínicos,* (Coord.) Romero Sabater, Inmaculada, Colegio Oficial de Psicólogos de Madrid, 2016, pp. 11-25.

Ayllón García, Jesús Daniel: "Suspensión del régimen de visitas o estancia del art. 94 del código civil tras su reforma por la ley 8/2021, de 2 de junio", *Revista Boliviana de Derecho* Nº 34, julio 2022, pp. 96-117.

Benito Benítez, María Angustias: "El fomento y protección del empleo de las mujeres para la consecución de la igualdad de género en la Unión Europea" en Sánchez Rubio; Macarro Osuna José Manuel; Martín Rodríguez José Miguel, García-Álvarez, Laura (Dirs.) *El mercado único en la Unión Europea.: balance y perspectivas jurídico-políticas,* Madrid: Dykinson, 2019, pp. 247-274.

Berrocal Lanzarot, Ana Isabel:

"Violencia de género y custodia compartida", en *La Ley Derecho de Familia,* num. 12, 2016, ejemplar dedicado a *Protección del menor en situación de violencia de género.*

"El régimen jurídico del derecho de visitas, comunicación y estancia: en especial en los casos de violencia de género y violencia vicaria" en *Revista Crítica de Derecho Inmobiliario,* nº 796, 2023, pp. 1.039-1.152.

Blanco Prieto, Pilar "Consecuencias de la violencia sobre la salud de las mujeres. La detección precoz en consulta" en Ruiz-Jarabo Quemada y Blanco Prieto (Dirs.) *La violencia contra las mujeres. Prevención y Detección. Cómo promover desde los servicios sanitarios relaciones autónomas, solidarias y gozosas.* Díaz de Santos, 2005, pp. 103-117.

Bujosa Vadell, Lorenzo "El menor como víctima de violencia de género y las nuevas tecnologías", en Figueruelo Burrieza, Ángela, Pozo Pérerz, Marta (Dirs) *Desigualdad y violencia de género en un contexto de crisis generalizada,* Comares, 2016, pp- 17-45.

Calvo García Manuel: "The Role of Social Movements in the Recognition of Gender Violence as a Violation of Human Rights: From Legal Reform to the Language of Rights" The Age of Human Rights Journal, (6), pp. 60–82. https://doi.org/10.17561/tahrj.v0i6.2930

Calzadilla Medina, Mª Aránzazu: "Crisis familiar, personas menores de edad y violencia vicaria", en Rabetllat Ballesté, Isaac (ed): *Estudios sobre la ley orgánica de protección integral a la infancia y la adolescencia frente a la violencia,* Ediciones Universidad Politécnica de Valencia, 2023, pp. 49-89.

Cano Pérez, Ana Isabel, De Celis Matute, Estíbaliz y Sánchez Silva, Beatriz: "La figura paterna en violencia de género y régimen de visitas", en *Intervención psicológica con menores expuestos a violencia de género. Aportes teóricos y clínicos,* (Coord.) Romero Sabater, Inmaculada Colegio Oficial de Psicólogos de Madrid, 2016, pp. 63-77.

Caravaca Llamas, Carmen; Sáez Dato, Mª Angeles: "Las otras víctimas: consecuencias y reconocimiento legal de los menores de edad víctimas de violencia de género ejercida en el hogar" en *Boletín Criminológico,* artículo 3/2020, (nº 191), pp. 1-21.

Cardona Llorens, Jorge.

"El interés superior del niño: balance y perspectivas del concepto en el 25º aniversario de la Convención sobre los Derechos del Niño", en *Revista Española de Desarrollo y Cooperación,* nº 34 extra, 2014, pp. 21-40.

"Jurisprudencia española en materia de Derecho internacional público. Comentarios de sentencias. La evaluación y determinación del interés superior del niño: Sentencia del Tribunal Supremo (Sala de lo Penal, Sección 1ª), de 20 de diciembre de 2012 (ROJ: STS 8543/2012) - Sentencia del Tribunal Supremo (Sala de lo Penal, Sección 1ª), de 9 de enero de 2013 (ROJ: STS 173/2013) - Sentencia del Tribunal Supremo", en *Revista española de derecho internacional,* Vol. 65, Nº 2, 2013, pp. 253-258.

Carrasquero Cepeda, Maoly: "Orden europea de protección: Un paso adelante en la protección de víctimas", *Cuaderno Electrónico de Estudios Jurídicos,* núm. 2, Santiago de Compostela, 2014, pp. 91-114.

Carrión San Cecilio, Maria Elisa: "Novedades jurídicas sobre la violencia de género", *Revista Derecho y Proceso,* nº 2, 2022, 99, pp. 29-52.

Castro Alvarez, Carmen: *La transmisión generacional de la violencia de género,* Tesis Doctoral, Blanco López, Juan (Dir.), 2017, http://hdl.handle.net/10433/4075.

Cordero Giménez, Gemma; Soler González, Cristina: "Las consecuencias psicológicas de la violencia de género en los menores", en *Revista Sanitaria de Investigación,* junio 2020.

Cordero Martín, Guadalupe; López Montiel Carmen; Guerrero Barberán, Ana Isabel: "Otra forma de Violencia de Género: La instrumentalización. "¡Dónde más te duele!" en *Documentos de Trabajo Social: Revista de Trabajo y Acción social,* nº 59, 2017, pp. 170-189.

Cortada Cortijo, Neus "Efectos directos e indirectos de la violencia de género sobre los hijos y las hijas (I). Aspectos civiles de la protección de menores expuestos a violencia de género. La reforma de la LO 1/2004 de medidas de protección integral contra la violencia de género", en Rodríguez Orgaz, Cristina, Romero Burillo, Ana María: *La protección de la víctima de violencia de género: un estudio multidisciplinar tras diez años de la aprobación de la Ley Orgánica 1/2004*, Thomson Reuters-Aranzadi, 2016, pp.363-378.

Cristobal Roncero, Rosario; "Políticas de empleo en la Unión Europea" en *Revista del Ministerio de Trabajo y Asuntos Sociales: Revista del Ministerio de Trabajo e Inmigración*, nº 33, 2001, pp. 33-60.

Cuenca Gómez, Patricia: "Sobre el valor jurídico y efectividad de los dictámenes de los órganos de Tratados de derechos humanos de Naciones Unidas. Propuestas de implementación en el sistema español" *Cuadernos electrónicos de Filosofía del Derecho*, nº 47, 2022, p. 1-35.

De Blas Gorordo, Itziar: "Violencia vicaria. Regulación y reformas legales". Curso violencia de género, violencia vicaria, regulación, prevención y las diversas formas que adopta. 13 junio 2022. Centro de estudios jurídicos.

De la Cruz Fernández, Lucía, Rodríguez Pascual, Iván: "Consecuencias en el desarrollo cognitivo de menores expuestos a situaciones de violencia de género: una revisión bibliográfica" en *Revista sobre la infancia y la adolescencia*, nº 23, 2022, pp. 48-73.

De la Torre Laso, Jesús.: "La utilidad de los puntos de encuentro ante los procesos de violencia de género: un estudio jurisprudencial" en *Diario La Ley*, 5 junio 2017.

Del Pozo Pérez, Marta: "La orden europea de protección de las víctimas de violencia de género. Una institución fallida. Perspectiva crítica" en Sánchez Barrios Mª Inmaculada (Dir.) *(Des)igualdad y violencia de género*, Valencia: Tirant lo Blach, 2019, pp. 193-208.

Deu del Olmo, Mª Isabel: *Hijos e hijas víctimas de violencia de género en la ciudad de Ceuta*, Tesis, 2016, en línea, disponible en https://hera.ugr.es/tesisugr/25885881.pdf.

De la Iglesia Monje, María Isabel: "Ley Orgánica de modificación del sistema de protección a la infancia y a la adolescencia: las garantías de una protección uniforme a los menores más vulnerables en base a su supremo interés", en *Diario La Ley*, nº 8590, 2015.

De la Rosa Cortina, José Miguel: *Tutela cautelar de la víctima, órdenes de alejamiento y órdenes de protección*, Cizur Menor, Navarra, 2008.

Díaz Velazquez, Auxiliadora:

"Concurrencia de competencias entre el juez de violencia y el juez de familia" en *La Ley derecho de Familia*, nº 12, 2016.

"La suspensión de visitas ante la violencia de género y la perspectiva de género", *Práctica de los Tribunales*, nº 156, mayo-junio 2022, pp. 1-12.

Dinu, Anca Cristina: "Los niños como víctimas de violencia de género" en *Trabajo Social Hoy*, nº 75, 2015, pp. 37 a 78.

Fariña Rivera, Francisca y Arce, Ramón, "El papel del psicólogo en los casos de separación y divorcio" en Sierra, J.C., Jiménez, E.M., Buela-Casal, G. (Coords.), *Psicología Forense: Manual de técnicas y aplicaciones*, Biblioteca Nueva, Madrid 2006, pp.246-271.

Fernández Rodríguez de Liévana, Gema, "Aplicación de la perspectiva de género en la jurisdicción civil", en *Cuadernos digitales de formación*, CGPJ, nº 48, 2016.

Font Fernández, Cristina, Villacampa Estiarte, Carolina, Torres Ferrer, Claudia: "La orden de protección a menores víctimas de violencia machista: regulación y aplicación de las medidas de salvaguarda que incorpora", en *Dereito: revista xurídica da Universidad de Santiago de Compostela*, 2022, nº 3, pp. 1-23

Galvis Giménez y Garrido Genovés, "Menores, víctimas directas de violencia de género", en *Boletín Criminológico, Instituto andaluz interuniversitario de Criminología*, 2016, nº 65.

García de Murcia, Mireya: "Hacia la protección de las víctimas de violencia de género desde una perspectiva de derechos de infancia", en *IgualdadES*, 2022, nº 6, pp. 299-320.

García Rubio, Mª Paz: "El marco civil en la violencia de género", *Tutela jurisdiccional frente a la violencia de género. Aspectos procesales, civiles, penales y laborales*, Monserrat de Hoyos Sancho (Dir.), Lex Nova, 2009.

Garriga Suau, Georgina, "El Reglamento (UE) núm. 606/2013, del Parlamento Europeo y del Consejo, de 12 de junio de 2013, relativo al reconocimiento mutuo de medidas de protección en materia civil", *Revista Española de Derecho Internacional,* núm. 2, Madrid, 2013, pp. 382-387.

Gómez Fernández, Itziar: "Que nos enseña el caso Angela González Carreño sobre el recurso al Derecho Internacional de los derechos humanos en los procedimientos ordinarios. Comentario a la sentencia 1263/2018 del Tribunal Supremo", *Revista Aranzadi Doctrinal,* nº 7, 2019, pp. 1-26.

Guinea Fernández, David Rafael: "El interés superior del menor a partir del Proyecto de Ley Orgánica de modificación del sistema de protección a la infancia y a la adolescencia" *en La Ley, Derecho de familia,* nº 7, 2015.

Guilarte Martín-Calero, Cristina:

"La atribución de la guarda y custodia de los hijos menores y el régimen de comunicación y estancia en los supuestos de violencia de género", en *Tutela jurisdiccional frente a la violencia de género: aspectos procesales, civiles, penales y laborales,* Coord. De Hoyo Sancho, Lex Nova, 2009, pp. 203-230.

Comentarios sobre las leyes de reforma del sistema de protección a la infancia y a la adolescencia, Ravetllat Balleste, I, Cabedo Mayol, (Coords), Tirant lo Blanch, 2016.

La concreción del interés del menor en la Jurisprudencia del Tribunal Supremo, Tirant lo Blanch, 2014.

"Custodia compartida y violencia de género. Comentario a la STS de 28 de marzo de 2022", en *Cuadernos Cívitas de Jurisprudencia Civil,* núm. 120/2022, pp. 227-242.

Gutiérrez Romero, Francisco Manuel

"Incidencias de género en el derecho de familia: especial tratamiento del régimen de visitas", en *Diario La Ley,* nº 7480, Octubre 2010.

"Medidas judiciales de protección y seguridad de las víctimas: ¿Novedades o mera ordenación de las existentes en nuestra legislación procesal penal?" en *Diario La Ley,* n 6716, 2007.

"Cuestiones prácticas que suscita la aplicación de las medidas judiciales de protección de las víctimas de violencia de género", http://www.interiuris.org/archivos/1_CUESTIONES_PRACTICAS_QUE_SU.pdf.

Hoyos Sancho, Monserrat: “El principio de reconocimiento mutuo como principio rector de la cooperación judicial europea” en *La cooperación judicial civil y penal en el ámbito de la UE: Instrumentos procesales* (Jimeno Bulens, coord.) Barcelona, Bosch, 2007, pp. 67-94.

LLorente Sánchez-Arjona, Mercedes: “Medidas cautelares civiles en los procesos por violencia de género y su repercusión en el proceso penal”; *Práctica de los Tribunales*; nº 164, 2023; pp. 1-19.

Lloria García, Paz: “La LO 8/2021, de 4 de junio, de protección integral a la infancia y la adolescencia frente a la violencia y la transformación del código penal. algunas consideraciones” en *IgualdadES*, año 4, núm. 6, 2022, pp. 271-298.

López Suarez, Covadonga: “Derechos de visita, comunicación y compañía: La onda expansiva de la ley 8/2021” en *Actualidad Jurídica Iberoamericana*, 2022, pp. 214-245

Lorente Acosta, Miguel: “El gobierno, la violencia de género y los menores”, en http://blogs.elpais.com/autopsia/2014/04/el-gobierno-la-violencia-de-g%C3%A9nero-y-los-menores.html.

Magro Servet, Vicente:

“Medidas cautelares civiles y la orden de protección en la Ley Orgánica 1/2004, de 28 de diciembre”, en *Práctica de Tribunales: revista de Derecho procesal civil y mercantil*, nº 19, Sección Estudios, 2005, pp. 19-31.

“Medidas incluidas en la Ley Orgánica 8/2015, de 22 de julio y Ley 26/2015, de 28 de julio, de modificación del sistema de protección a la infancia y a la adolescencia, afectantes a violencia de género”, en *Diario La Ley*, nº 8664, diciembre 2015.

“La privación de la patria potestad como pena preceptiva tras la LO 8/2021, de 4 de junio de protección de la infancia” en *Práctica de los Tribunales: Revista de derecho procesal civil y mercantil*, nº 156, 2022, pp. 1-8.

“La regla general de suspensión de régimen de visitas ante casos de violencia en el hogar y posibles excepciones”, en *Revista de Derecho de Familia*, El Derecho, 2022, nº 110.

"No matarás.. A tus propios hijos. El drama de la violencia vicaria" en *Diario La Ley*, nº 10194, 2022.

Manero Salvador, Ana: "Discriminación y violencia contra la mujer: medidas y retos en Naciones Unidas" en Escobar Hernández Concepción (Dir.) *Los derechos humanos en la sociedad internacional del siglo XXI*, Vol. 1, Madrid: Colección Escuela Diplomática, nº 15, 2009, pp. 203-214.

Marí Farinós, Enrique "La lucha contra la violencia de género en el derecho comparado, con especial referencia a Europa", en *Diario la Ley*, nº 9128, 2018.

Marín Salmerón, Andrés: "La constitucionalidad de la suspensión del régimen de visitas previsto en el artículo 94.4 del Código Civil" en *Derecho Privado y Constitución*, 43, 2023, pp. 121-167.

Martina Garra, María: "Efecto contagio-imitación en casos de violencia de género", en *Cartapacio de Derecho, Revista Virtual de la Facultad de Derecho*, nº 27, 2015, pp. 1-26.

Martínez García, Elena:

"La protección cautelar de la víctima en la nueva Ley orgánica 1/2004, de 28 de diciembre" en *La nueva Ley contra la Violencia de Género (LO 1/2004, de 28 de diciembre)*, en Boix Reig, J. y Martínez García, E. (Coords), Iustel, 2005, pp. 319-398.

"La orden europea de protección en el marco de la nueva Ley de reconocimiento mutuo de resoluciones penales en la Unión Europea", en Vegas Aguilar, Juan Carlos (Coord.) *La orden de protección europea: La protección de víctimas de violencia de género y cooperación judicial penal en Europa.* Valencia: Tirant lo Blanch. 2016, pp. 40 a 58.

Martínez García, Mª Angeles: "La reproducción de la violencia de género: una lectura desde las áreas rurales" en *Revista de estudios sobre despoblación y desarrollo rural*, nº 19, 2015, pp. 117-146.

Martínez del Moral, Javier: "La actuación de oficio del juez en casos de violencia de género. El art.158 del CC" en *LA LEY Derecho de familia*, Nº 12, Cuarto trimestre de 2016.

Mercado Carmona, Carmen: "La erradicación de la violencia contra la mujer «por tratado»: un análisis comparado el Convenio de Estambul y de la convención de Belém do

Pará", en *Revista Europea de Derechos Fundamentales,* nº 30, 2017, pp. 213-239.

Merino Sancho, Victor: "Mecanismos internacionales de promoción y protección de los derechos humanos de las mujeres", en *Colección "La Llave"* nº 7, Fundación Æquitas, junio, 2012.

Mestre i Mestre, Ruth M.: "Las MGF como una forma cultural de violencia contra las mujeres en el Convenio de Estambul", en *Revista Europea de Derechos Fundamentales,* 2017, pp. 205-219.

Montserrat Boada, Carme: "Impacto de la violencia de género en las niñas, niños y adolescentes", en Rabetllat Ballesté, Isaac (ed): *Estudios sobre la ley orgánica de protección integral a la infancia y la adolescencia frente a la violencia,* Ediciones Universidad Politécnica de Valencia, 2023, pp.27-48.

Moral Moro, Mª José: "Las medidas judiciales de protección y seguridad de las víctimas en la Ley integral contra la violencia de género", en *Revista Jurídica de Castilla y León,* nº 14, 2008, pp. 111-168.

Molina Mansilla, Carmen: "La protección de la víctima en el espacio europeo: La orden de proteccición", *La Ley Penal,* núm. 92, 2012, p. 3.

Montesinos Padilla, Carmen: "El cumplimiento de los dictámenes de los comités de Naciones Unidas en España. ¿Imposibilidad jurídica o falta de voluntad política? *Revista Española de Derecho Constitucional,* Vol. 43, Núm. 127, pp. 49-80.

Mora Díez, Pablo: "La modificación del art. 94 CC en relación al régimen de visitas con los menores de edad: una reforma necesaria y constitucional" en Lara Aguado, Angeles; Melgarejo Cordón, Pablo; Vilchez Vivanco, María Encarnación (Coords.): *La protección de la infancia migrante a las diferentes caras de la violencia de género, la discriminación y la trata,* Sepin, 2022.

Moreno-Torres Sánchez, Julieta:

"Modificación del sistema de protección a la infancia y a la adolescencia", en *Save the Children,* Málaga, 2015.

La seguridad jurídica en el sistema de protección de menores, Aranzadi, Cizur Menor (Navarra), 2009, págs. 84 a 183.

Moreno Catena, Victor: "Medidas judiciales de protección y seguridad de las mujeres víctimas de malos tratos", en *Tutela Procesal frente a hechos de violencia de género*; AAVV, Universidad Jaume I, Castellón de la Plana, 2007.

Morgade Cortés, María: "La orden europea de protección como instrumento tuitivo de las víctimas de violencia de género" en *Cuaderno Electrónico de Estudios Jurídicos,* nº 3, 2014, pp. 79-112.

Muñoz Vicente José Manuel y Del Campo Cámara Milagros: "La evaluación pericial psicológica de idoneidad de custodia y régimen de visitas en los procedimientos de violencia de género en el contexto legal español", en *Psicopatología clínica, legal y forense,* Vol. 15, 2015; pp. 131-154.

Múrtula Lafuente, Virginia:

"El interés del menor en las situaciones de riesgo desamparo provocadas por la violencia de género", En Mayor del Hoyo (dir.) *El nuevo régimen jurídico del menor: la reforma legislativa de 2015,* Thomson Reuters Aranzadi, 2017, pp. 149-168.

El interés superior del menor y las medidas civiles a adoptar en supuestos de violencia de género, Dykinson, 2016.

Nuñez Zorrilla, Mª del Carmen: "El interés superior del menor en las últimas reformas llevadas a cabo por el legislador estatal en el sistema de protección a la infancia y a la adolescencia", en *Persona y Derecho. Revista de fundamentación de las instituciones jurídicas y de Derechos Humanos,* nº 73, 2015, pp. 117-160.

Oliveras Jané, Neus: "La articulación de las medidas nacionales de protección de las víctimas de violencia de género en el espacio europeo común de libertad, seguridad y justicia de la Unión europea, en *Diario La Ley,* nº 9334, 2019, pp. 1-11.

Orjuela Ruiz, Astrid: "El concepto de violencia de género en el Derecho Internacional de los Derechos Humanos" en *Revista Latinoamericana de Derechos Humanos,* Volumen 23 (1), I Semestre 2012, pp. 89-114.

Ordás Alonso, Marta: "El nuevo sistema de protección de menores en situación de riesgo o de amparo como consecuencia de la entrada en vigor de la Ley 26/2015 de 28 de julio", en *Aranzadi Civil-Mercantil, revista doctrinal*, 2016, nº 9, pp. 42-112.

Ortega Calderón, Juan Luis:

"Las medidas judiciales llamadas de protección y de seguridad de las víctimas de la violencia de género en la LO 1/2004, de 28 de diciembre", *Diario La ley*, nº 6349, 28 de octubre de 2005.

"La suspensión del régimen de visitas, comunicaciones y estancias al amparo del artículo 94 Código Civil tras la reforma por Ley 8/21 de 2 de junio", *Diario La Ley*, nº 9892, 2021.

Ortuño Muñoz, Pascual

"La supervisión de las relaciones parentales tras la sentencia judicial (Comentario a los arts. 233-13 y 236-3 CCCat.)", en *Familia y Sucesiones*, nº 107, 2014, pp.20-26.

"La mediación en el ámbito familiar", en *Revista Jurídica de Castilla y León*, nº 9, 2013, pp.1-23.

Paniza Fullana, Antonia: "La modificación del sistema de protección a la infancia y a la adolescencia: La Ley Orgánica 8/2015, de 22 de julio y la Ley 26/2015, de 28 de julio", en *Revista Doctrinal Aranzadi Civil-Mercantil*, núm. 8/2015, 2015.

Peral López, Mª Carmen:

"Efectos de la privación de la patria potestad. Referencia al régimen de visitas", en *Actualidad Civil*, n. 7-8, julio 2017, pp. 16-28.

El fenómeno de la violencia de género a través de las hijas e hijos de madres maltratadas, Diputación Provincial de Jaén, 2018.

Madres Maltratadas: violencia vicaria sobre hijos e hijas, Universidad de Málaga, UMA, 2018.

Peralta López, Eulalia "La interpretación del principio del interés superior del menor en las medidas paterno-filiales acordadas en situación de violencia de género", en Acedo Penco, Angel, Silva Sanchez, Antonio, *Derecho de familia, nuevos retos y realidades: estudios jurídicos de aproximación del derecho latinoamericano y europeo*, Madrid, Dykinson, 2017, pp. 255-264.

Peramato Martín, Teresa:

"Aspectos jurídicos de la violencia de género. Evolución", en *Cuadernos de la Guardia Civil: Revista de seguridad pública,* nº 51, 2015, pp. 8-25.

"El papel del fiscal en la adopción de medidas civiles en los procedimientos penales de violencia de género a la luz de las últimas reformas", en *La Ley Derecho de Familia,* nº 12, 2016, pp. 1.15.

"Protección de las víctimas de violencia de género -mujeres, hijos e hijas- a la luz de las últimas reformas legislativas" en Javier Gustavo Fernández Teruelo (dir.): *Nuevas formas de prevención y respuesta jurídico-social frente a la violencia de género,* Thomson Reuters Aranzadi, 2022, pp. 305-320.

Pérez del Campo Noriega, Ana Mª: "Las otras víctimas: los hijos como instrumento de la violencia de género" en *Temas para el debate,* nº 209, pp. 30-32.

Pérez Ureña, Antonio Alberto: "¿Debe aplicarse de forma preceptiva en los procesos de separación y divorcio la prohibición de la custodia compartida cuando exista proceso penal por violencia en el hogar a la mujer?" *Revista de jurisprudencia,* octubre 2023.

Pérez Vallejo, Ana María: "Custodia compartida y violencia de género: Cuestiones controvertidas ex art. 92.7 del CC", en *Raudem, Revista de estudios de las mujeres,* Vol. 4, 2016, pp. 87-115.

Peyró Llopis, Ana: "La protección de las víctimas en la Unión Europea: La orden europea de protección", *Revista Española de Derecho Europeo,* núm. 46, 2013.

Picontó Novales, Teresa: "los derechos de los niños y niñas a vivir en un entorno familiar libre de violencia de género" en *Derechos y Libertades,* nº 51, junio 2024, pp. 249-282

Pinto Andrade, Cristobal: "La custodia compartida en la práctica judicial española: los criterios y factores para su atribución" en *Misión jurídica: Revista de Derecho y ciencias sociales,* nº 9, 2015, pp. 143-175.

Polo García, Susana.: "Adopción de medidas civiles de familia en la orden de protección en supuestos de violencia de género" en *La Ley derecho de familia,* nº 12, 2016, pp. 1-9.

Poyatos Matas, Gloria, "Juzgar con perspectiva de género, el camino judicial hacia la igualdad real" en *Actum Social,* nº 131, monográfico 2018, pp. 37-45.

Prados García, Celia: "Derecho de visitas versus protección a la infancia frente a la violencia", en Lara Aguado, Angeles; Melgarejo Cordón, Pablo; Vilchez Vivanco, María Encarnación (Coords.): *La protección de la infancia migrante a las diferentes caras de la violencia de género, la discriminación y la trata,* Sepin, 2022.

Reyes Cano, Paula:

"Menores y violencia de género: de invisibles a visibles" en *Anales de la Cátedra Francisco Suárez,* 49, 2015, pp. 181-217.

"Patria potestad a examen ante la violencia de género" en *Anales de la Cátedra Francisco Suárez,* nº 51, 2017, pp. 335-356.

"La suspensión del "derecho de visitas" en contextos de violencia de género: resistencias patriarcales" en Gil Ruiz, Juana Mª (Dirª): *El Convenio de Estambul como marco de derecho antisubordiscriminatorio,* Dykinson, 2018, pp. 205-246.

El olvido de los derechos de la infancia en la violencia de género, Madrid: Editorial Reus, 2019.

Rivero Hernández, Francisco:

El interés del menor, Madrid, Dykinson, 2007.

"La protección del derecho de visita por el Convenio Europeo de Derechos Humanos. Dimensión Constitucional", *Derecho Privado y Constitución,* nº 20, 2006, pp. 331-380.

Roda Roda, Dionisio: *El interés del menor en el ejercicio de la patria potestad. El derecho del menor a ser oído,* Aranzadi, Cizur Menor, 2014.

Rodríguez Lainz, José Luis: "Reflexiones sobre la aplicabilidad en España del Reglamento de la Unión Europea relativo al reconocimiento mutuo de medidas de protección en materia civil", en *Revista de Derecho de Familia,* (62), 2014.

Rodríguez Llamas, Sonia: "La aplicación práctica en España del reglamento 606/2013 de 12 de junio relativo al reconocimiento mutuo de medidas de protección en materia civil", en García Martínez, Elena (Dirª): *La construcción de Europa a través de la cooperación judicial en materia de pro-*

tección de víctimas de violencia de género, Tirant lo Blanch, 2019,pp. 137-154.

Rodríguez Ruíz, Ricardo: "La violencia económica y las consecuencias económicas de la violencia",[En línea] https://violenciagenero.igualdad.gob.es/wpontent/uploads/Violencia_economica_pareja_expareja.pdf *CGPJ*, 2021, pp. 1-9

Ruiz de la Cuesta Fernández, Soledad: "La atribución de la custodia compartida en supuestos de violencia intrafamiliar", en *Práctica de los Tribunales, Revista especializada en derecho procesal civil y mercantil*, núm. 100, 2013, pp.100-112.

Ruiz González, José Gabriel: "La estrategia nacional para la erradicación de la violencia contra la mujer en España: marco jurídico-constitucional", en *Nova et Vetera*, 24, 2016. Recuperado de http://esapvirtual.esap.edu.co/ojs/index.php/novaetvetera/article/view/36.

Ruiz-Rico Ruiz-Morón, Julia. "Últimas reformas de las instituciones privadas de protección de menores y la filiación por la Ley 26/2015, de modificación del sistema de protección de la infancia y la adolescencia", *Aranzadi Civil-Mercantil Revista Doctrinal*, núm. 3/2016 parte Estudio, 2016. Pág. 47-73.

Ruiz Ruiz, María Rosa: "Comentarios al alcance en la defensa de las víctimas menores de edad por violencia de género, del anteproyecto de ley de protección a la infancia", en *Revista de Derecho de la Uned*, nº 15, 2014, pp. 521-545.

Sambola Cabrer, Myriam, "La supervisión jurisdiccional de las medidas relativas a menores establecidas en proceso de familia: el coordinador de la parentalidad. ¿El órgano crea la función?", en *La Notaría*, 2014, nº 3, pp. 10-21.

Sanchez de León Guardiola Paula y Company Carretero Javier: "El interés superior del menor y el derecho del niño a ser escuchado ", *Actualidad Civil*, nº 7-8, 2017, pp. 4-15.

San Segundo Manuel, Teresa: "El interés superior del menor" en San Segundo Manuel, Teresa (Dir) *A vueltas con la violencia: Una aproximación multidisciplinar a la violencia d género*, Tecnos, 2015, pp. 317-345.

Senés Motilla, Carmen: "Consideraciones sobre las medidas judiciales de protección y de seguridad de las víctimas de violencia de género", en *Diario La Ley*, nº 6644, 2007, pp. 1-11.

Sanz Mulas, Nieves: *Comentarios Breves a la Ley de Medidas de Protección Integral contra la Violencia de Género*, ed. Iustel, 2005.

Sepúlveda García de la Torre, Angela: "La violencia de género como causa de maltrato infantil", en *Cuadernos de Medicina Forense*, nº 12, Enero-Abril 2006, pp. 149-164.

Serrano Masip, Mercedes: "Efectos negativos de la proliferación de normas reguladoras de medidas cautelares y de protección aplicables a la violencia de género", en *Sentencias de tribunales superiores de justicia, audiencias provinciales y otros tribunales*, nº 5, 2007, pp. 25-54.

Sillero Crovetto, Blanca:

"Análisis y evaluación de las competencias civiles de los Juzgados de Violencia sobre la Mujer", *Revista de Derecho de Familia*, nº 54, 2012, pp. 57-93.

"Menores y violencia de género. Reflexiones a propósito de la aprobación del Plan de infancia y adolescencia (2013-2016)", en Gallardo Rodríguez, Almudena (Coord.) *Violencia de género e igualdad: una cuestión de derechos humanos*, Comares, 2013, pp. 277-292.

"Interés superior del menor y responsabilidades parentales compartidas: criterios relevantes" en *Actualidad Jurídica Iberoamericana, IDIBE*, num. 6, febrero 2017, pp. 11 a 40.

Tardón Olmos, María: "El régimen de visitas en supuestos de violencia de género. Aplicación práctica", en *La Ley Derecho de Familia*, nº 12, 4º T, 2016.

Tirado Garabatos, Carmen: "Medidas civiles para el cese de la violencia. Coordinación entre la jurisdicción civil y penal", en *Encuentros "Violencia doméstica"*; Consejo General del Poder Judicial, Madrid, 2004, pp. 529-579

Torrecuadrada García-Lozano, Soledad: "El interés superior del niño", en *Anuario Mexicano de derecho internacional*, nº 16, 2016, pp.131-157.

Torres Perea, José Manuel: *Interés del menor y Derecho de Familia. Una perspectiva multidisciplinar*, Iustel, Madrid, 2008.

"Estudio de la función atribuida al interés del menor como cláusula general por una relevante línea jurisprudencial", *La Ley*, 2016, núm. 8737.

Tur Ausina, Rosario: "Menores y violencia de género. Reflexiones a propósito de la aprobación del Plan de infancia y adolescencia (2013-2016)", en Gallardo Rodríguez, Almudena (Coord) *Violencia de género e igualdad: una cuestión de derechos humanos*, Comares, 2013, pp. 277-292.

Ureña Carazo, Belén: "La conflictividad entre los progenitores como criterio de atribución de la custodia compartida. Especial referencia a la violencia de género", en *La Ley Derecho de Familia*, nº 11, 2016.

Vegas Aguilar, Juan Carlos "A propósito del Reglamento (UE) Nº 606/2013, del Parlamento europeo y del Consejo, de 12 de junio de 2013 relativo al reconocimiento mutuo de medidas de protección en materia civil", en *Actualidad Jurídica Iberoamericana*, 2015, pp. 811-818.

Ventura Franch, Asunción: "El Convenio de Estambul y los sujetos de la violencia de género. El cuestionamiento de la violencia doméstica como categoría jurídica" en *Revista de Derecho Político*, nº 97, 2016, pp. 179-208.

Vela Sánchez, Antonio José: *Las consecuencias civiles de la violencia de género: estudio doctrinal y jurisprudencial*, J.M. Boch Editor, 2022.

Velasco Perdigones, Juan Carlos: "Régimen de visitas, comunicaciones y estancia de los hijos menores en caso de violencia: exégesis de los apartados IV y V del artículo 94 CC", en *Revista Aranzadi Doctrinal*, nº 3, 2024.

Verdera Izquierdo, Beatriz: "Estado actual de la guarda y custodia y el régimen de visitas ante supuestos de violencia de género", en *Logros y retos: Actas del III congreso universitario nacional*: "Investigación y género", Coord. Vázquez Bermúdez, 2011, pp. 2040-2057.

Verdiales López, Diana Marcela, "La importancia de la mujer en el desarrollo. Análisis de los Objetivos de Desarrollo Sostenible con perspectiva de género", en *Femeris: Revista Multidisciplinar de Estudios de Género*, núm. 3/2020, pp. 97 a 113.

Viguer Soler, Pedro: "Estatuto de la víctima, protección del menor y prueba preconstituída" en *Diario La Ley*, nº 9116, Enero 2018.

Villagrasa Alcaide; Carlos: "El interés superior del menor", en *Derecho de la persona: acogimiento y adopción, discapacidad e incapacitación, filiación y reproducción asistida, personas mayores, responsabilidad penal del menor y otras cuestiones referidas a la persona como sujeto del derecho*; Ravetllat Ballesté, (coord.), Bosch, Barcelona, 2011, pp. 25-50.

Vivas Tesón, Inmaculada: "Niños y niñas con capacidades diferentes: el derecho de la persona a tomar sus propias decisiones" en *La Ley Derecho de Familia*, nº 13, 2017, pp. 14-29.